三省堂

© Sanseido Co., Ltd. 2010
Kashino's Reference Book of English Usage
First Edition 2010

Printed in Japan

編著者
柏野健次
(大阪樟蔭女子大学名誉教授)

英文校閲
Michael S. Hasegawa

編集協力
永野真希子

装丁
三省堂デザイン室

まえがき

　本書は、大学生、大学院生、あるいは教職にある方を対象に、英語の語法と文法を網羅的にかつ詳細に記述したレファレンス・ブックであり、著者の35年にわたる英語語法研究の成果の集大成である。

　私たちが今生きている現代は「もどきばかりで本物のない時代」（杉良太郎氏『朝日新聞』2008.9.4）と言われているが、そういう時代にあって、本書は少しでも「本物」に近い語法書を作り上げようと試みた私自身の1つの挑戦である。

　語法研究とは、データベース（本書では凡例に示したKashino Database）、およびネイティブ・スピーカーに当たり、文法書、語法書などの文献を検索し、最後に自分の考えでまとめる、という方法をとる研究のことである。外国語として英語を学ぶ場合、私は日本人による語法研究は不可欠であると考えている。

　特に、本書は教職にある方の利用を想定し、先生方のレファレンス・ブックとして座右の書となることを期待しているが、これは、常日頃から私は以下の点に危惧の念を抱いているからである。

　日本で教えられている英語には、日本でしか通用しない、しかも日本人同士でしか通用しない、いわば「鎖国英語」が少なからず見受けられる。例えば、団塊の世代に属する著者は even if と even though は同じ意味であると習ったし、We have much rain in June. や He can speak French, much more English. という文も正しい英語として覚えた。

　しかし、even if と even though は同じ意味ではないし、上に挙げた2つの文も自然な英語とは言えない（詳しくは、本文の該当箇所を参照）。この点に関しては、最近刊行された学習参考書を見る限り、現在でもあまり変わっていないように思われる。

　かつて若林俊輔氏が言われていたように、私たちは自分たちが教

えられたように教えては、また同じ間違いを繰り返すことになる。

　このような点も考慮に入れて、本書を執筆するに当たっては次の諸点に留意した。

1. 本書では、英語のおもな文法項目はすべて取り上げた。語法については、これまで時代を超えて繰り返し問題にされたり、日本人が誤りやすいと思われる項目を中心に扱った。英語教育の観点からは、これまで間違って教えられてきたと思われる項目を積極的に選んだ。
2. 各項目の解説では、参照した文献の記述を鵜呑みにすることなく、ネイティブ・スピーカーや Kashino Database を活用して裏付けをとり、その上で分かりやすく述べることを心がけた。その際、どの項目も「なぜか」という視点を大切にし、例えば play the piano と play baseball に見られる冠詞の有無の問題、あるいは must not と don't have to の意味の違いの問題など、生徒や学生が丸暗記してきたと思われる事項に関しても、「なぜそうなるのか」という理由を添えて納得のいく説明を試みた。
3. 解説は専門的になり過ぎないように努めたが、専門用語を使わざるを得ない場合もあったので、それらの用語については、特に「基本的な概念」の項を巻頭に設け、読者の便宜をはかった。
4. 口語英語については、「英会話の第一歩は覚えている表現を適切な場面で使うことから始まる」という私見に基づいて、If you don't mind. や It's been a long time. などチャンク（決まり文句）と呼ばれる表現を多く取り上げた。
5. シノニム（同義語）と和製英語は、それぞれ別項目として立て、前者では ocean と sea、shop と store など、後者ではキーホルダー、ナイーブなど、読者にとって興味がありそうな項目について丁寧に説明をした。
6. 本文中の例文は著者が Kashino Database などを参考にした上で作例し、Michael Hasegawa 氏にネイティブ・チェックを受け

たものである。
7. 参照した文献については「参考文献」として巻末に挙げてあるが、本文中では煩雑さを避けるため、解説中の出典表示は最小限にとどめた。
8. Kashino Database はおもに頻度と連語を調べる際に利用した。

　以上の点を留意して作成された本書は、特にリーディングの際、ネイティブ・スピーカーが表現しようとしている英語の微妙なニュアンスを正確に理解する場合に大いに役立つことであろう。

　本書を上梓するまでには、いろいろな方のお世話になった。まず、本書の出版への道を切り開いて下さった株式会社三省堂辞書出版部外国語辞書第一編集室編集長の寺本衛氏に謝意を表したい。次に例文のチェックだけでなく、貴重なコメントも頂いた Michael Hasegawa 氏に感謝する。さらに、情報提供の点で協力を惜しまれなかった約 20 名のネイティブ・スピーカーにも心よりお礼申し上げる。特に Dr. Lance Eccles（Honorary Senior Research Fellow at Macquarie University）は私の度重なる質問にも快く答えて頂き、感謝の念に堪えない。

　最後に、私は丸 3 年の月日をかけ、執念にも似た思いで本書を書き上げたが、思わぬ誤謬を犯していることがあるかもしれない。読者諸賢からのご叱正を切に乞う次第である。

2010 年 5 月

柏野　健次

基本的な概念

　英語を学習する際に知っておかなければならない基本的な概念は数多くあるが、この項ではClose(1992)を参考にそれらのうち、おもなものを12項目に分けて簡単に解説する。(項目のアイウエオ順)

[I] 意味論 (semantics) と語用論 (pragmatics)
　この2つの分野はともに意味と係っているが、両者の違いはmeanという動詞の異なる使い方で示すことができる。
　(1) What does X *mean*?
　　Xという表現の意味は何ですか。
　(2) What did you *mean* by X?
　　Xという表現であなたの意図した意味は何でしたか。
　意味論的な意味というのは(1)のように特定の場面や話し手、聞き手を考慮に入れないで規定されるが、語用論的な意味というのは(2)のように、(1)の意味論的な意味を踏まえた上で、それによって話し手は何を意図しようとしているのか、が問題となる。[Leech (1983)]
　例えば、The place is closing. という文は意味論の立場からは「その店がもうすぐ閉まる」というように単に陳述しているに過ぎないが、語用論の立場からは、話し手の意図や状況が勘案され、「もうすぐ店が閉まるから早く買い物を済ませてください」「もうすぐ店が閉まるからご注文は早くお願いします」などの警告、勧誘、命令などの意味、正確には発語内の力(illocutionary force)が表される。[Saeed (2003)]

[II] 一回限りの行為 (a single act) と反復的行為 (a series of acts)
　動詞の中には「一回限りの行為」を表すものと「反復的行為」を表すものがある。
　「一回限りの行為」は動作動詞が過去形や現在完了形で用いられ

たときに表されることが多い。

(1) I (*have*) *left* my cell phone behind.
携帯電話をどこかに置き忘れた。

「反復的行為」は、ある種の瞬間動詞が進行形で用いられた場合や主語や目的語に不特定の複数名詞が用いられた場合に表される。(瞬間動詞については「進行形の用法」の項を参照)

(2) The soldier *was firing* a gun at them.
その兵士は彼らをめがけて何度も発砲していた。
cf. The soldier *fired* a gun at them.
その兵士は彼らをめがけて(一度だけ)発砲した。

(3) The *guests are arriving* at the party.
次々にゲストがパーティ会場に到着している。

(4) The player *scored goals*.
その選手は何度もゴールを決めた。
cf. The player *scored* a goal.
その選手は(一度)ゴールを決めた。

「反復的行為」は「習慣」の意味と結びつくことが多く、「習慣」の意味は単純現在形で表されることが多い。

(5) Bill *smokes* cigars.
ビルは葉巻を吸う。

「習慣」の意味は単純過去形でも表すことができるが、その場合には通例、always, every day などの語句を伴う。

(6) When I was a child my family *always went* to Hawaii in winter.
子供のころ、冬になるといつも家族でハワイに行っていた。

なお、過去の習慣の意味は would や used to を用いても表すことができる。(詳しくは「would と used to」の項を参照)

[Ⅲ] 一般的(**general**)と特定的(**particular**)

この概念は名詞の場合と動詞の場合に当てはまる。

名詞の場合、次の(1)では language は一般的に言語というものを指

しているのに対して(2)では the language は特定の言語を指している。

(1) *Language* is a means of communication.
　　言語というのはコミュニケーションの手段です。
(2) He speaks *the language* well.
　　彼はその言語を上手に話す。

　動詞の場合には、「特定的」とは話し手が特定の場面に言及していることを表し、「一般的」とは特定のどの場面にも言及していないということを表す。

　過去形や現在進行形で示される場面は特定的であることが多く、現在形で示される場面は一般的であることが多い。以下に見るように、特定的な行為とは、[Ⅱ] で述べた一回限りの行為と重なる部分が多い。

(3) My daughter *graduated* from university in 2004.
　　私の娘は 2004 年に大学を卒業した。
　　[特定の時を表す in 2004 に注意]
(4) I'*m reading* a great book (at the moment).
　　（今）本当に面白い本を読んでいる。
(5) Fish *swim* in water.
　　魚というものは水中で生きる。

　この 2 つの概念は次の [Ⅳ] で見る「永続的」と「一時的」の区別と関連する。また、「一般的」という概念は [Ⅱ] で触れた「習慣」の意味や The earth *goes* around the sun. のような「永遠の真理」の意味とも隣接する。

[Ⅳ] 永続的（**permanent**）と一時的（**temporary**）

　動詞は単純形で用いられると永続性を表し、進行形で用いられると一時性を表すことが多い。

(1) Sidney *works* in a bank.
　　シドニーは銀行で働いている。
(2) Sidney *is working* in a bank.
　　シドニーは今は銀行で働いている。

形容詞に関しては、それが名詞を前置修飾する場合は永続性を表し、後置修飾する場合は一時性を表すことが多い。特に、present と involved は名詞を後置修飾して一時性を表す代表的なものである。
 (3) the *visible* stars　いつも見えている星
 (4) the stars *visible*　今見えている星
 (5) the members *present*　現在出席しているメンバー
 (6) the people *involved*　現在係っている人たち

［Ⅴ］完了（perfective）と未完了（imperfective）

　これは行為がある一時点において「終わってしまった」（完了）のか、あるいは「まだ終わっていない」（未完了）のかという観点からの区別である。
　英語では、「完了」を表す代表的なものとして過去形、完了形があり、「未完了」を表す代表的なものとしては進行形がある。
 (1) I *made* up my mind.
　　決心しました。
 (2) I'*ve read* "The Catcher in the Rye".
　　『ライ麦畑で捕まえて』を読んだ。
 (3) I *was making* up my mind.
　　どう決断しようかと考えていた。
 (4) I *have been reading* "The Catcher in the Rye".
　　『ライ麦畑で捕まえて』を読んでいます。
　このほか、知覚動詞構文などの場合もこの概念が適用でき、(5)の eat は「完了」を、(6)の eating は「未完了」を表す。
 (5) I saw him *eat* his lunch.
　　彼が昼食を食べ終わるところが見えた。
　　cf. *I saw him *eat* his lunch, but he didn't have time to finish it.
 (6) I saw him *eating* his lunch.
　　彼が昼食を食べているのが見えた。
　　cf. I saw him *eating* his lunch, but he didn't have time to finish it.

[Ⅵ] 句 (**phrase**)、節 (**clause**) と文 (**sentence**)

　学校文法でいう句 (phrase) とは「2つ以上の語が意味的にまとまり、1つの品詞 (形容詞、副詞、名詞) のような働きをする」ものを指す。句は主語と述語を持たないのが特徴である。

　例えば、次の(1)では with a small package は1つのまとまりを成し、came という動詞を修飾していることから副詞の働きをしていると言える。

(1) He came back home *with a small package*.
　　彼は小さな荷物を持って帰宅した。

　節 (clause) は「主語＋述語」を伴うが、それが何度現れるか、どういう接続詞によって結ばれているかに応じて、等位節、従(属)節、主節に分類される。

　「主語＋述語」が2度かそれ以上現れ、用いられている接続詞が and や but の場合は、それぞれの節は等位節と呼ばれる。その文全体は重文 (compound sentence) という。

(2) Andy went to the party yesterday, *but* I stayed at home.
　　アンディは昨日パーティに行ったが、私は家にいた。

　「主語＋述語」が2度かそれ以上現れ、用いられている接続詞が that, if, when などか、あるいは(接続詞の働きを兼ねた)関係詞の場合は、接続詞や関係詞に導かれた節のほうが従(属)節と呼ばれ、残りは主節と呼ばれる。その文全体は複文 (complex sentence) という。

(3) I think *that* Andy went to the party yesterday.
　　アンディは昨日パーティに行ったと思う。

(4) I know a woman *who* went to the party yesterday.
　　昨日そのパーティに行った女性を知っている。

(5) *If* you go to the party this evening, say hello to George.
　　今晩、パーティに行くのなら、ジョージによろしく言ってくれ。

　上では(3)の that 節は名詞節の働きをして think の目的節になっている。また(4)の who 以下は形容詞節として機能し先行詞の名詞を修飾している。さらに(5)の if 節は副詞節の働きをして主節の動詞にかかっている。

ただし、実際には重文や複文は次のように入り組んだ構造をとることが多い。

(6) *Though* Bob was able to walk normally, the pain he was feeling intensified, *and* sometimes even raising his arm made him grimace.

ボブは普通に歩くことができたが、痛みは強くなっていた。ときには、腕を上げるだけでも彼は顔をしかめることがあった。

(7) Tony was waiting outside her apartment building *when* a red car pulled up *and* she stepped out.

トニーが彼女のマンションの外で待っていたら、赤い車が止まり、中から彼女が出てきた。

このほか、「主語＋述語」の形を備えているが、それが1度しか現れず、接続詞を伴わないものは単文 (simple sentence) と呼ばれる。節自体が文を形成しているのである。

(8) Andy went to the party yesterday.

なお、文 (sentence) は「主語 (S) ＋ 述語 (P)」がそろっているかどうか、それがどの位置に現れるか、あるいはその語順を基準にして以下のように分類できる。それぞれの文には肯定文と否定文が認められるが、感嘆文の場合は否定文は見られない。この分類では特に、平叙文と肯定文の違いに注意したい。

平叙文 (S＋P)：Michael finished his homework.
　　　　　　　Michael did not yet finished his homework.
命令文 ((S)＋P)：Go away!
　　　　　　　　Don't go away! [主語は通例表されない]
疑問文 (P＋S)：Are you hungry? / Who is he?
　　　　　　　Aren't you hungry?/Why didn't you say anything?
感嘆文 (What/How＋(S＋P))：What a stupid suggestion (it is)!
　　　　　　　　　　　　How blue the sky is!
　　　　　　　　　　　　[S＋P は省略されることが多い]

[Ⅶ] 根源的意味 (root sense) と認識的意味 (epistemic sense)

　助動詞の表す能力、意志、許可、義務などの意味は根源的意味と呼ばれ、可能性、必然性、予測などの意味は認識的な意味と呼ばれる。多くの助動詞は、may(「…してもよい」「…するかもしれない」)、will(「…するつもり」「…だろうと思う」) というように、この2つの意味を兼ね備えている。

　一般に根源的な意味を表す助動詞は、人間の(動詞句で示されている)行動に係るものであるから to 不定詞を用いて書き換えられ、認識的な意味を表す助動詞は、命題についてのコメントを表すため that 節を用いて書き換えられる。ただし、書き換えた場合、厳密に言うと意味は完全に同じではない。

(1) You *may* go out after you've done your homework.
　 = You *are allowed to* go out after you've done your homework.
　宿題が終わったら遊びに行ってもよい。

(2) Silvia *may* be angry. = It *is possible that* Silvia is angry.
　シルビアは怒っているかもしれない。

(3) I *will* find a place to park. = I *intend to* find a place to park.
　駐車できる場所を探すよ。

(4) He *will* marry her eventually. = *I think that* he will marry her eventually.
　彼は結局は彼女と結婚するだろう。

　このほか、助動詞に関しては動的な意味 (dynamic sense) を認める立場もある。詳しくは、「助動詞概説」の項を参照。

[Ⅷ] 次元 (dimension) の区別

　前置詞を考える場合、次元という概念が大切である。ゼロ次元(つまり、点)は at と、一次元(線)や二次元(面)は on と、三次元(立体)は in と結びつく。

(1) We'll meet *at* the park.
　公園で会いましょう。

(2) You can't park *on* double yellow lines.
（終日駐車禁止を表す）黄色い二重線に車を停めてはいけない。
(3) I saw him lying *on* the floor.
彼が床に寝転がっているのが見えた。
(4) We sleep *in* the bedroom, and wash *in* the bathroom.
私たちはベッドルームで眠り、浴室で体を洗う。

[Ⅸ] 時制（tense）と相（aspect）と法（mood）

(ⅰ) 時（time）が人類すべてに共通で、言語からは独立したものであるのに対して時制（tense）の表し方はそれぞれの言語によって異なる。例えば、中国語は時制の機能を相（aspect）が果たし、中国語で重要なのはある行為が「終わったのか」「まだ続いているのか」ということである。英語では、時の関係は動詞の形態によって表される。[Jespersen（1933）]

例えば、work であれば、work が現在時制を、語尾に —ed を付けた worked が過去時制を表す。ただ、英語では未来時は語尾変化ではなく will/shall work などの助動詞の助けを借りて表されるので、未来時制に関しては認める立場と認めない立場がある。

時と時制は通例、一対一の対応関係がある。現在時は現在時制により、過去時は過去時制により、未来時は未来時制（に相当するもの）により表される。

ただし、これには例外があり、現在時制が未来の確実な行為や出来事を表したり、過去時制が仮定法過去として未来に言及したり、さらに未来時制と言われることもある will が現在の推量を表したりすることもある。（詳しくは本文のそれぞれの項を参照）

(ⅱ) 相（aspect）とは時（time）との関連で動詞の様態をどのように捉えるかを表すものである。[Greenbaum and Quirk（1990）]

具体的には、動詞の示す行為や出来事が「始まったところ」なのか、「その途中」なのか、あるいは「終わってしまった」のかをいう。

英語では、行為や出来事の「途中」という様態は文法形式である進行形を用いるか、keep, continue などの動詞の助けを借りて表さ

れる。行為や出来事の「終わり」という様態は文法形式である完了形を用いるか、finish, stop などの動詞を使って表される。

行為や出来事の「始まり」という様態を表す文法形式は英語にはなく、通例は begin, start などの動詞を用いて表される。

相には、このほか、行為や出来事がある一時点において、「終わってしまったのか」、あるいは「まだ終わっていないのか」という観点からの分類の仕方がある。前者を完了相（perfective）と呼び、後者を未完了相（imperfective）と呼ぶ。（本項の［Ⅴ］を参照）

例えば、I saw him *leave*/*leaving* the office. などの知覚動詞構文の場合、原形不定詞は完了相を、現在分詞は未完了相を表す。詳しくは本文のそれぞれの項を参照されたい。

(iii) 法（mood）とは、文の内容に対する話し手の心的態度（気持ち）を表すものである。法には直説法（indicative mood）と仮定法（subjunctive mood）と命令法（imperative mood）の3つがある。

直説法は文の内容を事実として述べるものであり、仮定法は文の内容を懐疑的に、あるいは非現実のものとして、さらに命令法は文の内容を要求として述べるものである。［Trask (2000)］

これらは、法が文法形式（文のタイプ）により表されているが、このほか、助動詞、形容詞、副詞などの語が法を表すこともある。これは法を意味的に捉えたもので、特に法性（modality）と呼ばれる。法性の基本は「可能性」と「必然性」である。

法性を表す助動詞、形容詞、副詞は法助動詞、法形容詞、法副詞と呼ばれ、これらの語には以下のような意味的な相互関係が認められる。詳しくは本文のそれぞれの項を参照。

(1) George *may* be angry. ⇔ *Possibly* George is angry. ⇔ *It is possible that* George is angry.
(2) George *must* be angry. ⇔ *Certainly* George is angry. ⇔ *It seems certain that* George is angry.

［Ⅹ］段階的（**gradable**）と非段階的（**non-gradable**）

単語の中には程度の大小が考えられるものと、そうでないものが

ある。

例えば、固さや柔らかさには様々な度合いが存在するので、very hard, too soft, softer, hardest などと言うことができる。

一方、ユニークさには度合いは認められず、*very unique, *more unique とは言えない。

ここから hard や soft は段階的な形容詞と呼ばれ、unique は非段階的な形容詞と呼ばれる。非段階的な形容詞には、このほか perfect, dead などがある。

同じような区別は、副詞や動詞にも当てはまり、次の carefully や like は段階的な語で、completely や see は非段階的な語である。

(1) very carefully/ *very completely

(2) I like that very much./ *I see him very much.

[XI] 動作動詞 (active verb) と状態動詞 (stative verb)

私たちが無作為に英語の動詞を思い浮かべてみると、例えば、play, eat, walk, study, look のように、たいていの動詞は動作動詞と呼ばれるものである。動作動詞とは、人がその動作をコントロールでき、したがって意図的に、あるいは目的を持って行えるものをいう。

(1) I am going to *study* something like linguistics or history.

　　言語学か歴史のようなものを勉強するつもりです。

(2) You should *look* over the data carefully to make sure there are no errors.

　　誤りがないか確かめるためにデータを丹念に調べたほうがいい。

この種の動詞は、自制可能な動詞 (self-controllable verbs) と呼ばれることもある。

一方、動詞の中には be, have のようにある関係を示すか、see, hear, know, understand のように知覚状態または心的状態を表す動詞も存在する。これらは状態動詞と呼ばれるもので、人はその状態をコントロールすることはできない。

(3) I *have* a small car.

　　小型の車を持っている。

(4) She *knows* a little French.

　彼女はフランス語が少し分かります。

(5) I *see* his house over there.

　向こうに彼の家が見えます。

　ただし、動作動詞の中にも人がその動作をコントロールできないことを表すものもある。無生物主語をとる rain（雨が降る）、run（エンジンなどが動く）、blow（風が吹く）、work（時計などが動く）などがその代表的なものである。

　さらに、人間を主語にとる動詞でも、inherit, encounter, miss, faint, lose, sneeze, fall などは、人はその動作をコントロールすることはできない。

(6) A chilly wind *was blowing* from the north.

　冷たい風が北から吹いていた。

(7) She almost *fainted* at the sight of blood.

　彼女は血を見て気を失いそうになった。

　以上のほか、「動詞が命令文で使えるかどうか」を基準にした動詞分類の方法もあるが、これについては「進行形の用法」の項を参照。

[XII] 方向（**direction**）を表す語と位置（**position**）を表す語

　go, come, drive, fly などの動詞はある方向へ向かっての移動を表し、to, into などの方向の前置詞と一緒に使われる。

(1) He *drove* the car *into* the garage.

　彼は車をガレージに入れた。

(2) In the fall some birds *fly to* warmer lands.

　秋になると鳥の中には暖かい地域に渡っていくものもある。

　一方、be, stay, wait, work 等の動詞は移動ではなく静的な位置を表し、at, in などの位置の前置詞と用いられる。

(3) They *are in* the garden.

　彼らは庭にいる。

(4) We *stayed at* the hotel built in 1948.

　私たちは 1948 年に建てられたホテルに泊まっていた。

英語語法レファレンス　目次

まえがき	iii—
基本的な概念	vi—
凡例	xviii—
本文	
本編　欧文で始まる項目	1—
本編　和文で始まる項目	272—
シノニム編	479—
和製英語編	521—
参考文献	543—
項目索引	551—

凡例

1. 本書の構成と項目配列
　本書は、本編およびシノニム編、和製英語編からなる。付録としてこれに、(英語学における) 基本的な概念、参考文献、索引などが付く。
　うち本編は、英語語法文法に関する項目をアルファベット順および50音順に配列してある。欧文および和文からなる項目については、最初の構成要素によって整理した。

2. 項目の構成
　各項目は、本文 (左側の罫線が濃い部分) と関連情報 (同罫線が薄い部分) からなる。本文および関連情報の下位区分については、[I][II][III]… のようなローマ数字または①②③… のような丸数字で示した。

3. 引用・出典の示し方
　本文での出典表示は原則として、[以上、Crystal (1988)] のように、著者名と刊行物発表年のみを示した。学術刊行物などを含む引用参考文献については、巻末掲載の「参考文献」一覧を参照されたい。

4. 用例
　　用例については、(1)(2)(3)… のように示し、和訳を付した。同一項目内では、用例はすべて通し番号が付されている。
　用例の冒頭にあるアスタリスク(*)は非文または誤文を表し、疑問符(?)は一般には容認度の低い文であることを示す。
　当該語句または強勢を示す場合、イタリック体および下線で強調し、用例に関わる補足については [　] 内に示した。

5. Kashino Database とは
　2002年から2009年の間に編著者個人が作成した、英米の小説、映画のシナリオ、エッセイなどからなるコンピュータ・コーパスのことである。1990年代から2008年にかけて出版された英米の小説100数冊を始め、映画のシナリオ約180編、それにエッセイ数編が含まれている。小説については、純文学ではなく、イギリスやアメリカの日常を描いた作品の中からベストセラー小説をおもに選び、映画のシナリオとエッセイは、よく知られ人気の高い作品を中心に選んだ。総語数は約1500万語である。

6. その他
　一般辞書に記載のあるような略語および括弧類、自明の略語などについては、適宜、そのまま記述に用いてある。特殊なものについてはそのつどの説明を旨とした。

a- で始まる語

❙ 英語には a- で始まる以下のような語がある。

(1) aboard, ablaze (燃えて), abroad, ajar (半開きで), alike, alone, afraid, afire, around, away, adrift (漂って), aloof (離れて), aware, etc.

❙ これらの語はすべて be 動詞の後で使うことができるという意味で形容詞的である。しかし、同じく補語をとる seem の後では、使える語と使えない語とに分かれる。

(2) The girl seemed *asleep/alert/awake/afraid*.
その女の子は眠って / 警戒して / 目を覚まして / 恐れているようだった。

(3) *The girl seemed *abroad/around/away/aboard*.

❙ また、very による修飾が可能なものとそうでないものとが存在する。

(4) very *afraid*/*very *afire*

❙ さらに、名詞を修飾できる語もあれば、そうでない語もある。

(5) an *aloof* manner 冷たい態度 /*an *ajar* door/*an *ablaze* barn

❙ 一方、(1)のうち、次の語は動作動詞の後で使えるという意味で副詞的である。

(6) They went *abroad/around/away/aboard/alone*.
彼らは外国に行った / 回った / 去って行った / 乗り込んだ / 一人で行った。

❙ ただし、次の語は動作動詞の後では用いられない。

(7) * They went *afraid/awake/alert*.

❙ 以上から(1)に挙げた a- で始まる語は、形容詞的な働きをするものと副詞的な働きをするものがあることが分かる。[以上、Crystal (1988)]

【関連情報】

❙ (1)で a- で始まる語を 13 語、リストアップしたが、すべてが語源的にも同じというわけではない。aboard, abroad, aloof, asleep, around, away などの a- は "on, to, in" の意味を表す接頭辞であるのに対して、awake は歴史的には awaken の過去分詞で、afraid も元来、中世英語で frighten を意味する語の過去分詞である。また alert はフランス語からの借入語で、alone は "all + one" に由来する。

「a/an＋名詞」と「無冠詞＋名詞」

「a/an＋名詞」と「無冠詞＋名詞」の意味上の違いは、石田（2002）と織田（2002）の記述を参考にまとめると以下のようになる。

(1)「a/an＋名詞」が目に見え、形のある「具体的な個体のイメージ」を表すのに対して「無冠詞＋名詞」は目に見えない、形のない「抽象概念」を表す。

言い換えると、個体としての形が失われていると話し手が認識したときに「無冠詞＋名詞」が用いられる。

例えば、次の(2)の a coffee や an Evian は具体的な1杯のコーヒーやペットボトルに入った水のことを言っているが、無冠詞の coffee では「コーヒーというもの」というように、目に見えず、形のない抽象概念が表されている。

(2) "Do you want *a coffee*?" Allen asked. "I don't drink *coffee*," she replied. "Maybe *an Evian*?"

「コーヒー、飲む？」とアレンが言うと彼女は「コーヒーは飲まないのよ」と答えた。「じゃ、エビアンにする？」

同じように、次の(3)の無冠詞の guitar は抽象的な「ギターを弾く技術」のことを述べているのに対して a guitar は目に見え、形のあるギター1本という意味で使われている。

(3) I taught myself *guitar* when I was in high school, and I bought *a guitar* and began practicing it.

高校の頃、独学でギターを弾いていた。それで自分のギターを買って本格的に練習を始めた。

【関連情報】

「無冠詞＋名詞」のときでも、次のように、その名詞の形がある程度残っていることが表される場合がある。ただし、そのときでも完全な形としては残っていない点が強調される。

例えば、無冠詞で用いられる(4)の banana と(5)の pigeon は、それぞれ「食べこぼしたバナナ」「ハトの肉」という意味で用いられている。

(4) The child has *banana* all over her dress.

その子どもは服にバナナをあちこちに付けている。

(5) I don't eat *pigeon*.

ハトの肉は食べない。

ちなみに、(5)の場合、*I don't eat a pigeon/pigeons. とすると、(生きている)1羽や数羽のハトがイメージされることになり、普通の表現ではなくなる。

a first と the first

一般に序数には the が付くが、「いくつかあるうちの1つ」という意味を表す場合は a が付く。例えば、「a first + 名詞」は「a second + 名詞」があることを示唆する。

ただし、Kashino Database の調査では「a first + 名詞」の頻度は「the first + 名詞」に比べるとかなり低い。

(1) Ted asked me to marry him. He's not *the first*. It's *the first* time I wanted to say yes.

テッドからプロポーズされたの。プロポーズされたのは彼が初めてじゃなかったけど、イエスと言いたくなったのは初めてだわ。

(2) He was like a teenager on *a first* date.

彼は最初のデートでは10代の若者のようだった。

(3) This was *a first* meeting with a new client.

これが新しいクライアントとの最初の会合だった。

また first は、次のように特定の表現では無冠詞で用いられる。

(4) You can take *first prize* if you want.

欲しいなら一等賞は十分、取れるよ。

(5) I'll call them *first thing in the morning* tomorrow.

明日の朝一番に彼らに電話をするよ。

(6) Vicki fell in love with him *at first sight*.

ビッキーは彼に一目ぼれをした。

なお、first を名詞として使った This is a first for me. という文は決まり文句である。

(7) I want you to know *this is a first for me.*
これは私にとって初体験だと分かって欲しい。

A whale is no more **a fish** than **a horse is**. (1)

表題の文は宮内秀雄「英語における肯定と否定」(『英語教育』1966年6月号) によると1906年の入学試験に出題されたというくらい古いもので、齋藤秀三郎『熟語本位英和中辞典』(1915) にも掲載されている。日本では鯨の公式として有名なこの文も外国では知られていない。我が国では、この文は「馬が魚でないのと同じように鯨は魚ではない」という意味だと教える。しかし、この日本語は教室でしか通用しない特殊な日本語であり、日常、使うような日本語ではない。

この文の意味は、否定のnoを含んでいるという点から考える必要がある。一般に否定文というのは話の切り出しには使わず、ある主張があって、それに反駁する形で現れるという特徴を持つ。

この文の場合は、この発言の前にある人が、「鯨は魚だよね」と言ったことを受けて別の人がそれを強く否定しようとthan以下に明らかに理屈に合わない事柄を持ち出して「鯨が魚と言うのなら馬だってりっぱな魚だよ」と反駁しているような状況が考えられる。

以下に類例を挙げる。

(1) You said Diane is your mother? She's *no more* your mother *than* I'm the Virgin Mary.
ダイアンがあなたのお母さんですって？彼女があなたのお母さんと言うのならさしずめ私は聖母マリアというところね。

この論理の進め方は、ワトキンスほか (1997) によると「背理法」と呼ばれるもので、ifを使って書き換えられる。

(2) He says he's a priest, but I don't believe it; he's *no more* a priest *than* I'm the Pope.
→ He says he's a priest, but I don't believe it; *if* he's a priest, I'm the Pope.
もしあいつが牧師だったら、さしずめ俺はローマ法王だね。

(1)と(2)では、I'm the Virgin Mary. や I'm the Pope. のような理屈に合わない事柄が程度を表すための譬え表現として用いられているが、これは否定の前提(「私は聖母マリアではない」「私はローマ法王ではない」)として働いている。

これ以外にも否定の前提は、次のように文脈から与えられる場合がある。

(3) This man is *no more* a serial killer *than* you or I.
この男が連続殺人犯であることは絶対にない。
[あなたも私も連続殺人犯ではないという(否定の)前提がある]

A whale is no more a fish than a horse is. (2)

前項で述べた no more... than の構文は、「鯨が魚であること」と「馬が魚であること」という2つの命題の可能性を比較するもので、than 以下に明らかに理屈に合わない事柄を置くことによって than 以下を否定し、全体として否定的な解釈が施されるものであった。

しかし、no more... than 構文には、もう1つ、形容詞や名詞の程度に焦点を当て、主節と than 以下の節を比較するタイプのものが存在する。この場合には肯定的な解釈が施されることもある。

(1) Anita is *no more* a genius *than* I (am).
アニータが天才と言うのなら私だって天才ということになってしまう。

(2) Shakespeare's works are *no more* difficult *than* Harry Potter books.
シェイクスピアの作品は難しいと言ってもせいぜいハリー・ポッター(シリーズ)くらいだよ。

(1)では、than 以下に「私は天才ではない」という否定の前提があり、全体として否定的な解釈(アニータも私も天才ではない)が適用される。(2)では、than 以下に「ハリー・ポッター(シリーズ)はある程度難しい」という肯定的な前提があり、全体として肯定的な解釈(シェイクスピアの作品もハリー・ポッター(シリーズ)もある程度難しい)が適用される。

多くの場合、形容詞や名詞が(1)の a genius のようにいい意味を示

していれば、全体として否定的な解釈となり、形容詞や名詞が(2)のdifficultのように悪い意味を示していれば肯定的な解釈となる。以下に類例を挙げる。

(3) His novel is *no more* interesting *than* yesterday's newspaper.
彼の小説はせいぜい昨日の新聞程度の面白さしかない。
[interesting はいい意味を表しているので否定的な解釈となる]

(4) Skateboarding is *no more* dangerous *than* bicycling.
スケートボードは危険だとしてもたかだか自転車くらいだ。
[dangerous は悪い意味を表しているので肯定的な解釈となる]

前項で述べた命題同士の可能性を比較するタイプの場合も、本項の形容詞や名詞の程度を比較するタイプの場合も、全体として否定的な解釈を受けるときは通例、相手を一蹴するような表現となる。また、本項のタイプで肯定的な解釈を受けるときは「せいぜい」の含みを持ち、ときに相手を安心させる言い方となるのが普通である。

【関連情報】

ミントン(2004)は「形容詞自体が否定的な意味を表す場合、この構文には非難の程度を和らげる機能がある」と述べ、(5)の例を挙げている。ここから、no more... than の構文では、上記の(2)のような肯定的な解釈が可能なこと、およびその場合には相手を安心させる言い方となることが裏付けられる。

(5) Don't worry about your test result: it was *no worse than* anyone else's.
テストの結果は気にしなくてもいいよ。他のみんなと変わらないから。
[その人のテストの結果は確かに悪かったが、他の人も同じくらい悪かった]

この構文について、さらに詳しくは柏野(2010 b)を参照。

according to X の用法

according to X は「X の言うことが本当なら」という意味であるから、X の箇所には3人称の(代)名詞がくるのが普通である。

according to X の用法

(1) *According to* his agent, everyone was anxious to work with him.
彼のエージェントによれば、みんな彼と働きたがっているという。

> したがって、1人称の代名詞は、冗談でもない限り、用いられない。

(2) *According to me, his girlfriend is not good.
cf. In my opinion, his girlfriend is not good.
彼の恋人はいい人間だとは思わない。

> 2人称の代名詞も通例、容認不可能であるが、次のような場合には用いられることがある。
> (3)と(4)では「あなたにかかったら、何でも/誰でも…なんだから」という意味が表されている。

(3) "I hear he is weird." "*According to* you, everyone's weird!"
「彼は変人らしい」「あなたにかかったら誰でも変人なんだから」

(4) "Surely it is obvious." "*According to* you, everything is obvious."
「それは分かりきったことだ」「あなたにかかったら何でも分かりきったことなんだから」

【関連情報】

> according to X との関連で、Not according to X という表現に注意したい。
> この not は前文の内容を否定するもので、「…によると~ではない」という意味になる。相手の言ったことに疑問を差し挟む場合に用いられる。

(5) A: "The concert starts at 8 o'clock."
B: "*Not according to* the advertisement. It says here that it starts at 7:30."
A:「コンサートが始まるのは8時だ」B:「広告によると、そうじゃない。ここに7時半からって書いてある」

(6) A: "I'm not seeing Linda any more."
B: "*Not according to* Linda. She says you asked her to marry her."
A:「リンダとはもう付き合っていない」B:「リンダはそうは言っていない。君がプロポーズしたって言ってるよ」

actually

> actually は、聞き手の予想に反すること、意外に思うことを話し手が言う場合に「まさかと思うかもしれないが、本当です」という意味で用いられる。
>
> 聞き手の予想を十分に思いやっているという点で一種の丁寧表現と言える。

(1) "*Actually*, Amy, it's all over between Philip and me. I've met someone else." "You did?"

「実は、エイミー、フィリップとはもう終わったのよ。いい人と出会ったの」「本当に？」

(2) "I'll fix you a drink. Or would you like some coffee?" "*Actually*, I'm not very thirsty."

「飲み物を作るわ。それともコーヒーのほうがいいかしら」「それが、あまりのどが渇いていないのよ」

> actually は、すでに言ったことをさらに詳しく述べたり、訂正する場合にも使われる。

(3) I've known him for a long time. Since we were children, *actually*.

彼のことはずっと前から知っている。子どものときからね。

(4) "When did you last see her?" "When she was in London about five years ago. *Actually*, that's not correct. I saw her after that."

「彼女に最後に会ったのはいつだ？」「5年くらい前に彼女がロンドンにいるときだな。いや、違う。それからまた会っているよ」

【関連情報】

> よく似た言い方に、as a matter of fact がある。
>
> これは、相手にとって意外なことを言ったり、あるいは、相手の言葉を否定するときに用いられる表現である。

(5) "I'm going to reject your application to produce the CD."
"*As a matter of fact*, I already have." "What?"

「CDを作りたいというあなたの依頼書は受理できない」「実は、すでに作ってあるのですが」「何だって？」

(6) "You must have heard the rumor that went around." "No, *as a matter of fact*, I didn't."
「噂は聞いてるよね」「いや、全く聞いていないよ」

after all

> after all は、①「(予想に反して) 結局」「(前に約束などをしたけど) やはり」という意味のほか、②聞き手がすでに知っていることではあるが、理由として再認識してほしい事実を述べて、「何と言っても…だから」という意味でも用いられる。
> 現れる位置は前者では文の終わりで、後者では文の初めのことが多い。なお、強勢は前者では after に置かれ、後者では all に置かれる。[Makkai et al. (1995)]

(1) I've decided not to buy the painting *after all*. In fact, it might be a fake.
結局、その絵を買わないことにしたよ。はっきり言って、偽物かもしれないからね。

(2) "Sometimes the second best person turns out to be the best *after all*." "I don't want to settle for second best."
「2番目に好きな人が結局は1番になることってあるわ」「2番目の人で我慢したくはないのよ」

(3) Please call me Jenny; *after all* we have known each other for some time.
ジェニーと呼んでください。知り合ってから時間も経っていることだから。

(4) "I want to talk to that man," said Paula. "*After all*, he came all the way to Los Angeles to see me."
「その人と話をするわ」とポーラは言った。「はるばる、ロサンゼルスまで私に会いに来てくれたんだから」

> なお、①の用法の after all は「反対のことが起こる兆候はあるが…」という意味合いを帯びている。したがって、次の(5)のようには言える

(5) Although I was very late, and I was sure I had missed it, the plane was delayed by two hours. I didn't miss the plane *after all*!
遅刻して飛行機に乗り遅れたと思ったが、離陸時刻が2時間遅れたので、結局は間に合った。

(6) *I got up an hour late, missed the train to the airport, and there was no chance of me catching the plane, and I missed it *after all*.

after と in と later

3語とも時間の経過を表し、「…の後で」「…してから」の意味で用いられるが、in は「現在から見て後」のことを述べているのに対して after と later は「過去か未来のある時点から見て後」のことを述べている。
動詞との組み合わせとしては、時制別に「未来形＋in」「未来形＋after」「過去形＋after」「未来形＋later」「過去形＋later」の5つが考えられる。
このうち、ごく普通に用いられるのは「未来形＋in」と「過去形＋later」である。それぞれ、基準時は現在、過去である。

(1) My wife will be here *in* a few minutes.
妻は今から2、3分したらここに来ます。

(2) The fall term began six months *later*.
秋学期はそれから6か月後に始まった。

残りの「未来形＋after」「過去形＋after」「未来形＋later」については、ネイティブ・スピーカーにより容認性の判定が揺れていて、次の各文を認める人と認めない人がいる。

(3) ? I'll be back *after* fifteen minutes.
(4) ? He left the hospital *after* five days.
(5) ? I'll be back five minutes *later*.

例えば(3)の文を認めない人は、「いつから15分後か、という情報が欠けているので容認できない」とコメントしている。逆に、この情報を(3)の例の中に読み込めた人はこの文を認めることになる。

したがって、それぞれの場合、例文の中に先行する出来事を示すことによって「基準点」を明確にすれば容認されるようになる。

(6) I'll be back *after* fifteen minutes' rest.

15分、休憩したら(その後で)戻ってきます。

［未来の休憩が基準点］

(7) Kim said *after* a few minutes of silence.

キムは2, 3分、黙っていてその後で言った。

［過去の沈黙が基準点］

(8) I'm going to graduate in 2011, and I'll get married two years *later*.

2011年に卒業して、その2年後に結婚します。

［未来の卒業が基準点］

agree to と agree with

一般に、agree with の後には人がきて、agree to の後には物事がくると言われているが、これは正しくない。

agree with は他の人と同じ意見であるという意味を表すのに対して agree to は同意した上で何らかの行動をとるという意味を表す。前者の後には人、正確には「その人の言うこと」や意見がくることが多く、後者の後には提案、計画など、これから行う何らかの行為を表すものがくることが多い。

(1) "I want to get this thing over with." "I *agree with* you."

「これの決着を付けたい」「同感だな」

(2) Did he *agree with* your point of view?

彼はあなたの見解に賛成しましたか。

(3) "Nothing can go wrong," said Alf emphatically. "I spoke to Larry just after midnight. He's *agreed to* my plan."

「すべて抜かりはない」とアルフは語気を強めて言った。「真夜中過ぎにラリーと話をした。彼も私の計画に手を貸すと言ってくれている」

あるネイティブ・スピーカーは agree to は agree to accept things の accept の省略と考えればよいと言う。

> 実際、to の後には動詞がくることが多く、Kashino Database を使って agree to を検索してみると、to の後に名詞がきている例は全体の 30% 程度で、残りの 70% は meet, go, do などの動詞がきている例であった。

(4) They *agreed to* meet in Cambridge at eight o'clock.
   彼らは8時にケンブリッジで会う約束をした。
(5) He *agreed to* do what she wanted.
   彼は彼女の望み通りにすると言った。

> ちなみに、agree to は「同意」を表すのであるが、仕方なく同意する場合にも用いられることに注意したい。[古木&アルトハウス (1981)]

(6) Ellen reluctantly *agreed to* their proposals.
   エレンは彼らのいくつかの提案に仕方なく同意した。

ah と oh

> この2語は交換可能な場合もあるが、厳密には、ah は予測できる話を相手から聞いたときに用いられ、oh は予測できない話を相手から聞いて驚いたときに用いられる。

(1) "I'm Bill Woods. I have a reservation." The woman looked at him a moment and said. "*Ah*, yes. Mr. Woods."
   「ビル・ウッズです。(このホテルの) 予約をしている者ですが」(受付の) 女性は彼を少し見て言った。「はい、ウッズ様ですね」
(2) "How is your injury?" He touched the bandage. "This? *Ah*, it's nothing."
   「怪我の状態はどうですか」彼は包帯を触って言った。「これですか。大丈夫ですよ」
(3) "Mark's been married four times." "*Oh*, really? I didn't know that."
   「マークは4度、結婚しているんだよ」「えっ、そうなのか。知らなかったな」
(4) "Did you love her?" "I don't know." "*Oh*, come on." "I'm serious."
   「彼女を愛していたんですか」「分からない」「えっ、そんなことってあ

りますか」「いえ、本当なんです」

次の(5)は、予測性について、この両語の違いがよく分かる好例である。

(5) a. *Ah*, here comes Albert. He should have been here ten minutes ago.
ああ、アルバートが来たよ。10分前に来るべきだったな。

b. *Oh*, here comes Albert. I didn't know he shopped at this store.
えっ、アルバートがいるぞ。この店で買い物をしているとは知らなかったな。

Kashino Database の検索では、ah が 1089 例、oh が 9651 例、ヒットした。使用頻度は oh のほうが圧倒的に高い。

all, each と every

all は「包括性」を表し、全体を集合的に捉える場合に用いられるのに対して、each と every は「個別性」を表し、全体を構成している各構成員を取り出して考える場合に用いられる。

各構成員を X として図示すると以下のようになる。

(1) all: [X X X X ...]

(2) each/every: X + X + X + X + X ...

次に具体例を挙げるが、(3)では主語の彼女が試合に勝ったチームの一人一人にねぎらいの言葉をかけたことを意味するのに対して、(4)では彼女がチーム全体に向かってねぎらいの言葉をかけたことを意味する。
[Leech and Svartvik (1994)]

(3) She complimented *each/every* member of the winning team.

(4) She complimented *all* the members of the winning team.

every は each ほど「個別性」を強く表さないため、(5)と(6)のように all に似た意味を表すこともある。しかし、every が all よりも「個別性」を際立たせる機能を持つことは、(6)の teacher, studies, his or her などの単数呼応を見ればよく分かることである。

(5) *All* good teachers study their subjects carefully.

(6) *Every* good teacher studies his or her subject carefully.
まじめな教師というものは自分の教科を丹念に勉強する。

each と every を比べると、each は 2 つ以上の小さい数に用いられるが、every は 3 つ以上の数に用いられ、あまり小さい数には適用されない。また every には例外がないことを強調する働きもある。[Murphy and Smalzer (2009)]

(7) At the beginning of the game, *each* player has three cards.
ゲームの初めに各プレイヤーはカードを 3 枚ずつ持つ。

(8) I would like to visit *every* country in the world.
世界のあらゆる国を訪問したい。

なお、every は 2 つのものには使えないことにも注意したい。

(9) In a baseball game, *each*/*every team has nine players.
野球の試合では、それぞれのチームには 9 人の選手がいる。

このほか、一般に each は特定的な場面で用いられるのに対して、every は総称的に用いられるという特徴がある。

(10) Study *each* sentence carefully.
各文を注意して見なさい。

(11) Every sentence must have a verb.
すべての文は動詞を含まないといけない。

ちなみに、every の強調形としては each and every がある。

(12) I want *each and every* one of you to be here at six o'clock.
6 時には一人の例外もなく全員、ここにいなさい。

All yours.

All yours. は (It's) all yours. の省略で、I'm finished with something. Now it's all yours to use.（私は使い終わったから、今度はあなたが使う番です）という意味を表し、相手に、あるもの（トイレのことが多い）の使用権を譲る場合に用いられる。

(1) "It's *all yours*," Jenny said. Sarah raced into the bathroom.
「さあどうぞ（使ってください）」とジェニーは言った。サラはトイレに急いで入っていった。

同じように、相手に物の使用権を与える表現には、Help yourself./

Sure. などがある。ただし、この2つの表現には All yours. のように相手が順番を待っているという含みはない。

(2) "Can I borrow your digital camera?" "Of course, just *help yourself*."
「デジタルカメラ、貸してもらえますか」「もちろん、さあどうぞ」

(3) "Can I use the car for a while?" "*Sure*."
「車、少し借りてもいい？」「いいよ」

almost

almost は数量や頻度に関して、「すべて」か「ゼロ」を表す以下のような語と連語し、到達点（「すべて」か「ゼロ」）に近いことを表す。

all, everyone, everything, always
no, nobody, nothing, never
any, anyone, anything（「どんな…でも」という意味の any）

例えば、almost all Japanese や almost no money は「すべてと言ってもいいくらいの日本人」「全くお金がないと言ってもいいくらい」という意味になる。

以下に具体例を挙げる。

(1) We've passed each other on the street *almost* every day.
ほとんど毎日、私たちは通りですれ違っていますよ。

(2) She wore *almost* no makeup.
彼女はほとんど化粧をしていなかった。

(3) All your nerve centers are in your feet. We can heal *almost* anything with foot massage.
神経の中枢はすべて足にあります。フットマッサージでたいていのものは治すことができます。

(4) The office upstairs was *almost* always quiet.
上の階のオフィスはたいてい静かだった。

(5) I *almost* never watch the morning news on TV.
普通は、テレビの朝のニュースは見ない。

このほか、almost は動詞や形容詞や（頻度副詞以外の）副詞と共起す

るこれもある。同じように到達点に近いことが表される。

(6) She was *almost* hit by a car.

彼女は車にひかれそうになった。

(7) It would be *almost* impossible for her to find a job in San Francisco.

彼女がサンフランシスコで仕事を見つけるのは不可能に近い。

(8) He *almost* completely forgot Annie.

彼はアニーのことをすっかり忘れていたと言ってもいい。

Kashino Database の検索では、almost は every, all, always, impossible, no などと多く用いられていた。

【関連情報】

nearly も all, every, always, everything, impossible など、almost とほぼ同じ語と連語する。

ただし、nearly は no とは連語しないし、逆に almost が共起しなかった not や very と用いることができる。not nearly は「少しも…でない」という意味になる。

(9) *She wore *nearly* no makeup.

(10) "Do you feel we're not doing enough?" "Not *nearly* enough."

「私たちは十分なことをしていないと思っているのですか」「程遠いね」

(11) Max was very *nearly* shocked at the suggestion.

マックスはその提案を聞いてショックを隠しきれなかった。

Kashino Database の検索では、almost が 6615 例、nearly が 1615 例、ヒットした。almost の頻度が nearly に比べ圧倒的に高い。

always などを伴った進行形

進行形が always, continually, constantly, for ever/forever などの副詞(句)を伴うと、「…してばかりいる」という意味を表す。Kashino Database の検索では、頻度は always が圧倒的に高く、その後に constantly、forever、continually と続く。2語からなる for ever は 1 例もヒットしなかった。

(1) His wife *was constantly nagging* him. She *was always mentioning*

Walter and how successful he is.

彼の妻は夫をなじってばかりいた。彼女は（前に付き合っていた）ウォルターがどれだけ成功したかを絶えず言うのだった。

(2) You *were forever catching* colds.

お前は風邪ばかり引いていたな。

> これは口語的な誇張表現で、always などは文字通りの「いつも」という意味ではなく、「しょっちゅう」(very often) という意味を表す。(3)と文字通りの意味を示す(4)の単純形を比較されたい。

(3) Our teacher *is always giving* us exams.

先生はテストばかりする。

(4) Our teacher *always gives* us an exam.

先生は授業のたびにテストをする。

> この構文では、話し手の「いらだち」などの不快感が表されことがあるが、これは「習慣的反復を誇張する必要が強く感じられるのは話し手にとって望ましくない、いやな事柄であることが多い」からである。[大江 (1982)]

(5) Silvia *is always leaving* her dirty socks on the floor for me to pick up! Am I her maid?

シルビアは汚れた靴下をいつも床に放ったままにして私に拾わせるのよ。私は彼女のメイドなの？

> 不快感が表されるかどうかは、文の内容や音調、それに顔の表情などによる。次の例では、この種の感情は表されていない。

(6) Don is a really kind person. He's *always offering* to help us with our work.

ドンは本当に親切で、いつも仕事を手伝おうと言ってくれる。

appear と seem

> appear と seem はともに「目で見たり、耳で聞いたりして…のようだと判断する」こと、および「頭で考えて…のようだと判断する」ことを表す。一般に「…であるように思われる」という意味で用いられる。

文体の点では seem よりも appear のほうが堅苦しい言い方である。

(1) He *appeared* not to have heard her and *seemed* completely unaware of Bruce.
彼は彼女の言うことを聞いていないようだったし、ブルースのことも全く気づいていないようだった。

(2) She continued to be an all A student. There *seemed* to be no reason to get therapy for her.
彼女はずっとオール A をとってきた学生だから、彼女がセラピーを受ける理由は全くないように思われた。

文献の中には、seem は「目で見たり、耳で聞いたりして…のようだと判断する」こと、および「頭で考えて…のようだと判断する」ことを表すが、appear は前者の意味しか表さないとするものもある。

しかし、複数のネイティブ・スピーカーは、上の(1)に見られる appear と seem は入れ替えられるし、「頭で考えて…のようだと判断する」ことを表している(2)の seem も appear と差し替えられると言う。したがって、この両者は文体の違いはあるものの、意味はほぼ同じと考えてよい。

【関連情報】

appear と seem の関連表現には look がある。これは、普通「目で見て…のようだと判断する」という意味しか表さない。

(3) She *looked* familiar, but I couldn't remember who she was.
彼女の顔は見たことがあったが、誰だか思い出せなかった。

構文の面では、appear と seem は appear to be..., seem to be... の型をとるが、look では look to be... の型は用いられるものの、あまり一般的ではない。

(4) He *appeared*/*seemed*/*looked* to be sleeping very peacefully.
彼は心地よさそうに眠っているようだった。

arrive at と arrive in

従来、到着する場所が狭ければ at を使い、広ければ in を使うと言われ

arrive at と arrive in

てきたが、これは必ずしも正しくない。at と in の元の意味に立ち返り、arrive at は「到着した場所の外（正確には、端）にいる」、arrive in は「到着した場所の中にいて何らかの活動をする」と考える必要がある。

(1) By the time he *arrived at* his apartment, he had formulated a plan.
彼はマンションに着くまでに計画をすでに立てていた。

(2) He has *arrived in* London to work out a new trade agreement with the British Prime Minister.
彼はロンドンに着いて、イギリスの首相と新しい貿易協約の練り上げに入ろうとしていた。

(3) Two hundred miles beyond London, they *arrived in* the small town.
彼らはロンドンから200マイル離れた小さな町に着いた。
［small に注意］

Kashino Database の検索では、at の後には apartment, house, office, door［空間がないことに注意］, hospital など建物に関する語がよく用いられているのに対して、in の後には New York などの都市名や city, town などがよく用いられていた。
at と in の後に同じ語が用いられた次の2つの文を比較されたい。

(4) After a short while they *arrived at* Burlington Street.
しばらくすると彼らはバーリントン・ストリートに着いた。
[= They reached the edge of the street.]

(5) After a short while they *arrived in* Burlington Street, and they began to look around at the many shops there.
しばらくすると彼らはバーリントン・ストリートに着き、店をあちこち見て回った。
[= They reached the street and entered it.]

【関連情報】

arrive の類義語には reach と get to がある。3つとも「到着する」という意味を表すが、arrive と reach は行程の最後だけを指すのに対して get to は全行程を指すという違いがある。
したがって、How can I get to Central Park? などの場合には、arrive や reach は使えない。

as + 形容詞 + as any (+ 名詞)

学習参考書の中には、次のように「as + 形容詞 + as any (+ 名詞)」と最上級は同じ意味を表すと述べているものがある。

(1) The Japanese are as friendly as any people in the world.
 = The Japanese are the most friendly people in the world.

しかし、あるネイティブ・スピーカーはこの2つの文の同義関係に疑問を挟み、「第2文は最上級の意味を表すが、第1文は必ずしも最上級の意味にはならず、日本人と同じくらいフレンドリーな国民が世界にいる可能性を残している」と言っている。

この構文は通例は(1)のように、ある集団((1)では、people)内での比較が表されるが、この場合、文脈上、明らかであればanyの後の名詞は省略できる。

(2) Her bikini was *as brief as any* at the pool.
 彼女のビキニはそのプールではどのビキニにも負けず劣らず小さかった。[bikini の省略]

このほか、「as + 形容詞 + as any (+ 名詞)」の構文は、当該の形容詞の意味を象徴的に表す名詞をanyの後にとり、主語の特性を強調することがある。

次の例では、多くいた女性の中にはモデルではないが、モデルに匹敵するくらい容姿がいい女性もいたと言っているのである。

(3) There were many girls everywhere, some *as perfect as any* model, all of them good-looking.
 あちこちに多くの女性がいた。中にはモデルに引けをとらないほど完璧なスタイルの女性もいた。とにかく、美人ばかりだった。
 [as light as a feather のような比喩用法との類似に注意]

この用法では、(1)のように、ある集団内での比較を表しているわけではないので、「最上級の意味を表している」と誤解されることはない。

以上から「as + 形容詞 + as any (+ 名詞)」には2つの用法があることが判明したが、(1)のタイプの表す意味と(3)のタイプの表す意味は、話し言葉では次のように強勢で区別できる。

(4) Bill was as brave as any soldier.

ビルは（兵士だったが）どの兵士にも劣らず勇敢だった。

[(1)のタイプ]

(5) Bill was as brave as any soldier.

ビルは（兵士ではなかったが）勇敢さという点では兵士も顔負けだった。[(3)のタイプ]

as, because, for と since

本項では、表題の理由を表す接続詞の意味上の違いを Swan (2005) を参考に解説する。

[Ⅰ] as と since は、理由が聞き手に分かっている場合、つまり旧情報を理由として伝える場合に用いられる。

as 節と since 節は前置されることが多い。ともに堅苦しい言い方で、くだけた言い方では so で代用する。

(1) *As* it was a clear night, he decided he would walk to town.

夜空がきれいだったので、彼は町まで歩いていこうと思った。

(2) Ellen came to the party but hardly said a word. *Since* I didn't know her that well, I thought she must be shy.

エレンはパーティに来たがほとんどしゃべらなかった。私は彼女のことをよく知らなかったので内気なのだと思った。

(3) I missed the bus *so I* had to walk home.

バスに乗り遅れたので家まで歩いて帰らないといけなかった。

理由を表す as はおもにイギリス英語で、アメリカ英語では [Ⅱ] で述べる because を文頭に用いることが多い。この場合には、because は旧情報を従えることになる。

(4) Jenny came home very late one night. *Because* she was so late, she knew her parents would be worried.

ジェニーはある夜、非常に遅く帰宅した。大変遅くなったので彼女は両親が心配していることは分かっていた。

また、ネイティブ・スピーカーの中には、since と because はお互いに

交換できるという人もいる。そういう人たちにとっては、since の後置も可能となる。ただ、since には「…以来」という意味もあるので誤解されないように because をよく使うとのことである。

[Ⅱ] because は理由を強調するときに使われる。

聞き手の知らない新情報を伝える働きをするので通例、後置される（前置された例は(4)を参照）。*because* の前のコンマはあってもなくてもよい。

(5) I am hungry *because* I skipped lunch.
昼食を抜いたのでお腹がすいた。

(6) I did not like my parents' house when I was a kid, *because* it was so quiet.
子どもの頃、実家の家が静かすぎて好きではなかった。

as や since とは異なり、because は新情報を伝えるので、why の質問に対する答えとして用いられる。

(7) A: "Why was the game stopped?"
B: "*Because* it started to rain."
A:「どうして試合は中断されたのですか」B:「雨が降ってきたからです」
cf. *As/*Since it started to rain.

ちなみに、くだけた言い方では、何らかの理由ではっきりと答えを言うのをためらうときに、because が単独で用いられることがある。

(8) "Why do you ask?" "*Because*."
「どうして、そんなことを聞くのですか」「どうしても」

[Ⅲ] for 節は新情報を提供するが、思いつきで補足的に添えられる場合に用いられる。

通例、堅苦しい書き言葉に限られる。

(9) "Mr. Edwin Lees is in the lobby to see you." I was surprised, *for* I had not been expecting him.
「エドウィン・リーズ様がお会いしたいとロビーでお待ちです」私は驚いた。というのは彼が来るとは思っていなかったから。

以上、[Ⅰ] から [Ⅲ] まで理由を表す接続詞を見てきたが、実際の談

話の中では全く接続詞を使わず、2つの文を並べるだけですませることがある。第2文が理由を表す働きをするためである。

(10) I always go to the beach by car. I like driving.
   ビーチへはいつも車で行く。ドライブが好きだから。

【関連情報】

Sweetser (1990) によると、接続詞は以下の3つの領域の少なくとも1つの領域で解釈されるという。

[Ⅰ] 内容領域 (content domain)
[Ⅱ] 認識領域 (epistemic domain)
[Ⅲ] 言語行為領域 (speech act domain)

以下、because と since を例にとり、ネイティブ・スピーカーのコメントを交えながら、この3領域について説明する。

[Ⅰ] の内容領域というのは現実世界と読み替えてもよい。内容領域（現実世界）の接続詞とは、具体的には上で見た通常の用法の because と since を指す。

この because と since は前置されることも後置されることもある。後置の場合、because ではコンマはあってもなくてもよいが、since では通例、必要とされる。

(11) *Because* Emily loved him, she forgave him.
   エミリーは彼を愛していたので彼を許した。

(12) Emily forgave him(,) *because* she loved him.
   同上

(13) *Since* Liz left school already, I decided to call her.
   リズはもう学校を出ていたので彼女に電話することにした。

(14) I decided to call Liz, *since* she left school already.
   同上

[Ⅱ] の認識領域とは簡単に言えば推論領域のことである。because/since 節で示されている事実をベースに主節で示される結論を引き出す、つまり because/since 節と主節の間に推論 (inference) が働くものをいう。

since 節は前置も後置もできるが、because 節は後置しかできない。後

as, because, for と since 24

置の場合、コンマは両者とも通例、必要とされる。

(15) Emily loved him, *because* she forgave him.

エミリーは彼を愛していた。(なぜ分かるかというと) 彼女は彼を許したから。

[= Emily loved him, and I claim this because she forgave him.]

(16) *Since* Liz is not in school, she must have gone home.

リズは学校にいない。(ここから考えると) きっと家に帰ったのだろう。

[= Liz is not in school, and I infer from this that she must have gone home.]

(17) Liz must have gone home, *since* she is not in school.

リズはきっと家に帰ったのだろう。(なぜ分かるかというと) 学校にいないから。

[= Liz must have gone home, and I claim this since she is not in school.]

[Ⅲ] の言語行為領域の because/since とは、話し手が主節で行った発言(質問、命令、提案など)の理由を because/since 節が説明する働きをしているものをいう。

since 節は前置も後置もできるが、because 節は後置しかできない。後置の場合、コンマはともに通例、必要とされる。

(18) Where is your supervisor, *because* I would like to talk to him.

あなたの上司はどこにいますか。(なぜこのようなことを尋ねるかといえば) 彼と話をしたいのです。

[=Where is your supervisor? I ask you this because I would like to talk to him.]

(19) *Since* you are so smart, who is the President of the United States of America?

あなたは頭がいいから (聞くのだけど) アメリカの大統領は誰ですか。

[= I ask you this since you are so smart. Who is the President of the United States of America?]

(20) Who is the President of the United States of America, *since* you are so smart?

アメリカの大統領は誰ですか。あなたは頭がいいから聞くのですけど。
[= Who is the President of the United States of America? I ask you this since you are so smart.]

ちなみに、(19)の since you're so smart は、よく使われる表現で、これからする質問に聞き手は答えられないだろうと話し手が思っていることが暗示される。(20)のように、since 節が後置されると聞き手への敵意さえ感じられる表現となる。

Sweetser (1990) の三領域の考え方については、「条件文」の項も参照。

as far as と as long as

ともに「…する限りでは」という意味で用いられるが、as far as は「程度の限定」を表し、as long as は「時間の限界」を表す。後者では、for as long as という形式も可能である。

(1) You've been married to Sherry a long time, and *as far as* I know it's been mostly good.
君はシェリーとの結婚生活も長い。そしてぼくの知る限りでは、うまくいっているようだ。

(2) He hit her hard across the face. "I never want to see you again *as long as* I live."
彼は彼女の顔を強くたたいた。「死ぬまで、二度と顔を見たくない」

Kashino Database の検索では、as far as の後には be concerned, know, can tell, the eye can see [the eye can *reach* は誤り] などが続くことが多く、as long as の後には can remember が続くことが多い。このほか、as long as は「条件」を表すこともある。only if に近い意味を表す。

(3) "A team of agents have arrived from Chicago and Washington, and they'd like to speak to you tomorrow." "*As long as* they're not here to arrest me, I'll talk to them."
「捜査員が何名かシカゴとワシントンから来ておられます。明日あなた

とお話したいそうです」「私を逮捕しに来たのでないのなら話をしよう」
したがって、I will love you *as long as* you love me. は「あなたが私を愛しているうちは」という「時間の限界」の意味か、「あなたが私を愛してくれるのなら」という「条件」の意味かであいまいになる。for as long as とすれば「時間の限界」の意味にしか取れなくなる。［バーナード（2007）］

【関連情報】

As far as I'm concerned, classical music is worthless. などに見られる as far as I'm concerned は、話し手が聞き手にとって否定的な意見を述べるときに使う感情的な表現である。訳語としては、「私に関する限り」ではなくて、「私に言わせれば」くらいが適当である。

as for と as to

1960年代後半に発行されたイギリスの語法書に、as for と as to が「…について言えば」の意味を表すとき、新しい情報を導入する場合には as for を使い、旧情報を導入するときには as to を使う、と書かれている。

しかし、現在では as to が堅苦しい言い方であり、また人に関しては用られないという点を除けば、この両者は区別なく同じように使われる。

(1) It is raining. Tom and Jerry want to go on a picnic, and Peter wants to go and see the football. *As for* me, I'd rather stay home and read.
雨が降っている。トムとジェリーはピクニックに行きたがっている。ピーターはフットボールの試合を見に行きたいと言っている。僕は家にいて本を読んでいたい。

(2) The thief was caught by the guard almost immediately. *As for* the stolen bags, they were found in a garbage can.
空き巣はすぐにガードマンに捕まった。盗まれた鞄はゴミ箱で見つかった。

(3) Paul was politely questioned. He related exactly what had happened. *As to* his business in NY, he was deliberately vague.

ポールへの質問の仕方は丁寧だった。彼は何が起こったかを順序だてて話をした。ただ、ニューヨークでの自分の仕事については彼はわざとあいまいにしか話さなかった。

as if

よく知られているように、as if は as though ともいうが、この though は古い英語で if の意味を表していたもので、現在、as though の形だけにその意味が残っている。意味は同じだと考えてよい。

また as if は発生的には、(1)のような構造が省略されて(2)のようになったもので、本来は「もし…ならば、そうであるように」という意味を表していた。[Curme (1931)]

(1) He acts *as* [he would act] *if* he were in love with her.
(2) He acts *as if* he were in love with her.
   彼の行動を見ていると、まるで彼女に恋をしているようだ。

as if の後にどのような形式の (助)動詞がくるかに応じて分類すると以下のようになる。

[Ⅰ] as if + 主語 + 仮定法過去形...

(3) a. You behave *as if* you were a star.
   b. You behaved *as if* you were a star.

[Ⅱ] as if + 主語 + had + ―ed...

(4) a. People are behaving *as if* nothing had changed.
   b. People were behaving *as if* nothing had changed.

[Ⅲ] as if + 主語 + would/might...

(5) a. I feel *as if* nothing would ever change.
   b. I felt *as if* nothing would ever change.

他の仮定法の場合と同様、as if 節は主節が過去時制の場合でも一般に「時制の一致」の規則の適用を受けない。上の各例の a と b を比較されたい。

したがって、主節が現在時制でも過去時制でも、従属節の「時」が主節の「時」と同じであれば(3)のように仮定法過去が用いられ、前であれ

ば(4)のように仮定法過去完了、後であれば(5)のように仮定法の助動詞が用いられる。

[Ⅰ]のタイプは現在や過去の事実とは違うことを仮定するものである。as if 節の動詞は、were や knew, had などに代表される状態動詞に限られ、動作動詞は一般に用いられない。[ワトキンス (1988)]

(6) *It tasted *as if* I drank green tea.
cf. It tasted *as if* I were drinking green tea.
それは緑茶のような味がした。

ただし、動作動詞の場合でも一回限りの行為ではなく、反復的行為を表していれば容認可能となる。

(7) Her hands looked *as if* she washed them often.
彼女の手は頻繁に洗ってあるように見えた。

[Ⅱ]のタイプは「現在から見た過去」や「過去から見た過去」(大過去と呼ばれる)に起こった事柄に関して、それとは違うことを仮定するものである。

[Ⅲ]のタイプは「現在から見た未来」や「過去から見た未来」、それぞれの時点での将来の見込みを表している。

この[Ⅲ]のタイプは、あまり知られていないと思われるので、以下に類例を挙げておく。

(8) Martin glared at her *as if* he might slap her.
マーティンは今にもひっぱたきそうな様子で彼女をにらみつけた。

(9) The tears suddenly spurted again, and Paige put her head down on the desk and wept *as if* her heart would break.
また涙が突然溢れてきて、ペイジは頭を机につけ、心臓が張り裂けるのではないかと思えるくらい泣いた。

この as if 構文で重要なことは、主節が現在時制の場合、くだけた言い方では as if 節に直説法が盛んに用いられるという事実である。

これは主節の動詞が look, feel, seem, sound, be (It is as if... の形式で) のときに多く見られる現象である。

(10) You look *as if* you have a fever.
見るところ、熱がありそうね。

(11) You sound *as if* you're eighty years old.

（若いのに）80歳の老人がしゃべっているようね。

この場合、as if 節の動詞が直説法現在であっても現在の事実の反対 (counterfactual) を表すことがある点に注意したい。

(12) We only met a couple of weeks ago, but Roy's so great, I feel *as if* I've known him forever.

会ってまだ2、3週間だけど、ロイが素敵だからずっと前から知っているような気がするわ。

(13) This might sound strange, but sometimes when I'm with Jenny, I feel *as if* I'm a little girl again and with my mother.

奇妙に聞こえるかもしれないけど、ジェニーといると、ときどき自分が子どもに戻って母親といるような気がするの。

As is often the case

この表現についてはある文献に「受験英語ではよく使われるが、生の英語では稀で、形式ばっている」という記述があるが、これを見る限りでは、as is often the case はあまり使われていないような印象を受ける。しかし、実際はそうではない。

これは書き言葉（特に、公式文書）ではよく用いられる表現である。(1) は小説ではなくエッセイからの例である。

(1) Public opinion was more closely divided, but *as is often the case*, those who opposed change were more insistent and forceful than those in favor.

世論は賛否がわずかに分かれたが、よくあるように変化を嫌う人は変えようとする人よりもこだわりが強く、意見も強引だった。

ここで注意しないといけないのは、この構文では主節の動詞には通例、(1) の were のように状態動詞が用いられ、動作動詞を用いると不自然に響くという点である。

(2) ?*As is often the case* with him, Tom arrived late.

 cf. *As is often the case* with him, Tom was late when he got there.

主節に動作動詞がくる場合は、as is often the case ではなくて、「as + 主語 + often + do」が使われるのが普通である。

(3) *As he often does*, Mike arrived late.

よくあることですが、マイクは遅れてきました。

(4) I went for a walk in the gardens, *as I often did* in the late afternoon.

午後の遅い時間に庭でお決まりの散歩をした。

これが一般原則であるが、主節に動作動詞がくる場合にも、as is often the case が使えるというネイティブ・スピーカーもいる。

(5) *As is often the case* with him, Tom throws badly when the pressure is on.

よくあることですが、トムはプレッシャーがかかるとうまく投球できないのです。

as soon as possible

たいていの英和辞典は as soon as possible は as soon as you can と同義とした上で「できるだけ早く」という訳語を与えている。

(1) as soon as possible [one can]

できるだけ早く

He came *as soon as he could*.

彼はできるだけ早く来た。（ともに 1972 年発行の英和辞典から）

(2) as soon as possible [one can]

できるだけ早く

I'll come back *as soon as possible*.

できるだけ早く戻ります。（ともに 2004 年発行の英和辞典から）

しかし、多くのネイティブ・スピーカーは、as soon as possible は「緊急性」（urgency）を表し、「至急」という意味であるのに対して、as soon as you can は時間的な余裕があることを表し、「できるだけ早く」という意味だと言う。

また as soon as possible は指示を表し、as soon as you can は丁寧な依頼を表すともコメントしている。

(3) He left a message for me to call him *as soon as possible*. The message said it was urgent.

彼は「至急、電話をくれるように」というメッセージを残していった。そこには「緊急」と書かれていた。[urgent という語に注意]

(4) Never call a customer 'sir'. You can call him 'Mister Somebody' for a while, but get on a first name basis *as soon as you can.*

客のことを決して「サー」と呼んではいけない。しばらくは「ミスターだれだれ」と呼んでいても構わないけど、できるだけ早くファーストネームで呼び合う関係になりなさい。

> 2003年のアメリカ映画の中に、ある人が重傷を負い、駆けつけた人が救急車を呼ぶ場面があるが、そのとき ASAP というアクロニムが使われていた。そこでは「エイサップ」と「エ」の部分を強く発音していたが、as soon as possible よりもさらに緊急度が高く、「大至急」という意味である。
> この ASAP は次のように書き言葉でも使われる。

(5) Message from Albert. Emergency. Phone me. *ASAP.*

アルバートからのメールだった。「緊急事態。大至急、電話してくれ」と書いてあった。

as well as

> A as well as B の構文では、重点は A にある。A には新情報を表すものがきたり、重要で目立つものがくる。

(1) "So you speak German *as well as* Danish." Judy nodded. "In Denmark, all schoolchildren learn German."

「あなたはデンマーク語のほかドイツ語も話すのですね」ジュディはうなずいた。「デンマークでは小学生はドイツ語を勉強します」

(2) The incident raised a lot of questions about security *as well as* privacy.

(有名人がカメラマンに近くから写真を取られた)その事件はプライバシーだけではなく、安全性についても多くの問題を提起した。

(3) He won the Nobel Prize *as well as* several other awards.

彼はいくつかの賞だけでなくノーベル賞ももらった。

しかし、ときに、この区別があいまいになり、as well as が and に近い意味で用いられることがある。[Huddleston and Pullum (2002)]

(4) Abstraction *as well as* impressionism were Russian inventions.

抽象主義と印象主義はロシアで考え出された。

この場合、述語動詞が were であることから as well as が and の意味であることが分かる。

ただし、この用法は話し言葉に限られ、書き言葉では冗長で気取ったように感じられる。

as と when

時を表す接続詞として用いられる場合、as は「ある動作が終わらないうちに他の動作が起こる」(at the same time) ことを表し、when は「ある動作が終わった後に他の動作が起こる」(immediately after) ことを表す。

したがって、例えば、*As* I left the house I remembered that I had left the key inside. は「まだドアを閉めないうちに鍵を置き忘れたことを思い出した」という意味を表すが、*When* I left the house I remembered that I had left the key inside. は「すでに玄関を出てドアを閉めていた」ことになる。[以上、Thomson and Martinet (1986)]

(1) *As* he started to leave, his wife woke up.

彼が出ていこうとしたら妻が目を覚ました。

[As he was starting to leave,... でも同じ意味が表せる]

(2) *When* he gave Jean this news, a pleased expression leapt onto his face.

彼がジーンにこのニュースを知らせると、彼の顔に喜びの表情が浮かんだ。

このような違いがあるため、従属節の動作と主節の動作の間に時間的な間隔がある場合は when は使えるが as は使えない。

(3) *When* he got to his office, he attended a meeting.
オフィスに着いたらすぐに会議に出席した。

(4) *As he got to his office, he attended a meeting.

なお、when の場合には2つの動作が連続して起こることを表すので、文脈によっては従属節と主節の間に因果関係が読み取れることもある。

(5) *When* Jim grinned at her, Blair knew she'd won.
ジムが彼女ににやりとしたのでブレアは彼女が勝ったことが分かった。

ただし、この因果関係というのは when が本来的に持つ意味ではなくて、因果関係のない次の(6)が言えることから分かるように、文脈から生じる語用論的な意味である。

(6) *When* the clock struck two, she began to feel hungry.
時計が2時を打ったら彼女は空腹を感じ始めた。

ashamed と embarrassed

ともに「恥ずかしい」という意味を表す。ashamed は間違ったことをしたという罪の意識のために「(相手に対して)悪いと思っている」場合に用いられるのに対して、embarrassed はつまらない失敗をしたり、人前に出たりして、どんな風に他人が自分を見ているのかが気になって「(自分が)どうしていいのか分からない」場合に用いられる。前者では責任は本人にあるが、後者では責任は必ずしも本人にあるとは言えない。

したがって、例えば、「約束を破った」ときに「恥ずかしい」場合は ashamed を使い、「つまずいて転んだ」ときは embarrassed を使うことになる。[木塚＆バーダマン（1997）]

(1) I feel *ashamed* for having broken my promise.
約束を破ってしまい悪いと思っています。

(2) I was *embarrassed* when I tripped and fell down on the stairs.
階段でつまずいて転んでしまって恥ずかしい思いをした。

以下に類例を挙げる。
(5)はこの2つの表現が並列して用いられている例である。

(3) If Anthony left here, I could obtain his position. I felt *ashamed* of such a selfish thought.

もしアンソニーがここをやめたら彼の地位が手に入る。こんな利己的なことを考えた自分が恥ずかしくなった。

(4) The host was *embarrassed* because there was not enough food for his guests.

ホストは客の食べ物が足りなくなって恥ずかしい思いをした。

(5) I'm a normal woman, and I'm not *ashamed* of or *embarrassed* about my needs.

私は普通の女だから自分の欲望を恥じることもないし、みっともないとも思わない。

> 次の例では、話の内容が相手にとって悪いことであれば ashamed が好まれ、馬鹿げたことであれば embarrassed が好まれる。このように、ashamed は深刻な話題のときに使われ、embarrassed はささいな話題のときに使われる。

(6) I felt *ashamed*/*embarrassed* at the things I had said about her.

彼女の件で自分の言ったことを恥じた/言ったことできまりが悪かった。

at last

> at last は「何かが起こるのを長い間待った後で、それが起きた」ことを表し、「とうとう」「やっと」「ようやく」などの意味で用いられる。

(1) *At last* he found an ideal job.

彼はやっと理想の仕事を見つけた。

(2) As dusk fell, we arrived, *at last*, in San Francisco.

夕暮れになる頃に私たちはようやくサンフランシスコに到着した。

> 上の例のように at last は「望ましいこと」に用いられることが多いが、ときには「望ましくないこと」にも用いられる。
> 例えば、ネイティブ・スピーカーは The clouds had been gathering, lowering for hours; *at last* the rain began.（この数時間の間、雲が立ち

込め、今にも雨が降りそうだったが、ついに降り出した）のような例を認めるし、次のような例も見受けられる。

(3) Dan tried to light it, but his hand was shaking so much that he couldn't get it to light. *At last*, in disgust, he threw his cigar away.
ダンは葉巻に火をつけようとしたが、手が震えてつけられないので、いらいらし、とうとうそれを投げ捨ててしまった。

【関連情報】

at last に似た表現に finally と in the end がある。

多くの場合、at last と finally は「あることが長時間経て達成された」ことに伴う安堵感を表すが、in the end は単に「長時間かかった」ことを示すため安堵感は表さない。これは次のように、at last と finally は単独でも使えるが、in the end は単独では使えないという事実からも理解できる。

(4) "This is Ted—" "Ted! *At last*! Where the hell are you?"
（電話口で）「こちら、テッドですが」「テッドか、やっと連絡が取れたよ。一体どこにいるんだ」
cf. *In the end! Where the hell are you?

(5) "*Finally*!" He announced as he reached the front of the line.
「やっとたどり着いた」と彼は列の先頭に来たときに大声で言った。

at least

at least は、例えば at least three years「少なくとも3年」のように、「数量の最低ラインを設定する」のがその基本的な意味である。この意味が行為や出来事に適用されて、「最低限…ということだけは（してほしい）」ということを表し、「せめて」の意味でも用いられる。この場合には、at least は動詞の前に置かれることが多い。

(1) Can I *at least* ask why?
せめて、理由だけも聞かせてください。

(2) "Can't you *at least* tell me what the rush is all about?" "Just get here as quick as you can. We'll talk then."

「せめて、どうしてそんなに急ぐのかだけは教えてくれないか」「とにかく、できるだけ早く、ここに来てくれ。そのとき話すから」
［電話での会話］

> また、一般に「A but at least B」の形式で、よくない状況（A）の中で1つだけいいこと（B）がある場合に、「Bであることだけは確かである」という意味でも使われる。

(3) We didn't look at each other, *but at least* we were sipping wine together.
　私たちはお互いの顔も見ていなかった。しかし、二人でワインを飲んでいることだけは確かだった。

(4)"She's still angry," Dick said. "*But at least* she doesn't think it was our fault anymore."
　「彼女はまだ怒っているよ」とディックは言った。「でも、あのことが俺たちの責任とはもう思っていないことだけは確かだ」

> さらに、「A or at least B」の形式で、強すぎると思われるAの主張をBで弱めて「（Aと言うと言い過ぎかもしれないが）Bとだけは言える」という意味も表される。これは自分の発言を修正する場合に用いられる。

(5) There was a sound over my head. *Or at least* I felt so.
　頭上で物音がした。少なくとも私にはそういう気がした。

(6) She might be dead now, *or at least* seriously hurt.
　彼女は今頃は亡くなっているかもしれない。少なくとも大怪我はしているだろう。

at night と in the night

> at night は in the night よりもよく用いられる表現で、時の長さを考えず、昼に対する夜という意味を表す。しばしば、繰り返される夜に言及する場合に用いられる。

(1) She loved to read Bible *at night*, before she went to sleep.
　彼女は夜、眠りにつく前に聖書を読むのが好きだった。

(2) "I work *at night* and babysit during the day." "When do you sleep?"
「夜は仕事をして、昼はベビーシッターをしているの」「いつ寝ているの？」

in the night は時の長さに重点を置いた言い方で、特定の夜のことをいう場合に用いられることが多い。[以上、松本 (1976)]

(3) It was late, deep *in the night*, when Barbara shook her husband's shoulder. "Wake up, Ralph. You're dreaming."
深夜にバーバラは（うなされている）夫の肩を揺すった。「ラルフ、起きて。夢を見ているのよ」

時間帯に関しては、at night が、日没から夜中の 12 時くらいまでを指すのに対して in the night は、「寝ている間に」「夜が明けないうちに」という含みがある。
したがって、次の (4) は寝ていて電話で起こされたことが表され、(5) は夜、起きているときに電話が鳴ったことが表される。

(4) The phone rang in the night.
(5) The phone rang at night.

なお、in the night はときに暗さと不気味さを暗示する。

(6) The huge mansion loomed before us in the night.
夜の暗闇の中、私たちの目の前に大きな屋敷がぼんやりと見えてきた。

bathroom

一般に、個人の家のトイレは bathroom と呼ばれ、公共の建物のトイレは rest room (*or* restroom) と呼ばれる。しかし、アメリカ英語では公共の建物のトイレも bathroom と言うことがある。

(1) "Where's the *bathroom*?" "Over there," the waiter said, pointing him to the back of the restaurant.
「トイレはどこですか」「あちらです」とウエイターは彼にレストランの奥のほうを指差して言った。

古くは、1975 年公開のアメリカ映画の中で銀行のトイレのことを主人公は bathroom と言っていたし、最近では 2005 年のアメリカ映画の中

でも、ある女性が空港で I have to go to the bathroom. というセリフを言っていた。

一方、イギリスでは bathroom は「浴槽のある部屋」のことでトイレは付いている場合も付いていない場合もある。イギリスで「トイレに行く」というのは go to the toilet という。[Macmillan English Dictionary]

以下にイギリス英語の例を挙げる。

(2) Allen got up, *went to the toilet*, splashed cold water on his face, then went to his desk.

アレンは（朝、）起きて、トイレに行った。顔に冷たい水をかけた後、机のところに向かった。

なお、アメリカで toilet と言うと「便器」を指すことになる。

(3) I cleaned the white bathtub and *toilet*.

白い浴槽と便器をきれいにした。

【関連情報】

ちなみに、full bathroom とは洗面台、トイレ、シャワー、浴槽のあるバスルームのことで、トイレ、洗面台しかない「お手洗い」を half bathroom という。[八幡 (1990)]

be 動詞の進行形

「be + 形容詞」や「be + 名詞」が進行形で用いられると、「一時性」が強調され、「(いつになく) …なことを言っている」「(いつになく) …なことをしている」という意味になる。

(1) Tom is normally a quiet person but he *is being* wild tonight.

トムは普段はおとなしいのに今夜は熱狂しているね。

(2) Chuck *is being* unusually talkative.

チャックはいつになく、よくしゃべる。

(3) Your sister *was being* a fool yesterday.

君の妹は昨日はばかなことをしていたよ。

ただし、どの形容詞、名詞でも進行形で用いられるというわけではな

> い。動詞の場合と同じように、命令文にできるものは進行形にもでき、命令文にできないものは進行形にもできない。

(4) Be careful. → I *am being* careful.
注意しろ。注意しているよ。

(5) Don't be a child. → I'*m* not *being* a child.
子どもじみた真似はやめろ。子どもじみたことなんてしていない。

(6) *Be tall. → *John *is being* tall.

(7) *Be a girl. → *She *is being* a girl.

> 注意すべきは、この構文では文脈に応じて「…の役を演じる」「…のフリをしている」という意味にもなるという点である。[Leech (2004)] この場合には being の be に強勢が置かれる。

(8) You'*re being* deliberately stupid.
無理をして馬鹿なまねをしているんだろう。

(9) He *is being* polite.
(列車で彼が年配の人に席を譲っているのを見て) 彼はいやに親切だな。[「彼」は普段は思いやりがないと知っている人の皮肉っぽい発言。「彼」のことを知らない人の発言であれば通常の意味になる]

> この「…の役を演じる」「…のフリをしている」の意味では、通例、進行形にできない形容詞、名詞も使えるようになる。

(10) Pete *is being* Michael Jackson.
ピートはマイケル・ジャクソンになりきっている。

(11) Cathy *is being* tired.
キャシーは疲れたフリをしている。

> ちなみに、Michael Jackson や tired はこの意味では命令文で使うことも可能である。

(12) Be Michael Jackson!
マイケル・ジャクソンになりきれ。

(13) When she comes in, be tired and pretend you want to go to sleep.
彼女が入ってきたら疲れていて眠いフリをしなさい。

> この構文で用いられる形容詞を Kashino Database で検索したところ、頻度の高いものから stupid, sarcastic, honest, serious, ridiculous の順

となった。
なお、この構文で名詞が用いられることは少ない。

be accustomed to

be accustomed to が「…に慣れている」という意味を表す場合、to の後には名詞か動名詞が続くのが普通である。

(1) I'm *accustomed to* life/living in the country.
　私は田舎の生活に慣れている。

to の後に動詞の原形が続くかどうかについては、論議のある問題で、Swan (2005) は次の(2)の文を認めているが、多くのネイティブ・スピーカーは「不可能ではないが稀で古風」とコメントしている。
実際、ナサニエル・ホーソン（19世紀半ばのアメリカの小説家）の小説にはこの種の例が見られる。

(2) I'm not *accustomed to* give personal information about myself to strangers.

Kashino Database の検索では to の後には「the + 名詞」か being が続くことが最も多い。

(3) Joy switched the lights off and waited for her eyes to *grow accustomed to* the dark.
　ジョイは明かりを消し、目が暗闇に慣れてくるのを待った。

(4) He *was accustomed to* being in the hospital, but he still didn't like it.
　彼は病院にいることには慣れていたが、やはり好きにはなれなかった。

be different from/than/to

この3つの表現のうち、英米を問わず普通に使われているのは different from である。
different to はアメリカ英語では稀であるが、イギリス英語では広く用いられている。しかし、Kashino Database の検索では different to は1例もヒットしなかった。

41　be different from/than/to

(1) She *was different from* all the others.
　彼女は他の人とは違っていた。[アメリカ英語の例]

(2) Tony's approach *is different from* mine.
　トニーのアプローチは私のものとは異なる。[イギリス英語の例]

(3) American customs *are* very *different to* ours.
　アメリカの習慣と私たちの習慣は全く違っている。[イギリス英語の例]

different than はアメリカ英語での頻度が高い。特に than の後に節を伴う場合によく用いられる。

(4) I heard it again. This sound *was different than* the first.
　また物音が聞こえたが、最初の物音とは違っていた。

(5) I'm never going to be anyone *different than* I am.
　今の自分とは違う人間には絶対にならない。

イギリス英語でも節がくるときには than を使うこともある。

(6) His entire behavior *was different than* it had been in London.
　彼の行動はすべてロンドンにいた頃とは異なっていた。

【関連情報】

以下に、あるイギリス人の different from/than/to についての貴重なコメントを紹介する。

1945年頃は少なくともロンドンでは different from しか使われていなかった。1955年に自分がヨークシャー（イングランド北東部）に移ったとき、その土地の人は different to を使っていたので驚いた。

その後、different to という表現はロンドンまで南下していって different from と同じ位置を占めるか、あるいは取って代わるような勢いであった。

さらにその後、1980年代になるとアメリカから different than が入ってきて、今では BBC 放送でも聞かれるようになった。

現在では different from はイギリスではあまり使われなくなってきているようである。

be dying to

> be dying to は「…するためなら死をもいとわない」ことから「…したくてたまらない」という意味を表すくだけた言い方で、話し手と聞き手が親しい関係にあるときに使われる。

(1) I'm *dying to* meet him.
   彼に会いたくてたまらない。

(2) "Do you know, Ellie," he confessed, "I've *been dying to* ask you out since the very first minute I saw you."
   「実は、エリー」彼は告白した。「初めて会ったときからずっと君をデートに誘いたかったんだ」

> ネイティブ・スピーカーによると、be dying to は誇張表現の一種で、皮肉を込めて用いられることも多いという。

(3) "This week's lecture is going to be about the use of genetic analysis in tracing population movements." "Oh, I'm *dying to* hear all about it."
   「今週の講義は人口移動の追跡における遺伝学的分析の効用についてだ」「ああ、ぜひ聞いてみたいもんだね」
   [= How boring!]

> ちなみに、同じ意味は be dying for という言い方でも表すことができる。この場合、「for + (代)名詞 + to 不定詞」の形式をとることもある。

(4) I'm *dying for* a drink, aren't you?
   私、何か飲みたくてたまらないの。あなたはどう？

(5) His name is Peter Watkins. I'm *dying for* you *to* come up here and meet him.
   彼の名前はピーター・ワトキンスという。君にこちらに来て彼にぜひ会ってほしい。

be known by/to

> know の受動態の後にくる前置詞には by と to があり、一般に by の場

be known by/to

> 合、know は動作を表し、to の場合は know は状態を表すと言われている。
>
> この通説は基本的には正しいが、ここでは別の観点から be known by と be known to の違いを考えてみよう。
>
> 例えば、次の(1)は We know George. を意味し、「私たちは個人的にジョージを知っている」ことを表すのに対して、(2)は We know of/about George. を意味し、「話し手はジョージという人間が存在している[存在していた]ことを知っていて、その上で彼について何かを知っている」ことを表すという違いがある。

(1) George is *known by* us.

(2) George is *known to* us.

> 同じように、by を用いた(3)は「多くの人がアブラハム・リンカーンを個人的に知っている」ことを意味するが、リンカーンはすでに150年くらい前に亡くなっているので、個人的に彼を知っている人は現在ではいないと考えられる。
>
> したがって、ネイティブ・スピーカーの中には(3)の文を「普通ではない」とする人もいる。
>
> 一方、to を用いた(4)は「リンカーンと彼の業績について知っている」ことを表すため自然な文となる。

(3) ?Abraham Lincoln *is known by* many people.

(4) Abraham Lincoln *is known to* many people.

> さらに、次の(5)と(6)では、アメリカのオバマ大統領を個人的に知っている人は数千人くらいで、オバマとは誰かを知っている人は10億くらい存在することが by と to の違いによって明確に示されている。

(5) Barack Obama *is known by* probably several thousand people.

(6) Barack Obama *is known to* perhaps one billion people.

> ネイティブ・スピーカーによると、by の場合も to の場合も主語には上記のような人ではなく、次のような事実がくるほうが普通であるという。

(7) The historical facts are *known by/to* everyone.
その歴史的な事実はみんなに知られている。

be made of/from

> 「物が…でできている」という場合、よく知られているように、be made of は材料の質が変わらない場合に用いられ、be made from は元の材料の見分けが付かないほど形や成分が変わっている場合に用いられる。

(1) The boat *is made of* beautiful wood.
このボートは美しい木材でできている。

(2) Wine *is made from* grapes.
ワインはブドウから作られる。

> このほかにも、be made out of や be made with という言い方もあり、前者は製造過程を考慮に入れるときに、後者は、料理のように材料の一部をいうときに使われる。

(3) The box *was made out of* metal.
その箱は金属製だった。

(4) The American ice cream *is made with* real cream and milk.
アメリカのアイスクリームは純正のクリームとミルクを使って作られている。

> ただし、この使い分けは一般的な傾向に過ぎず、ネイティブ・スピーカーによると、次の(5)のような場合、of が最も普通であるが、from や out of も使えるという。

(5) This vase *is made of/from/out of* Czech crystal.
この花瓶はチェコのクリスタルガラスでできている。

> また、(6)では元の材料の見分けがつかないのであるから、本来は from が用いられるはずであるが、ネイティブ・スピーカーによると of も可能であるという。

(6) This table *is made from/of* many different types of materials.
このテーブルはさまざまな材質からできている。

> Kashino Database を用いて、意味を考慮に入れないで頻度を検索してみると、be made of が全体の 68% を占めて頻度が一番高く、その後は be made from (13%)、be made with (10%)、be made out of (9%)

となっている。

【関連情報】

be made of/from のように、使う前置詞によって意味の区別がなされていたものが、次第に希薄になっていく過程は、die of/from の場合にも見て取れる。

本来、病気で亡くなるときには die of が使われ、大きな怪我で亡くなるときは die from が使われていた。

しかし、あるネイティブ・スピーカーが指摘するように、この区別は次第に希薄になってきており、次の(7)(8)では of も from も容認可能である。

(7) He *died of/from* the wound he received in the war.
   彼は戦争で受けた怪我が元で亡くなった。

(8) He *died of/from* pneumonia.
   彼は肺炎で亡くなった。

ちなみに、Kashino Database を用いて、意味を考慮せずに die of と die from の頻度を検索すると、die of が全体の80％で、die from が20％の出現率であった。

be poor at

1970年代に発行された英和辞典だけでなく、最近の英和辞典にも I am poor at mathematics.(数学は苦手です)のような例文が掲載されている。

しかし、be poor at は古風な言い方で現在では、be no good at か be not very good at と言うのが普通である。

(1) I *am not very good at* parties.
   パーティは苦手です。

(2) Tom *is no good at* expressing his feelings.
   トムは自分の感情を表現するのが得意ではない。

Kashino Database の検索でも be (not) good at は324例ヒットしたが、be poor at は皆無であった。

be surprised at/by など

感情や心理状態を表す動詞は受動態で用いられることが多いが、その場合、学校文法では、慣用表現として be surprised at や be interested in などが教えられ、by 以外の前置詞をとることが強調される。

しかし、Kashino Database で be surprised, be interested, be satisfied, be disappointed, be excited, be impressed, be shocked, be frightened の 8 種類の動詞句に続く前置詞を調査したところ、以下のような結果を得た。

be surprised at（61 例）　/be surprised by（84 例）
be interested in（324 例）　/be interested by（1 例）
be satisfied with（44 例）　/be satisfied by（5 例）
be disappointed in（16 例）　/be disappointed by（5 例）
be excited about（37 例）　/be excited by（12 例）
be impressed with（34 例）　/be impressed by（50 例）
be shocked at（25 例）　/be shocked by（34 例）
be frightened of（29 例）　/be frightened by（12 例）

この調査から、下線を施した be surprised, be impressed, be shocked の 3 つの動詞句が通説とは異なり、at や with よりも by の頻度が高いことが判明した。

(1) I followed him and *was surprised by* what I saw.
彼の後をついていったら目にしたものに驚いた。

(2) They must have *been impressed by* his beautiful voice.
きっと彼らには彼の美声が心に残ったことでしょう。

(3) When she lifted the veil I *was shocked by* how beautiful and young she was.
（結婚式で）彼女がベールを挙げたとき、あまりにも美しくて若かったので衝撃を受けた。

なお、be surprised と be shocked については、この調査で最も頻度が高かったのは次のような to 不定詞を従える構文であった。

(4) She *was surprised to* find that Chris wasn't there.

彼女はクリスがそこにいないことが分かったので驚いた。

(5) I think she *was shocked to* hear me call Joe by his first name.
彼女は私がジョーのことをファーストネームで呼ぶのを聞いてショックを受けたことでしょう。

【関連情報】

「be＋―ed」が by 句を従えるというのは、その―ed 形が過去分詞であることを意味し、一方、他の前置詞を従えるというのは、その―ed 形が形容詞化していることを意味する。

このほか―ed 形が形容詞化していることを示すマーカーとして、よく引き合いに出されるのは、以下の2つである。

[Ⅰ] ―ed 形の very による修飾
[Ⅱ] ―ed 形の be 以外の連結詞 (feel, look, become, etc.) との共起

この点を上で述べた8つの―ed 形に限って Kashino Database で調べてみると、very で修飾される―ed 形の頻度は高いものから順に次のようになっている。

interested, excited, impressed, frightened, surprised, disappointed

また、連結詞の1つである look と共起する―ed 形は頻度の高いものから以下のようであった。

surprised, shocked, frightened, disappointed, interested

ただし、これらは―ed 形が過去分詞か形容詞かを決める絶対的な基準ではなく、その中間的なものも存在する。

例えば、―ed 形が「過去分詞であることを示す by 句」と「形容詞であることを示す very や became」の2つと共起している例も見られる。

(6) He *became very frightened by* the headlines, "Police About To Swoop".
彼は「警察の手入れ間近」という新聞の見出しに肝を冷やした。

be tired of/from

「…で体が疲れる」という意味では、tired に続く前置詞は from が一般的である。with はほとんど使われず、特にアメリカ英語では普通では

be tired of/from

ない。

(1) We *were tired from* traveling.
私たちは旅行で疲れていた。

> 前置詞としては after も使われるが、これは疲れの原因というよりも時間の経過を表すものである。

(2) He *was tired after* the long drive.
彼は長い間ドライブをしたので疲れた。

> Kashino Database の検索で最もよく用いられていたのは、前置詞ではないが be too tired to do の構文である。

(3) Alice stayed late at the office, and by the time she got home she *was too tired to* think.
アリスは遅くまで会社にいて、家に帰った頃にはあまりにも疲れていて物も考えられなかった。

> 一方、「…に飽きる」の意味では tired は前置詞として of をとる。

(4) I*'m* getting very *tired of* waiting. Let's go and find him.
待ちくたびれてきたわ。彼を探しに行きましょう。

> of の場合、単に「退屈である」「興味がない」という意味から、さらには「いらだち」や「嫌悪感」を表すこともある。
> それを明示したのが be sick and tired of という表現である。

(5) I*'m sick and tired of* living like this!
こんな生活はもういや！

> 語法書などでは「be tired of/from の後に動名詞が続く場合、前置詞は省略されることが多い」とあるが、Kashino Database の検索では前置詞の省略された例は次の1例だけであった。

(6) I got really *tired sitting* up all night listening to him.
一晩中起きていて彼の話を聞いて、ほとほと疲れた。

【関連情報】

> 鷹家＆林（2004）は以下の6つの文について、その容認性を103名のインフォーマントに尋ね、その結果を報告している。

(7) I*'m tired from* walking for six hours.
(8) I*'m tired after* walking for six hours.

⑼ I'*m tired with* walking for six hours.
⑽ I'*m tired by* walking for six hours.
⑾ I'*m tired having* walked for six hours.
⑿ Walking for six hours has *tired* me *out*.

このうち最も容認度の高かったのは⑿の無生物主語構文で、96％の人が容認している。これは本項では扱ってはいない。

次に84％の⑻、78％の⑺、71％の⑾と続き、⑼と⑽の容認度はわずか数パーセントである。

be to

be to は「予定」「義務」「可能」「運命」「意図」の意味を表すが、このうち、よく用いられるのは⑴の「予定」と⑵の「義務」を表す用法である。

⑴ Chris is sending a car to pick me up. We'*re to* meet at Union Square.
　クリスが私のところへ車を迎えによこしてくれるの。ユニオンスクエアで会うことになっているのよ。

⑵ From now on, you'*re to* do things for yourself.
　これからは何でも自分でするのよ。

⑶ Doris *was* nowhere *to* be found.
　ドリスはどこにもいなかった。［to be done の形式の否定文で］

⑷ She *was to* write two more books about her experiences in Africa before her death in 1977.
　彼女は1977年に亡くなるまでに、アフリカでの彼女の経験について本をもう2冊書くことになる。［過去形で］

⑸ If we *are to* win the game, we must start training now.
　試合に勝つつもりなら今から練習しないといけない。

この5つの用法はそれぞれ大体の意味を（準）助動詞を使って表すことができる。be to は堅苦しい言い方なので（準）助動詞を使って言うほうが普通である。

⑹ ［予定］We *will* meet at Union Square.

(7) [義務] You *should* do things for yourself.
(8) [可能] Doris *could* not be found anywhere.
(9) [運命] She *would* write two more books (at a later time)...
(10) [意図] If we *are going to* win the game, ...

> be to の 5 つの用法に共通する意味は「可能」を除けば「確実にあることが起こる」ということである。
> ここから be to と be about to (まもなく…する) の意味が関連していることが分かる。

(11) Hurry up. The bus *is about to* leave.
急ぎなさい。もうすぐバスが出る。

before 節の中の過去完了形

> 2 つの過去の出来事がある場合、過去完了形は過去形で示される時 (time) よりも古い時を表すのが普通である。
> しかし、接続詞の before が用いられた場合、X happened before Y had happened. の形式で、X の出来事が Y の出来事に先行することを表す現象が見られる。

(1) Toby left university *before* he *had written* his dissertation.
トビーは博士論文を書き上げてしまう前に大学を中退した。

> この現象の説明にはさまざまな議論があり、またネイティブ・スピーカーの間でも意見が分かれるが、本書では、この過去完了形は、Swan (2005) の言うように、時 (time) ではなく、行為や出来事の「完了」(…してしまう) というアスペクト (aspect) を表すと考えておきたい。

(2) He went out *before* I *had finished* my sentence.
[=...before the moment when I had completed my sentence.]
私が最後まで言い終わらないうちに彼は出て行った。
(私が文を終えてしまう、その瞬間より前に…)

> このように before 節の過去完了形は「完了」というアスペクトを表すと考えれば、この構文が X happened before Y had happened. という形式で用いられているにもかかわらず、X の出来事が Y の出来事に先

before 節の中の過去完了形

行することの説明が容易になる。

また、「完了」というアスペクトを表すことから、この構文が「ある行為が終わりもしないうちに」という「意外性」(unexpectedness) を表すことになる。

なお、この「意外性」という意味合いは、過去完了形の代わりに even や could [= had a chance to...] を用いても表すことができる。

(3) The taxi pulled away *before* I *even* told the driver where I was going.
私が運転手に行き先も言わないうちにタクシーは動き出した。

(4) The front door opened *before* I *could* press the bell.
玄関のドアは、ベルを押しもしないうちに開いた。

この場合、even と could、あるいは even と過去完了形が重複して用いられ、「意外性」が強調されることもある。

(5) Our dog, Fido, was terrified by thunder and lightning. He started barking *even before* humans *could* hear any thunder.
私の飼っている犬のファイドーは雷と稲妻を恐がった。(ある時) 雷の音も聞こえないうちからファイドーは鳴き始めた。

(6) He passed a ten-dollar bill to the taxi driver *even before* they *had come* to a halt.
彼はタクシーが完全に止まらないうちに運転手に 10 ドル札を渡した。

【関連情報】

before 節の中に過去完了形が用いられている場合、「完了」というアスペクトを表すが、before 節に示されている行為や出来事がその後、実現したかどうかについては不明である。

before 節の中に過去形が用いられている場合は、通例、当該の行為や出来事が実現されたことが示唆される。したがって、文脈によっては before 節に過去形を使うと不自然となる場合がある。

例えば、次の (7) では、「彼はすでに電話を切ったにもかかわらず、私が返事をした」という意味を伝えることになり、奇妙な文となる。

(7) ?He hung up *before* I *answered*.
 cf. He hung up *before* I *had answered*.
  He hung up *even before* I answered.

He hung up *before* I *could* answer.

彼は私が返事もしないうちに電話を切った。

逆に、before 節に過去完了形を使うと不自然になることもある。それは次の(8)のように、2つの出来事が「起こることが予想される自然な順序」で述べられていて、文脈から「意外性」を読み取れない場合である。

(8) ? I dropped by the bookstore *before* I *had gone* home.

cf. I dropped by the bookstore *before* I *went* home.

家に帰る前に本屋に立ち寄った。

なお、この before 節の中の過去完了形の解釈については Declerck (1979) の説がよく知られているが、これについては、柏野 (1999) を参照。

begin to と用いられる動詞

かなり前に、ある雑誌の語法の質問欄で He began to resemble his father. と言えるのかどうかが問題になったことがある。

これを受けて、この項ではどういう動詞が begin to の後に用いられるかを考えてみよう。

begin to と最も典型的に共起するのは、cry など、その行為の始まり、途中、終わりが明白な継続動詞である。

(1) The child *began to* cry.

その子どもは泣き始めた。

ただ、次の(2)のように「反復的行為」を表している場合には、begin to は瞬間動詞とともに用いられる。

(2) The other players *began to* arrive.

他のプレイヤーも次々に到着した。

［主語の複数形に注意］

以上が通説であるが、反復を表していなくても瞬間動詞は(3)—(5)のように begin to と共起できるし、また状態動詞も(6)—(8)のように begin to と用いることができる。

(3) The boat *began to* sink.
　ボートは沈み始めた。

(4) The sun *began to* set over the western mountains.
　太陽は西の山々の向こうに沈み始めた。

(5) Lucy *began to* drown in the river.
　ルーシーは川で溺れそうになった。

(6) As I grew older, I *began to* resemble my mother in many ways.
　年をとるにつれて、いろんな点で母親に似てきた。

(7) I *began to* like English.
　英語が好きになりだした。

(8) Mickey *began to* be bald when he was forty.
　ミッキーは40歳のときから髪の毛が薄くなり始めた。

> 以上の例を観察すれば分かるように、begin to と共起できる瞬間動詞や状態動詞には「漸次性」(gradience) が認められる。
> 次の(9)では slowly が、(10)では「…するにつれて」の意味を表す as が「漸次性」を表す文脈を作っている。

(9) Slowly Eric *began to* awake.
　エリックは次第に目が覚めてきた。

(10) As the virus spread more into the chest, John *began to* die.
　ウィルスが肺に広がるにつれてジョンは危篤状態になっていった。

> これに対して、「漸次性」が認められない win や belong などは begin to とは共起できない。

(11) *The Tigers *began to* win the game.

(12) *Harry began to *belong to* the club.

> 以上から begin to と用いられる動詞は継続動詞だけでなく、瞬間動詞や状態動詞も「漸次性」を表す場合には可能であることが分かった。

【関連情報】

> begin to とよく似た表現には、be beginning to や当該動詞の進行形などがあるが、この3つはどのように違うのだろうか。
> まず、瞬間動詞 sink を例にとってみよう。

(13) The boat *is beginning to* sink. Man the pumps!

船が傾きかけている。(ポンプで水をくみ出す) 位置に着け。

(14) The boat *began to* sink after it hit a rock.

暗礁に乗り上げた後、船は沈み始めた。

(15) The boat *is sinking*. Abandon ship!

沈没する。退船せよ！

> ネイティブ・スピーカーによると、(13)は船に穴が開いた状態、(14)は高波が押し寄せてきた状態、(15)は船が半分沈んだような状態で、乗組員が海に飛び込む状況が想定できるとのことである。
>
> 次に状態動詞 like を例に解説を加えよう。

(16) At first I disliked English, but now I *am* (gradually) *beginning to* like it.

初めは英語が嫌いだったけど、今ではだんだん好きになってきた。

(17) At first I disliked English, but I (suddenly) *began to* like it.

初めは英語が嫌いだったけど、突然、好きになり始めた。

(18) I like English, and *am liking* it more and more.

英語が好きだし、ますます好きになってきている。

> (16)は like という状態が始まるか始まらないかの局面を指している。(17)は like という状態の開始後を指し、(18)は like という状態がある程度、進んだ段階を表している。
>
> なお、(18)のように、まず I like English と言った後で I am liking it more and more. と言えることから、この文の後半部は「英語がだんだん好きになってきた」という意味ではなく「ますます好きになってきた」という意味であることが分かる。
>
> なお、状態動詞、継続動詞、瞬間動詞について詳しくは「進行形の用法」の項を参照。

besides

> 各種英和辞典には、副詞の besides の訳語として「さらに」「その上」などが挙がっているが、文脈により「だいいち」「何よりも」という訳語のほうが適切な場合がある。

▮ 次の(1)では前者の訳語が、(2)では後者の訳語が当てはまる。

(1) You can't go to the store right now, it's closed. *Besides*, "The Daily Show" is about to start.
今、その店に行っても閉まっているよ。それに（テレビの）「デイリーショー」も始まることだし。

(2) You can't go to the store right now, "The Daily Show" is about to start. *Besides*, the store is closed.
今、その店には行かないほうがいい。「デイリーショー」が始まるから。だいいち、行っても店は閉まっているよ。

▮「だいいち」「何よりも」という訳語は、(2)のようにある事実を決定的な理由として示して、問題となっている事柄に決着をつけるような場合に適切である。この場合、Besides の前には否定文がくることが多い。以下に類例を挙げる。

(3) You are not allowed to smoke here. *Besides*, you are still a high school student.
ここでタバコを吸ってはいけないよ。だいいち、君はまだ高校生じゃないか。

(4) I don't think it would be a good idea for me to work for you. *Besides*, politics really isn't my thing.
私があなたのために働くというのはあまりいい考えじゃないわ。だいいち、政治には全く興味がないもの。

【関連情報】

▮「だいいち」「何よりも」の意味では、besides のほか、anyway も用いられる。

(5) A: "Do you like the Tigers?"
B: "No. *Anyway/Besides*, I don't like baseball."
A:「タイガースは好きですか」B:「いいえ、だいいち、野球に興味がありません」

better had という語順

had better は相手の発言に返答するときに、強調のため better が had に先行することがある。この場合には通例、動詞句は省略され、had に強勢が置かれる。

(1) "I hope he's going to say some nice things about us in his column." "He better had," Dawn said.
「彼には新聞のコラム欄に私たちのことをよく書いてほしいわ」「書いてもらわないとね」とドーンが言った。

(2) "We'd better have a plan about this." "You're right." Lisa said. "We better had."
「この件について計画を練ったほうがいいな」「そうね、そうしたほうがいいわね」とリサが言った。

この better had について、"I'll call her." "You better had." という対話を用いて 80 名のネイティブ・スピーカーに容認可能性を尋ねてみた。すると、80% のネイティブがこれを容認しないという結果が出た。

ただし、これには英米差が認められ、イギリスの Swan (1995) が「better had の語順はイギリス英語である」と述べているのに対して、アメリカの Bryant (1962) は better had を非標準 (substandard) と判断している。

また、イギリス人に尋ねてみると「この語順を非標準とみなす人もいる」という緩やかな回答であったが、アメリカ人は「You better had. は不自然で、アメリカでは You'd better. と言う。イギリス英語ではないか」という答えが戻ってきた。

これに、Algeo (2006) が「データベースにはイギリス英語の実例はあるが、アメリカ英語の実例はない」と述べていることを加味すると better had の語順はイギリス英語であるように思われる。

【関連情報】

ただし、better had はアメリカでは全く用いられないかというとそうではなく、次のような例も稀に見受けられる。

(3) Toby accepts me for what I am and I think you better had, too.

トビーが今の俺を受け入れてくれているんだ。お前もそうしたほうがいいな。

between と among

> between の -tween は歴史的には two という意味であるから、between は 2 者に関して、among は 3 者以上に関して用いるのが本来の用法である。
>
> しかし、現在では数に関係なく、between は個々のメンバーが個別に意識されている場合に使われ、among は雑多な集合体が意識されている場合に使われる。[大西&マクベイ（2008）]
>
> したがって、3 者以上の場合であっても、個々のものをリスト・アップしていくときは between が用いられる。

(1) There seems to be a link *between* heredity and smoking and lung cancer.

遺伝と喫煙と肺ガンには関係があるように思われる。

cf. *There is a secret *among* John, Bill and George.

> これに対して、3 者以上の場合で全体をまとめ上げていうときは among が用いられる。ただし、個々のメンバーが意識されるときは between も可能である。

(2) The prize will be shared *between/among* the first five finishers in the swimming race.

賞品は水泳のレースで 5 位まで入賞した者の間で分けられる。

(3) a treaty *between/among* four countries

4 カ国間の条約

[むしろ between のほうが好まれる]

> ときに、この両者の間で意味に違いが生じることもある。
>
> 次の例では between は建物と建物、あるいは木々と木々の間にすきま（gap）があることを表すために使われている。

(4) The bomb landed *between* the buildings.

爆弾が建物の間に落ちた。

[建物に当たらなかったことを意味する]

(5) The bomb landed *among* the buildings.
爆弾が建物の間に落ちた。
[当たったかどうかは不明]

(6) As I approached the man, he made off *among* the trees.
私が近づいていくと、彼は木立の中にすばやく逃げて行った。
[見失ったことを意味する]

(7) I saw the distant playground *between* the trees.
木々の間(にある「すきま」)から遠くの運動場が見えた。

Big as he is, he is a coward.

表題の Big as he is, he is a coward. は「彼は体は大きいが弱虫だ」という譲歩 (=though) の意味で、書き言葉だけでなく、話し言葉でも用いられる。また、As big as he is,... の形式も可能で、これも話し言葉で用いることができる。この As big as he is, he is a coward. という比較構文は Big as he is, he is a coward. の元となる形である。
なお、as の代わりに though を用いた Big though he is,... は堅苦しい言い方である。

(1) Beautiful and sexy *as* she was, sometimes Emily got on his nerve.
エミリーは美しくセクシーではあったが、ときに彼の神経を逆なでするところがあった。

(2) She wanted her mother to mourn her father forever, childish *though* that was.
子どもじみてはいたが、彼女は母に父の死をずっと悲しんでいてもらいたかった。

(3) *As* tired *as* I was, I didn't sleep much that night.
疲れて(眠れると思って)いたけれど、その夜はあまり眠れなかった。

as の場合、文頭に名詞がくると、一般に譲歩の意味ではなく、理由の意味が表される。したがって、Woman as she was,... は「女性だけれども」という意味を表すことはまずなく、「女性だから」という意

味になるのが普通である。譲歩の意味を表すには、though を用いて Woman though she was,... とする必要がある。

なお、理由の意味を表す Woman *as* she was, she was afraid of fighting.（彼女は女性だから戦いを怖がっていた）は *As* she was a woman, she was afraid of fighting. の構文からの倒置だと考えられる。[以上、マケーレブ&岩垣（1988）]

【関連情報】

that も as や though と同じように譲歩の意味で用いられることがある。Quirk et al.（1985）によると、アメリカ英語では、名詞しか文頭にこないが、イギリス英語では、形容詞も文頭にくることができるという。

(4) Fool *that* she was, she managed to evade her pursuers.

彼女は愚か者ではあったが、どうにか追跡者から逃れることができた。

(5) Poor *that* he was, he gave money to charity.

彼は貧乏だったが、慈善団体にお金を寄付した。

black coffee

日本語で「ブラックコーヒー」と言えば、「砂糖もミルク［クリーム］も入っていないコーヒー」を指すが、英語の black coffee とは、「ミルク［クリーム］の入っていないコーヒー」のことで、砂糖は別に入っていても構わない。

(1) "Black or with cream?" "*Black*, please, with one sugar."

「ブラックにする？それともクリームをいれる？」「ブラックで頼むよ。砂糖を1つ入れてね」

(2) "Two coffees," he said. "How do you take it?" "*Black*. No sugar."

「コーヒー、2つ頼むよ」彼は言った。「ミルクと砂糖はどういたしましょうか」「ブラックで。砂糖はいらないよ」

これを確かめるために、8名のネイティブ・スピーカーに black coffee と砂糖の関係を尋ねたところ、砂糖が入っていてもよいと答えた人が6名（英5名、米1名）で、砂糖が入っていてはいけないと答えた人が2名（ともに米）というように意見が分かれた。

ここではアメリカ人の中で意見の不一致が見られるが、これはアメリカの辞典である Webster's Third New International Dictionary の「ときには砂糖も入れない」という black coffee の定義を見れば納得のいくところである。

一方、イギリス人は5名とも black coffee というのは「ミルク [クリーム] の入っていないコーヒー」を指し、砂糖は入っていても構わないと答えている。

これはイギリス英語では「ミルク [クリーム] の入ったコーヒー」を white coffee と呼ぶことと関連する。つまり、イギリスでは、コーヒーをどのように呼ぶかは、その色で判断し、ミルク [クリーム] が入っていれば white、入っていなければ black というように使い分けられているのである。したがって、砂糖が入っているかどうかはコーヒーの呼び方とは関係がない。

次はイギリス英語の例であるが、black と white が対照的に用いられていることに注意したい。

(3) "*Black* or *white*?" he asked. "*Black*," she said. "Sugar?" "Never."
「ブラックコーヒーにする？それともホワイト？」と彼は尋ねた。「ブラックがいいわ」と彼女は答えた。「砂糖は？」「いつも入れないの」

boyfriend/girlfriend

boyfriend (ときに boy friend と綴る) は未婚の女性から見た「恋人」のことで、girlfriend (ときに girl friend) は未婚の男性から見た「恋人」を指す。女性の女友達は girlfriend と言うが、男性が boyfriend と言えば同性愛の恋人を意味する。

(1) My husband ran off with his *boyfriend*.
亭主はゲイの男と駆け落ちしたわ。

(2) She must be on the phone with her sister or one of her *girlfriends*.
彼女は姉さんか女友達の1人と電話中なのだろう。

男性の男友達は male friend か単に friend で、女友達は female friend か単に friend と言う。女性の男友達は male friend である。

(3) A: "I have a friend at home."
B: "A friend?"
A: "A *male friend*."
A:「家に友達が来ているんだ」B:「友達って？」A:「男友達だよ」

最近は、その人の性や身分に触れなくてすむので partner という語がよく使われる。イギリスでは夫や妻、または同棲の相手を指すが、アメリカでは同性愛の恋人に対して用いられる。[Macmillan English Dictionary]

しかし、あるオーストラリア人は多くの人は自分の夫や妻のことを partner と言われたら腹を立てるだろうと言っている。

以上述べたことを表形式にすれば次のようになる。

(4) 女友達((female) friend) ←│男性から│→恋人 （girlfriend）
　　男友達((male) friend)　←│見て　　│→同性愛の恋人(boyfriend/partner)

(5) 女友達 (girlfriend)　　　←│女性から│→恋人 (boyfriend)
　　男友達 (male friend)　　←│見て　　│→同性愛の恋人 (partner)

既婚の男性が girlfriend と言ったり、既婚の女性が boyfriend と言えば、それぞれ「愛人」という意味になる。

(6) You should know that it was your gun that killed your wife and her *boyfriend*.
奥さんと奥さんの愛人があなたの銃で撃たれて死んだということを忘れてはいけないわ。

bring と take

bring と take は、come と go と平行的に考えられ、bring は［Ⅰ］の意味を表し、take は［Ⅱ］の意味を表す。

［Ⅰ］bring : make someone/something come to/toward a place
［Ⅱ］take: make someone/something go to another place

(1) I'll *bring* a digital camera with me.
デジタルカメラを持っていきます。

(2) *Bring* Dustin to me!

(3) Can I come over to your place on Saturday night? I'll *bring* you some wine.

土曜の晩にあなたのお宅にお邪魔してもいいですか。ワインを少し持っていきます。

[come（相手のところに行く）と bring（相手のところに物をもって行く）に注意]

(4) I *took* the books to the library.

本を図書館に持っていった。

(5) Please *take* me shopping with you.

私を買い物に連れていって下さい。

(6) Let's go and see our grandson on Sunday. We can *take* a present for him.

日曜に孫に会いにいこう。プレゼントを持ってね。

[go と take に注意]

brush up

日本人は「英語がもっとうまくなりたい」という意味でよく I want to brush up my English. と言うが、これは I want to improve my English. と言うべきである。

brush up は polish up と同様、「しばらく使わなかったために落ちた力をもう一度練習して元の力に戻す」ことを表す。

これに対して、improve は「しばらく使わなかったために力が落ちた」という含みを持たない。

(1) You should *brush/polish up* your Italian before you go to Italy.

イタリアに行く前にイタリア語を磨きなおしたほうがいい。

(2) In the international school they will *improve* their English and learn French and German.

インターナショナル・スクールでは英語力を向上させ、フランス語とドイツ語を習得する。

busy —ing

busy —ing は「多くの注意と努力を払って何かをする」ことを表し、「…するのに忙しい」という意味で用いられる。

(1) You'll both fall out of love because you'll be too *busy working*.
これから仕事が忙しくなりすぎて、2人の間も冷めてしまうんじゃないか。

(2) "Oh, don't bother me with your stupid little stories," she said. "I'm *busy packing*. Tom is waiting for me."
「あなたのつまらない話で私を邪魔しないで」と彼女は言った。「荷物を詰めるのに忙しいのよ。トムが私を待っているの」

この場合、—ing には広い意味での「仕事」を表す動詞がくる。これ以外の動詞が用いられると、多くの場合、「皮肉」か「ユーモア」の意味になるとネイティブ・スピーカーは言う。

(3) He was *busy being* sick in the corner.
彼は（船の）片隅でしきりに吐いていた。

(4) She was *busy looking* out the window.
彼女はひっきりなしに窓から外を見ていた。

(5) Bart was *busy playing* blackjack.
バートはブラックジャックに夢中になっていた。

あることに没頭していることを強めるには、上で触れた動詞の種類を問わず、too を busy の前に付けるとよい。Kashino Database の検索では、busy —ing が248例ヒットしたが、その中で、too busy —ing はその約30％を占めていた。

(6) He was *too busy being* angry.
彼は怒り狂っていた。

(7) I was *too busy looking* for a cab. "Taxi!" Bob and I shouted simultaneously as one slowed down.
俺は必死になってタクシーを捜していた。一台のタクシーがスピードを落とすと、ボブと俺は同時に「タクシー！」と叫んだ。

buy と **write** の受動態

buy と write が二重目的語をとる場合、その受動態は通例、直接目的語を主語にした形式が用いられ、間接目的語を主語にした受動態は Declerck (1991) によると容認不可能である。

(1) The dress *was bought* for her.
彼女はドレスを買ってもらった。[for は省略できない]

(2) The letter *was written* to her.
彼女は手紙をもらった。[to は省略できない]

(3) *She *was bought* a dress.

(4) *She *was written* a letter.

この(3)と(4)の文の容認可能性について、34名のネイティブ・スピーカーに尋ねてみた。すると約60%の人が(3)と(4)の文を容認した。
逆に言うと約40%の人が容認していないわけであるが、認めない人の中にも、このままでは不完全であるが(5)のように文脈が整えばよくなるとする人や、(6)や(7)のように by 句を付けると容認可能という人も何人かいる。したがって、実質的には(3)と(4)の容認度はかなり上がるものと思われる。

(5) A: "He bought John a train set and Sandy a puzzle."
B: "And Kim? What *was* she *bought*?"
A: "She *was bought* a dress."
A:「彼はジョンに電車のセットを、サンディにはパズルを買ってやった」B:「キムには？あの子は何を買ってもらったの？」B:「キムはドレスを買ってもらったんだよ」

(6) She *was bought* a diamond ring by her boyfriend.
彼女は恋人にダイヤの指輪を買ってもらった。

(7) She *was written* a letter by the committee, detailing all the errors she had made.
彼女が犯した誤りを列挙した手紙が委員会から彼女にきた。

また、次のように「have + 目的語 + 過去分詞」の構文を使うほうがクリアで、普通の表現であるという人もいる。

(8) She *had* a dress *bought* for her.
(9) She *had* a letter *written* to her.

> 同じことは make の場合にも当てはまり、She *was made* a new dress (by her mother). はネイティブ・スピーカーにより、容認性の判定が揺れている。

by oneself, for oneself, of oneself

> 伝統的に by oneself は「ひとりで」(alone)、for oneself は「独力で」、of oneself は「ひとりでに」という意味を表すと言われてきた。しかし、この区別は現代英語では完全には当てはまらない。
>
> 現在では、by oneself は「ひとりで」(alone) の意味のほか「独力で」の意味で使われ、for oneself は「…のために」の意味で使われることが多い。
>
> また、of oneself (「ひとりでに」) は古い言い方で今はあまり使われず、この意味は by oneself で表される。

(1) I'm afraid to stay here *by myself*.
怖くてここにはひとりでいられないわ。

(2) I couldn't lift the heavy boxes *by myself*.
私ひとりの力では重い箱を持ち上げられなかった。

(3) He ordered another whisky *for himself* and a beer for me.
彼は自分のためにもう1杯ウイスキーを注文し、私のためにビールを注文してくれた。

(4) Suddenly the garage door back there opened *by itself*, like magic.
そこのガレージのドアが突然、魔法のようにひとりでに開いたんだ。

> このほか、for oneself は「(他人に頼らないで) 自分で」という意味でも使われる。

(5) Tracy was too young to understand what life is. By the time she was old enough to decide *for herself*, she would have a different view.
トレイシーは人生を理解するには幼すぎた。彼女が自分で生き方を決められるような年ごろになるまでには考えも変わるだろう。

これは by oneself の表す意味と似ているが、by oneself は for oneself とは異なり clean the house, make the cookies など達成感を伴う「仕事や作業」について用いられる。

したがって、次の例では「確かめる」(see) ことは仕事とは考えられないので for oneself のほうが適切で by oneself では不自然に響く。

(6) I want to see it *for myself.*

それを自分で確かめたい。

cf.?I want to see it *by myself.*

by the way

by the way は一般に「ところで」という意味を表すが、①少し、話が横道にそれることを表して「ところで」と言う場合と、②全く関連のない別の話を持ち出して「ところで」と言う場合がある。

前者の by the way は文の終わりに用いられ、後者の by the way は文の初めに用いられることが多い。

(1) "I think you should run for student body president," he said. "I think it would look good on your record. Your mother thinks so, too, *by the way.*"

「学生自治会長に立候補したらどうだ」と彼は言った。「いい経歴になるぞ。お母さんも賛成しているし」

(2) "You go inside," Adam said. "I'll bring your bags in. *By the way*, if you're free this evening, I'd like to take you to dinner."

(車から降りた後)「部屋に入って」とアダムが言った。「かばんを中に持っていくから。ところで、今晩、暇だったら夕食に出かけませんか」

また、by the way は自分の名前を名乗らないで話を始めてしまい、話の途中で名前を初めて言う場合にも (3) のような「名前+by the way」の形式でよく用いられる。

(3) Doris answered the door. "Is Don home?" he asked. "No, he's gone out to some party. He should be back in about an hour. I'm Doris, *by the way.*"

ドリスが玄関に出た。「ドンはいますか」と彼は尋ねた。「いえ、ドンはパーティに出かけています。でも1時間くらいしたら戻ってくるはずです。申し遅れましたけど、私はドリスです」

(4) *By the way*, I'm Walt. I've got my car here, if you need a lift." "Thanks a lot," I said. "Your name is?" "Jack."

(今まで話をしてきたが)「ところで、私はウォルトだ。車で来ているのでよかったら乗せて行くけど」「すまない」と私は言った。「君の名前は?」「ジャックだ」

【関連情報】

よく似た表現に incidentally がある。ネイティブ・スピーカーは両者に違いはないという。

(5) *By the way/incidentally*, do you know they've just had a baby?
ところで彼らに子どもができたのを知っていますか。

can（可能性を表す場合）

可能性を表す can は肯定平叙文では通例、「…することがある」という「散発的」(sporadic) な意味で用いられる。

(1) We all *can* make mistakes.
私たちは誰だって誤りを犯すことがある。

しかし、次第に can が肯定平叙文で、「散発的」ではなく特定の時に言及して may に似た意味で使われるようになってきている。
(2)はヘリコプターに乗っている人物の発言で、(3)は新聞社のオフィスで、編集長と2人の記者が記事をめぐって議論している場面である。

(2) Bad wind's going to come! We have to drop pretty fast! So hold on, this *can* be just a little thrilling!
ひどい突風が吹くぞ。急降下しなくちゃならない。しっかりと、つかまって!ちょっと怖いかもしれないぞ。

(3) Editor: "Well, boys, what are we going to do with this?"
1st reporter: "Boss, we'd better wait on it a few days. It could be big, but..."

2nd reporter: "Wait on it! Could be big, no way. *Can* be big, with a capital *can*! We've got them nailed. This *can* be bigger than Watergate, of that I have no doubt."

編集長:「さあ、みんな、これをどう扱う?」記者その1:「ボス、2、3日、待ったほうがいいと思います。スクープになるかもしれないけど…」記者その2:「待つだって!スクープになるかもしれない、なんてとんでもない。絶対、大スクープになる。間違いない。やっと不正を見つけたんだ。ウォーターゲート事件以上の大スクープになる。疑う余地はない」

[この例から could よりも can のほうが強い意味を表すことが読み取れる]

ここで注意すべきは、(2)や(3)は可能性の中でも「未来の可能性」を表しているという点である。

つまり、可能性を表す can が肯定平叙文で特定の時に言及して用いられるのは、「未来の可能性」の場合に限られ、「現在の可能性」や「過去の可能性」では人により容認性に差が見られるということである。

(4) ?This *can* be the answer, I think.
(5) ?John *can* have already left.

この事実は、可能性を表す can は基本的に(主語の)「潜在能力」(potential)を表すという点から説明できる。

つまり、「潜在能力」というのは「未来に何かを発展させたり、成し遂げたりする可能性」のことを意味することから、本来的に未来指向である。したがって、未来の可能性だけを can は表すことができるということである。

上の(2)では、主語の「急降下」がこの後すぐに、わくわくさせる可能性を内に秘めていることが、(3)では、主語の「記事」がスクープになる可能性を内に秘めていることがそれぞれ can により示されている。

なお、文献によっては、未来の可能性を表す次のような例を容認不可能としているが、これらが言えないのは、天候の it や there 構文の there には、(2)や(3)とは異なり、「潜在能力」は認められないからである。

(6) *There *can* be a strike next week.

(7) *It *can* rain later.

このようなことから、問題のcanの説明には、現在・過去・未来という時の区分と「潜在能力」という基本的な意味の導入が不可欠であることが判明した。(さらに詳しくは柏野 (1993) および柏野 (2002) を参照)

【関連情報】

Coates (1995) は次のような例を示し、肯定平叙文において未来の可能性を表すcanが次第に用いられるようになってきていることを指摘している。

(8) We hope this coding system *can* be useful.

このコーディングシステムは役に立つだろう。

これは、あるシンポジウムで発表者がプレゼンテーションの締めくくりとして発した文である。ここでも上で述べたように、主語のコーディングシステムが、将来役に立つ可能性を内に秘めていることがcanにより表されている。

Coates (1995) はこれをアメリカ英語とし、イギリス英語では We hope this coding system *will* be useful. と言うと述べている。

英米差についてはさておき、この指摘は上で述べたことの正しさを証明してくれる。

can と be able to (1)

本項と次項では、can と be able to を意味の観点から比較する。

まず、canを意味に基づいて以下のように分類しておこう。

根源的用法 (root use):「能力」「許可」「根源的可能性」(状況的能力と特性)

認識的用法 (epistemic use):「認識的可能性」

少し説明を加えると、「能力」とは「人に備わっている内在的な能力」を指すのに対して「状況的能力」とは「周囲の状況から考えて、ある行為を行うことが可能である」ことを表す。

また、「根源的可能性」(状況的能力と特性) は It is/was possible for

can と be able to

A to do で置き換えられるのに対して「認識的可能性」は It is/was possible that... で置き換えられるという特徴を持つ。

(1) I *can* speak Chinese.
中国語が話せます。[能力]

(2) You *can* use my car.
僕の車、使ってもいいよ。[許可]

(3) a. *Can* you come to the party tomorrow?
明日、パーティに来ることができますか。[状況的能力]
[= Is it possible for you to come to the party tomorrow?]
b. He can be very irritating sometimes.
彼はときに人をイライラさせることがある。[特性]
[= It is possible for him to be very irritating sometimes.]

(4) a. You *can't* be serious.
本気のはずがない。[認識的可能性]
[= It is not possible that you are serious.]
本気じゃないだろう？ [同上]
[= It is possible that you are not serious.]
(この2種類の書き換えについては「can't と must not」の項を参照)
b. *Can* the news be true?
その知らせは本当だろうか。[同上]
[= Is it possible that the news is true?]

このうち、be able to はどの意味を表すことができるのだろうか。上記の例文中の can を be able to に置き換えて、10名のネイティブ・スピーカーにそれらの容認可能性について尋ねたところ、以下のような結果を得た。

(5) I *am able to* speak Chinese.

(6) ?You *are able to* use my car.

(7) a. *Are* you *able to* come to the party tomorrow?
b. *He *is able to* be very irritating sometimes.

(8) a. *You *are* not *able to* be serious.
b. ?*Is* the news *able to* be true?

この結果から、(8)に見られるように、be able to は認識的な意味を表すことはできないということが分かる。

次に「許可」の意味では、その容認性はネイティブ・スピーカーによって食い違い、上の調査では(6)は不自然と判定されているが、(9)のような文を認める人もいる。

(9) The boys *were able to* play football but the girls had to go to the library.
男子はフットボールをしてもよかったが、女子は図書館に行かなければならなかった。

これは「許可の与え手」が違うという観点から説明できる。

つまり、(6)では許可の与え手は話し手であるのに対して(9)では許可の与え手は第三者である。後者のような場合には、be able to を「許可」の意味で用いても容認度はかなり高くなる。

以上のネイティブ・スピーカーの調査は次の2点にまとめられる。

[I] be able to は認識的な意味を表すことはできない。

[II] be able to は根源的な意味のうち「許可」(許可の与え手が話し手の場合) と (7b) に見られる「特性」の意味も表すことはできない。

逆に言うと、be able to が普通に用いられるのは「能力」と「状況的能力」の意味に限られるということになる。

can と be able to (2)

前項を踏まえて、次に can と be able to の基本的な意味を規定してみよう。

able の基本的な意味はその名詞形が ability であることからも分かるように「能力」である。「能力」の意味から「状況的能力」の意味が派生したと考えるのが自然である。

(1) He may *be able to* drive a car and speak foreign languages.
彼は車が運転できるかもしれないし、外国語も話せるかもしれない。
[能力]
→ Do you think we'll *be able to* reach him?

can と be able to

彼と連絡がつくと思いますか。[状況的能力]

> can の基本的な意味は Leech and Coates (1980) が指摘するように、「根源的可能性」(状況の能力と特性) である。そしてそこから「許可」や「能力」の意味が派生し、その後、認識的な意味が発達したと考えられる。

(2) *Can* you reach the shelf?

棚に手が届きますか。[状況的能力]

She *can* be very inconsiderate.

彼女はときに思いやりに欠けることがある。[特性]

→ You *can* go home now.

家に帰ってもいいよ。[許可]

→ *Can* you swim?

泳げますか。[能力]

→ A: "That's UFO."
　B: "It *can't* be."

A:「あれは UFO だ」B:「ばかな」[認識的可能性]

> 上で見たように、be able to は基本的に「能力」を表すのであるが、「能力」というのは能動的な力を含意するため、その主語は動作主 (agent)、つまり「行為を意識的に行う人間」でなければならない。それに対して、can は「根源的可能性」を表すのであるから必ずしもその必要はない。

> ここから、be able to の主語には無生物はくることができないこと、またこれに関連して be able to は受動態を従えることはできないことが説明できる。受動態は自発的な行為ではないからである。

(3) *The problem *was able to* be solved.

cf. The problem *can* be solved.

その問題は解決できる。

> さらに、grow (tall)（身長が伸びる）などの自制不可能な動詞は be able to の後には通例、用いられないが、これも be able to は主語には「行為を意識的に行う人間」をとるという特徴から説明できる。

(4) ? John has reached his growth limit; he *is* not *able to* grow any taller.

cf. John has reached his growth limit; he *can't* grow any taller.
ジョンは身長の伸びが止まった。これ以上は伸びないだろう。

【関連情報】

「私は中国語を話すことができる」は I *can* speak Chinese. と言うのが普通であるが、この場合に be able to を用いて、I *am able to* speak Chinese とすると、横柄に聞こえたり、自慢しているように聞こえるとネイティブ・スピーカーは言う。

これは be able to が can よりも強く「能力」の意味を表すためであろう。

can と be able to についてさらに詳しくは柏野（2002）を参照。

Can I...? と May I...?（許可を表す場合）

歴史的に見て、may の表す許可の意味は 12 世紀頃に発生し、can の表す許可の意味は 15 世紀（一説には 18 世紀）頃に生じたとされる。しかし、現在でも許可を表す can を容認しない向きもある。

そういう人にとっては、相手に許可を求める場合、May I...? が正しく、Can I...? は間違いということになる。本来、「許可を表すのは may で、can は（状況的）能力を表す」というのがその理由である。

このような典型的な例として、以下のような母親と子どもの対話を挙げることができる。

(1) "*Can I* watch TV?" Jim asked. "Yes, you can, but you may not," his mother said.

「テレビ、見てもいい？」とジムは尋ねた。「そうね。見ることはできるわね。でも許可はしないわ」と母親は答えた。

しかし、英米の複数のネイティブ・スピーカーは、最近では、このように注意する母親は極めて少なくなってきていると指摘している。それだけ、許可の意味の Can I...? の使用が容認されてきたということになる。ただ、現在でも文体の点では区別され、堅苦しい場面では May I...? が使われ、くだけた場面では Can I...? が使われる。

(2) *May I* use your bathroom?

トイレ、お借りしてもいいですか。

(3) *Can I* call you Joan?

君のこと、ジョーンと呼んでもいい？

また、ともに please が添えられて、「…してもいいですか。お願いですから、そうさせて下さい」という意味を表すこともある。

(4) *May I please* talk to your husband?

ご主人とお話させてもらっても構いませんか。

(5) *Can I please* use your cell phone?

携帯、貸してくれませんか。

【関連情報】

May/Can I help you? などの例に見られるように、Can I...? と May I...? は「…しましょうか」という申し出の意味でも用いられる。この場合も may と can は文体の違いによって使い分けられる。

(6) *May/Can I* get you a drink?

飲み物、お持ちしましょうか。

(7) *May/Can I* offer you something?

何か、お持ちしましょうか。

ちなみに、Kashino Database で、意味を考慮に入れないで、Can I...? と May I...? を検索すると、前者が1729例、後者が642例、ヒットした。このように、最近では、文体にもよるが、Can I...? の使用が群を抜いて多い。

can と may

can と may はそれぞれ「…してもよい」という許可を表す用法と「…かもしれない」という可能性を表す用法があるが、以下ではこの2つの用法について解説する。

[Ⅰ] 許可を表す用法

周知のように、人に許可を与える場合、may が (1) のように「話し手による許可」を表すのに対して、can は (2) のように「(誰の許可か特定されない) 一般的な許可」を表すという違いがある。[Quirk et al. (1985)〕

この違いは特にイギリス英語において顕著である。

(1) a. You *may* go out but you must be home by 11:00.

外出してもよいが 11 時までには帰ってきなさい。

b. When you finish the examination, you *may* leave the classroom.

試験の解答が終わったら教室を出てもよろしい。

(2) You *can* park over there. There's no notice saying "No Parking".

そこに車を停めてもいいと思うよ。「駐車禁止」とは書いてないから。

ここでは may は話し手（の権威）が係っているという意味で「主観性」を表し、can は係っていないという意味で「客観性」を表すという点が重要である。そして、意味の強弱に関しては may のほうが can よりも強いことに注意したい。

このように、話し手の権威と結びついた may は、人に許可を与える場合に用いられると、ときに尊大・傲慢に響くことがある。

したがって、may が用いられるのは上の (1) のように上下関係が明確な場合、つまり上司と使用人、親と子供、先生と生徒、医者と患者などの場合に限られる。

ただし、上の (1) と同じ文脈で can が may の代わりに用いられることがある。次の (3) は (1) と同じく「親から子供」「先生から生徒」への発言であるが、may ではなく can が使われている。

(3) a. You *can* watch TV after dinner if you eat your vegetables.

野菜を食べるのなら夕食が終わったらテレビをみてもいい。

b. You *can* use your electronic dictionaries for this examination.

試験には電子辞書を使ってもよい。

これは「控え目表現」(understatement) という観点から説明できる。つまり、(3) はともに may という主観的な強い表現形式が使える文脈であるが、may のもつ尊大さ・傲慢さを避けるために客観的で意味の弱い can が may の代わりに使われているのである。

ちなみに、上の (1) では「控え目表現」として can を用いて許可を与えることも可能である。しかし、(2) では may を用いて許可を与えることはできない。

つまり、意味の弱い can を意味の強い may の代わりに語用論的に「控え目表現」としては使えるが、can の代わりに may は使えないということである。

したがって、人に許可を与える場合には、意味の弱い can のほうが使用範囲が広いということになる。なお、これは文体の点で can は口語的でくだけた言い方であるのに対して may は堅苦しい言い方であるという事実とも関連する。

【関連情報】

以上のような can と may の両者の基本的な相違を踏まえておくと、話し手が規則などの存在を聞き手に報告（report）するときには can が用いられ、may は使えないことの説明がつく。

(4) You *can* stay up as late as you like.

好きなだけ起きていてもいいよ（と親が言っている）。

[=You are allowed to stay up as late as you like. この be allowed to は客観性を表す]

(5) The nurse gave him a menu. "The doctor said you *can* have anything you like."

看護師は彼にメニューを渡した。「先生は何でも好きなものを食べてもいいとおっしゃっていますよ」

ここでは就寝時間などが話題になっているが、この規則の報告というのは客観性を帯びた「一般的な許可」であって主観性を帯びた「話し手による許可」ではない。したがって、can が用いられることになる。

ただし、規則そのものを述べるときには、堅苦しい感じのする may が使われる。

(6) Undergraduate students *may* borrow ten books for up to two weeks.

学部学生は 10 冊を 2 週間まで借りることができる。

[Ⅱ] 可能性を表す用法

ここでは肯定平叙文において can と may が「可能性」の意味を表す用法を「一般的な可能性」（general possibility）と「特定的な可能性」（specific possibility）に分類した上で解説する。

一般的な可能性とは「出来事が不定期に何回か生起する可能性」のこと

> で、特定的な可能性とは「出来事が特定の一回のみ生起する可能性」のことである。
> 一般的な可能性は can でも may でも表すことができる。ただし、may は堅苦しい言い方に限られる。

(7) He *may* be pushy sometimes.

(8) He *can* be pushy sometimes.

　　彼は厚かましいときがある。

> ここでも can は「許可」の意味の場合と同じように、客観性を表し、知識・経験などの客観的な証拠に基づいた推測が示される。
> 一方、may は主観性を表し、主観に基づいた（根拠のない）推測が示される。
> したがって、「可能性」の意味の場合は「許可」の意味の場合とは逆に can のほうが may よりも意味が強く、ひいては可能性の度合いが高いということになる。
> これについては、Lakoff（1972）が次の(9)と(10)に類する例を挙げ、それぞれ括弧内のように解説しているが、これを見ても can のほうが高い可能性を表すことが理解できる。

(9) Football players *can* be that big.

　　［話し手が少なくとも1人は知っている場合の言い方］

(10) Football players *may* be that big.

　　［決定的な証拠に欠ける場合の言い方］

　　フットボール選手の中にはかなり大柄の人もいる。

> この「一般的な可能性」は時を超越しているが、「特定的な可能性」は時制別に「現在の可能性」（present possibility）、「過去の可能性」（past possibility）、「未来の可能性」（future possibility）というように3分類できる。
> may から見ていくと、may はこの3つの可能性をすべて表すことができる。

(11) "Where's Greg?" "He *may* be upstairs."

　　「グレッグはどこにいるの？」「2階かもしれない」

(12) Cindy *may* have missed her bus.

シンディはいつものバスに乗り遅れたのかもしれない。
(13) It *may* rain tomorrow.
明日は雨が降るかもしれない。

一方、can は「現在の可能性」や「過去の可能性」を表す場合、その容認性はネイティブ・スピーカーにより揺れが見られる。

(14) ? This *can* be the answer, I think.
(15) ? He *can* have disguised himself.

しかし、「未来の可能性」を表す場合には、多少の揺れは見られるものの、容認するネイティブ・スピーカーのほうが多い。(16) は Erades (1975) からの例である。

(16) A Third World War *can* break out at any moment.
第三次世界大戦が今にも勃発しそうだ。

Erades (1975) は can を状況からの判断を表すという意味で客観的とし、may を話し手の査定が存在するという意味で主観的と捉えている。(16) の文について、ネイティブ・スピーカーに調査 (6 名) をしたところ、Erades (1975) の主張を裏付づけるような意味上の違いがあることが明らかとなった。つまり、

「ここで may を用いると may or may not を意味し、戦争が起こる確率が約 50％であることを表すのに対して can は根拠に基づいた発言で戦争が起こる可能性がそれよりも高く、切迫した情勢にあることを表す」ということである。

以上から「未来の可能性」を表す can は客観的で、証拠があることを示唆し、可能性の度合いが主観的な may よりも高いことが判明した。

なお、「未来の可能性」を表す can について、さらに詳しくは「can (可能性を表す場合)」の項を参照。

以上、[II] の結論として次のように言うことができる。

may は「一般的な可能性」の場合も「特定的な可能性」の場合も主観的であり、想像を伴う可能性を表す。したがって、特に根拠がなくても用いられ、意味も弱い。

一方、can は「一般的な可能性」の場合も「特定的な可能性」(の一部) の場合も客観的であり、確証を伴う可能性を表す。したがって、根拠の

ある分、意味が強く、may よりも高い可能性を示す。

【関連情報】

典型的には「一般的な可能性」は can によって、「特定的な可能性」は may によって表される。

例えば、Leech (2004) は can と may の表す可能性の説明に際し、以下の 2 文を引いているが、(17) は「一般的な可能性」の例で、(18) は「特定的な可能性」の例である。

(17) The road *can* be blocked.
道路は封鎖されることがある。

(18) The road *may* be blocked.
道路は（いま）封鎖されているかもしれない。
道路は（これから）封鎖されるかもしれない。

なお、Leech (2004) はここでいう「一般的な可能性」を「理論的可能性」(theoretical possibility)、「特定的な可能性」を「現実的可能性」(factual possibility) と呼んでいる。

前者は It is/was possible for... to~ で書き換えられ、根源的な意味を表し、後者は It is/was possible that... で書き換えられ、認識的な意味を表す。

[Ⅲ] まとめ

この項では can と may の表す意味を比較した。「許可」の意味では、may の持つ「主観性」が話し手の権威として働くため may は客観的な can よりも意味が強い。逆に「可能性」の意味では、can の持つ「客観性」が客観的な証拠の存在を示唆するため主観的な may よりも意味が強く、ひいては可能性の度合いが高くなることが明らかとなった。

can と may について、さらに詳しくは柏野（2002）を参照。

can't help —ing

can't help —ing は、主語がその行為をコントロールしようと思ってもできない場合に用いられる。例えば I *couldn't help laughing.* は、「笑わないでおこうと思ってもできなかった」という意味である。一般に

can't help —ing

「…せざるを得ない」と訳されるが、後で述べる理由により、この訳語は避けたほうがよい。

Kashino Database の検索では、—ing の箇所には、多くの場合、wonder, think, notice, smile など人間の感情を表す動詞がくる。

(1) I *couldn't help wondering* who was with her.
彼女は（今ごろ）誰といるのかなと思わず考えてしまった。

(2) She *couldn't help noticing* that several women were paying attention to him.
彼女は何人かの女性が彼を見ていることにいやおうなしに気づいた。

主語がある行為をコントロールできる場合には、have no choice but to... などが使われる。この表現も日本語では「…せざるを得ない」と訳される。したがって、「…せざるを得ない」という日本語を英語にする場合には必ず can't help —ing が使えるとは言えない。[ミントン(2007)]

(3) "I want to die at home," was all she said. Since the doctors couldn't do anything for her, they *had no choice but to* accept her wishes.
「家で死にたい」彼女が言ったのはそれだけだった。医者が彼女に何もしてやれなかったのだから彼らは彼女の望みを受け入れざるを得なかった。[ここでは can't help —ing は使えない]

【関連情報】

can't help —ing とよく似た表現に can't but があるが、これは非常に古い英語でホーソン（19世紀半ばの作家）やメルヴィル（19世紀後半の作家）の作品には見られるが、現代英語では用いられない。

また、can't help —ing と can't but が混交した can't help but という表現も見られるが、これはアメリカでは確立した語法となっている。Kashino Database の検索では、イギリス英語（120万語）でヒットしたのはわずか6例であったのに対してアメリカ英語（120万語）では41例もヒットした。

(4) He *couldn't help but* think about the pleasure of a shower and a nap.
彼はシャワーを浴びて一眠りすればどれだけ気持ちがいいだろうとつい考えてしまった。

can't と must not（認識的な意味を表す場合）

can't は、一般に助動詞否定（「…であるはずがない」）という意味を表し、例えば(1)の It *can't* be from Edward. は It is not possible that it is from Edward. のように書き換えられる。

前文あるいは先行文脈で述べられていることを話し手が事実として認めないか認めたくないときに使われる。

(1) "The letter could be from Edward." "It *can't* be from Edward," he insisted. "It's from Lewis."

「その手紙はエドワードからかもしれない」「そんなはずはない」と彼は強く言った。「ルイスからに決まっている」

一方、must not は、本動詞否定（「…でないにちがいない」）という意味を表し、例えば(2)の He *must not* be hungry. は It seems certain that he is not hungry. のように書き換えられる。

前文あるいは先行文脈で述べられていることを話し手が事実と認め、それを証拠とした上で推論を働かせてある主張を行うときに使われる。

(2) Sam isn't eating his food. He *must not* be hungry.

（犬の）サムはエサを食べていない。きっとお腹がすいていないのだろう。

ここで強調したいのは、イギリス英語では can't が本動詞否定（「…でないにちがいない」）としても用いられるという事実である。

Murphy and Smalzer (2009) によれば、「アメリカ人は何かが真実でないと確信していることを言うときには must not を用いるが、同じ状況でイギリス人は can't を使う」と述べ、以下の例を挙げている。

(3) She walked past me without speaking. She *must not*/*can't* have seen me.

彼女は口も利かないで通り過ぎて行った。私のことが見えなかったのだろう。

ただ、Groefsema (1995) が指摘しているように、北イングランドではこの場合、mustn't（must not ではない）も用いられることに注意したい。

北イングランド在住のあるイギリス人は、次の(4)と(5)の例を挙げ、(4)では can't の代わりに mustn't は使えないが、(5)では can't も mustn't も可能と述べている。

(4) A: "That man over there — is it Mr. Collins?"
B: "It *can't* be Mr. Collins — he died four years ago."
A:「あそこにいる男の人ってコリンズさんかな？」B:「いや、そんなはずはない。彼は4年前に亡くなっているから」

(5) That restaurant is always empty. It *can't/mustn't* be very good.
そのレストランはいつ行っても客が入っていないね。きっと、あまりおいしくないのだろう。

さらに、(4)は(6)に、(5)は(7)に書き換えられることを示した上で、「can't は2つの異なる意味を持つが mustn't はそのうちの1つの意味しか表さない」とコメントしている。

(6) It is not possible that it is Mr. Collins.
(7) It seems certain that it is not very good.

次はイギリス英語で can't が本動詞否定（「…でないにちがいない」）として用いられた例である。

(8) "I'm sorry about giving you a hard time last night. It *can't* have been easy for you." "It wasn't."
「昨夜はつらい思いをさせて申し訳ない。さぞ、辛かったことだろうね [＝楽ではなかったに違いない]」「辛かったわ」

以上の点を要約すると次のようになる。

[Ⅰ] イギリス英語もアメリカ英語も助動詞否定（「…であるはずがない」）の意味では can't を使う。

[Ⅱ] 本動詞否定（「…でないにちがいない」）の意味ではアメリカ人は must not（mustn't ではない）を用いる。この意味では、イギリス人の多くは can't を使うが、一部のイギリス人は mustn't も使う。

【関連情報】

文のレベルでは、can't（「…であるはずがない」）は99％の確信度を表すのに対して must not（「…でないにちがいない」）は95％の確信度を表す、というように意味の強さの点で違いが見られる。[Azar (1999)]

談話の観点からは、問題となる文の前に肯定文がある場合には一般に「…であるはずがない」の意味で英米とも can't が用いられる。

一方、問題となる文の前に否定文、あるいは否定を含意する文がある場合には、「…でないにちがいない」の意味でイギリスでは can't や mustn't、アメリカでは must not が用いられる傾向がある。

(9) "I'm your father." "No way. You *can't* be my father."

「私は君の父親だよ」「まさか。あなたが僕の父親だなんてあり得ない」

(10) Linda did not do what I asked her to do. She *can't/must not/mustn't* have understood what I said.

リンダは私が頼んだことをしなかった。きっと、言ったことが分からなかったのだろう。

認識的な意味を表す can't と must not についてさらに詳しくは柏野（2002）を参照。

can't seem to

can't seem to は Oxford English Dictionary（第2版）の初出の記載が1898年であることから分かるように、比較的近年のくだけた言い方である。

これは、どうしようもない状況で用いられ、「どんなに一生懸命やってみてもできそうにない」(No matter how hard I may try, I just can't seem to...) という意味を表す。強勢は通例、seem に置かれる。

訳語としては「（やってみたが）できそうにない」「…することができないようだ」という日本語が適当である。

(1) Who is the man? I *can't seem to* place the name.

その人は誰なの。どうしても名前が思い出せないわ。

(2) I've been an on-and-off smoker all my life and I hate it. It's a bad habit, but I *can't seem to* quit for any length of time.

タバコはずっと吸ったり、吸わなかったりしてるわ。やめられなくて嫌になるわ。よくない習慣だとは分かっているけど、長くはやめられそうにないわね。

close the door behind ...

この表現は、ときに次のように感情的な色彩を帯びることがある。

(3) "Take it easy." "Take it easy? I've been fired, you know. I *can't seem to*."

「気を楽にして落ち着けよ」「落ち着け、てか。会社を首になったんだぞ。そんなことできるもんか」

can't seem to はアメリカの口語表現で、イギリスでは 1950 年代までは次の(4)のように don't seem able to と言うのが普通であった。しかし、最近では can't seem to も使われ、一般の辞書にも載せられている。

(4) I'm sorry. I *don't seem able to* understand anything you say.

申し訳ないけど、あなたの言っていること分かりそうにないわ。

close the door behind ...

一般に、close the door behind ... は「後ろ手にドアを閉める」という意味だと考えられている。

例えば、ある小説の翻訳本では She walked out of the room, *closing the door behind her*. の箇所は「彼女は部屋から出ると、後ろ手でドアを閉めた」と訳されている。

しかし、これは正しくない。例えば、Collins COBUILD Advanced Learner's English Dictionary (第5版) の behind の項には次のような記述が見られる。

(1) When you shut a door or gate behind you, you shut it after you have gone through it.

You shut a door or gate behind you. とは「ドアや門を通り過ぎた後にそれを閉める」という意味である。

また、あるアメリカ人に尋ねると、close the door behind ... は「部屋の中に入って、あるいは外に出てドアを閉め、ドアを背にして歩いて行く」という意味で、「後ろ手にドアを閉める」という意味ではないと言う。以下に具体例を挙げる。

(2) He *closed the door* of his office *behind him* and walked over to his desk and sat down.

彼はオフィスのドアを閉めた後、デスクのところまで歩いて行き、腰を下ろした。

(3) Warren stepped out into the corridor, *closing the door behind him*.
ウォーレンは廊下に出た後、ドアを閉めて立ち去った。

したがって、動詞にcloseではなく、lockやslamなどを用いて次のように言うことも可能である。

(4) He *locked* the door behind him.
彼はドアに鍵をかけて出て行った。

(5) He *slammed* the door behind him
彼はドアをバタンと閉めて出て行った。

もし、close the door behind ... が「後ろ手にドアを閉める」という意味を表すのであれば、上の2つの例は「手を後ろに回してドアに鍵をかけた」「手を後ろに回してドアを強く閉めた」という意味になるが、これらの解釈は明らかに奇妙である。

また、次のように、主語の人物とbehindの後の人物が別人であったり、主語に人間ではなくドアなどが用いられ、closeが自動詞として働くこともあるが、これらの事実もこの表現が「後ろ手にドアを閉める」という意味ではないことを示している。

(6) "Come in," he said, leading them inside. He *closed the door behind them*. "Can I get you something to drink?" "No, thank you."
彼は彼らを中に案内しながら「さあどうぞ」と言った。彼らが中に入ると彼はドアを閉めた。「何か飲み物でも？」と彼が尋ねると彼らは「いえ、結構です」と答えた。

(7) The door *closed behind Diana* and she walked away alone.
ダイアナが外に出るとドアが閉まった。彼女はそのまま1人でその場を立ち去った。

【関連情報】

「後ろ手にドアを閉める」というのは、英語では(8)や(9)のように言う。

(8) I *closed* the door behind my back.

(9) I reached behind me and *closed* the door.

また、上に述べたbehindの代わりに次のようにafterを使うこともで

(10) He got in and *shut the door after him*.

彼は中に入ってドアを閉めた。

これについてはCambridge Advanced Learners' Dictionary（第3版）のafterの項に(10)と類似の例が挙がっており、after（=behind）という注記がある。

この両者を比べると、behindでは「人の背後で（ドアが閉まる）」というように位置関係が問題になっているのに対してafterでは「人が通り過ぎた後で」というように時間が問題になっているという違いがある。

Coffee, please.

Coffee, please. に見られる「名詞+please」の表現は、例えば、レストランで客がウエイターに、あるいは劇場で客が係員に（職務上の義務を）指示するような場合に使われる。

(1) Coffee, *please*. Black. To go.

コーヒー、お願いします。ブラックで。持って帰ります。

(2) She stepped out of the taxi and walked to the box office. "One *please*."

彼女はタクシーから降りて切符売り場まで歩いていった。「チケット、1枚お願いします」

ただし、通例、指示される側の人も、職務上頼む権利のあることであれば、聞き手が客であってもこの表現を使うことができる。

(3) "I would like to close my account." "Certainly. Your name, *please*?" "Paula Ryan." The teller nodded. "Just a moment, *please*."

「口座を閉じたいのですが」「かしこまりました。お名前をどうぞ」「ポーラ・ライアンです」銀行の窓口の係はうなずいた。「少々、お待ちください」

(4) Attention, *please*! Would you sit down, please!

「皆様、（集会が始まりますので）お席にお着き下さい」

[指示を表す Would you...? にも注意]

このほか、クイズ番組で司会者が解答者に、Your answer, *please*. と言ったり、列車で車掌が乗客に、Ticket, *please*. と言ったりするのもここに含まれる。

ただ、上昇調で発音する必要があり、そうでないと冷たい感じがする。さらに、職務を離れた個人同士の会話でも「名詞＋please」は用いられる。ただし、突然、口に出すのではなく、相手から尋ねられた後でこの表現を使う必要がある。そうでなければ、失礼になる。

(5) A: "Can I get you a drink? Would you like coffee or tea?"
   B: "Coffee, *please*."
   A:「何か飲み物でもいかがですか。コーヒーかお茶はどうですか」B:「コーヒーをお願いします。」

(6) "Mr. Harrison, sugar?" "Two, *please*."
   「ハリソンさん、砂糖は？」「2つお願いします」

【関連情報】

「名詞＋please」の表現ではないが、講演会でスピーカーの声が聞こえなかったときに聴衆から Louder, *please*. という声が飛ぶことがある。これはあまりフレンドリーとは言えない。スピーカーが知り合いであれば、Jack, could you speak a little louder? などと言えばよい。

さらに詳しくは「please の使い方」の項を参照。

come と go (1)

この項では『英語基本動詞辞典』（研究社）を参考に、come と go の用法について述べる。

go は基本的に、主語が発話時あるいは発話の中で示された時に、自分のいる場所から離れて他の場所へ「行く」ことをいう。

(1) I'm *going* back home.
   家に帰ろう。

(2) Kate is *going* to the concert tonight.
   ケイトは今夜、コンサートに行く。

一方、come は基本的に、発話時あるいは発話の中で示された時に、主

語が話し手か聞き手のところに「接近する」という意味を表す。

後者は come が「聞き手のところに行く」ことを意味するので日本人には間違いやすい用法である。

ちなみに、日本語でも長野、岐阜、富山、石川、鳥取、出雲、対馬、熊本、宮崎、鹿児島では英語と同じように「聞き手のところに行く」ことを「来る」という。[『日本国語大辞典』(小学館)]

(3) The teacher *came* into the classroom at 9:00.
 先生は9時に教室に入ってきた。

(4) "Cindy, dinner is ready." "I'm *coming*."
 「シンディ、夕食の用意ができたよ」「今行く」
 [I'm going. と言うと「出かけるから夕食はいらない」という意味になる]

また、次の(5)では、話し手もパーティに行く、あるいは話し手の家でパーティがあることが前提となっていて、パーティ会場にいる自分を頭に描き、そこへ接近してくる聞き手を想像しながらの発言である。したがって come が使われている。一方、(6)にはこのような意味合いはないため、go が用いられている。

(5) Can you *come* to the party tonight?
 今夜、パーティに来られますか。

(6) Can you *go* to the party tonight?
 今夜、パーティに行けますか。

さらに、May I *come* in? という文は、話し手が外にいて、中にいる聞き手に接近するときに用いられるのに対して May I *go* in? という文は、話し手も聞き手も2人とも外にいて、話し手がその場から離れ(多くの場合、聞き手と一緒に)中に入るときに用いられる。

このほか、come と go の用法では話し手との同伴(with me)が表される場合にも注意する必要がある。

(7) Can you *go with me*?
 私と一緒に行けますか。

次の(8)では(5)と同様、話し手はオフィスにいる自分を頭に描き、そこへ接近する動きを考えているため、come が使われている。

(8) I'm *going* to my office. *Come with me*.
　今からオフィスに行くから、私と一緒に来なさい。

> 以上は日常言語の場合であったが、(主人公が3人称で書かれた) 小説の世界では語り手の視点が重要になる。
> 次の(9)では、語り手の見る目はジョージに注がれていて、語り手とジョージは一体化している。したがって、トムは語り手 (＝話し手) に接近していることになり、そのため come が使われている。

(9) Tom *came* to George's house last night.
　トムは昨夜、ジョージの家にやってきた。

【関連情報】

> come と go に関する以上の点を Fillmore (1975) や大江 (1975) は「いつ誰が到着点にいるか、いないか」という観点から次のようにまとめている
>
> [Ⅰ] come
> ①発話時に話し手が到着点にいる：*Come* here.
> ②到着時に話し手が到着点にいる：Please *come* to my office at ten.
> ③発話時に聞き手が到着点にいる：I want to *come* there.
> ④到着時に聞き手が到着点にいる：I will *come* there tomorrow.
> (この4つの条件は全部満たされてもよいし、どれか1つだけ満たされてもよい)
>
> [Ⅱ] go
> ⑤話し手は発話時にも到着時にも到着点にいない：Please *go* to my office.
>
> ここでは上記の例文中にあるように come there という表現が可能であることに注意したい。なお、Go here. という言い方は、地図上で、ある地点を指差して言う場合以外には用いられない。

come と go (2)

> come と go が「…になる」という意味で用いられる場合、come はいい意味の形容詞と共起し、go は悪い意味の形容詞と共起する傾向がある。

これは前項で述べたように、come が「自分に近づいてくること」を表し、go が「自分から離れて行くこと」を表すことと関連する。

(1) I think I'm *going* crazy. I really do.
頭がおかしくなりそうだ。本当にそう思うよ。

(2) The bread has *gone* moldy.
食パンにカビが生えた。

(3) I hope your dreams *come* true.
夢が叶うといいね。

(4) "Didn't you publish recently?" I asked him. Then he *came* alive.
「最近本を出したんですってね」と私が言うと彼はパッと顔が明るくなった。

ただし、次のように、この原則に当てはまらない場合もある。

(5) Jones noticed the heel was *coming* loose from the shoe.
ジョーンズは靴のかかとが取れかかっているのに気づいた。

(6) He said everything was *going* well.
すべてうまくいっていると彼は言った。

Clark (1974) は次の例を挙げ、came では不時着を、went では墜落を表すと言っているが、あるネイティブ・スピーカーによると、went では確かに飛行機は墜落して全員死亡という含みがあるが、came では不時着の場合のほか、墜落はしたが生存者がある場合にも用いられるという。

(7) The plane *came*/*went* down near the lake.

なお、Kashino Database で検索すると come は true, alive, clear, open, free と共起することが多く、go は wrong, crazy, dead, nuts, mad と共起することが多い。

Come on.

Come on. には、いくつもの意味が認められる。ここで扱う come on は相手が言ったことが信じられないときや相手が大げさなことを言っていると思ったときに使われるものである。

Come on.

くだけた言い方で、対応する日本語としては、「よせよ」「よく言うよ」「何、言ってるのよ」「いい加減にしろよ」「あきれたね」「まさか」「ばかな」などが考えられる。

(1) "Why were you hiding in the bushes?" "I don't know." "*Come on*, Allen, you were hiding for a reason."

「どうして草むらに隠れていたんだ?」「分からない」「おいおい、アレン、何か理由があって隠れていたんだろ?」

(2) A: "Connie's jealous of you."
B: "Oh, *come on*, don't be ridiculous."

A:「コニーはあなたに嫉妬しているのよ」B:「おいおい、そんな馬鹿なことを言うなよ」

強勢は、come にも on にも置かれる。次は on に強勢が置かれて C'mon と綴られた例である。

(3) "How come you never told me Paula was so beautiful?" "Because she's not," he said. "I mean, compared to you – " "*C'mon*, compared to her, I'm nothing."

「どうしてポーラがすごく奇麗って私に全然言ってくれなかったの?」「だって奇麗じゃないからさ」と彼は言った。「君に比べたらという意味だけど」「よしてよ。彼女に比べたら、私なんか、ただの女よ」

【関連情報】

come on と同じような意味は come off it を使って表すことができる。

(4) "I should have known better than to leave town," Cathy snapped. "Oh, *come off it*," Matt said, becoming angry himself. "Our daughter could have gotten sick whether you left town or not."

「街を離れるような馬鹿なことはしなければよかったわ」とキャシーは強い口調で言った。「何を言っているんだ」とマットも感情的になって言った。「お前が街を離れても離れなくても娘はどのみち病気になっていたよ」

come to, get to と learn to

> この項では「…するようになる」と訳される上記の3つの表現を比較する。
>
> come to と get to はほぼ同義で、ともに後に know, realize, understand などの動詞を従える。get to は進行形で用いられるのが普通である。

(1) I can't imagine breaking up our relationship after we've *come to* know each other so well.

お互い、よく知り合えるようになったのに別れるなんて考えられない。

(2) I was just *getting to* know Sherry Blair.

シェリー・ブレアと次第に仲良くなった。

> learn to は「…するようになる」ために努力が必要とされる場合に用いられる。

(3) I must *learn to* control my temper.

怒りっぽい性格をコントロールできるようにならないとね。

> したがって、次の例では、最初は彼がいい友達のようには思えなかったので「いい友達と見なす」過程には困難を伴ったことが暗示される。

(4) I *learnt to* regard him as a good friend.

何とか彼をいい友達と見なせるようになった。

【関連情報】

> このほか、grow to も「…するようになる」という意味で用いられる。多くの場合、like, love を従え、最初好きではなかった人や物を次第に好きになる過程が表される。

(5) He *grew to* like her more and more as each day passed.

彼は日が経つにつれて次第に彼女が好きになっていった。

cop

> ある文献に「cop(警官)には軽蔑的な意味も含まれている」と書かれていたが、各種英英辞典には cop は「くだけた言い方」(informal) という注記は付けられているが、「軽蔑的」(derogatory) という注記は

ない。また警官は自分のことを cop と言うし、a good cop, a great cop という表現も可能である点を考えるとこれは正しくない。

(1) You'd make a great *cop*.
あなたは立派な警官になる素質があるわ。

(2) "Wait, how come I have to answer your questions?" "Because I'm a *cop*."
「待ってくれ。どうして質問に答えないといけないんだ」「俺は警官だからね」

複数のネイティブ・スピーカーによると、cop はもともとは軽蔑的な意味で使われていたが、今はくだけた口語として用いられるという。軽蔑的な言い方をするときは pig を使うが、これはすでに古い言い方となっているともいう。

次は人質を取って銀行に立てこもっている犯人と警察との会話である。

(3) "My hostages are all that keep the *pig* from slaughtering us." "Don't use that word." "You don't like *pig*?"
「こちらに人質がいる限りお前らポリ公は俺たちを殺せないぞ」「ポリ公って言うな」「ポリ公って言葉は嫌いか」[1974年発行の小説から]

この語は 19 世紀中ごろにアメリカで使われ出したものだが、語源については諸説がある。当時の警察官が付けていた銅のバッジ(copper badges)、あるいは制服の銅のボタン(copper buttons)からきているという説や、「巡回中の警察官」を意味する Constable On Patrol の頭文字に由来しているという説がある。[Dalzell and Victor (2006)]

【関連情報】

この語はくだけた口語であるから堅苦しい場面では the police, police officers, peace officers, law-enforcement officers などが用いられる。なお、市民が警察官に肩書きではなく、cop と呼びかけると尊敬の念を欠き、嘲笑しているような感じになる。

could と過去の一回限りの行為

could は、(1)のように「過去の継続的能力」を表す場合には用いられる

could と過去の一回限りの行為

が、(2)のように「過去の一回限りの行為」を表す場合には用いられない。

(1) I *could* stand on my hands when I was young.
若いときには逆立ちができた。

(2) *I ran fast, and *could* catch the 10:25 train.

ところが、次の(3)のような否定文になると、行為の実現が前提とされないため、「過去の一回限りの行為」を表す could の使用が可能となる。

(3) Frank was sick. He *couldn't* go to the party last night.
フランクは体調が悪く昨夜のパーティに行けなかった。

また、次の(4)や(5)のように、could の後に知覚動詞や認識動詞（2つ合わせて「私的動詞」(private verb) と呼ばれる）が用いられた場合にも「過去の一回限りの行為」であっても could を使うことができる。

(4) When I went into the house, I *could* smell something burning.
家に入ると何か焦げている臭いがした。

(5) I *could* understand why he did something like that.
なぜ彼がそんなことをしたのかが分かった。

さらに、次の(6)に見られるように、glad に代表される形容詞の that 節にも問題の could の使用が可能である。

(6) I'm so glad you *could* come.
来ていただいて有難うございます。

以上が通説であるが、ここでまず確認しておきたいのは、上記の(1)のcould は「（ある人間に内在する）能力」を表しているが、それ以外のcould はすべて「能力」ではなく、「状況的能力」、つまり「状況から考えてあることをすることが可能である」という意味を表しているという点である。

例えば、(2)の列車の例の could は「能力」の意味を表しているのではなくて、「状況的能力」の意味を表している。というのは、「列車に乗る」ためには何ら「能力」は必要ではなくて、例えば、「走った」という状況があったから列車に乗ることができたと言えるからである。

同じように、次の(7)の could も「状況的能力」の意味を表していると考えられる。

(7) *I *could* get to the office by 9:00 yesterday morning.

(7)が言えないのは、couldが「状況的能力」の意味を表して、「9時までに会社に着いた」ことに対する状況を必要としているにもかかわらず、その状況が明示されていないからである。

ネイティブ・スピーカーによると、この(7)は「情報不足という感じがする」ということである。

したがって、(7)は(8)や(9)のように状況を明示すると容認度はかなり上がる。

(8) I *could* get to the office by 9:00 yesterday morning because I got a lift from him on the way.

昨日の朝は、通勤途中で彼に車に乗せてもらったから9時までに会社に着くことができた。

(9) Even though I was caught in a traffic jam I *could* still get to the office by 9:00 yesterday morning.

昨日の朝、交通渋滞に巻き込まれたけど、それでも9時までに会社に着くことができた。

一般に、状況には2つのタイプがある。1つは、あることをするための好条件、有利な条件 (favorable conditions) を表すもので、もう1つは、あることをするための悪条件、不利な条件 (unfavorable conditions) を表すものである。

上の(8)では、because節(の I got a lift from him on the way)が「9時までに会社に着く」ことに対する好条件として働き、(9)では、even though節(の I was caught in a traffic jam)が「9時までに会社に着く」ことに対する悪条件として働いている。

ただ、(9)のように、悪条件が示されている場合には、好条件が文脈上、暗示されているという点に注意すべきである。というのは、何かが達成できたのは最終的には好条件があったためだと考えられるからである。したがって、(9)の場合、好条件を明示して次の(10)のように言うことも可能である。

(10) Even though I was caught in a traffic jam I *could* still get to the office by 9:00 yesterday morning because I followed an ambulance

that passed through.

昨日の朝、交通渋滞に巻き込まれたけど、それでも通りかかった救急車の後をついていったので9時までに会社に着くことができた。

このように、「状況的能力」の意味のcouldを使用するためには、上の(8)や(10)のようにbecause節が明示されるか、(9)のように、それが暗示されていなければならない。つまり、何かが達成できたことに対する状況を理由という形で明示あるいは暗示しなければならないということである。

ここで問題にしているcouldには、以上のように、達成感が認められるのであるが、これは次のように悪条件が示されている場合、finallyやat lastなどの語句が達成感を強めるために用いられるという事実を見ても分かる。

(11) When I *could* finally speak, I said in a weak voice. "Thank you."
 ようやく口が利けるようになってから私は弱々しい声で言った。「どうも有難う」

(12) At last I *could* make myself heard over the noise of traffic.
 車の騒音の中でやっと自分の声が相手に聞こえた。

次に、gladのthat節に現れるcouldと私的動詞の前に用いられるcouldの問題に移ろう。

まず、gladのthat節に現れるcouldの典型的な例としては(13)のようなものを挙げることができる。ここではhow busy you must beという表現が悪条件として作用しており、そのためcouldの使用が可能となっている。

(13) I'm glad you *could* make it. I know how busy you must be.
 来ていただいてどうも有難うございます。お忙しいでしょうに。

ところが、gladのthat節の場合には、こういう状況を明示しなくても(14)のようにcouldを使うことができる。

(14) I'm glad you *could* drop by.
 立ち寄ってもらって有難うございます。

これは、この表現はチャンク（決まり文句）化していて、そのため(13)のような悪条件が常に言外の意味として含まれているからだと思われ

る。

なお、この I'm glad you *could* come. には、悪条件があるにもかかわらず、来てくれたことに対する相手を思いやる気持が込められており、一種の丁寧表現となっている。

次に、「could＋私的動詞」の問題に移る。

Leech（2004）は私的動詞の前にくる could には「…できた」という状況的能力の意味が失われる傾向があり、can see と see、can understand と understand の間にはあまり意味の差は認められないと主張する。

そうすると、could see が saw とほぼ同じ意味を表し、could understand が understood とほぼ同じ意味を表すため、could see や could understand がそれぞれ過去の一回限りの行為に用いられても何の不思議もないことになる。

この Leech（2004）の主張が正しいかどうか確かめるために、以下のような調査を実施した。好条件、悪条件を組み入れた (15) と (16) の２つの文を作例し、それぞれどちらが適当かを英米の 10 名のネイティブ・スピーカーに尋ねてみた。

(15) Because I was wearing my glasses I *could* see/*saw* a figure in the distance.

メガネをかけていたので遠くの人影が見えた。

(16) Although I spoke only a few words of Spanish, I *could* understand/*understood* what she was saying.

スペイン語はほんのわずかしか話せなかったが、彼女の言っていることは分かった。

すると、おおまかに英米差が確認され、イギリス人の多くはどちらも容認できるとしたのに対してアメリカ人の多くは could のあるほうを好むという結果が得られた。

上の (15) は好条件が示された例で、(16) は悪条件が示された例であるから、could を選択したネイティブ・スピーカーは could に「…できた」という「状況的能力」の意味を認めていることになる。

一方、好条件や悪条件が示されているにもかかわらず、両者を選ん

だネイティブ・スピーカーは could see と saw、could understand と understood をほぼ同義と見ていると思われる。

ここから「could＋私的動詞」の could には状況的能力の意味はないというのは、おもにイギリス英語の場合に言えることで、アメリカ英語ではこの could には、「状況的能力」の意味が認められるということになる。

つまり、アメリカ英語では、「could＋私的動詞」は、好条件や悪条件を示すことにより、他の場合と同じように一回限りの行為に用いられ、達成感を表すことができるのである。

ちなみに、冒頭の(4)と(5)の例で何の状況も示さずに私的動詞の前に could が用いられているのは、これらがともにイギリス英語の例だからである。

【関連情報】

「私的動詞」の場合と glad that の場合を除けば、過去の一回限りの行為に could が使えるかどうかについては、ネイティブ・スピーカーの間でも次の三通りに意見が分かれる。

［Ⅰ］使えないという人
［Ⅱ］「could = was/were able to」と見なし could も使えるという人
［Ⅲ］この中間で条件次第では認められるという人

could は本来、仮定法の助動詞で I could do it. と言えば「これから…しようと思えばできる」という未来の意味を表すのであるから、これを直説法過去の意味に解釈するためには仮定法の匂いを消すことが必要である。上で述べた好条件・悪条件というのは、その1つの方策となっている。

なお、鷹家＆林（2004）のインフォーマント調査（103名）では40％の人がこの could を容認している。

could と過去の一回限りの行為についてさらに詳しくは柏野（2002）を参照。

could be

> この表現は It could be that... から It と that 以下が落ちて副詞句として独立したもので、Oxford English Dictionary（第2版）の初出記載が1938年という比較的最近のくだけた言い方である。
>
> 通例、could be は単独で用いられ、「そうかもね」「たぶんね」というように maybe とほぼ意味を表す。

(1) "This could be the last time I'll see you." "*Could be.*"

「会えるのはこれが最後かもしれないわね」「そうだな」

［前の文の could be を受けての発言］

(2) "Are you going to be in your office today?" "*Could be.*"

「今日はオフィスにいるのか」「たぶん」

> could be の後に語句や文が続くこともある。上で述べた It could be that... の先頭の It と接続詞の that だけが省略され、完全には副詞（句）化していないものである。

(3) "I've heard that your town's going a little wild; there's no one controlling it." "I'm controlling it." "Maybe it's too much for you. *Could be* you're working too hard. Maybe you need a little rest."

「噂ではあんたの街はだんだん荒れてきて統制できる者がいないそうじゃないか」「この俺が統制しているよ」「あんたには荷が重すぎるんじゃないか。あんたは働き過ぎだよ。少し休息が必要なんだよ」

> could be のほか、他の助動詞を用いた might be や must be も副詞的に使われることがある。

(4) "The light is on at the back of the house. He might be home." "Yeah, *might be.*"

「家の奥のほうで明かりがついている。彼は家にいるかもしれない」「そうだね。いるかもしれないね」

(5) "When were you last down here?" "I'm not sure, but Jody's eighteenth birthday party, maybe." "A few years ago, then" "*Must be.*"

「この前ここに来たのはいつだ？」「はっきりとは覚えていないけど、ジョディの18歳の誕生日のパーティのときだったかな」「そうしたら、

数年前だな」「そうだな」

could use

could use はアメリカの口語で、要求を控えめに言うときに「…があっても悪くない」という意味で用いられる。Kashino Database の検索では主語には一人称の I がくることが圧倒的に多い。

(1) "Can I get you something?" "I *could use* some coffee."
「何かお持ちしましょうか」「コーヒー、お願いします」

(2) "I *could use* some dough," he said.
「カネが少しあってもいいな」と彼は言った。

(3) You look like you *could use* a break.
少し、休んだほうがいいようだね。

主語には無生物がくることも可能である。この場合には皮肉かユーモアを表していると言うネイティブ・スピーカーもいる。

(4) This jacket *could use* a wash.
このジャケットは洗わないといけない。

(5) This office *could use* a little more formality.
このオフィスはもう少し整然としていないといけない。

【関連情報】

could use と need を比べると、need は要求を直接的に出すため深刻さが現れるのに対して could use はその深刻さを和らげる働きをする。
また could use は女性よりも男性のほうがよく使う表現である。女性であれば(6)と言うところを男性であれば(7)と言うことが多い。
この理由として、あるアメリカ人は「理想的な男性は強いもので人に直接的な要求を出すのは遠慮するため」と指摘している。

(6) I've sprained my ankle and I *need* some help.
足首を捻挫してしまったの。助けてくれない？

(7) I've sprained my ankle and I *could use* a little help.
足首を捻挫してしまったよ。ちょっと助けが要りそうだな。

delicious

「(食物が) おいしい」と言うとき、日本人はよく delicious という語を用いるが、ネイティブ・スピーカーは good のほうをよく使う。delicious という語は「とてもおいしい」という場合に限られる。

(1) Mmmm – this is good! This is the most *delicious* thing I ever ate!
うーん、これはおいしい。こんなにおいしい物は食べたことがない。

Kashino Database の検索では delicious よりも marvelous, good, excellent などの語が多くヒットした。

delicious は通例、(客観的に程度の高さをいう) very の修飾を受けないが、(主観的に程度の高さをいう) absolutely, utterly, really などの修飾は可能である。

(2) This is delicious. *Absolutely delicious*.
これはおいしい。ものすごくおいしい。

また、delicious は一般に肯定文で用いられる。否定文や疑問文では good などが使われる。

(3) This cake is not *good*.
cf. *This cake is not *delicious*.

(4) Is this cake *good*?
cf. *Is this cake *delicious*?

ただし、相手が言った言葉を打ち消す場合(反駁 (refute) 呼ばれる)には否定文でも用いることができる。[以上、Durham (1992 a)]

(5) A: "This cake is *delicious*."
B: "This cake is not *delicious*."
A:「このケーキはおいしい」B:「おいしいわけじゃない」[=It is not true that this cake is delicious.]

【関連情報】

delicious が否定文や疑問文で用いられないのは、この語の表す意味が強すぎるからである。

同じような語句としては a lot of や lots of がある。少し前まではこの2つの表現は肯定文に限られ、否定文や疑問文では many や much が使

われていた。ただし、現在ではa lot ofやlots ofを否定文や疑問文で使うのも珍しいことではない。

(6) "Does she make *a lot of* money?" "Not really. She doesn't want *a lot of* money."

「彼女はお金をたくさん稼いでいますか」「いえ、そういうわけでもありません。彼女はお金は多くは望んでいないのです」

don't have to (禁止を表す場合)

よく知られているように、don't have to は通例、(1)のように「…する必要がない」という「不必要」の意味を表す。

(1) You *don't have to* apologize.
あやまることはないよ。

しかし、小説などからの用例をつぶさに観察してみると、(1)とは一味違う don't have to の用法があることに気づく。

例えば、次の(2)や(3)の don't have to は「不必要」の意味を表しているのではない。

(2) "He's ten years younger than I am," Rose said. "You mean he's only twenty-six?" "You *don't have to* say it so loud."

「彼は私より10歳年下なの」とローズは言った。「じゃあ、まだ26歳ってこと？」「そんなに大きな声で言わなくてもいいじゃないの」

(3) "You didn't tell me we're coming out with a new car. You *don't have to* go all mysterious on me," she said.

「新車を売り出すと言ってくれなかったわね。(娘の) 私にまで謎めかしておくことはないでしょ」と彼女は言った。

(2)と(3)の don't have to は、don't に強勢を置く一種の感情表現で、「禁止」の意味で用いられている。

日本語でも、本来「不必要」を表す「…しなくていい」という表現を強い口調で言うと「禁止」の意味になることに注意したい。

この don't have to については Palmer (1990) が次のようにコメントしている。

(1)のような通常の don't have to は「必要性」の部分を否定して、"It is not necessary for you to..." の意味を表すのに対して、(2)や(3)のような don't have to は「行為」の部分を否定して、"It is necessary for you not to..." の意味を表す。後者の don't have to は mustn't を用いて書き換えられる。

それでは、この don't have to はどういう文脈で典型的に使われるのだろうか。それは話し手が相手に感情を傷つけられた場合に切り返したり、納得できないことに抗議する場合に用いられることが多いと言える。(2)や(3)では、上に示したような訳語が適当である。

このように、don't have to は「不必要」の意味一辺倒ではなく、ときに「禁止」の意味でも用いられる点に注意したい。

【関連情報】

この don't have to と同じような用法は needn't（おもにイギリス英語）にも見られる。Longman Dictionary of Contemporary English（第2版）には、下の例に関して（= You shouldn't）という注記がある。

(4) You *needn't* look at me like that.

そんな目つきで私を見てはいけないわ。

Don't worry (about it).

これは状況はそんなに悪くないと相手を安心させる場合に使われる表現で、一般に、「心配しないでいいよ」の意味で用いられる。

(1) "Is our boss serious about firing me?" "*Don't worry*, Nick. It won't happen. I promise."

「俺を首にするってボスは本気だろうか」「大丈夫だよ、ニック。そんなことあり得ないよ。絶対」

(2) "Are you worried about your wife?" "Yes, they're doing a caesarian tomorrow morning." "Oh. But *don't worry about it*. My aunt has had two babies that way. She said it's a lot easier than having babies the regular way."

「奥様のことが心配なの？」「そうなんだ。明日の朝、帝王切開の手術を

受けるんだ」「そうなの？でも、心配することはないわ。私のおばも帝王切開で子供を2人産んだけど、自然分娩よりもずっと楽だって言ってたわ」

> また Don't worry (about it). は、以下のように相手が陳謝したときにも使われる。

(3) "I'm really sorry." Beth smiled and said, "Please *don't worry about it*."
「本当に申し訳ありません」と言われてベスはにっこり笑って答えた。「どうか気になさらないで下さい」

> Don't worry about X. (X は具体的な(代)名詞) の形式をとると、そのことについては「何もしなくていい」と相手を安心させる言い方になる。この場合は、X will be OK. で言い換えられる。

(4) "He must have left a wife," Gina whispered. "Yes, but *don't worry about her*," Mike said.
「きっと彼は奥さんと別れたのよ」とジーナはささやいた。「そのようだな。でも彼女は大丈夫だ」とマイクは言った。[=She will be OK.]

downtown

> downtown は1970年代の初めまで英和辞典では「下町」と訳されていたが、これは正しくない。downtown はアメリカの都市の「ビジネスやショッピングの中心地」を指す。ただし、都市により異なり、地図上南に位置する地域のことをいう場合もあれば、その都市の古くからある地域を downtown と呼ぶこともある。なお、この語はニューヨークの downtown に由来するという説もある。

(1) "Where are you?" "At the *downtown* police station."
「今どこにいるんだ？」「ダウンタウンの警察署だよ」

(2) It was a popular Italian restaurant *downtown*.
そこはダウンタウンにある評判のいいイタリアンレストランだった。

> downtown は次のように後に都市名をつけて使うことも多い。

(3) We regularly attended the church in *downtown Washington*.
私たちは定期的にワシントンのダウンタウンにある教会に行った。

【関連情報】

downtown に対して uptown は都市の北に位置する裕福な人が住む地域を指す。[Longman Dictionary of American English] 日本語の「山の手」に近い。

(4) He had to go all the way *uptown* to his apartment.
  彼はアップタウンのマンションまで時間をかけて帰らないといけなかった。[副詞用法の例]

なお、downtown と uptown の間に挟まれた地域は midtown と呼ばれる。

(5) I am staying at my aunt's apartment in *midtown* Manhattan.
  マンハッタンのミッドタウンにあるおばのマンションに今います。

even if ...

一般に even if... では、その主節には聞き手の期待に反する事柄がくる。例えば、(1)では「もしメアリーが一生懸命に勉強すれば試験に合格するだろう」という期待が聞き手の側にあり、それに反したことが述べられている。[Azar (1999)]

(1) *Even if* Mary studies hard, she won't pass the exam.
  たとえメアリーが一生懸命、勉強しても試験には通らないだろう。

(2) You must do what's right for you, *even if* it hurts some people you love.
  たとえ愛する人を傷つけても正しいと思うことをしなさい。

ワトキンス (1987) は even if A, B. は「たとえ A でなくても B が言える」ということであるから、例えば次の(3)は「私が尋ねても尋ねなくても彼はあいまいな返事しかしないだろう」という意味を表し、「尋ねなければ、彼は答えようがない」ことを理由に容認できないとしている。

(3) ? *Even if* I were to ask him, he would answer vaguely.

この考え方に従うと、次の(4)のように「彼に尋ねる」ことが前提になっていて even が I を修飾していると解釈される場合にだけ容認され

(4) A: "When I ask him, I only get a vague answer. You should ask him."
B: *"Even if I were to ask him, he would answer vaguely."*

A:「私が彼に聞いても(いつも)あいまいな返事しかもらえない。君から聞いてもらえないかな」B:「たとえ私が聞いても彼は(同じように)あいまいな返事しかしないだろう」

しかし、ネイティブ・スピーカーの中にはワトキンス(1987)とは違う考え方をする人もいる。その人たちはeven ifはwhether or notという二者択一の意味ではなくて、no matter what happensのように他の選択肢も存在すると考える。

この考えによれば、上の(3)はHe would answer vaguely no matter what happens —*even if* I were to ask him.と解釈され、完全に容認される。

even if と even though

1970年代前半に発行された英和辞典の中には、「even if = even though」と記されているものがあるが、これは正しくない。

Eastwood (2005) を参考に、この違いを述べると、even ifはifの強調形で、「たとえ…であろうとなかろうと」という意味である。even if節で述べられていることが成立してもしなくても、それとは無関係に話し手は主節の内容を主張しているである。even ifの後には、次のように話し手が事実かどうか知らない事柄がくる。

(1) *Even if* the rumor is not true, people will still believe it.
たとえ噂が本当でなくても、人は信じるものだ。

(2) I'll take care of everything, *even if* it takes the rest of the night.
たとえこれから一晩中かかろうと、すべて私が処理します。

一方、even though は (al)though の強調形で、「…という事実にもかかわらず」という意味である。even thoughの後には、次のように事実であると話し手が分かっている事柄がくる

(3) *Even though* the rumor is not true, people will still believe it.

噂は本当ではないけれども、人は信じるだろう。

(4) *Even though* she did not like baseball, she used to come to the games to watch me play.

彼女は野球が好きではなかったけど、ぼくのプレーを見るためによく試合に来てくれた。

したがって、even if 節の時制は比較的自由であるが、even though 節の時制は(3)や(4)のように現在や過去に限られ、未来を表すものは用いることができない。

(5) *I'll go, *even though* it rains.

　cf. I'll go, *even though* it's raining.

　　I went, *even though* it was raining.

Excuse me.

Excuse me. はアメリカで最もよく使われる口語表現で、次のような場面での使用頻度が高い。

［Ⅰ］相手の注意を引きたいとき。後には疑問文が続くことが多い。

(1) He stopped a woman coming out of a shop. "*Excuse me*, could you tell me where the station is?"

彼は店から出てきた女性を引きとめ、「すみませんが、駅へ行く道を教えてもらえませんか」と言った。

［Ⅱ］相手に迷惑をかけたり、失礼なことをしたので謝るとき。

これはアメリカ英語で、イギリス英語では、I'm sorry./Sorry. と言う。

(2) She yawned in the meeting. "*Excuse me*," she said.

彼女は会議の席であくびをした。「失礼」と彼女は謝った。

［Ⅲ］相手の言ったことが分からないので、もう一度言ってほしいとき。

語尾を上げて発音する。これもアメリカ英語で、イギリス英語では、I'm sorry./Sorry. と言う。

(3) "Did you find Carl?" "*Excuse me*?" she asked. "Last night you were looking for Carl." "No, I didn't find him."

「カールは見つかったのか」「何ですって？」と彼女は聞き返した。「昨

日の晩、カールを探していたんじゃないのか」「ええ、でもまだ見つかっていません」

> この場合、相手の言ったことを理解していても、それが許せない言葉であれば、それに怒りを感じて問い返すこともある。

(4) "Get lost!" *"Excuse me?"* "You heard me."
「うせろ！」「何だって？」「聞こえてるだろ」

［Ⅳ］これから迷惑をかけると思われることに対して、前もって謝るとき。

(5) As she reached the fifth-floor landing, a big man was blocking the way. *"Excuse me,"* she said. She started to move past him.
彼女が5階の踊り場に出たとき、大柄な男が通り道をさえぎっていた。「すみません」と彼女は言って、彼の横を通り過ぎようとした。

［Ⅴ］会話を中断したり、途中で席をはずすとき。

(6) The telephone rang. *"Excuse me."* Jim got up and picked up the receiver.
電話が鳴った。「ちょっと、失礼します」と言ってジムは立ち上がり、受話器を取った。

(7) *"Excuse me*; I'm going to the restroom." She stood up and walked to the ladies room.
「ちょっと、失礼して化粧室まで」と言って彼女は立ち上がり、歩いて女性用トイレまで行った。

fairly と rather

> fairly は fairly good のように、好ましい意味を表す語と用いられ、rather は rather bad のように、好ましくない意味を表す語と用いられる。そして同じ語を修飾するときは、前者では話し手の肯定的な態度が示され、後者では話し手の否定的な態度が示される。これが通説である。

(1) This book is *fairly* easy.
［やさしいから向いている］

(2) This book is *rather* easy.

［やさしいから不向きである］

fairly と同じような副詞に quite や entirely などがあり、rather と同じような副詞に completely や utterly などがある。［堀内＆ジョンソン (1978); Leech and Svartvik (2002)］

しかし、Thomson and Martinet (1986) が正しく指摘しているように、rather が good, well, pretty, clever, amusing のような好ましい意味を表す語と用いられることも少なくない。この場合には rather は very の意味に近く、fairly にはない賞賛・驚きなどの感情的な意味が加わる。

これは fairly が「（程度は思っていた通りで）中くらいの」という意味を表すのに対して rather は「（程度は思っていたよりも高く）中以上の」という意味を表すことと関係する。

(3) A: "I suppose his house was filthy."
 B: "No, as a matter of fact it was *rather* clean."
 A:「彼の家は汚なかったと思うけど」B:「いや、意外ときれいだったよ」

実際、Kashino Database の検索でも rather が好ましい意味を表す語と用いられている例が多く見られた。

(4) Allen sounded perfectly normal. In fact, I thought he was *rather* charming.
 話をしてみるとアレンはごく普通で、むしろ感じがいいとさえ思ったくらいだ。

(5) Tasha wore a blue coat and her blonde hair was tied back. She had a calm and *rather* sweet face.
 ターシャはブルーのコートを着てブロンドの髪を後で結んでいた。彼女は穏やかで、かわいい顔立ちをしていた。

ちなみに、fairly が好ましくない意味を表す語と用いられた例は Kashino Database の検索では極めて少なかった。

far from

> far from は本来「場所から遠い」ことを表すが、ここから発展的に程度が離れている、つまり「決して…でない」という意味で用いられる。

(1) He is *far from* (being) a gentleman.

　彼は決して紳士ではない。

(2) She is *far from* (being) clever.

　彼女は決して賢くない。

> この表現は、堅苦しい言い方か書き言葉で使われ、くだけた口語では(1)や(2)はそれぞれ次のように言う。

(3) He's *no* gentleman.

(4) She's *not* clever *at all*.

> (1)や(2)のように、from の後には being などの動名詞を伴うこともあるが、「being＋名詞」の場合は being はあるほうが普通で、「being＋形容詞」の場合は being はないほうが普通である。[ワトキンスほか(1997)]

(5) He took a hot bath, and tried not to think of her, which was *far from* easy.

　彼は熱い風呂に入って彼女のことを考えないようにしたが、駄目だった。

(6) His whiskers were more than a five o'clock shadow but *far from* being a beard.

　彼のひげは間違いなく伸びかけていたが、あごひげと言える程には伸びていなかった。

> なお、far from は述語の一部としてだけでなく、次のように文頭で副詞的にも用いられる。

(7) *Far from* being overwhelmed by the proposal Bill was putting before her, she was even thinking ahead of him.

　ビルの提案に圧倒されるどころか、彼女は彼よりも先のことさえ考えていた。

【関連情報】

よく使われるくだけた言い方に Far from it.「とんでもない」がある。他の誰かが言ったことに反論する場合に用いられ、強勢は from に置かれる。同じ意味で No way. とも言うが、これは口調が強く、あまり丁寧な言い方ではない。

(8) "The book is crap." "*Far from it*".
「その本は駄作だ」「とんでもない」

(9) A: "Can I use your car tonight?"
B: "No way."
A:「今夜、車を使ってもいい？」B:「だめだ」

find の進行形

find は「だんだん…してきている」という意味では進行形で用いられる。多くの場合、find it difficult/hard to... の形式をとり、主語の不快感が表される。

(1) Suzie *was finding* it difficult to breathe.
スージーは息がしにくいとだんだん思うようになってきた。

(2) She *was finding* it hard to concentrate on what Paul was saying.
彼女はポールの言っていることに集中するのがだんだん難しくなってきたと思った。

上記から分かるように find の進行形は好ましくない事態を描写するときに使われることが多い。
あるネイティブ・スピーカーによると、好ましい事態に用いて(3)のようにも言えるが、情報不足のように感じられるため、...but I had to leave in the middle of it. などを付加する必要があるという。
好ましい事態のときは、単純形のほうが適切とのことである。

(3) I *was finding* his lecture interesting (...but I had to leave in the middle of it).
彼の講義は面白いと思い始めた（が、途中で退席しなければならなかった）。

cf. I found his lecture interesting.

聞いていたら彼の講義は面白かった。

from と since

ともに「...から」の意味を表すが、一般に from は行為や出来事がすでに終わっているときに使い、since はまだ続いているときに使う。したがって、通例、from は過去形と、since は継続を表す現在完了形と用いられる。

(1) He has been here *since* this morning.
彼は今朝からずっとここにいる。

(2) I studied English *from* nine o'clock.
9 時から英語を勉強した。

from については 2 つ注意すべきことがある。1 つはネイティブ・スピーカーによっては、from の後に until 句や on を付けたほうがいいという人がいるという点である。

(3) I studied English *from* nine o'clock *until* noon.
9 時から 12 時まで英語を勉強した。

(4) I studied English *from* nine o'clock *on*.
9 時から英語を勉強した。

もう 1 つは Swan (2005) の指摘するように、from は right from the start の意味で「起点を強める」場合には、完了形と用いられるという事実である。

(5) *F*rom the day I married him, he has never let me finish a sentence.
結婚したまさにその日から、彼は私に言いたいことを最後まで言わせてくれたことはなかった。

述語動詞に未来の will がきている場合は from が使われるのが普通である。このときも過去形の場合と同じように、from の後に until 句や on を付けたほうがいいという人もいる。

(6) The price of oil will rise *from* next month/*from* next month *on*/*from* next month *until* 2015.
石油の価格は来月から (2015 年まで) 上がるだろう。

ちなみに、単純現在形とは from も since も用いられない。

(7) *She works for ABC company *from/since* last year.

cf. She has been working for ABC company *since* last year.

furniture と家具

1992年に日本で刊行されたある書物に、「冷蔵庫、カーテン、カーペット、エアコン、敷物、洗濯機、乾燥機、(壁掛けの)絵画などは furniture と呼ばれる」とあるが、これは誤解を招く表現である。
細部では意見が分かれるが、多くのネイティブ・スピーカーは上に挙げたものはすべては furniture ではないと言う。furniture とは、本来、椅子、テーブル、机など、「木で作られていて移動可能なもの」を指し、家庭で使う電気器具は含まれない。

(1) It was a large, bare room with cheap *furniture*: a small desk, a steel file cabinet, a table, and a set of folding chairs.
オフィスは大きながらんとした部屋で、小さな机、スチール製のファイルキャビネット、テーブル、折りたたみ式の椅子など安物の家具しかなかった。

次の例では furniture とテレビや敷物は区別され別々に描写されている。

(2) Inside, there's an executive lounge with oak *furniture*, a big TV, and a Native American rug.
中に入るとオーク材の家具と大型のテレビがあり、アメリカ先住民の作った敷物が敷いてある高級感漂うラウンジがあった。

【関連情報】

ただし、furnished は furniture よりも意味が広いことに注意したい。
例えば、「あるマンションが furnished である」ということは furniture だけでなく、カーペット、カーテン、電気器具、調理器具などすぐにでも生活できるものが揃っていることを意味する。

(3) It was a beautifully *furnished* apartment: an eclectic collection of paintings, a refectory table, a large chandelier, an Italian settee, and a set of six Chippendale chairs and a couch.

それはすばらしい物が備え付けられているマンションで、多彩な絵画のコレクション、細長いテーブル、大きなシャンデリア、イタリア製のソファ、チッペンデール風の6脚の椅子とセットになったカウチがあった。

「get+目的語+過去分詞」の構文

> この構文は使役(「させる」「してもらう」)と経験(主語が被害を受ける場合は受身)の意味を表す。
> 使役の意味では、一般に困難を伴い、努力や説得をして何かをしてもらう場合に使われる。また受身の意味では、文の主語に不注意からくる責任があるとき(典型的には事故)に用いられる。[柏野 (2004)]

(1) He's still here. He couldn't *get his car started*.
  彼はまだここにいる。車のエンジンがかからなかったんだ。

(2) I *got my finger cut* while cooking.
  料理しているときに指を切ってしまった。

> 使役の意味では「have+目的語+過去分詞」の構文も同じように用いられるが、これはお金を払って雇った人や目下の者に当然してもらえることに使うのが普通である。したがって、次の例では努力や説得が表されているので、get はよいが have では不適切となる。

(3) I had a lot of trouble, but I finally *got the wine cork pulled out*.
  cf. ?I had a lot of trouble, but I finally *had the wine cork pulled out*.
  苦労したが、やっとワインのコルクが抜けた。

> ただし、口語では、この「get+目的語+過去分詞」の構文は、「お金を払って雇った人や目下の者に当然してもらえること」に対しても使われる。これは本来、have の領域であるから、ここから get のほうが使用範囲が広いということになる。

(4) I *got my hair set* this morning and you never said a word.
  今朝、髪をセットしてもらったのに、何も言ってくれないのね。

> 次に、受身の意味では、「have+目的語+過去分詞」の構文も同じように用いられるが、get が事故の場合に使われるのに対して have は犯罪

や災害が表されるときに使われるのが普通である。

この have と get の使い分けのルールは比較的守られているので、受身の意味で(5)や(6)のように言うのは避けたほうが無難である。

(5) ?He *had his leg broken*.

cf. He *got his leg broken*.

彼は（事故で）脚の骨を折った。

(6) ?I *got my car stolen*

cf. I *had my car stolen*.

（犯罪に巻き込まれて）車を盗まれた。

以上のほか、get を用いたこの構文は完了（「してしまう」）の意味で用いられることがある。「have + 目的語 + 過去分詞」もアメリカ英語では完了の意味を表すが、この get の構文のほうは英米の区別なく用いられる。[Swan（2005）]

(7) Dick's due back early January. I'm hoping to *get Ed settled* by then. This apartment's too small for the three of us.

ディックは1月の初めに戻ってくる。そのときまでにエドの落ち着き先を見つけておこうと思っている。このマンションに3人は狭すぎるからね。

「get + 目的語 + —ing」の構文

この構文は「…に〜し始めるようにさせる」(make somebody/something start —ing) という使役の意味を表すのに用いられる。[Swan (2005)]

(1) Finally I was able to *get him talking* about Becky.

（沈黙が続いた後）やっと彼にベッキーのことで口を開かせることができた。

(2) Once I *got the heater going* the car started to warm up.

ヒーターをつけたら車の中が温まってきた。

なお Hornby (1975) は注釈なしに Please *start/get the clock going*. の例を挙げているが、意味は同じではない。

get は start とは異なり、時計を動かすには「努力が必要」という含みがあり、問題の時計は壊れているか、動かすのを一度失敗しているというような場合に用いられる。

Kashino Database の検索では、start はこの構文ではあまり用いられていない。

【関連情報】

目的語を省いて、get —ing の形式でも用いられる。—ing の部分には going か moving がくることが圧倒的に多い。

(3) "You'd better *get moving*," Linda said, looking at her watch.

「そろそろ行ったほうがいいわね」とリンダは時計に目をやりながら言った。

「get + 目的語 + to 不定詞」の構文

この構文は使役(「させる」「してもらう」)の意味を表し、困難を伴い努力や説得をして何かをしてもらう場合に用いられる。

(1) I finally *got the car to start*.

やっと車をスタートさせることができた。

(2) After he got out of the hospital, he kept on using drugs. Whenever I tried to *get him to quit*, he would beat me.

彼は病院を出た後も相変わらず麻薬づけで、私がやめさせようとすると、いつも暴力を振るった。

使役の意味では、「have + 目的語 + 原形不定詞」の構文も同じように用いられるが、これはお金を払って雇った人や目下の者に当然してもらえることに使うのが普通である。したがって、次の例では努力や説得が表されているので、get はよいが have では不適切となる。

(3) ?Mary did her best to *have him give up* smoking.

cf. Mary did her best to *get him to give up* smoking.

メアリーは彼にタバコをやめてもらおうと、できるだけのことをした。

ただし、口語ではこの「get + 目的語 + to 不定詞」の構文は、「お金を払って雇った人や目下の者に当然してもらえること」に対しても使われ

る。これは本来、haveの領域であるから、ここからgetのほうが使用範囲が広いということになる。

(4) I will *get the carpenter to build* an animal shed.
　大工さんに動物用の小屋を作ってもらおう。

文体面では、使役の「have＋目的語＋原形不定詞」の構文はイギリス英語では堅苦しく聞こえるため、イギリスでは、くだけた言い方の「get＋目的語＋to不定詞」の構文のほうがよく使われる。

(5) I *had the garage fix* my car.
(6) I *got the garage to fix* my car.
　車を修理工場で直してもらった。

getを使った受動態

getを使った受動態はget hired, get marriedなどを除けば、多くの場合、望ましくないか、あるいは予定されていない出来事を言うときに用いられる。［マケーレブ（1998）］

(1) A friend of mine *got killed* here a few weeks ago.
　友達が数週間前にここで殺されたんです。

(2) If you *get caught*, you're out of a job. Your career will be ruined.
　もし捕まったら仕事をなくすし、経歴も台無しになる。

したがって、次の(3)は（予定されていない出来事ではあるが）望ましい出来事であるため、多くのネイティブ・スピーカーはこれを認めない。中にはこの文は「いらない物を押し付けられた」という意味になるという人もいる。

(3) ? I *got given* a lot of presents.
　　cf. I *was given* a lot of presents.

このように、getを使った受動態は「望ましくないことを言うときに用いられる」ため、話し手の感情が現れることも多い。次の(4)はbeを使った受動態よりも強い不快感が表される。

(4) I *got held up* at the traffic lights.
　信号でしばらく待つ羽目になった。

(5) I *was held up* at the traffic lights.

信号でしばらく待った。

> なお、get 受動態の過去分詞の部分には build, create, compose, write など何かを創り出すことを表す動詞(「創造動詞」と呼ばれる)は用いることはできない。get 受動態の持つ「予定されていない」という意味に反するからである。

(6) *My house *got built* in 1960.

cf. My house *was built* in 1960.

(7) *This piece *got composed* by Beethoven.

cf. This piece *was composed* by Beethoven.

get to

> get to はアメリカのくだけた口語で、後に動作動詞を従えて「…する機会を得る」という意味で用いられる。この場合、get と to の間に a chance という語句を補うと分かりやすい。
>
> ときには(3)のように「…する許可を得る」という意味を表すこともある。

(1) Tonight I *get to* go see one of my favorite baseball players.

今夜、僕の好きな野球選手の1人に会いに行けるんだ。

(2) Michael is my absolute favorite designer! My only regret is that I don't *get to* see enough of him. He's not only the best designer around, he's absolutely charming!

マイケルは私の大好きなデザイナーよ。ただ残念なことは私はあまり彼に会う機会に恵まれないということね。彼はベストデザイナーというだけではなくて、とても魅力的な人なの。

(3) "When do I *get to* go home?" "Probably today," Doctor Hill said.

「いつ退院できますか」「多分、今日です」とヒル医師は言った。

> この表現は望ましいことを言う場合に用いられ、次の(4)は話し手が劇で3ヶ国語を話せて喜んでいることを伝えている。

(4) I can speak four languages, and in tomorrow's play I *get to* speak

three of them.

私は4ヶ国語が話せるの。明日の劇で3ヶ国語を話すことができてうれしいわ。

この get to を例えば have to や will に代えると、この意味合いは出てこない。

【関連情報】

a chance を補った get a chance to の形式でも用いられる。次のように否定文で使われることが多い。

(5) I'm sorry I didn't *get a chance to* introduce you to George yesterday.
昨日、ジョージに紹介できる機会がなくて申し訳ない。

(6) I never *get a chance to* relax. I was really busy this week.
ゆっくりできる時間が全然ない。今週は本当に忙しかった。

give her a hug と give a hug to her

周知のように、動詞 give は(1)のような二重目的語をとる構文と(2)のような直接目的語と間接目的語を入れ替えた構文で用いられる。

(1) I *gave* him a book for Christmas.

(2) I *gave* a book *to* him for Christmas

しかし、目的語に hug, squeeze, caress, kick, punch, push などの行為を表す名詞がくると(3)とは言うが(4)とは通例、言わない。

(3) I *gave* her a hug before I left.

(4) ?I *gave* a hug *to* her before I left.

Quirk et al. (1985) はこの理由を情報構造の観点から説明している。

一般に談話においては相手の知っている情報（旧情報と呼ばれる）が先にきて、相手の知らない情報（新情報と呼ばれる）が後にくるという末尾位焦点（end-focus）の原則が存在する。

ここで問題にしている構文は、もともと hug などの行為を表す名詞に焦点を当てるものなので、それが文の最後に置かれる必要があるという。

ただし、Cattell (1984) が指摘しているように、?I *gave* a hug *to* her

before I left. のようなタイプの文の容認性はネイティブ・スピーカーにより差が見られる。

実際、あるアメリカ人はこのタイプの文を認め、Give someone a kiss/kick/hug/push. = *Give* a kiss/kick/hug/push *to* someone. が成立するとコメントしている。

また、次のような例もときに見られる。

(5) He turned, reached out, and *gave* a hug *to* Emily.
彼は振り返って手を伸ばしエミリーを抱きしめた。

特に、「to＋名詞」が関係詞の修飾を受けているときは、その部分が長くなるので後に置かれることのほうが多い。これは末尾位重点（end-weight）と呼ばれる現象である。

(6) Approaching the bed, she *gave* a nod *to* Ann Smith who was making a bed.
彼女はベッドに近づくと、ベッドを整えているアン・スミスにうなずいた。

give up

give up は、例えば I *gave up* smoking. のように「人が規則的にしていることをやめる」という意味である。ここでは、その人がすでにその行為を行なっているという点が重要である。

したがって、例えば「トムとの結婚をあきらめた」のように「もはや、あることをしたいとは思わない」という意味を表すときは、これから先のことなので(1)ではなく、(2)のように言う必要がある。

(1) *I *gave up* marrying Tom.
(2) I *gave up the idea of* marrying Tom.

以下に類例を挙げる。

(3) I long ago *gave up the idea of* being in love with someone.
恋をするなんてとうの昔にあきらめたわ。

ただし、Kashino Database の検索では、give up the idea of ―ing の例は 2 例だけで、同じ意味を表すのに give up trying to... という表現

がよく使われていた。

(4) As soon as early-morning daylight began to creep around the edges of the curtains, he *gave up trying to* fall back asleep.

早朝の太陽の光がカーテンの隙間から次第に差し込んできたとき、彼はもう一度眠るのをあきらめた。

なお、give up とは逆に「規則的に何かを始める」というのは take up —ing という。

(5) I wasn't much of an athlete, but once I was in college, I *took up* jogging.

ぼくは運動はあまり得意ではなかったけど、大学に入るとすぐにジョギングを始めた。

【関連情報】

I gave up smoking. と I stopped smoking. を比べると、ともに習慣的[反復的]な行為を表すという点では同じであるが、後者は次のように一回限りの行為を表すこともある。

(6) I *stopped* smoking when they brought the children into the room.

彼らが部屋に子どもを連れてきたとき、私はタバコを吸うのをやめた。

go —ing

英語には go shopping/go fishing など go —ing（…しに行く）という表現がある。

(1) Now I've got to take a shower and change. I'm *going fishing* this afternoon.

シャワーを浴びて着替えないといけない。昼から魚釣りに行くんだ。

Silva (1975) は、この表現の—ing の部分に使われる動詞には次のような制限があると指摘した。

[Ⅰ] 気晴らしを表すものでなければならない。

[Ⅱ] 体を動かすものでなければならない。

[Ⅲ] 規則で縛られているスポーツであってはいけない。

[Ⅳ] 継続した場所移動を伴うものでなければならない。

したがって、彼女によると次のようには言えないことになる。

(2) *He's *going working/teaching/farming/studying*.（[Ⅰ] に違反）

(3) *She *went puzzle solving/day-dreaming/meditating*.（[Ⅱ] に違反）

(4) *Let's *go racing/polo-playing*.（[Ⅲ] に違反）

(5) *They've *gone fungo-catching/boxing/piano-playing/wrestling*.（[Ⅳ] に違反）

[fungo は野球のノックの打球]

この考え方は基本的には正しいと思われるが、例外も見られる。例えば、go looking for ...（…を探しに行く）は非常によく用いられる表現であるが、これは [Ⅰ] ― [Ⅳ] の原則の例外となる。

(6) They *went looking for* her, but they never found her.

彼らは彼女を探しに行ったが見つからなかった。

また、Bolinger (1983) は上の(2)―(5)のような例は、場所を指定し、反復性を明示すれば容認できるものがあるとして次の例を引いている。

(7) Maria has a yoga class. She's *gone meditating* every day this week.

マリアはヨガのクラスに通っていて、今週は毎日、瞑想しに行っている。

さらに日比野（2007）は website から採取した以下の例をイギリス人のチェックを経た上で掲載し、これらの例は上の [Ⅰ] ― [Ⅳ] の原則に違反しているが、Bolinger (1983) の指摘通り、場所を指定し、反復性を明示しているため容認されると述べている。

(8) Sunday afternoons I used to *go studying* in the library, where everything was calm.

日曜の午後はよく図書館に勉強しに行った。周りが静かだから。

(9) When I was young I liked boxing a lot. Even now I *go boxing* in the gym once or twice a week.

若い頃、ボクシングが大変好きだった。今でも週に1, 2回ジムにボクシングをしに行っている。

なお、この構文は、「―ing＋場所を表す語」（どこかの場所で…する）に go が付いたものであるから、「…に買い物に行く」「…に泳ぎに行く」は *go shopping* at/in, *go swimming* in となり、**go shopping* to,

*_go swimming_ to とは言わない。

(10) I _went swimming_ in the sea.

海に泳ぎに行った。

(11) She _went shopping_ at Saks on Michigan Avenue.

彼女はミシガン通りにあるサックス百貨店に買い物に出かけた。

【関連情報】

Kashino Database を用いて go —ing で検索すると 589 例がヒットした。この中には「…しながら行く」(go flying, go running) の意味を表すものも含まれているが、それらを除外した上で頻度順に 10 位まで示すと以下のようになる。

go looking for (53 例) /go shopping (49 例) /go fishing (25 例) /
go swimming (25 例) /go skiing (14 例) /go dancing (12 例) /
go hunting (11 例) /go sailing (11 例) /go camping (8 例) /
go riding (5 例)

ground floor

よく言われるように、アメリカでは建物の 1 階は first floor、2 階は second floor といい、イギリスでは 1 階は ground floor、2 階は first floor という。

(1) They split up at the _first floor_, with May going out into the noonday heat while Cathy and Al descended to the basement level.

3 人は 1 階で別れると、メイは真昼の暑い盛りの中を外に出て行き、キャシーとアルは地下に降りていった。

(2) In the foyer Roy headed straight for the bank of elevators opposite the check-in desk. He had to wait only a few moments before one of the three elevators returned to the _ground floor_.

ロビーに着くとロイは搭乗手続きカウンターの向かいにあるエレベーターのほうにまっすぐ進んでいった。ほんの少し待っただけで 3 基のうちの 1 基のエレベーターが 1 階に来た。

アメリカでは basement—1—2—3—4, etc. という呼び方が伝統的なも

のであるが、アメリカでも ground floor という表現は用いられている。Kashino Database（のうちアメリカ英語のデータ）を検索してみると 16 例がヒットした。

(3) When the elevator reached the *ground floor*, he got off and left the hospital.

エレベーターが 1 階に着くと、彼は降りて病院から出ていった。

あるアメリカ人は、ground floor という言葉を用いた場合、その他の階の名前をどのように呼ぶかは国内で一致しておらず、(4)のような呼び方があると指摘している。

これを見ればアメリカでは ground floor という表現はイギリスよりも広い意味で使われていることが分かる。

(4) a. basement—ground floor—1—2—3, etc.
   b. ground floor—1—mezzanine—2—3—4, etc.
   c. sub-basement—basement—ground floor—1—2—3—mezzanine—4—5, etc.
   d. ground floor—2—3—4, etc.

なお mezzanine とは、2 つのフロアの間にあるフロアのことで、そこに行くにはエレベーターではなく、階段を使って昇り降りをする。mezzanine はフロア全体に渡っているのではなく、桟敷のようになっていて、アメリカの大学では、そこには小さなカフェなどがあるという。

【関連情報】

別のアメリカ人によると、main entrance (lobby) が 2 階にあるときに 1 階のことを ground floor というとのことである。またアメリカでは first floor, ground floor のことを street floor ということもある。

had better と should

had better は「言われている通りにしなければ悪いことが起こる」という意味であるから、特に 2 人称主語で用いられると脅迫や警告の意味を表すことが多い。

(1) "You'*d better* behave yourself, or I'll spank you," his mother said to

him.

「行儀よくしなさい。でないと、たたくからね」と母親は彼に言った。

(2) You'd *better* get a doctor quick. There's something wrong with him.

医者を至急に呼んだほうがいい。彼の様子がおかしい。

> ただ、この場合、誰に向かって言っているのかが重要で、例えば2人称主語でも友達に、Your bus is just about to leave, you'd *better* hurry.（もうバスが出るから急いだほうがいいよ）と言えばそれは友達に対する気遣いを表しているだけである。
>
> しかし、学生に向かって教師が You'd *better* study harder. と言ったとすれば、それは警告の意味を持つ。特に、文尾を上げて発音すれば、or I'll fail you.（単位をやらないよ）という意味が含意されるからである。以上から分かるように、これは目上の人には使わないほうがよい表現である。[Power (1986)]
>
> 一方、should は had better よりも意味が弱く、If I were you, I would... に書き換えられ、助言や提案の意味を表す。

(3) A: "How about this dress?"

B: "Nice one."

A: "Yeah?"

B: "I think you *should* wear that." [= If I were you, I would wear that.]

A:「このドレスはどうかしら」B:「いいね」A:「そう？」B:「それを着ていったらいいと思うよ」

> したがって、もしある人が、You *should* take the train. と言ったら Oh, OK. という返事が期待できるが、You *had better* take the train. と言えば What's wrong with the bus? と聞き返されるかもしれない。[以上、J. Tschudy (*ST* Jan. 25, 2008)]

【関連情報】

> 以上のほか、had better は、次のように無生物を主語にとって用いられることがある。

(4) There *had better* be some wine at the party.

パーティにはワインがあったほうがいい。

この無生物主語構文では、This had better be good.（いい話なんだろうな）という決まり文句（チャンク）でよく使われる。この場合には皮肉が込められることに注意したい。

(5) The phone rang a dozen times before Terry grabbed it. The digital clock gave the time as 3:20 AM. "This is Bob," the voice announced. "Oh, yes, Bob." Terry scratched his head and blinked his eyes. "This'*d better* be good."

電話が10数回鳴ってからテリーは受話器を取った。デジタルの時計が午前3時20分を示していた。「ボブだ」と声の主が言った。「ああ、君か」テリーは頭をかき、目をしばたたかせた。「（こんな時間に電話してくるなんて）いい話なんだろうな」

なお、「better had という語順」の項も参照。

had better + 完了不定詞

各種文献の中にはこの構文の意味を取り違えているものが多い。例えば1960年代に刊行されたある書物は、次の(1)の例に「そう言わないほうがよかった」という和訳を与えている。

(1) You *had better* not have said so.

しかし、この和訳は正しくない。この訳では、多くの場合「実際は、そう言った」という「should + 完了不定詞」の表す意味になってしまうからである。

「had better + 完了不定詞」は、現代英語ではワトキンス (1988) が正しく指摘しているように、「should + 完了不定詞」と同じ意味で用いられることはなく、「話し手がその結果をまだ知らない場合」に用いられる。

したがって、上の(1)は前項で述べた警告・脅迫の意味を込めて、「お前はそうは言わなかっただろうな（言っていたら面倒なことになる）」という意味（=I hope you didn't say so, because, if you did say so, you are going to be sorry.）を表すことになる。

以下に類例を挙げておく。

(2) You'*d better* not have scratched my car.
俺の車に傷をつけなかっただろうな。
[= I hope you didn't scratch my car, or I'm going to be very angry.]

【関連情報】

以上の例では、「had better＋完了不定詞」は過去の可能性についての確認を表していたが、同じ形式で「…してしまう」というアスペクトの意味を表す場合もある。このときには、by（…までに）という語を伴うことが多い。

(3) You'*d better* have talked to him *by* the time I get back.
私が戻るまでに彼と話をしておいたほうがいいな。

had to の表す実現の意味

日本語では「昨日、早起きしないといけなかったけど、起きなかった」と言えるが、これをそのまま英語に直した(1)は認めない人が多い。

(1)? I *had to* get up early yesterday, but I didn't.

認めない人は had to は「行為の実現」（そうしないといけなかったので、そうした）を表すので、この場合は次のように needed to や was supposed to を使う必要があるという。

(2) I *needed to* get up early yesterday, but I didn't.

(3) I *was supposed to* get up early yesterday, but I didn't.

次に例を挙げるが、(4)は so I did という表現の存在により、「行為の実現」が明示されている例である。

(4) Although I was surprised by the question, I *had to* respond, so I did.
その質問には驚いたが、答えないといけなかったのでそうした。

(5) The room was dark, and once inside I *had to* wait for half a minute, holding my breath, while my eyes adjusted to the lack of light.
その部屋は暗かった。中に入ると目が暗闇に慣れるまで30秒間、息を止めて待たないといけなかった。

あるネイティブ・スピーカーは上の(1)は不注意な物の言い方をしているか、ユーモアを込めて言っているのだろうとコメントしている。

【関連情報】

had to とは対照的に「should have＋過去分詞」と「ought to have＋過去分詞」は(6)のように行為が実現しなかった場合に用いられる。したがって、(7)のようには言えない。

(6) "I think I *ought to have accepted* your invitation." "Yes, you *should have*," Max quickly replied.

「あなたの招待を受ければよかったわ」「そうだね、そうすべきだったね」とマックスはすかさず答えた。

(7) *John *should have read* the book yesterday, and in fact he did.

Had/Were/Should I...

よく知られているように、if 節の if を省略すると倒置が起こり「(助)動詞＋主語」の語順になる。(助)動詞が had, should, were の場合によく見られる現象である。

(1) I would have come sooner *had I* known.

知っていたらもっと早く来たのに。

(2) There would be much less media interest *were I* no longer the president.

もう社長でなければマスコミはそれほど私に注目しないのに。

(3) *Were I* to reject his requests, I'd be dismissed.

彼の要求を受け入れなければ首になってしまう。

(4) *Should you* find out where they are, let me know.

彼らがどこにいるか分かったら知らせて下さい。

Curme (1931) によると、これは Is any among you afflicted? let him pray.（汝らのうち苦しむものあるか、その人祈りせよ）のような古い表現に由来するという。ここから疑問文が、後続する文に対し、if 節と見なされるようになり、(1)―(4)のような語順の文が一般化したと考えられる。

なお、多くの文献はこの語順の文は書き言葉で用いられるとしているが、特に had を使った表現は話し言葉でもよく見られる。

(5) "*Had I* been with him, it would not have happened," I said. "I'm very sorry."

「もし私が彼と一緒にいたら、こんなことにはならなかっただろう」と私は言った。「本当に申し訳ありません」

half an hour, a half hour と a half an hour

「30分」を表す英語には half an hour, a half hour と a half an hour がある。

Kashino Database で頻度を調べたところ、half an hour が394例、a half hour が148例、a half an hour が15例、検出された。

ここから分かるように、half an hour が最も一般的な表現である。

(1) I'll pick you up in *half an hour*.
30分したら車で迎えに行く。

a half hour は、アメリカ英語でよく使われる。

(2) It took me *a half hour* to explain the plan in detail.
その計画を詳しく説明するのに30分かかった。

a half an hour は、おもにアメリカのくだけた口語で用いられる。

(3) Give me *a half an hour*, I need to have a word with him before I leave.
30分時間をくれないか。出かける前に彼と話をしたいんだ。

【関連情報】

「1時間半」は英語では、an hour and a half という。

(4) They were eating slowly because they had *an hour and a half*.
1時間半、時間があったので彼らはゆっくり食事をしていた。

「have + 目的語 + 過去分詞」の構文

この構文は使役（「させる」「してもらう」）、経験（主語が被害を受ける場合は受身）の意味を表す。使役の意味でも経験の意味でも強勢は一般に目的語に置かれる。

一般に、使役の意味は、お金を払って雇った人や目下の者に当然してもらえることに用いられ、また受身の意味は、犯罪や災害が表されているときに用いられる。[柏野 (2004)]

(1) She asked the waiter to *have a cab called* for her.
   彼女はウエイターにタクシーを呼んでほしいと言った。

(2) We *had a window broken* by the typhoon.
   台風で窓が壊された。

(3) I *had my computer hacked*.
   コンピュータがハッカーにあった。

文脈のない書き言葉では、次の(4)の文は「本を盗ませた」という使役の意味にも「本を盗まれた」という受身の意味にも解釈される。ただし、後者では John *had a book stolen* on him. のように「不利益の on」を付けるほうが自然である。[Quirk et al. (1985)]

(4) John *had a book stolen* from the library.

なお、イギリス英語では(4)は「盗まれた本を持っていた」(John had a book (which was) stolen from the library.) という意味にも解釈される。

このほか、アメリカ英語では過去分詞に強勢を置き、完了の意味 (have finished —ing) を表すことがある。この意味では、過去分詞で示される行為を行うのは主語にくる人間であることに注意したい。

(5) He *had his mind made up* before I even went in there.
   彼は私がそこへ行かないうちに心を決めてしまった。

この完了の意味は now, practically, almost, by now, finally などを付加することにより明示することができる。[Bowers (1981)]

(6) We *have the job* almost *done* now.
   仕事はもうすぐ終わる。

「have + 目的語 + 原形不定詞」の構文

この構文は一般に目的語に強勢を置いて使役 (「させる」「してもらう」) の意味で用いられる。お金を払って雇った人や目下の者に当然してもら

えることに使うのが普通である。この構文はアメリカ英語でよく見られるもので、イギリス英語では堅苦しく聞こえる。

(1) I'll *have the nurse bring* you a hospital gown.
看護師に病院着を持ってこさせましょう。

(2) Al *had his secretary check* his schedule.
アルは秘書にスケジュールを調べさせた。

また、経験(主語が被害を受ける場合は受身)の意味でもときに用いられる。この場合は、主語は出来事を自分の意志でコントロールできない点に注意したい。

(3) We have never *had anything bad happen* to us.
私たちには悪いことは起こったことがない。

(4) "One day, you'll *have a man fall* madly in love with you," Bob assured her.
「いつか、どこかの男が君に夢中になる日が来るよ」とボブは彼女に自信を持って言った。

(5) I *had wine get* on my new silk blouse.
新しいシルクのブラウスにワインをこぼされた。[受身の意味]

ただし、この構文で(5)のように受身の意味を表すのは稀で、ネイティブ・スピーカーによっては認めない人もいる。(6)のように「不利益のon」を付加するか、あるいは(7)のように相応の文脈が整って初めて容認される。

(6) I *had my dog die* on me.
飼い犬に死なれてしまった。

(7) Bill has been having a terrible time: he was fired on Monday, the next day his girlfriend left him, and, to top it all off, last night he *had someone rob* him.
ビルはこのところ、よくないことが続いている。月曜日に会社をクビになったし、次の日には恋人にふられ、挙げ句に昨日の晩は誰かに金を奪われた。

「have + 目的語 + ―ing」の構文

> この構文は、「そうしようとは思わないのに自然に（しばらくの間）その状態が続く」ことを表す。
> これは「have + 目的語 + 原形不定詞」と比較すると分かりやすい。例えば、次の(1)では「彼は私たちに拍手するように頼んだ」ということが表されるが、(2)では「彼のすばらしいスピーチや演技などによってしばらくの間、拍手が続いた」という意味になる。

(1) He *had us clap* our hands.

(2) He *had us clapping* our hands.

　　[= We were clapping our hands as the result of what he had said, done, etc. 強勢は clapping と hands に置く]

> したがって、主語に（意志が関係しない）無生物がくると、―ing は使えるが、原形不定詞では不自然となる。

(3) ? The good food *had us smile*.

(4) The good food *had us smiling*.

　　おいしい食べ物で思わず顔がほころんだ。

> ちなみに、この構文で have が allow の意味を表し、can't/won't を伴って、「…させておくわけにはいかない」という意味で用いられることがある。

(5) I can't afford to *have him doing* something stupid like following her around.

　　彼に彼女の後を追いかけ回すような馬鹿なまねをさせておくわけにはいかない。

> また、この構文では「…させる」という使役の意味が弱まり、意味の上で there 構文に近くなることがある。[Quirk et al. (1985)]

(6) When I went to the office, they couldn't see me, because they *had a meeting going* on.

　　オフィスには行ったが彼らには会えなかった。会議中だったから。

　　cf. There was a meeting going on.

have been to の表す 2 つの意味

よく知られているように have been to は「行ったことがある」という経験の意味と「行ってきたところだ」という完了の意味を表す。

(1) I've *been to* France, I've *never been* to England.
   フランスには行ったことがあるが、イギリスは行ったことがない。

(2) We've *been to* the Empire State Building twice.
   エンパイアステートビルには 2 度行ったことがあります。

(3) I've *just been to* town, and I bought a new pair of shoes.
   街に行って新しい靴を買ってきました。

(4) I've *been to* the beauty parlor today.
   今日、美容院へ行ってきたの。

この 2 つは have gone to... and returned (ある場所に行って帰ってきた) という意味を表すという点で共通する。[Palmer (1987)]

両者の違いは「行ったことがある」では帰ってきてからある程度の時間が経過しているのに対して「行ってきたところだ」では帰ってきてからあまり時間が経っていないという点にある。

なお、「行ってきたところだ」の意味では have been to の後に動詞を従える用法も見られる。Kashino Database の検索では、88 例がヒットし、そのうち see という動詞が一番よく用いられていた。

(5) "I've *been to see* Dr. Harris." "You're not ill, are you?" "No, I'm just fine."
   「ハリス先生に診てもらいに行ってきた」「病気じゃないんでしょ?」「ああ、ぼくは元気だよ」

have only to

have only to を用いた(1)の文について、(2)のように「目的や結果を表す不定詞を付けなければ不自然である」という意見がある。

(1) You *have only to* sit here.
   ここに座っているだけでよい。

(2) He *had only to* look at his trembling hands to recognize he was overly emotionally involved.

彼は震える手を見るだけで自分がいかに過度に感情的になっているかが分かった。

> しかし、複数のネイティブ・スピーカーは、(1)の文も文脈が整えば不自然な言い方ではないという。

(3) A: "I want to kill time. What can I do?"
B: "You *have only to* sit here."

A:「時間をつぶしたいけど何をしようか」B:「ここに座っているだけでいい」

> ただし、have only to の表現自体、堅苦しく稀で、語順を変えた only have to のほうが自然で頻度も高い。

(4) You *only have to* call me if you change your mind. I'm at your disposal.

気が変わったら私に電話をくれるだけでいい。望み通りにするから。

> さらに、only have to よりもよく用いられるのは just have to で、Kashino Database の検索では、この表現は have only to の9倍、only have to の5倍、使われていた。

(5) We *just have to* do exactly as we're told and nothing will go wrong.

言われたようにするだけで、うまくいくだろう。

【関連情報】

> 似たような表現に、All you have to do is... があるが、この頻度も just have to と同程度に高い。
> なお、この場合、is の後にくる動詞には to を付けないほうが普通である。

(6) *All you have to do is* answer a few questions and you'll go home.

質問に、2つ3つ答えるだけで家に帰れるんだよ。

have to の進行形

> have to が根源的な意味（…しなければならない）を表すとき、話し言

葉では進行形で用いられることがある。いま、ある状態に追い込まれていて困っていることが強調される。[堀内&ジョンソン (*ST* Dec. 5, 2003)]

(1) I'm trying to arrange invitations for fifty people, the band, the caterers, and the wedding cake. I*'m having to* organize everything myself.
50人分の結婚式の招待状の発送、バンド、ケータリング、それにウェディングケーキの手配、すべて私一人でしないといけないのよ。

(2) Nancy is now in shock. We*'re having to* maintain her blood pressure. It doesn't look good at all.
ナンシーはいまショック状態だ。私たち(医師)は彼女の血圧を正常に保とうと必死になっているが、厳しい状況だ。

ただし、単に We have to work overtime. (残業しないといけない) と言えばすむところを、(3)のように進行形を用いて言うのは不自然に響く。この場合には(4)や(5)のように still や now などを付け加えて、進行形を使うだけの理由づけが必要となる。

(3) ?We*'re having to* work overtime.

(4) We*'re still having to* work overtime.
まだ残業しないといけない。

(5) We*'re having to* work overtime *now*.
これから残業しなければならない。

have to と have got to

周知のように、おもにイギリス英語では have to が「習慣的[反復的]な義務」を表すのに対して have got to は「(一回限りの)特定的な義務」を表すという相違がある。

例えば、(1)と(2)では(1)の has got to のほうが普通であり、(3)と(4)では(4)の has to のほうが使われる可能性が高い。

(1) He's *got to* go to the hospital again next Tuesday.

(2) ? He *has to* go to the hospital again next Tuesday.

(3) ? She*'s got to* go for dialysis every four days.

(4) She *has to* go for dialysis every four days.

> しかし、次の(5)はイギリス英語の例であるが、「特定的な義務」を表しているのに have to が用いられている。

(5) He realized he had run out of time. "I *have to* go now," he told her.

彼は時間がなくなったことに気づいた。「もう行くよ」と彼は彼女に言った。

> また(6)は Chalker (1984)［イギリスの文法書］からであるが、「習慣的な義務」を表しているのに have got to が使われている。

(6) I'*ve got to* work on Friday evenings next year.

来年は金曜日の晩も働かないといけない。

同書によると、「習慣的な義務」であっても未来時に言及している場合には have got to が使用されるという。この Chalker (1984) の指摘は重要である。

いま、この現象を「義務の遂行」という考え方に基づいて整理してみると、(1)では、「特定的な義務」が表されていたが、これは未来時に言及していることから(6)の「習慣的な義務」の場合と同様に「遂行されていない義務」を表している。

したがって、have got to は「習慣的」「特定的」に関係なく、まだ義務が遂行されていない場合に使われると言える。

次に have to の場合であるが、(5)では(6)と同様に「遂行されていない義務」が示されている。一方、(4)では「過去に4日おきに透析治療に出かけたし、これからも出かけるだろう」という意味が表されているのであるから「すでに義務（の一部）は遂行されている」ことになる。

したがって、have to はまだ義務が遂行されていない場合にもすでに義務（の一部）が遂行されている場合にも使われると結論できる。

hobby と趣味

日本語の趣味と英語の hobby は完全に同じ意味ではない。日本語の趣味という語は意味の幅が広く、例えば音楽鑑賞、散歩、漫画を読むこと、テレビを見ること、買い物、旅行などは趣味に入るが、これらは英

語では通例 pastime（娯楽、気晴らし）という。[Smith (1976)]

(1) One of her favorite *pastimes* was visiting the all-night supermarket on the way home from work.

彼女のお気に入りの気晴らしの1つは仕事の帰りに24時間営業のスーパーに立ち寄ることだった。

(2) A: "What's your favorite *pastime*?"
B: "Oh, I'd say watching TV."

A:「気晴らしに何をしていますか」B:「そうだな。テレビを見ることかな」

英語の hobby は「特別な知識や技能が必要で、通例1人で行うもの」をいう。例えば切手収集、ガーデニング、ギターを弾くこと、写真を撮ること、料理をすることなどがこれに相当する。

スポーツは一般に hobby ではなく、recreation と考えられている。ただし、何を hobby と考えるかはネイティブ・スピーカーにより異なることがあるので注意が必要である。

(3) Gardening was her *hobby*, and many of the plants in the house were grown by her in the greenhouse.

ガーデニングは彼女の趣味だった。家にある植物の多くは温室で彼女が育てたものだった。

(4) I used to collect Barbie dolls when I was little. Does it count as a *hobby*?

小さい頃、バービー人形を集めていたわ。それって趣味に入るかしら。

How come...? と Why...?

ともに相手に理由を尋ねる場合に用いられる表現である。

How come は How does it come about that...? という表現に由来し、何か不思議なことや矛盾することがあって、その理由を尋ねるときに用いられる。強い、ときには感情的な言い方であるから、親しい間柄や友達同士で使う必要がある。

なお、How come では、Why とは異なり、次に続く節の主語と動詞の

How/What do you...?

▌語順は平叙文の語順となる点に注意したい。

(1) *How come* you're wearing shades in the house?
　どうして家の中でサングラスをかけているの？
　cf. *Why* are you wearing shades in the house?

▌Why は理由を聞くときも目的を聞くときも使えるが、How come は目的を尋ねる場合には使うことはできない。

(2) A: "*Why* did you come to Kyoto?"
　B: "Because I wanted to see a lot of temples."
　A:「どうして京都に来たのですか」B:「お寺をいろいろと見たかったからです」

(3) A: "*Why* did you come to Kyoto?"
　B: "To see a lot of temples."
　A:「どうして京都に来たのですか」B:「お寺をいろいろと見るためです」

(4) A: "*How come* you called her last night?"
　B: "Because I wanted to see if she still loves me."
　A:「昨日の晩、どうして彼女に電話をしたんだ？」B:「まだ僕を愛しているか、確かめたかったからだよ」

(5) A: "*How come* you called her last night?"
　B: *"To see if she still loves me."

▌How come は Why とは異なり、提案の意味では使えない。

(6) What about Jody? *Why* don't you marry her?
　ジョディのことはどう思う？彼女と結婚したらどうだ？
　cf. *How come* you don't marry her?
　なぜ彼女と結婚しないんだ？

How do you...? と What do you...?

▌一般に How do you...? は相手に感情的な反応を求めているのに対して What do you...? は相手に意見を求めているという違いがある。
▌したがって、... の部分には前者では感情を表す feel や like が生じるこ

とが多く、後者では意見を表す think が生じることが多い。

(1) A: "*How do you feel* about cross-examining Tommy Harrison?"
B: "I'm keen with anticipation."
A:「トミー・ハリソンに反対尋問するのをどう思いますか」B:「わくわくしながら待ってるよ」

(2) "I've heard Oliver recently sold a script for a million bucks. *How do you like* that?" She was quite speechless. She didn't like it at all.
「オリバーがこの前、シナリオの草稿を100万ドルで売ったらしい。どう思う?」彼女は無言だった。全く気に入らなかったのだ。

(3) "*What do you think* of him?" "Smart. Really smart."
「彼のこと、どう思う?」「頭がいい。本当にな」

なお Smith (1976) は How do you feel...? と What do you think...? を比べると前者のほうが堅苦しく、深刻な話題に適していると指摘している。

(4) *How do you feel* about religion?
宗教に関してはどう思いますか。

(5) *What do you think* about sashimi?
刺身はどうですか。

以上のことから、よく言われるように *How do you think* about Japanese karate? とは言えないことが分かる。ただし how が think ではなくて後続の節を修飾する場合には、見かけ上 How do you think...? という形式をとって用いられる場合がある。

このときは do you think を括弧にくくって考えれば、how がどこにかかっているのかが鮮明になる。

(6) *How do you think* I lasted thirty years as a teacher?
どうやって私が30年も教師を続けられたと思う?
[=How (do you think) I lasted...]

I built a house.

日本語で「家を建ててもらった」という意味で「家を建てた」と言う

I built a house.

が、英語でも I had a house built. のほか I built a house in 1985. と言うことが可能である。

(1) We built a hospital and a laboratory on the town square.
私たちは町の広場に病院と研究所を建てた。

同様に以下のようにも言える。

(2) We added another storey to the house.
家を増築した。

(3) We put a swimming pool in the backyard.
裏庭にプールを作った。

(4) We renovated the kitchen.
台所をリフォームした。

これらは明らかに自分ではできない仕事であるから、話し手が I built... や We renovated... と言っても聞き手は人にしてもらったと理解する。

「ペンキを塗る」のように自分でできる仕事であれば、自分でした場合には I painted... を使い、人にしてもらった場合には使役動詞の have や get を使う。

(5) I painted the inside of the house.
家の内部にペンキを塗った。

(6) I had the inside of the house painted.
家の内部にペンキを塗ってもらった。

「髪の毛を切る」のような場合はあいまいで、I cut my hair. は、通例は自分で髪を切ったことを表すが、そうでなく I had my hair cut. の意味で用いられることもある。次例参照。

(7) "Madam Ambassador cut her hair." "Really?" "The hairstylist went into her office, and when she came out, her hair was shorter."
「(女性の) 大使が髪の毛を切ったよ」「本当？」「美容師がオフィスに入っていって大使が出てきたら髪の毛が短くなっていたんだ」

【関連情報】

上記のような現象は主語が（権力を持った）歴史上の人物の場合に多く見られる。

(8) William I built most of the castles in England.
　ウィリアム一世はほとんどすべてのイギリスの城を建てた。

I don't know.

I don't know. は、質問に対する答えが分からないときに使われるのが一般的である。

(1) "What are you going to do?" "*I don't know*."
　「これからどうするつもりだ？」「分からないよ」

このほか、次のように相手の言ったことに軽く反対したりするときにも用いられる。

(2) "You have so much talent." "*I don't know*." "Sure you do."
　「君は才能に溢れているよ」「さあ、どうでしょう」「いや、間違いないよ」

(3) "Wherever he goes from now on, I'm going to follow him." "*I don't know*. It could mean trouble."
　「これから彼がどこに行こうと後をつけてやる」「それはどうかな。そんなことをしたら面倒なことになるんじゃないか」

また、話をしているときに考える時間を稼ぐために、あるいは不必要なポーズを避けるために I don't know. が使われることもある。

(4) I think I want to call Meg. I mean, I know it sounds crazy, but, you know, *I don't know*, maybe I can help her with her problem.
　メグに電話をかけたいんだ。あの、これって馬鹿げたことのように聞こえるのは分かっているんだけど、その何て言うか、俺がメグの抱えている問題を解決する助けになるかもしれないからね。

この I don't know. のような働きをする表現は「つなぎ言葉」(filler) と呼ばれる。ほかに、oh, well, you know, I mean, sort of などがある。

I mean

I mean は口語では次の3つの場面でよく用いられる。

［Ⅰ］自分の言ったことを補足説明するとき。

(1) "Do you have anything to drink?" "There are some beers in the refrigerator." "No, no. *I mean* the hard stuff." "All right, I have some scotch."
「何か飲み物はあるかな」「冷蔵庫にビールが少しあるよ」「いや、いや、俺の言っているのは、もっと強い酒という意味だよ」「じゃあ、スコッチがある」

［Ⅱ］自分の言ったことを訂正するとき。

(2) "Maybe we should go." "No," he said. But then he immediately corrected himself. "*I mean*, yes."
「行ったほうがいいんじゃないか」「まだだ」と彼は言ったが、即座に「いや、それもいいな」と言い直した。

［Ⅲ］話をしているときに考える時間を稼いだり、不必要なポーズを避けるとき。

∥ この用法の I mean は「つなぎ言葉」(filler) と呼ばれる。

(3) I'm going to reflect on what happened in the game. You know, *I mean*, considering, you know, my illness, I'm sort of happy with the result today.
試合の経過を反省してみますが、あのう、何て言うか体調が悪かったことを思うと、そのう今日の結果にはある程度、満足しています。

∥ 上例のように、I mean は同じ「つなぎ言葉」の you know と連続して用いられることが多い。

(4) Oh, I'm really, uh, looking forward to tomorrow. *I mean*, *you know*, I think that it'll be really nice to meet my old friend.
明日が、その、とても楽しみだ。なぜって、ほら古くからの友達に会うのって本当に楽しいからね。

I suppose

∥ suppose は think とは異なり、自分の意見を述べるときに使うことはできない。この語は、あることは真実だとは思うが、それに確信が持てな

い場合、あるいは疑いが存在する場合にのみ使われるからである。[ミントン (1999)]

(1) *I suppose* there must have been about 300 people at the funeral.
葬儀には300名くらい参列したのではないかと思う。

こういう意味合いを表すことから、suppose は人の発言にしぶしぶ同意するときによく使われる。

例えば、次の (2) の B は 10 代の女の子の言いそうなことで、「行きたくはないけど、いやいや行く」という意味合いを伝えている。

(2) A: "Do you want to come to the party?"
B: "*I suppose so.*"
A:「パーティに来ない？」B:「別に行ってもいいけど」

この (2) は I suppose so. の例であるが、次に I suppose. の例を示す。この場合も同じように、人の発言に対するしぶしぶの同意が表される。

(3) "It would be best for you to go to court. Don't you agree?" "*I suppose*," Dennis admitted reluctantly.
「あなたが裁判所に出向くのがベストだろう。それでいいね」「ええ、まあ」とデニスはしぶしぶ同意した。

このほか、suppose は I suppose you... の形式で聞き手の能力や知識に対して皮肉を言う場合にも使われる。

(4) *I suppose you* can play tennis as well as Helen.
あなただってヘレンと同じくらいテニスがうまいんでしょ？
[=I'm sure you can't play as well as her.]

I wish 構文

I wish 構文は後にくる動詞の形に応じて次の3つのタイプに分かれる。

[Ⅰ] I wish + 主語 + 過去形... (仮定法)
　　(I wish our flat were a bit bigger.)
[Ⅱ] I wish + 主語 + had + ―ed...
　　(I wish I had taken your advice.)
[Ⅲ] I wish + 主語 + would/could...

I wish 構文

(I wish the baby would stop crying.)

[Ⅰ]は現在の事実とは反対のことを願うもので、上の例文は「(実際、マンションは狭いが) もう少し広かったらいいのに」という意味である。

(1) *I wish* I had a picture of Jenny when she was pregnant with Carol.
キャロルがお腹にいるときの(母親の)ジェニーの写真があればいいのに。

(2) *I wish* he were here with me.
彼が私と一緒にここにいればいいのに。

使われる動詞は、were (ときに was) や knew, had などの状態動詞である。動作動詞を使うときには[Ⅲ]の形式を用いる必要がある。

(3) *I wish* he would hurry up.
彼は急いでくれたらいいのに。

cf. *I wish he hurried up.

ただし、動作動詞でも一回限りの行為ではなくて反復的行為が示される場合には容認可能となる。

(4) *I wish* he ate more vegetables.
彼が(いつも)もっと野菜を食べればいいのに。

[Ⅱ]は過去の事実とは反対のことを願うもので、上の例文は「(実際にはアドバイスを聞かなかったけど) 聞いておけばよかった」という意味である。

(5) *I wish* we hadn't lied to the police.
警察に嘘をつかなければよかった。

(6) "Tell me about your trip to Chicago." "It was really great. *I wish* you'd been with me."
「シカゴに旅行に行ったときの話を聞かせてよ」「本当にすばらしかったわ。一緒だったらよかったのに」

[Ⅲ]は実現の見込みの薄い未来のことを願うものである。上の例文は「赤ん坊が泣き止んでくれたらいいのに」という意味である。この場合、話し手は主語が「…しようとはしない」ので現在の状況に不満を持ち、「…してくれたらいいのに」というように「いらだち」を込めて言って

いる。

(7) *I wish* you'd concentrate on your driving.
運転に集中してよね。

(8) *I wish* you wouldn't talk to me like that.
そんな風な口の聞き方をしてもらいたくはないわ。

(9) *I wish* the sun would come out.
太陽が顔を出してくれたらいいのに。
［これは擬人法として用いられたもの］

この話し手の「いらだち」の気持ちを取り除くには would の代わりに過去進行形を使えばよい。

(10) *I wish* Jack would attend the meeting tomorrow.
ジャックが明日の会議に出てくれたらいいのに。

cf. *I wish* Jack was attending the meeting tomorrow.
ジャックが明日の会議に出てくれたらなあ。

このように、I wish 構文に見られる would は主語の意志を表すものであるが、ときに単純未来の would が用いられることもある。

(11) *I wish* you would win the election. We need someone like you in power.
選挙に勝つといいのにね。あなたのような人に権力を持ってほしい。

(12) *I wish* you and Jack would fall in love and get married.
あなたとジャックが恋に落ちて結婚すればいいのにね。

［Ⅲ］では could も用いられ、できそうにないことを「できたらいい」と願う気持ちが表される。これには不満やいらだちの感情は含まれない。過去のことを言う場合には「could have ＋過去分詞」の形式が用いられる。

(13) *I wish* I could be more help.
もう少しお役に立つことができたらいいのですが。

(14) *I wish* you could have come to the concert tonight. It was wonderful.
今夜、コンサートに来られたらよかったのにね。すばらしかったわ。

【関連情報】

wish と hope の違いに注意したい。前者は「実現の見込みの薄い願望」

を表すのに対して後者は「実現しそうな望み」を表す。

(15) *I wish* I could fly in the sky.

空を飛べたらいいのに。

cf. *I hope I can fly in the sky.

(16) *I hope* you pass your exams.

試験に通るといいね。

cf. ?*I wish* you would pass your exams.

if any と if anything

ともに「たとえあるとしても、多分ない」という話し手の「疑い」の気持ちを表し、それぞれの表現の前には few, little などの数量詞や what などの疑問詞がくる。

(1) Few, *if any*, were married, and no one but she and Beth had children.

ほとんどの人は結婚していなかった。それに彼女とベスを除くと誰も子どもがいなかった。

(2) She had already changed into a silk robe that revealed she was wearing little, *if anything*, underneath.

彼女はすでに絹のローブに着替えていた。下にはほとんど何も着ていないことは明らかだった。

(3) If you do find him, you will inform us and we will decide what action, *if any*, is to be taken.

あなたは彼を見つけたら我々に知らせなさい。その後で行動を取るのならどういう行動を取るのかは我々が決める。

(4) She couldn't predict what, *if anything*, would happen with Brandy.

ブランディに何か起こるとすれば何が起こるか、彼女には予測できなかった。

(3)と(4)を比較すれば分かるように、それぞれの表現の後に復元できる名詞((3)では action)があれば if any が用いられ、なければ(4)のように if anything が用いられる。

if any の前の名詞には、以上のほか定冠詞の the や his などの所有形容

詞がくることが多い。

(5) We will decide his punishment, *if any*.
彼に処罰を課すとすれば我々がそれを決定する。

if 節と ever

if 節（条件文でも仮定法でもよい）の中に ever が用いられると、意味論的には「時はいつでも構わない（at any time）が、その出来事が起きたら」という意味が表される。

(1) *If* you *ever* need anything, just call my office.
何か用事がありましたら会社まで電話してください。

また、文脈によっては if 節が否定的な含意を持つことがあり、if 節内の出来事が起こらないでほしいという話し手の希望や期待、あるいは if 節内の出来事が起こってはいけないという話し手の警告など、語用論的な意味を表すことがある。

(2) *If* my wife *ever* found out I was cheating on her, it would destroy me.
もし妻が私の浮気に気づいたら破滅だろう。

(3) *If* I *ever* catch you doing something bad, I'll slap you.
何か悪いことをしているところを見つけたら、たたくからね。

さらに、ever は were to とともに用いられると、出来事の起こる可能性が低いという話し手の保証を聞き手に与える機能を持つ。

(4) It would be a disaster *if* he *were ever to* become president.
彼が社長になるようなことになったら目も当てられないだろう。

【関連情報】

この2つの語が結びついた if ever は seldom, rarely の後に挿入的に用いられ、その出来事が起こるかもしれないという可能性をゼロに近づける働きをする。「まず、めったに…ない」という意味になる。

(5) Max rarely *if ever* drank before dinnertime.
マックスは夕食前にはまずお酒は飲まない。

(6) He seldom, *if ever*, allowed himself to think of his dog's death.

彼は飼っていた犬の死のことを考えないようにした。

if not

この項では以下のような X, if not Y の表現を取り上げる。

(1) Agreement will be difficult, *if not* impossible.
　一致点を見るのは難しいし、不可能かもしれない。
(2) Jenny took on a part-time job at a supermarket to earn extra money. But she still did most, *if not* all, of the cooking, cleaning and laundry.
　ジェニーは家計を助けるためにスーパーにパートに出た。それでも彼女は料理、掃除、洗濯などをほとんど、いやすべてこなした。
(3) She is seen as a highly disciplined, *if not* passionate, politician.
　彼女は情熱をたぎらせた、とまではいかないが、よく鍛錬された政治家と考えられている。
(4) We now lost interest and emotionally, *if not* physically, moved out.
　私たちは今や興味をなくし、体はとにかく心はそこにはなかった。

R. Chiesa 氏は『英語教育』(大修館書店) 1978 年 11 月号に掲載された An overlooked use of "if not" という論文の中で X if not Y の意味を次の2つに分けている。

[Ⅰ] 譲歩的な解釈 (concessive interpretation)
　「もし…でないとしても (少なくとも) ～」
　At least [X] even though (maybe) not [Y]
[Ⅱ] 伸展的な解釈 (extensive interpretation)
　「(確かに) …いや (もっと) …かもしれない」
　Certainly [X] but maybe even [Y]

また、鷹家＆林 (2004) は冒頭の(1)や(2)のように X と Y が意味上、関連を持ち、同一尺度上にある形容詞や名詞の場合は [Ⅱ] の解釈が普通であり、一方、(3)や(4)のように X と Y が意味上、つながりを持たず、異なる尺度上にある形容詞や名詞の場合は [Ⅰ] の解釈が一般的であるが、[Ⅱ] の解釈をする人も増えてきている、という報告を行なっ

ている。
また、多くの場合、[Ⅱ]の意味を表すには、形容詞に強勢を置き上昇下降調で発音され、[Ⅰ]の意味を表すには下降上昇調で発音されることも指摘している。
従来、学校文法では[Ⅰ]の解釈しか教えていなかったように思われるが、[Ⅱ]の解釈も存在するということを承知しておく必要がある。

if 節の中の will

if 節の中に、意志未来を表す will が用いられることがある。主語の意志 (be willing to) が示される。

(1) If she'*ll* listen to us (= If she is willing to listen...) we'll be able to help.
  彼女が私たちの言うことを聞く気になれば助けてやれるだろう。

(2) If my wife *will* agree, I will.
  (家宅捜査を求められて) 妻がいいと言うのなら私も構いません。

この用法では、(3)や(4)のように2人称主語で「丁寧な依頼」(polite request) を表したり、(5)や(6)のように will に強勢を置いて「固執」(insistence) を表したりする場合がある。[Swan (2005)]

(3) Now if you'*ll* excuse me, I have work to do.
  申し訳ありません、仕事があるので失礼したいのですが。

(4) If you *will* step this way, I will show you to your room.
  もしこちらに来ていただいたらお部屋に案内いたします。
  [= Please step this way, and I will show you to your room.]

(5) If you *will* go to work wearing jeans, it's not surprising you keep getting fired.
  どうしてもジーンズをはいて会社に行くというのなら、あなたはどこに行っても当然、解雇されるだろう。
  [=If you insist on going to work wearing jeans,...]

(6) If she *won't* tell you, I don't think we're going to crack her.
  君たちが聞き出そうとしても、どうしてもしゃべらないのなら、我々も

彼女の口を割らせることはできないだろう。

> 「丁寧な依頼」を表す場合、口調（tone of voice）により、ぶっきらぼうな言い方になるので注意が必要である。したがって、will ではなく、would や could など助動詞の過去形を使っておくほうが無難である。

(7) If you *could/would* just come this way, I would be happy to show you to your room.
こちらに来ていただいたらお部屋にご案内いたします。

> 一方、単純未来の will は、通例、if 節の中には用いられない。単純未来とは話し手が何かが起こるだろうと前もって言うこと、つまり「予測」(prediction) を表すもので、話し手や主語の意志が関係しないところからこのように呼ばれている。

> 単純未来には次の 2 通りの場合がある。

[Ⅰ] 予測に話し手の判断が加わるとき
[Ⅱ] 時間がたてば自然にそのような事態になることを指すとき

> 前者の例としては、(8)があり、後者の例としては(9)や(10)などがある。

(8) It *will* rain tomorrow.
　　[= I think it will rain tomorrow.]

(9) I *will* be twenty next year.

(10) Tomorrow *will* be Tuesday.

> 上で述べたように、[Ⅰ] と [Ⅱ] のどちらの場合も will は通例、if 節には使えない。

> しかし、次のような場合にはその使用が例外的に認められる。

[Ⅲ] 前に述べられたことを繰り返すとき（エコーと呼ばれる）
[Ⅳ] 通常の If A, then B. の時間関係が逆転するとき

> [Ⅲ] の場合から例を挙げるが、次のそれぞれの下線部では同じことが繰り返されている点に注意されたい。

(11) "Of course, <u>your client will remain in custody</u> until then." "Then I cannot agree on a continuance if <u>my client *will* remain in custody</u>."
「言うまでもないことだが、そのとき（= 審問会）まであなたの依頼人は勾留下に置かれることになる」「私の依頼人が勾留下に置かれるというのであれば審問会の延期には賛成できません」

［裁判所の判事と弁護士との対話］

(12) A: "I will be twenty-one next week."

B: "*If* you *will* be twenty-one, you should be accountable for your behavior now."

A:「来週で21歳になります」B:「21歳になるのだったら自分の行動には責任を持たないといけない」

ちなみに、エコーされる節の時制は過去形でも現在形でもよい。

(13) A: "I sent you a package a few days ago."

B: "If you sent me a package a few days ago, it will/would reach me today."

A:「2, 3日前に小包を送ったよ」B:「2, 3日前に送ったのなら今日届くだろう」

［これは仮定法過去と間違いやすい］

(14) "His name is not Cliff." "*If* it *is* not Cliff, what is it?"

「彼の名前はクリフではない」「クリフじゃなかったら何なんだ」

次に、[IV] の場合であるが、これは [I] の「予測に話し手の判断が加わるとき」にのみ見られる現象である。

ただし、if 節にこの will が用いられるのは話し手の判断ではなくて聞き手の判断が表されていると解釈される場合に限られる。

(15) You're welcome to borrow my car, if you think it will be of any use to you.

役に立つと君が思うのであれば遠慮なくぼくの車を使ってくれ。

［if の後の you think に注意］

(16) "Why's your sister crying?" "Because she wants my marbles," answered Alfred. "Well, let her play with a few of them if it *will* stop her crying," said the mother.

「どうして妹は泣いているの？」「ぼくのビー玉がほしいと言っているんだよ」とアルフレッドは答えた。「泣き止む（とお前が思う）のだったらビー玉で遊ばせてやりなさい」と母親は言った。

通例、If A, then B (*e.g.* If we miss the last bus, we'll have to walk home.) では時間関係は If A（サキ), then B（アト）となるが、(15)と

(16)の例では If A（アト）, then B（サキ）という逆の時間関係になっている。エコーの場合を除けば、こういう場合に if 節に［Ⅰ］の意味を表す will を使うことができるのである。

この用法では if 節に代名詞の it が現れ、if 節は主節の後に付け足される形で置かれるのが普通である。

【関連情報】

上記以外でも if 節に［Ⅰ］の意味を表す will が用いられた例をときに見かけるが、その容認性についてはネイティブ・スピーカーの間でも意見が分かれる。

例えば、次の (17) は Close（1980）がクリスマスの 2 週間前にロンドンの社会福祉センターのドアのポスターで見かけたとして挙げている例であるが、容認しないネイティブ・スピーカーもいる。

(17) If you *will* be alone on Christmas Day, let us know now.

クリスマスに一人でいる（とあなたが思う）のならすぐにお知らせください。

［= If <u>you think</u> you will be alone...］

認めないネイティブ・スピーカーは will ではなく、be going to を使うと言う。

(18) If you *are going to* be alone on Christmas Day, let us know now.

私の尋ねたネイティブ・スピーカーはすべて be going to の if 節中での使用を容認する。また頻度も will に比べ格段に高い。

(19) "If you*'re going to* be sick, there's a restroom right there," Elaine said, pointing.

「吐き気がしそうなら向こうにトイレがあるわ」とエレインは指差して言った。

「if 節の中の will」について、さらに詳しくは柏野（2010 a）を参照。

if you don't mind

if you don't mind は、一般に「（あなたが）よかったら（…したい）」（if it is all right）という意味で使われる丁寧な表現である。

(1) "I'll just look around, *if you don't mind*." "Of course not."
「もしよかったら、（部屋を）見て回りたいのですが」「どうぞ」

(2) "I'll come and see May *if you don't mind*." "No problem. Go ahead."
「メイの様子を見にいきたいのだけど」「いいよ」

上の(1)と(2)では、if you don't mindを用いた文に対して、Of course, not./No problem. Go ahead. と答えているが、このほか、yesの返事としては、I don't mindがある。

(3) "We'd better go down to the beach again. You don't have to come." "I'd like to come, *if you don't mind*." "I don't mind."
「もう一度、（様子を見るために）海岸に行ったほうがいいですね。あなたは来なくても構いません」「差し支えなければ、一緒に行きたいのですが」「じゃどうぞ」

これに対して、noの返事をする場合には、I do mindと言う。

(4) "Father, *if you don't mind*, I have to talk to you about something urgent." "But *I do mind*. You can see I'm busy right now with Mr. Roberts."
「お父さん、できたら、急いで聞いてもらいたいことがあるの」「だめだ。見ての通り、私はロバーツさんと話をしているところだ」

【関連情報】

同じような意味を表す表現にIf I mayがある。If you don't mindよりもさらに丁寧な言い方となる。

(5) There are one or two points I'd like to make, *if I may*.
もしよろしければ、あと1, 2点、申し上げたいことがあるのですが。

I'll do my best.

Crawford (1986) によれば、I'll do my best. は「やるだけやってみる」というように話し手の「気乗りのなさ」を表す表現であり、決して、一般に信じられているような「最善を尽くす」「全力を尽くす」という意味ではない。

(1) *I'll do my best*, but I'm rather doubtful.

I'll think about it.

やってみますが、あまり自信がありません。

(2) "I must emphasize that the President wanted the message delivered at once." Nicholson heard him sigh. "*I'll do my best*," he said.

「念を押しておきますが、大統領はメッセージがすぐに届けられることをお望みです」ニコルソンは彼がため息をつくのを耳にした。「一応、がんばってみますけど」と彼は言った。

このようなことから、ある人が I'll do my best. と言うと、相手は Your best is not good enough. と言って切り返すことが多い。

(3) "*I'm doing my best*," she said, fighting back tears. "I can assure you," he said pointedly, "*your best is not good enough*."

「できるだけのことはしているわ」と彼女は涙をこらえながら言った。すると彼はあからさまに「言っておくが、『できるだけ』では駄目なんだよ」と切り返した。

ただし、I'll do my best to... のように後に to 不定詞が続くと、「本当に努力する」という意味になるので注意が必要である。

(4) I'm here for you, and *I'll do my best to* help you.

お前のためにやって来たんだ。全面的にサポートするよ。

なお、I'll do my best. は、次のように謙遜して言う場合にも使われる。話し手は、本当はできると思っているが、「やるだけやってみる」と控え目に表現しているのである。[デビッド・バーカー（*ST* March 3, 2006)]

この場合には、I'll do my best. は I'll try. と同じような意味になる。

(5) "*I'll do my best*," she said modestly.

「できるだけやってみます」と彼女は遠慮がちに言った。

I'll think about it.

日本語で「考えておきます」と言うと、たいていは断りの表現であるが、英語でも同じように I'll think about it. が「気乗りのなさ」を表すことがある。

この I'll think about it. を使う場合、話し手は、質問をかわして、あい

まいなことを言い、相手に言質を与えないようにしているのである。

(1) "Okay, okay, *I'll think about it*," Tom said reluctantly.

「分かった、分かった。考えておくよ」とトムはいやいや言った。

(2) "*I'll think about it*," I replied noncommittally.

「考えておくよ」と私は当たり障りのない答え方をした。

(3) "Choose me, and you will get the best lawyer." "*I'll think about it*," said Emily. "Can I call you tomorrow?" said the lawyer. "No," she snapped, "I said *I'd think about it*."

「もし私に任せてもらえれば最高の弁護をしますよ」「考えておくわ」とエミリーは言った。「明日、お電話してもいいですか」と弁護士が言うと「だめです。考えておくと言ったでしょ」と彼女はぴしゃりと言った。

impossible と that 節

次の(1)は私たちが普段、何気なく使っている文であるが、ネイティブ・スピーカー（特にイギリス人）の中にはこの It is/was impossible that... の構文を認めない人がいる。

彼らは(1)は(2)のようにすれば容認されるという。

(1) ? It's *impossible that* she's left already.

(2) It is *not possible that* she's left already.

彼女がすでにいなくなったなんてあり得ない。

英英辞典を調べてみると、Longman Dictionary of Contemporary English（2版）にあった(3)の例は3版からは削除されている。

(3) It's *impossible that* he forgot our meeting: he must have stayed away on purpose.

彼が会議のことを忘れていたなんて考えられない。きっとわざと来なかったんだ。

また、Kashino Database を検索してみたが、この構文は8例しかヒットしなかった。そのうち6例は次の It seemed impossible that... の形式をとっていた。

(4) It *seemed impossible that* he'd only met her three days earlier.

彼が彼女に会ったのは、ほんの3日前だなんて考えられなかった。

本項では、It is/was impossible that... の構文は容認しないネイティブ・スピーカーもいて、その頻度も極めて低い点を特に指摘しておきたい。

【関連情報】

例えば、It is *possible that* Alex is lying.（アレックスは嘘をついているかもしれない）における possible は、命題の真偽の度合いと係るため認識的な意味を表しているが、「否定の（認識的）法性は存在しない」[Halliday (1970)] という考え方があり、この考え方に従うと It is *impossible that* Alex is lying. は容認できないことになる。この立場に立っているネイティブ・スピーカーが(1)を認めないのである。

一方、It is *not possible that* Alex is lying.（アレックスが嘘をついているはずがない）の文は認められるが、これは、not possible は否定の法性ではなく、法性の否定を表しているからである。（さらに詳しくは、柏野（2002）を参照）

in case...(1)

接続詞用法の in case の表す意味は、英米差、in case の位置の問題、個人差などが絡み合ってかなり複雑なものとなっているが、ここでは概略、以下のように考えておきたい。

in case が後置されている場合は、英米ともに「事前の対策」(precaution) の意味、つまり「…する場合（=case）もあるので、その場合に備えて」という意味を表す。

例えば、I'll take an umbrella *in case* it rains. では「雨が降る可能性もある。雨が降り出してきた場合、傘が必要となるので、その場合に備えて、傘を持っていく」ということである。[綿貫＆ピーターセン (2006)]

以下に類例を挙げる。

(1) She didn't go to dinner that night, *in case* he called her.
彼女は彼から電話があるといけないので、その晩は夕食に出かけなかった。

(2) He checked a dozen times to be sure he had enough cash on him *in case* they didn't accept credit cards.

彼はクレジットカードが使えないといけないので、現金を十分持っているかどうか何度も確かめた。

in case が前置されている場合も英米ともに「事前の対策」の意味で用いられるが、特に「…だったらいけないので言っておくが」という意味（Sweetser (1990) では言語行為条件文と呼ばれている）になることが多い。使用頻度はそれほど高くない。

これは聞き手が分かっていることを話し手があえて口にするもので、そこから皮肉を表すためによく用いられる。

(3) *In case* you've forgotten, I am not a gambling man.

お忘れだったらいけないので言っておきますが、私はギャンブラーじゃない。

(4) *In case* you didn't know, beating up your children is a felony.

ご存じなければいけないので言っておきますが、子どもを殴るのは重大な犯罪ですよ。

なお、in case が前置される場合、くだけたアメリカ口語では if の意味で使われることがある。ただし、頻度は低い。

(5) A: "I want you to come back home. Now!"

B: "I told you. In a while."

A: "No. I want you to be here right now. *In case* he calls back, I don't want to answer it again."

A:「あなたに家に帰ってきてほしいの。今すぐに」B:「言っただろ。しばらくしてからだ」A:「いやよ。あなたに今ここにいてほしいのよ。彼からまた電話がかかったら、出たくないもの」

このように、in case は英米とも後置されて「…するといけないので」という「事前の対策」(precaution) の意味で用いられることが最も多い。

in case... (2)

Declerck (1991) は前項の「事前の対策」の意味のほかに in case に「…しないように」という「阻止」(prevention) の意味も認めている。この2つの意味の違いを明らかにするために、次の(1)と(2)を比べてみよう。

(1) I'll take an umbrella *in case* it rains.
(2) Give my child this toy *in case* he cries.

(1)は「雨が降ったらいけないので傘を持っていこう」という「事前の対策」の意味を表しているので問題はない。

これに対して、(2)は通例、「泣かないように子どもにおもちゃを与えてくれ」(= Give my child this toy to prevent him from crying.) という「阻止」の意味に解釈される。

この2つの意味は、子どもにおもちゃを与えると泣くのを「阻止」できるのに対して、傘を持っていっても雨降りは「阻止」できず、傘の携帯は雨降りに対する「事前の対策」であるという点で異なる。

ただし、ネイティブ・スピーカーの中には in case を「阻止」の意味で使うことを認めない人がいる。そういう人は(2)は(3)のようにすべきであると主張する。

(3) You should keep this toy nearby *in case* my child cries.

子どもが泣いたらいけないので、おもちゃをそばに置いておいたほうがいい。

ここから、in case は "X in case Y." の形式で、以下の(4)のような「事前の対策」の意味で用いられるのが普通で、(5)のような「阻止」の意味で用いられると容認度が落ちると言える。

(4) Have something indicated in X available, so you can use it if Y occurs.

Xで示されている物をYのことが起こったら使えるように用意しておきなさい。

(5) Use something indicated in X, and this will prevent Y from happening.

Xで示されている物を使いなさい。そうすればYが起こるのを防げる。

【関連情報】

可能性が低い場合は in case の前に just が付けられる。

また in case of は in case より意味が広く、if there is... の意味で用いられる。[Murphy (2004)]

(6) I don't think it will rain, but I'll take an umbrella *just in case* it rains.
雨は降らないと思うけど念のため傘を持っていこう。

(7) *In case of* emergency, call this number.
緊急の場合はこの番号に電話しなさい。

in fact

in fact には、①それまでに述べられていることに、(相手が驚くような)情報を追加して、「もっとはっきり言えば」「それどころか」という意味を表す用法と②それまでに述べられていることに矛盾するコメントを付け加えて、「ところが、実際は」という意味を表す用法がある。

後者では、but in fact の形式をとることも多い。

(1) The Woods were not nice people to work for. *In fact*, they were terrible.
ウッズ家の人たちは心地よく働けるような人ではなかった。むしろ、ひどい人たちだった。

(2) "You don't have to leave. *In fact*, it would be a good idea for you to stay."
「出て行く必要はない。むしろ、いたほうがいい」

(3) It felt like months ago, *but in fact* it had been Monday night; only seventy-two hours ago.
それは何ヶ月も前のことのように思われたが、実際は月曜の夜のことだった。ほんの72時間前のことだ。

(4) He was apparently listening *but in fact* heard nothing.
彼は話を聞いているようであったが、実は何も彼の耳には入っていなかった。

②の用法の場合、but in fact の but を省略するためには、2つの文に分けて fact に強勢を置く必要がある。

(5) I thought she was a nurse, *but in fact* she was a doctor.
(6) I thought she was a nurse. *In fact*, she was a doctor.
　彼女のことを看護師だと思ったが、実は医者だった。

【関連情報】

②の (but) in fact とほぼ同じ意味を表す表現に after all があるが、前者は事実を中立的に述べるのに対して後者は「残念」とか「仕方がない」などの感情的な意味を帯びることが多い。

(7) We thought we might go to New York for Christmas, but *in fact* we stayed at home.
　クリスマスにニューヨークに行くかもしれないと思っていたが、実際は家にいた。
(8) We thought we might go to New York for Christmas, but we stayed at home *after all*.
　クリスマスにニューヨークに行くかもしれないと思っていたが、残念なことに結局は家にいた。

(in/on) bed と (in/on) the bed

この項では、(1)と(2)のような表現を取り上げ、bed の冠詞の有無による意味の違いを考えてみよう。

(1) a. lie in bed/*sit in bed
　b. *lie on bed/*sit on bed
(2) a. lie in the bed/*sit in the bed
　b. lie on the bed/sit on the bed

(1)と(2)の場合、冠詞選択の基準となるのは、人がベッドにいて「シーツや毛布に覆われている」かどうかである。
一般に、無冠詞 (bed) の場合は、人がベッドで「シーツや毛布に覆われている」状態を表し、本来の「睡眠をとる」という意味であるのに対して、the bed のように定冠詞が付くと、単に場所の意味に変化して、

in bed と in the bed

人がベッドで「シーツや毛布に覆われていない」、つまり、「睡眠以外の目的」(シーツや毛布の上に横になったり、いすの代わりに座ったりすること)でベッドが使われていることが表される。

まず、lie の場合、(1a) の lie in bed は正しい表現で、主語の人間がベッドでシーツや毛布に覆われていることが示される。

(3) Mike was *lying in bed* with the sheet pulled down around his waist.
マイクは腰のあたりまでシーツを下げてベッドに横になっていた。

(1b) の *lie on bed は容認不可能で、(2b) の lie on the bed のように the を付けて言わなければならない。この場合は、シーツや毛布が人を覆っていないという意味になる。

(4) He *lay on the bed* and stared at the dirty ceiling.
彼はベッドに横たわり汚い天井をじっと見ていた。

(2a) の lie in the bed は例外で、ネイティブ・スピーカーによると、すでに言及された特定の bed を指し、Bill *lay in the bed* under the sheets. のように言うことができるという。

ただ、この lie in the bed の使用頻度は極めて低く、Kashino Database の検索では3例しかヒットしなかった。

次に sit の場合であるが、(1a) の *sit in bed は容認不可能で、up を加えて sit up in bed と言わないといけない。これは、下半身をシーツや毛布で覆って上体を起こしている状態をいう。

(5) Henry left the room and Meg *sat up in bed*, the sheet that had been covering her falling to her waist.
ヘンリーが部屋を去るとメグはベッドに身を起こした。すると彼女の体全体を覆っていたシーツが腰のところまで落ちてきた。

(2a) の *sit in the bed も認められず、同じように up を加えて sit up in the bed と言う必要がある。ここでは、主語の人にはシーツや毛布が掛かっていないことが表される。

(6) The sick man *sat up in the bed*, a cry of pain escaping his lips.
その病人がベッドに身を起こすと苦痛の声が彼の口からもれてきた。

最後に (1b) の *sit on bed であるが、これも容認されず、the を付けて (2b) の sit on the bed のように変えなければならない。これは床に

足を付けてベッドに座っている状態をいう。

(7) "Your parents are great," Carol said, *sitting on the bed*.
「あなたの両親ってすてきね」とキャロルはベッドに腰をかけながら言った。

以上から、(1b) の *on bed とは言えないことが判明したが、これには以下の理由が考えられる。

[Ⅰ] 人がベッドでシーツや毛布の上にいる場合には bed は場所と考えられ、冠詞付きの on the bed が使われるため on bed とは言えない。

[Ⅱ] bed は本来、睡眠をとるためのもので、睡眠をとるためには通例、人はベッドのシーツや毛布の「中」に入っていなければならず、そのため無冠詞の in bed が用いられ、on bed とは言えない。

in surprise と in/to one's surprise

驚き、絶望などの感情を表す名詞が前置詞をとるとき、「in + 感情名詞」「in + one's + 感情名詞」「to + one's + 感情名詞」の3つのタイプが認められる。

ここでは、surprise を例にとり、in surprise、in one's surprise、to one's surprise という3つの表現を比較してみよう。

あるネイティブ・スピーカーによると、in surprise は「(ある人が) …したとき、驚きの表情を示した」ことを、in one's surprise は「(ある人が) 驚いた結果…した」ことを、to one's surprise は「ある事実が驚くべきものだった」ことを表すという。

この情報に基づいて、(1)—(3)の例をその違いが分かるように書き換えてみると次のようになる。

(1) Emily looked at him *in surprise*.
エミリーは驚いて彼を見た。

[= Emily expressed surprise as she looked at him.]

(2) She jerked the steering wheel *in her surprise*.
彼女は驚きのあまり車のハンドルをぐいと動かした。

[= She jerked the steering wheel as a result of her surprise.]

(3) Much *to my surprise* he spoke English very well.
彼がたいへん上手な英語を話したので、私は大いに驚いた。
[= His ability to speak English very well was surprising to me.]

なお、Kashino Database の検索では、in surprise が157例、in one's surprise が4例、to one's surprise が117例ヒットした。in one's surprise の頻度の低さが目立つ。

【関連情報】

「in＋感情名詞」と「to＋one's＋感情名詞」のタイプで surprise 以外の感情名詞が用いられた例を以下に挙げておく。

(4) He sighed *in relief*.
彼はほっと安堵のため息をついた。

(5) *To Tim's relief*, the man was at home.
ティムはその男が家にいたので、安心した。

(6) Peter shook his head slowly *in disappointment*.
ピーターは失望して首をゆっくり横に振った。

(7) *To Bob's disappointment*, there were only a few typewritten lines on the sheet.
用紙にはほんの数行しかタイプされていなかったので、ボブはがっかりした。

in the suburbs of...

「…の郊外で」という場合、in the suburbs of... が一般的であるが、in a suburb of... という言い方も可能である。
前者はある都市の周りのすべての郊外を指すのに対して、後者ではただ1つの不特定の郊外を指す。

(1) He lived in a small house *in the suburbs of* Baltimore.
彼はボルティモアの郊外の小さな家に住んでいた。

(2) Carl bought a new home *in a suburb of* Kansas City.
カールはカンザスシティの郊外に新しい家を買った。

Kashino Database の検索では、in the suburbs of... が10例、in a

suburb of... が4例ヒットした。やはり前者のほうが一般的のようである。

ちなみに、*in the suburb of... や *in suburb of... という表現はない。

【関連情報】

suburb のシノニムには（常に複数形で）outskirts がある。

suburb は、その語源（ラテン語の under を意味する *sub* と city を意味する *urbs* の合成語）から分かるように、「大都市の近くにはあるが、その中心地からはずれている地域か町で、特に中流クラスの人たちの家が多くある所」つまり「郊外」のことをいうが、outskirts は「郊外のはずれ」を指し、空き地もあり、あまり人の住んでいない所をいう。
[Macmillan English Dictionary]

(3) Mia's house was located in a wooded, hilly area on the *outskirts* of downtown.

ミアの家はダウンタウンのはずれの樹木に覆われた丘の多い所にあった。

なお、suburb では前置詞は in をとるが、outskirts では on をとることにも注意したい。

into

これは「be + into + 名詞」の形式で用いられ、「…に興味がある」「…に熱中している」という意味を表すくだけた言い方である。

この into は最近、使われるようになった表現で、Oxford English Dictionary（第2版）によると1969年の初出となっている。実際、ネイティブ・スピーカーも1960年代から使われだしたと言っている。

この into は最近よく使われる「はまる」という日本語にぴったりの表現である。

(1) What are you *into*? Baseball, football or basketball?

最近、何か夢中になっているものがある？野球とかフットボールとかバスケットボールとか。

(2) A: "How long have you been *into* wine?"

B: "I started to get serious about five years ago."
A:「ワインに凝るようになってどれくらいになるの?」B:「5年くらい前から夢中になりだしたわ」

into の前には次のように very, really, completely, heavily などの修飾語が付くこともある。

(3) "I'm *totally into* Tom," Jenny sighed. "I wish he wasn't married."
「トムに夢中なの」とジェニーはため息混じりに言った。「彼が独身だったらいいのに」

(4) Anyway, Iris and I went to the cinema that evening, and it was maybe the third time we'd been out, and I was *really, really into* her.
とにかく、アイリスと俺はその晩、映画を見に行った。それがたぶん、3回目のデートだったと思う。俺はもう彼女にメロメロになっていた。

【関連情報】

into と同じような意味は be crazy about でも表すことができる。

(5) I'm just not that crazy about boats.
そんなにボートに夢中になっているわけじゃない。

It-for-to 構文

It-for-to 構文で用いられる形容詞は for 句が形容詞と結びつくか、to 不定詞と結びつくか、に応じて次の3種類のものに分類される。
前者では for 句は「…にとって」というように形容詞の適応範囲を示し、後者では for 句は「…が」というように to 不定詞の意味上の主語となる。

[Ⅰ] for 句が to 不定詞と結びつく形容詞

It would be wise/*for you to* get some sleep.
君は睡眠をとったほうがいいだろう。

[Ⅱ] for 句が文脈によって形容詞とも to 不定詞とも結びつく形容詞

It is good *for her/to* take up some sport.
運動を始めるのは彼女にとっていいことだ。

It is good/*for her to* take up some sport.

It-for-to 構文

彼女が運動を始めるのはいいことだ。

［Ⅲ］for 句が形容詞と結びつく形容詞（難易を表すもの）

It was difficult *for her*/to concentrate on her work.

仕事に集中するのは彼女には難しかった。

このうち、to 不定詞と結びつく形容詞は It-that 構文をとることができる。

(1) *It* was wise *that* she refused his offer.

彼女が彼の申し出を断ったのは賢明だった。

(2) *It* is good *that* there was no apparent damage to the bone.

骨に異常がないようでよかった。

(3) *It is difficult *that* I should solve the problem.

このように［Ⅲ］のタイプの形容詞の for 句は to 不定詞と結びつかないし、It-that 構文をとることもできないが、これは、ある行為が easy や difficult であることはあっても、ある事実が easy や difficult であることはないからである。

例えば上の例では、難しいのは「仕事に集中すること」であって「彼女が仕事に集中すること」ではないことに注意したい。

以下に［Ⅰ］―［Ⅲ］のそれぞれのタイプで用いられるおもな形容詞を挙げておく。

［Ⅰ］のタイプの形容詞：foolish, strange, wicked, wise, wrong, etc.

［Ⅱ］のタイプの形容詞：convenient, disappointing, good, imperative, important, impossible, necessary, surprising, urgent, etc.

［Ⅲ］のタイプの形容詞：difficult, easy, hard, simple, tough, etc.

【関連情報】

easy, difficult などの形容詞は、上で述べた「難易」の意味以外に、「楽だ」「つらい」という感情の意味、さらに「（出来事が）起こりそうだ」「（出来事が）起こりそうにない」という可能性の意味を表すことがある。

「楽だ」「つらい」という感情の意味では［Ⅱ］のタイプに再分類され、「（出来事が）起こりそうだ」「（出来事が）起こりそうにない」という意味では［Ⅰ］のタイプに再分類される。

[II] のタイプに分類される場合は、for 句は形容詞、to 不定詞どちらとも結びつく。

(4) *It* would be tough *for Larry/to* accept this view.

この考えを受け入れるのはラリーにはつらいだろう。

[「この考えを受け入れるのはラリーには難しいだろう」という解釈も可能]

(5) *It* would be tough/*for Larry to* accept this view.

ラリーがこの考えを受け入れるのは（誰か他の人にとって）つらいだろう。

[I] のタイプに分類される場合は、for 句は to 不定詞としか結びつかない。ただし、It-that 構文で用いられることはない。

(6) *It* would be difficult/*for anything like this to* happen again.

このようなことがまた起きるとは考えられないだろう。

[for の後に人以外のものがきているので for 句は必ず to 不定詞と結合する]

It-for-to 構文について、さらに詳しくは柏野（1993）を参照。

It is said that.../He is said to...

1998 年に刊行された学習参考書に以下の例が挙がっている。

(1) *It was said that* he was innocent.

(2) He *was said to* be innocent.

(1)や(2)に見られる say の受動態は、客観性が信条の新聞や放送の分野では盛んに使われるが、日常の英語ではともに堅苦しく文語的で、それほど頻度は高くない。

Kashino Database で It be said that... と入力して検索しても 7 例しかヒットせず、be said to と入力して検索しても 21 例しかヒットしなかった。

(3) *It was said that* the martinis made in the bar were the best in the world.

そのバーのマティーニは世界一だと言われていた。

(4) You're defending a man who *is said to* have killed his wife.
あなたは妻を殺したと言われている男を弁護していますね。

このようなことから、新聞や放送を除くと、日常の口語英語では上記の表現ではなく I've heard... や They say... を使うほうが普通であると言える。

(5) *I've heard* CIA has spies everywhere.
CIA のスパイはどこにでもいるらしいよ。

(6) *They say* the man can fell an oak tree with one swing of the axe.
その男は斧を一振りするだけでオークの木を倒せるらしい。

It is time...

鷹家&林（2004）は、It is time... の後にくる動詞の形に関して、次の2文を用いて103人に及ぶインフォーマント調査を行なっている。

(1) *It is time* (that) he [was/were/is/should be/be] in bed now.
(2) *It is time* (that) he [went/goes/should go/go] to bed now.

(1)では was を選んだ人が最も多く、続いて should be となっていて、他を選択した人はそれぞれ全体の 40％ 以下である。

ここでは、were よりも was を選んだ人が多いという事実に注目したい。これは Huddleston and Pullum（2002）が(3)の例を挙げ、were に？印を付けていることや、(4)の例でも were ではなく、was が用いられていることからその正当性が裏付けられる。

(3) *It is time* he was/?were in bed.
(4) "*It's time* I was going." she said.
「そろそろ失礼します」と彼女は言った。

また、(1)では should be が比較的多く選ばれているが、これは He should be in bed now, but he isn't. を意味するものである。

ただし、It is time... should ～. の形式の実際の頻度は低く、Kashino Database の検索では 1 例もヒットしなかった。

It is time... should ～. と同じ意味を表したい場合は、*It is time* (for A) to do の形式を用いることが多い。

(5) She looked at her watch. He will be coming home soon. *It's time* to start getting dinner ready.

彼女は時計を見て思った。彼がもうすぐ家に帰ってくるわ。夕食の準備をする時間ね。

> 次に、(2)では went を使うという人が群を抜いて多く、他はそれぞれ 40％台であった。
> この過去形は「もっと早くすべきであった」(overdue) ことを意味し、次の例では、We should have already talked seriously, but we haven't. という意味を伝えている。

(6) Harry, *it's time* we talked seriously.

ハリー、そろそろきちんと話をしてもいい頃だな。

> この It is time... の time の前に about や high を付けることもあるが、Kashino Database の検索では about のほうが圧倒的に頻度が高い。

(7) *It's about time* we got to know each other better.

もっとよくお互いを知り合ってもいい頃じゃないのかな。

> ちなみに、It is time の後に接続詞の that が用いられた次のような例もときに見られるが、極めて稀である。

(8) In fact, I think *it's time that* you took over.

実際、そろそろ君が引き継いだらと思うよ。

【関連情報】

> Leech (2004) は It is time... の後に過去形が用いられているときでも実際にその行為が行われている場合があるとして次の例を挙げている。

(9) A: "Tiny's cooking the breakfast this morning."
B: "Oh good—*It's about time* he helped out with the cooking."

A: 今朝はおちびさんが朝食を作っているのよ。B: そうか。いいことだ。料理の手伝いをしてもいい頃だからな。

> これについて、あるアメリカ人は、もし自分の息子が髪の毛を切って家に帰ってきたら (10) のように言うだろうと述べている。

(10) *It's about time* you got your hair cut!

> 別のネイティブ・スピーカーは、このような場合には time に非常に強い強勢を置くとコメントしている。

it と that の選択

この項では、(1)のような例に見られる it と that の選択に関する問題を取り上げる。

(1) A: "Mr. Harrison, congratulations! You got promoted!"
B: "Oh, really? I'm very pleased to hear *it/that*."
A:「ハリソンさん、おめでとう。昇進しましたよ」B:「えっ、本当ですか。嬉しいです」

この両者のうち、どちらを選ぶかについてはネイティブ・スピーカーの間でも意見が分かれ、交換可能とする人もいれば、違いを認める人もいる。本項では、違いを認める立場に立って解説を行う。

あるアメリカ人によると、that では話し手が関与し、安堵、満足、関心などの感情がこもるのに対して、it ではそのような感情は入らず、中立的な態度か、無関心さを表すという。

次の(2)と(3)では同じように禁煙のことが語られているが、(2)では第三者である「いとこ」が、(3)では話し手A自身がそれぞれ話題になっている。そして、それに対する話し手Bの関心の度合いが it と that の違いとなって示されている。

(2) A: "My cousin finally gave up smoking."
B: "I'm glad to hear *it*."
A:「いとこがとうとうタバコをやめたよ」B:「それはよかったね」

(3) A: "You know how long I've been trying to give up smoking. I've finally succeeded."
B: "I'm very glad to hear *that*."
A:「長い間、タバコをやめようと苦労したが、とうとう禁煙に成功したよ」B:「それはよかったじゃないか」

同じアメリカ人は、感情が入っているかどうかを相手に悟られたくない場合は、it も that も使わないで次のように言えばいいとコメントしている。

(4) A: "Mr. Harrison, congratulations! You got promoted!"
B: "Thank you! I'm very grateful."

A:「ハリソンさん、おめでとう。昇進しましたよ」B:「有難うございます。感謝します」

同じように、以下の各例においても、that では話し手の関心が表され、it では話し手の中立的な態度か無関心さが表されている。

(5) a. I'll have to think about *that*.

そのことは考えないといけない。

b. I'll think about *it*.

考えておくよ。

(6) a. A: "There's no one there. The hall is empty."

B: "I can't believe *that*." [= You must have made a mistake.]

A:「誰もいない。ホールは空だ」B:「何かの間違いだろう」

b. A: "There's no one there. The hall is empty."

B: "I can't believe *it*." [= I am astonished.]

A:「誰もいない。ホールは空だ」B:「驚いたな」

(7) a. A: "There's no one there. The hall is empty."

B: "Don't worry about *that*."/"*That* doesn't matter." [= There's sure to be lots of people there for this evening's performance.]

A:「誰もいない。ホールは空だ」B:「大丈夫だよ。夜の公演にはきっと人がたくさん、入るよ」

b. A: "There's no one there. The hall is empty."

B: "Don't worry about *it*."/"*It* doesn't matter." [=Let's forget about it.]

A:「誰もいない。ホールは空だ」B:「まあいいさ」

以上のような差異が認められるのは、that が指示代名詞であるのに対して it は人称代名詞（中性）であることに起因する。

特定の場面において明確な指示作用のある that は、it とは異なり強勢を置くことができるが、これが that に感情的な意味が認められることの1つの要因となっている。

一方、it には漠然とした指示作用しか認められない。ここから it はどのような場面でも使えるチャンクの一部として用いられることが多くなる。以下に例を挙げるが、これらの it はときに「状況の it」と呼ばれ

(8) I mean *it*./Forget *it*./*It* doesn't matter./Don't worry about *it*./I appreciate *it*./Take *it* easy. など。

> ある特定の場面で、it を含んだチャンクを使うよりも、その場面で明確にあるものを指し、(強勢の置かれた) that を使うほうが話し手の感情が表出しやすいことになる。
> 指示形容詞としての that も感情を表すが、この場合には不快感を表すことが多い。[Quirk et al. (1985)]

(9) "When she came to me she was full of drugs." "He gave them to her! *That* degenerate, miserable man."
「彼女が私のところに来たときには、薬物を大量に飲んでいました」
「あいつだ。あのぐうたらな破廉恥な男の仕業だ」

複数形の those も同様に用いられ、よく one of those の形式をとる。

(10) I don't want to be *one of those* sad women who are desperate to find a husband.
夫を見つけるために、躍起になるような惨めな女にはなりたくない。

逆に、興味を示したり容認する場合には this や these が用いられる。[Swan (2005)]

(11) Now tell me about *this* new boyfriend of yours.
今度のあなたの彼氏の話をしてよ。

> これは、this や these は物理的に近い物を指し、that や those は物理的に遠い物を指すことと関連する。近い物に心理的に親近感を、遠い物に心理的にときに不快感を覚えるのは当然であろう。
> この点において日本語の「あいつがいるからこいつが苦労するんだ」という表現にも類似点を見出せる。

It-of-to 構文

一般に、It-of-to 構文は、不定詞に示された行為に基づいて、その行為を行う「人」に対する話し手の評価を表す。一方、It-for-to 構文は、その人の「行為」に対する話し手の評価を表す。

Kashino Database の調査では、It-of-to 構文で用いられる形容詞には、高頻度順に kind, nice, good などがあり、It-for-to 構文で用いられる形容詞には hard, possible, important, impossible, difficult などがある。

(1) I feel tired. *It*'s hard *for* me *to* think.
疲れていて、物が考えられない。

(2) Perhaps *it* is possible *for* a woman *to* give birth at fifty.
女性は50歳でも子どもを産むことは可能でしょう。

(3) *It* is kind *of* you *to* come all the way to see me.
遠いところを会いにきて頂いて有難うございます。

(4) *It*'s nice *of* you *to* call.
電話どうも有難う。

wise, foolish などの形容詞は、基本的に「人」に対する評価を表すものであるから、It-of-to 構文で使われるのが普通である。しかし、鷹家 & 林（2004）のインフォーマント調査では、半数以上の人が It-for-to 構文での使用を認めている。

(5) *It* may be wise *for* you *to* go back home and have a good rest.
家に帰って、十分休養をとるのがいいでしょう。

(6) *It* is foolish *for* us *to* think that we can master English.
私たちが英語をマスターできると考えるのは馬鹿げている。

It-for-to 構文については、当該の項を参照。

「It... since ～」の構文

「～してから…になる」という意味を表す場合、次の4通りの言い方が可能である。

(1) *It* is a long time *since* I saw you.
(2) *It* is a long time *since* I have seen you.
(3) *It* has been a long time *since* I saw you.
(4) *It* has been a long time *since* I have seen you.

これらの文にはすべて「長い間、会っていない」（=I have not seen you for a long time.）という否定の含意がある。

It... since ~ 構文

これは以下の anything という非断定語を伴った例を見れば一層、明らかとなる。(5)—(8)の文にはすべて「10時間も何も食べていない」という否定の含意があり、ここでは不平の気持ちが表されている。

(5) *It* is ten hours *since* I ate anything.

(6) *It* is ten hours *since* I have eaten anything.

(7) *It* has been ten hours *since* I ate anything.

(8) *It* has been ten hours *since* I have eaten anything.

例文の(1)—(4)に戻って説明を加えると、(1)は客観的に事実を述べたもので、手紙の文章などによく見られる。

(2)は since 節に現在完了形を使うことによって、現在との関連性が強調されているもので、話し手と聞き手が顔を合わせての発言と考えられる。

(3)は主節に現在完了形を用いて、時間の長さに重点を置いた言い方である。

(4)は時間の長さに重点が置かれ、また現在との関連性が強調されていて、(2)と同じように話し手と聞き手が顔を合わせての発言と考えられる。

(1)は学校文法でよく教えられている形式であるが、ネイティブ・スピーカーによってはこの文に古さを感じる人もいる。

(1)—(4)の中で最もよく用いられるのは主節、since 節ともに現在完了形が用いられた(4)の形式である。

【関連情報】

「It... since ~」の構文は否定の含意（…の間~していない）を表すため、一般に since 節には繰り返し可能な行為を表す動詞しか使えないと言われる。

(9) *It's* been a while *since* I've posted on the web. I have been busy.
しばらくウェブ上に書き込みをしていない。忙しかったもので。

しかし、実際には次に見られるように、一回限りの行為を表す動詞も用いられる。この場合には否定の含意は認められない。

(10) *It* has been a week *since* he was killed.
彼が死んでから1週間が過ぎた。

(11) *It* has been two weeks *since* he split up with her.
彼が彼女と別れてから2週間になる。

It's been a long time.

これは長い間会わなかったり、連絡をとらなかったりした人に対して用いられるくだけた表現で、「久しぶりですね」の意味を表す。It's been a long time (since we've seen each other). などの省略形であるが、省略した形で用いられるほうが多い。

言われたほうは、次のように Too long. などと答えて同意するのが普通である。

(1) "So good to see you again," she said. "*It's been a long time.*" "Too long," he agreed.
「またお会いできてうれしいです」と彼女は言った。「お久しぶりです」「本当だね」と彼は同意した。

(2) "Morning, Bob." "This is a pleasant surprise," Bob said. "*It's been a long time*, Abe." "Much too long."
「おはよう、ボブ」「(電話をくれるなんて) 思い掛けないことでうれしいね。久しぶりだな、エイブ」とボブは言った。「本当だな」

なお、イギリスでは It's been a long time. はあまり普通ではなく、代わりに Long time no see. が用いられる。これは外国人の英語をまねた非文法的な言い方であるが、冗談まじりに使われているうちに一般化したものである。

Long time no see. は標準的な言い方に変化をつけ、会話をくだけた感じにするために用いられるものであるが、ネイティブ・スピーカーによっては、差別的に聞こえるため次第に使われなくなってきているという人もいる。

(3) A: "Hey, Mike. *Long time no see.*"
B: "Ned."
A: "When's your novel coming out? We all want to read it."
B: "Pretty soon."

A:「やあ、マイク、久しぶりだな」B:「ああ、ネッドか」A:「君の小説はいつ出るんだい？みんな楽しみにしてるんだよ」B:「もうすぐだよ」

電話などでは、Long time no see. の代わりにふざけて Long time no speak. と言うこともある。

(4) Hi, Ralph. *Long time no speak*. How was your New Year?
もしもし、ラルフ。話をするのは久しぶりだな。新年はどうだった？

Just because... doesn't mean ~

この構文は「…だからと言って～ということにはならない」(Just because X is true, it doesn't follow that Y must also be true.) という意味で用いられるが、Just because という副詞節が主語になっているという点で文法的には破格の構文である。

次のように、mean の主語を明示するのが本来の形である。

(1) *Just because* my movements were being tracked, *that didn't mean* the U. S. government suspected me of treason.
私の動きが見張られているからと言って、必ずしもアメリカ政府が私に謀反の容疑をかけているとは限らない。

ただし、破格構文とはいえ、くだけた口語では盛んに使われる。

(2) *Just because* I was sleeping with him *doesn't mean* I trusted him.
彼と深い関係にあったからと言って、彼を信用していたわけではないのよ。

(3) *Just because* we've never seen a hundred-foot tuna *doesn't mean* they couldn't exist.
100フィートのマグロを目撃したことがないからと言って、それが存在していないことにはならない。

(4) I want my share. *Just because* you have it *doesn't mean* it's yours. Part of it's mine.
（2人で盗んだ金の）分け前が欲しい。お前が金を持っているからと言って、お前のものってわけじゃないぞ。俺の分も入ってるんだ。

like (it) that... と hate (it) that...

like と hate は、くだけた口語では like it that...、hate it that... の構文をとるが、これらは比較的最近の言い方である。

(1) Logan *liked it that* the boy had said "please."
ローガンはその子が「プリーズ」と言ったのが嬉しかった。

(2) He *hates it that* Glen actually does what the company hired him to do.
彼はグレンが、会社の言う通りに働いていることが気に入らないんだ。

この it が何を表すかについては、ネイティブ・スピーカーの間でも意見が分かれる。多くの人は次の(3)や(4)が可能なことから the fact を指すと考える。(中には I like it here. や He hates it when it's hot. と同じようにイディオムと見なす人もいる)

(3) Fred *liked the fact that* she was interested in medicine.
フレッドは彼女が医学に興味をもっているのが嬉しかった。

(4) She *hated the fact that* she had to go back to school after the summer vacation.
夏休みが終わったら学校に戻らないといけないのが彼女はいやだった。

ただし、この like/hate the fact that... という表現は複数のネイティブ・スピーカーによると堅苦しく気取っているという。
it も the fact も伴わない like/hate that... の構文は、非難されることもあるが、現在では比較的よく用いられる。小説だけでなく、ニュースや新聞の英語にも散見される。

(5) I *like that* you're older than I am. You make more sense than I do.
あなたのほうが私より年上というのがいいわ。私より分別があるもの。

(6) She *hated that* Bill smoked cigars in bed.
彼女はビルがベッドで葉巻を吸うのがいやだった。

あるイギリス人は、like/hate (it) that... は自分にはアメリカ英語のように聞こえ、イギリスでは年配の人よりも若者がよく使うとコメントしている。

like と way

この項では、若者の言葉の代表として like と way を取り上げる。

like は次にくる言葉を少し強調したり、well や you know と同じように、考える時間を稼ぐために意味なく用いられたりする。

(1) Chicago's *like* so hot and muggy.
シカゴってすっごく蒸し暑いわ。

(2) "I will definitely walk my dog *like* twice a day," Jim said. "Don't say 'like'," his mother said.
「そう、1日に2回は絶対、犬を散歩に連れて行く」とジムが言うと、母親が「like って言うのをやめなさい」とたしなめた。

この用法の like は 1940 年くらいから使われ始め、1970 年までに若者の言葉として定着した。現在ではくだけた口語的な言い方となっているが、今でも若者がよく使う。

文中の位置は自由で、「シアトルはよく雨が降る」は、like を用いて Seattle is *like* really rainy./*Like*, Seattle is really rainy./Seattle is really, *like*, rainy. などと言うことができる。

次に、way であるが、これは本来、much の意味を表すくだけた言い方であった。しかし、最近では堅苦しい表現でも用いられるようになってきている。

次のように、「way too + 原級」や「way + 比較級」の形式で用いられることが多い。

(3) You're *way too* conservative for that woman.
あの女のことになるとお前は慎重すぎるぞ。

(4) "There are *way better* guys around here than Baltimore," Caroline said.
「この辺にはボルティモアよりずっとかっこいい男がいるわ」とキャロラインは言った。

このほか、way が very の意味で形容詞を修飾する用法もあるが、これは 1990 年頃から発達したものでスラングに近い若者の言葉である。

(5) I've already been there twice and it's *way* boring.

そこにはもう2回行ったけど、めちゃ退屈。

make sure/see (to it) that...

make sure that... や see (to it) that... が「…するようにする」という意味を表す場合、後続の節には、たとえ未来のことが述べられていても will ではなく、(1)や(2)のように現在形を用いるというのが通説である。

(1) I will *see that* your rights are protected.
あなたの権利が守られるようにいたします。

(2) I'll come here at eleven tonight. *Make sure* you're here.
今夜、11時にここに来るので、いるようにしなさい。

しかし、ときには(3)や(4)のように will も使われることがある。

(3) Everyone wants to *make sure* their packages *will* arrive before Christmas.
誰でも荷物はクリスマス前に確実に着くようにしたいものです。

(4) Tom can attest to her involvement, and I will *see to it that* he *will*.
トムは彼女がこれに係っていることを証言できます。だから私は彼が証言するように取り計らいます。

ところが、Kashino Database を用いて調べた限りでは、make sure that... や see (to it) that... に続く節の中に will が用いられた例はほとんど見られなかった。やはり、まだ文法的に正しい言い方のほうが多く用いられているということであろう。

なお、see to it that... は堅苦しい書き言葉で、話し言葉では make sure that... が用いられる。

【関連情報】

本項と同じ現象は take care や be careful に続く節の中にも見られる。

(5) *Take care* that the meat is cooked well.
肉には十分、火を通すようにしなさい。

(6) *Be careful* you don't lose the key.
鍵をなくさないように気をつけなさい。

may well

may well の訳語としてよく知られているのは、(1)のような「…するのももっともだ」というものであろう。

(1) She *may well* be proud of her son.
彼女が息子を自慢するのももっともだ。
[= I'm not surprised, because she is rightly proud of her son.]

確かに、この意味でもときに使われるが、may well は (2) や (3) のような「たぶん…だろう」(will probably) という意味で用いられることのほうが遥かに多い。

(2) What you say *may well* be right.
あなたの言っていることはきっと正しいのだろう。

(3) By this time next year we *may well* have our second baby.
来年の今頃までにはきっと第2子が生まれていることだろう。

(1)の may well の may は根源的な意味（…してもよい）を表し、may well の「…するのももっともだ」という意味は「…と言ってもよい、それだけの理由がある (have every right to)」という過程を経て生まれたものである。

一方、(2) や (3) の may well の may は認識的な意味（…かもしれない）を表し、「たぶん…だろう」という意味は「十分…する可能性がある」ということから生じている。したがって、may well は may 単独よりも可能性の度合いは高いことになる。

maybe

ある人に何かをするつもりかどうか尋ねて、その人が maybe と答えた場合、それは丁寧に No を意味していることが多い。

例えば、Are you going to go? に対する返事としての *Maybe* I'll go. は、行く確率は10%くらいで、「たぶん、行かない」ことを意味する。

(1) "I think you should wait for a few days until you report this. That's my advice." "*Maybe* I should." Then again, maybe he would not.

「この件を報告するのは、2, 3日待ったほうがいい。これは私からの忠告だ」「分かりました。そうすればいいのですね。」口ではそう言っているが、待つかどうか怪しいものだ、と彼は思った。

これに対して、probably を用いて、I will *probably* go. と言うと、行く確率は70％くらいで、「たぶん、行きます」という意味になる。ただ、この場合も「行ってもいい」くらいの意味で、必ずしも「積極的に行きたい」ということではない。[以上、ギルバート（1990）]

maybe の持つこの否定的な意味合いは、質問に maybe 単独で返答するときにも現れる。この場合、上昇調のイントネーションで発音すると話し手は質問には答えたくないという気持ちを表している。

(2) A: "Are you going to the dance tonight?"
B: "*Maybe*." (↗)
A:「今夜、ダンスパーティに行くのか？」B:「まあね」

【関連情報】

maybe のほか、sort of も同じように相手の質問をかわす働きをする。

(3) His hand was trembling and the paper shook. "Are you afraid, Barry?" "*Sort of.*" "Try to relax, okay." "Okay, I'll try."
彼の手は震え、（持っている）新聞は揺れていた。「バリー、怖いのか」「まあね」「落ち着け、分かった？」「分かったよ。そうする」

might as well

might as well はよく had better と同じ意味だと言われるが、そうではない。

might as well は no difference（違いがない）という中核的な意味を持ち、通例は、「他のことをする理由がないから、あることをしたほうがいい」という意味を表す。

例えば、次の(1)では「家に帰ることにでもするか」という意味で、ここでは to stay here という行為と to go home という行為が no difference であることが示されている。

(1) I suppose we *might as well* go home.

might as well

次も同様に考えられ、(2)はエレベーターを待っている人の言葉である。

(2) We *might as well* go up the stairs.

（行くのは 3 階だし、待つのは時間の無駄だから）階段を使って上がっても同じだろう。

[to wait for the elevator と to go up the stairs が no difference であると考えられている]

これは、根源的（義務的）な意味が表された例であるが、might as well は次の(3)に見るように認識的な意味を発達させている。

(3)では、ある事柄（寒さ）の程度が高いので、その尺度の上限のもの（冬）を引用して、それと変わらない（no difference）と述べ、意味を強めている。言い換えると、It being so cold という事柄と It being winter という事柄が no difference であると言っているのである。

訳語としては、「…と同然」「まるで…のようである」という日本語が適切である。

(3) When we went to the seaside on our summer holidays, it was so cold it *might as well* have been winter.

夏休みに海岸に行ったら寒くてまるで冬のようだった。

以下に類例を挙げるが、(4)はあまり男性と付き合ったことのないイザベルについて、彼女の友達が言った言葉である。

(4) Isabel *might as well* be wearing a sign that tells guys to keep their distance.

イザベルはまるで男が近づかないようにと書いてある札をぶら下げているようね。

この「…と同然」「まるで…のようである」の意味は might だけでも表すことができるが、一般に might as well は望ましくない意味で用いられるのに対して might は望ましい意味で用いられる。

次の 2 例を比較されたい。

(5) Erica *might as well* have been 30 years old.

（エリカはまだ 16 歳なのに若さがなく）まるで 30 歳のようだった。

(6) Erica *might* have been 30 years old.

（エリカは 60 歳なのに元気で活動的で）まるで 30 歳のようだった。

more or less

more or less の訳語としてよく知られているのは、(1)のような「(人や状況により) 多かれ少なかれ」という意味であろう。

(1) We are all *more or less* affected by the people around us.
　私たちは周りの人間から多かれ少なかれ影響を受けている。

しかし、口語では (2)—(4) のように「だいたい」(approximately *or* almost) という意味で用いられることが多い。

(2) The church was *more or less* full.
　教会はほぼ一杯だった。

(3) "How long will it take us?" "Two hours, *more or less*."
　「どれくらい時間がかかる？」「だいたい2時間だな」

(4) We've *more or less* finished.
　だいたい、終了した。

また、次のように more or less だけで「まあまあ」の意味でも用いられる。

(5) "Hi, Roy. Are you enjoying yourself?" "*More or less*." "Good."
　「やあ、ロイ。楽しんでいるかい？」「まあな」「そいつはいい」

Mr, Mrs, Miss と Ms

上記の語を使うときに日本人がよく犯す間違いは first name に Mr. や Mrs.（ともにイギリスではピリオドを付けないほうが好まれる）を付けることである。昔であれば、召使いが主人に敬意を払って、Mr. David のように first name に敬称を付けたが、現代では不自然である。現代では、Mr. Smith/Mrs. Smith のように姓のみにか、あるいは次のように姓名をフルで言うときに Mr. や Mrs. を付ける。

(1) I have a *Mr. Ben Jones* to see you, sir.
　ベン・ジョーンズさんという方がお越しです。

知らない人あるいは年齢、立場が上の人に対してこれらの敬称が使われる。

したがって、先生に対しても Mr. X, Mrs. X, Miss X, Ms. X と呼びかけるのが普通である。

(2) *Miss King*, could you please explain the pluperfect again?
キング先生、過去完了をもう一度、説明してもらえませんか。

日本語の場合とは異なり、英語では自分のことを Mr. …/Mrs. …などと言うことができる。

(3) I'm *Mr. Leech* and this is *Mr. Palmer*.
私はリーチで、こちらはパーマーさんです。

日本人は女性のことを言う場合、Miss を使うか Mrs. を使うか迷うことがあるが、最近ではすべての女性に対して未婚、既婚の区別なく、Ms.（イギリスでは Ms）を付けるのが普通である。これは 1973 年に国連でも公式に採用された敬称で、広く行き渡っている。Kashino Database の検索では 869 件、ヒットした。

(4) Pleased to meet you, *Ms. Roberts*.
はじめまして、ロバーツさん。

Ms. のほかにも、どの女性に対しても Miss ...と言うことができる。[以上、Durham (1992 a)]

(5) He turned around and faced a small attractive blonde. "*Miss Ryan*?" "Yes. Won't you sit down?"
彼が振り向くと小柄な金髪美人がいた。「ライアンさん？」「ええ、座りませんか」

【関連情報】

Miss は呼びかけ語として単独で用いられるが、Mr., Mrs., Ms. は通例用いられない。

(6) She hailed a taxi in front of the hotel. "Where to, Miss?"
彼女はホテルの前でタクシーを拾った。「どちらまで？」

呼びかけ語について、さらに詳しくは当該の項を参照。

much/still more

2008 年発行のある高校の学習参考書は(1)の例を挙げているが、ある

ネイティブ・スピーカーは「現代英語では much/still more (meaning "and even more so") + noun は使わない」と指摘している。

(1) *He can speak French, *much* (or *still*) *more* English.
   彼はフランス語を話せる。英語はなおさらのことだ。

また別のネイティブ・スピーカーも、この場合には much/still more ではなくて、以下のように to say nothing of などを使うべきであるとコメントしている。

(2) *He can speak French, *much* (or *still*) *more* English.
   → He can speak French, *to say nothing of* English.
   → He can speak French, and English *even better*.

【関連情報】

ちなみに、前文が否定文の場合は、much/still less, let alone が用いられる。ともに頻度は低いが正しい英語である。

(3) I've never seen purple socks before, *much less* purple socks with a man's name written on it.
   これまでに紫色の靴下なんて見たことがない。まして男性の名前入りの紫の靴下なんてなおさらだ。

(4) I don't even watch TV, *let alone* appear on it.
   テレビは見たことすらないのに、まして出るなんてとんでもない。

must と have (got) to

must と have (got) to はそれぞれ「…しなければならない」という根源的な意味 (root sense) と「…にちがいない」という認識的な意味 (epistemic sense) を表すが、以下ではこの両者の意味上の違いについて述べる。

[I] 根源的用法

従来の考え方を一番、適切に表しているのは、Thomson and Martinet (1986) の次の言葉である。

(1) a. must は話し手によって課された義務を表す
   You *must* turn off your mobile.

(授業中は) 携帯電話を切りなさい。[先生から生徒に]

b. have to は外部から課された義務を表す

"You *have to* go," she whispered. "It's getting late."

「帰ったほうがいいわね」と彼女がささやいた。「もう遅いわ」[時間が遅いという状況から生じる義務]

ネイティブ・スピーカーによると、(1a) に have (got) to を使うと意味が弱くなるので、must のほうがよいということであり、逆に (1b) のような文脈では、must は使えないという。

これに加えて、他の人の発言内容に話し手が共鳴している場合にも must が使えることに注意したい。

例えば、次の (2a) では「話し手はジョンに賛同している」ことが表されるが、(2b) では単なる「報告」(reporting) を表していることになる。[Lakoff (1972)]

(2) a. John says you *must* apologize.

ジョンはあなたは謝るべきだと言っている(し、私もそう思う)。

b. John says you *have to* apologize.

ジョンはあなたは謝るべきだと言っている。

以上から、must は話し手が係っているという意味で主観性を表し、have (got) to は係っていないという意味で客観性を表すと言うことができる。

しかし、話し手が係っているにもかかわらず、have to が用いられた次のような例も見られる。

(3) I say my daughter *has to* be home by ten.

娘には 10 時までに家に帰って来なさいと言っている。

(4) I order it and you *have to* do it.

命令だ。それをしなさい。

これについては「控え目表現」(understatement) という観点から説明できる。

つまり、(3)と(4)ともに must という主観的で意味の強い表現形式が使える文脈であるが、事態をあまり深刻に見せないようにするために、話し手は語用論的に「控え目表現」として have (got) to という客観的で

意味の弱い表現形式を使っているのである。

ただし、以上、述べた意味上の違いにもかかわらず、アメリカ英語においては、くだけた口語では have to を使い、堅苦しい言い方では must を使う、というように文体の点でのみ区別し、意味上は区別なく用いられることもある。この場合、頻度としては have to のほうが圧倒的に高い。

(5) Ben's going to get fired if he isn't careful. He *has to* obey his boss.
ベンは気をつけないと解雇されるぞ。上司の言うことを聞かないといけないな。〔くだけた口語〕

(6) Ben *must* obey his boss. 〔フォーマルなレポート〕

【関連情報】

以上は、主語が2、3人称の場合であったが、主語が1人称の場合には事情が少し異なる。

I/we *must* do it. と I/we *have to* do it. を比べると、前者では、その行為の重要性が強調されて、「もしそうしなければ大変なことになる」という含みがあるのに対して、後者は「(やむを得ず)そうしなければならない」というように must よりも穏やかな意味が表される。

例えば、車で山道を運転中に大きな岩が道をふさいでいるところに出くわしたとしよう。その場合には、通例、have to を用いて(7)のように言うが、まだ岩が落ちてきていて危険が感じられる場合には、(8)のように must を使うのが普通である。

(7) Well, that's it, we *have to* go back.
ああ、だめだ。戻らないといけないな。

(8) We *must* go back or we'll be killed.
戻らないと命が危ない。

なお、must のこの意味は *really <u>have</u> to*（have に強勢を置く）を用いて表すこともできる。

(9) Look, I *really <u>have</u> to* catch that flight.
いいか、どうしてもその飛行機に乗らないといけないんだ。

[Ⅱ] 認識的用法

認識的用法の場合にもやはり根源的用法の場合と同様に、must は主観

性を表し、have (got) to は客観性を表す。

ただし、根源的用法では must は、話し手が義務を相手に押しつけていたわけであるが、認識的用法では、話し手が推論を相手に押しつけるという形になる。したがって、must は特に根拠がない場合にも使える。

(10) I guess you *must* be from England.
あなたはイングランド出身じゃないですか。
[根拠のないことを表す I guess との共起に注意]

このように、認識的用法の must は予想以上に弱い意味を表し、ときには may とあまり変わらない意味を表すこともある。

(11) I know what you have done. You *must* be very tired.
よくやった。疲労困ぱいだろう。

(12) You *must* be Sarah. I'm glad you could come.
サラさんですね。お越し頂いて有難うございます。

あるネイティブ・スピーカーによると、must が通常の意味を表すときは must に強勢が置かれ、may とほぼ同じ意味を表すときには他の部分に強勢が置かれるという。

したがって、上記の (11) と (12) では must は may に近い意味で用いられているので、強勢はそれぞれ tired と Sarah に置かれることになる。

一方、have (got) to は根源的用法では「外部からの義務」を表していたわけであるが、認識的用法では、この「外部」というのは外部に存在する客観的な証拠を指すことになる。そのため、have (got) to は確かな根拠があるときに用いられる。

(13) "Maybe the two murder cases aren't connected." "Come on, the two victims were old friends and worked for the same firm. There's *got to* be a connection."
「おそらく、この2つの殺人事件には関連性がない」「何を言ってるんだ。被害者はお互いに古くからの友人で、しかも同じ会社で働いていた。関連があるに決まってる」

以上から、認識的用法では、根源的用法とは逆に have (got) to のほうが must よりも意味が強く、言い方を変えれば、確実性が高いこと、また must は通常の意味のほか、予想以上に弱い意味でも用いられること

が判明した。

これは must を使う話し手は発話時にあまり証拠もないまま、「とっさに判断」をして発言しているのに対して have (got) to を使う話し手は「以前からの知識」(これは客観的な証拠となる) に基づいて判断をし、発言していることが原因となっている。

例えば、次の (14) では証拠として以前からの知識 (You've been working 12-hour days all this month!) が示されているので、have (got) to が容認されるが、(15) ではそれが示されていないので have (got) to は使えないことになる。

(14) A: "I'm making mistakes in the office these days."
B: "You *have (got) to* be tired. You've been working 12-hour days all this month!"
A:「最近、会社でミスばかりしているよ」B:「きっと疲れているんだよ。なにしろ、この1ヶ月ずっと毎日12時間働き続けてきたんだから」

(15) A: "I'm making mistakes in the office these days."
B: "You *must* [**have (got) to*] be tired."
A:「最近、会社でミスばかりしているよ」B:「きっと疲れているんだよ」

ただし、(14) では have (got) to の代わりに must を使うことも可能である。これは [Ⅰ] 根源的用法の項で述べた「控え目表現」の観点から説明できる。

つまり、(14) は have (got) to という強い表現形式が使える文脈であるが、この場面では、ささいな事柄が話題になっているので、意味が強く決めつけたような感じのする have (got) to ではなじまないと感じられる。そこで、この決めつけたような感じを排除するために「控え目表現」として意味の弱い must が用いられるということである。

[Ⅲ] まとめ

根源的用法では must はその「主観性」により、義務の押しつけを表すため、客観的な have (got) to よりも意味が強い。逆に認識的用法では have (got) to はその「客観性」により、客観的な証拠の存在が示唆さ

れるため、主観的な must よりも意味が強く、ひいては確実性が高くなる。

そして、根源的用法では have (got) to、認識的用法では must というように、それぞれ意味の弱いほうが「控え目表現」として用いられ、実際の言語使用においては、それらの使用頻度のほうが高い。

【関連情報】

have (got) to の認識的用法は、かつてはイギリス英語では普通ではなかったが、今では次第に一般的になってきている。[Swan (2005)]

(16) You've got to be joking.

冗談でしょう。[イギリス英語の例]

must と have (got) to とについて、さらに詳しくは柏野 (2002) を参照。

must と will (認識的用法の場合)

この項では、must と will が(1)のような認識的な意味(現在の推量)で用いられる場合、どのような違いがあるのかについて解説する。

(1) "Someone's knocking on the door." "That *must/will* be Dick."

「誰か、ドアをノックしているよ」「ディックだろう」

一般に、must は「(その場で)観察できる証拠」から推論 (infer) することを表し、will は推論ではなく、「以前からの知識」「常識」「経験」(以降「以前からの知識」と呼ぶ)に基づいて予測 (predict) することを表すと言われている。[Palmer (1990); Coates (1983)]

例えば、次の(2)では玄関のベルの鳴らし方が1つの「観察できる証拠」となり、そこから話し手はベルを鳴らしているのはアーニーであると推論している。

一方、(3)では文脈からアイリスの来ることが、前もって分かっている。この「来ることが分かっている」ということが「以前からの知識」を構成し、そこからノックしているのはアイリスであると話し手は予測している。

(2) Then the door bell rang again, and then again. "It *must* be Ernie. No

one else would ring like that."

それからドアのベルが繰り返し鳴った。「きっとアーニーだ。彼しかあんな鳴らし方はしないからね」

(3) "Iris is on her way here." Ten minutes later there was a knock on the door of the office. "That *will* be Iris."

「アイリスがもうすぐここに来るよ」10分後、オフィスのドアをノックする音が聞こえた。「アイリスだろう」

▌次の(4)の例は、この意味上の違いがよく現れている。

(4) Tom *will* be in his house now. Yes, the lights are on, so he *must* be there.

トムは（今頃はいつも家にいるので）家にいるだろう。ほら、明かりがついている。きっといるよ。

▌しかし、この「観察できる証拠」と「以前からの知識」の区別はそれほど厳密なものではない。
多くのネイティブ・スピーカーは、(2)の must の代わりに will は使えないが、(3)では will の代わりに must も使用可能と言う。
実際、次のように人が来ることが分かっている文脈で must が用いられた例も見られる。

(5) The door bell rang. "That *must* be Jenny," David said quickly. "I asked her to join us."

ドアのベルが鳴った。「ジェニーだろう」とデビッドがすかさず言った。「来るように言ったんだよ」

▌このように、will よりも must のほうが使用範囲が広いが、これは will は must に比べて使用頻度が稀であるという Quirk et al. (1985) の見解と一致する。

【関連情報】

▌ここで述べた must と will の確実性の度合いの違いについては英米差が認められる。一般にイギリス英語では must のほうが will よりも確実性が高く、アメリカ英語では will のほうが must よりも確実性が高い。［柏野（1999）］
▌しかし、確実性の度合いは固定したものではなく、方言、個人の好み、

音調、状況など、さまざまな要因で変わる。

なお、(1)のような場合、前項で述べた have (got) to を使うこともできる。

need

need には動詞としての用法と助動詞としての用法がある。

一般に、「アメリカ英語では助動詞としての用法は稀で、イギリス英語でも動詞のほうがよく用いられる」と言われているが、鷹家&林 (2004) は、助動詞用法の need はイギリスのみならず、アメリカでもかなり使われているという報告をしている。

助動詞としての用法には構文上、制限があり、通例、否定文で用いられる。疑問文では、*Need* I say more? などの文に限られ、肯定文では動詞としての need を用いるのが普通である。

(1) You *needn't* worry about the future.
  将来のことで気をもむ必要はない。

(2) You *need* to get married and have kids.
  結婚して子供をもうけたほうがよい。

(3) Do we *need* to book a room for them?
  彼らの泊まる部屋を予約しないといけませんか。

以下では、2人称主語で用いられる needn't と don't need to を比較してみよう。

一般に、前者が話し手の立場からの不必要性を表すのに対して、後者は周囲の事情などによる不必要性を表す。

あるネイティブ・スピーカーよると、needn't は I say that it is not necessary for you to... に書き換えられ、don't need to は There is no necessity for you to... に書き換えられるという。

(4) I'm Sister Bates. You *needn't* call me Sister if you don't want to.
  シスターのベイツです。何だったら、私のことをシスターと呼ばなくても構わない。

(5) "Can I call her?" "You *don't need to*. Simon already did."

「彼女に電話しましょうか」「いや、その必要はない。サイモンがもう電話したから」

したがって、次のような規則や一般的な陳述を表す場合にはneedn't よりも don't need to のほうが好まれる。

(6) You *don't need to* be over 20 to get into a pachinko parlor.
20歳を越えていなくてもパチンコ店に入ることができる。

ただし、文脈によってはneedn't を使うと話し手の権限が強く現れると感じられる場合があり、そのときは「控え目表現」としてdon't need to が用いられる。(「控え目表現」については「must と have（got）to」の項を参照)

(7) "I don't know what to do." "Then don't. You *don't need to* do anything."
「何をしていいか分からない」「だったら何もするな。何もしなくていい」

次に、needn't have done と didn't need to を比べると、前者が①「…する必要はなかったのに（…した）」という意味を表すのに対して、後者は文脈に応じて、この①「…する必要はなかったのに（…した）」という意味か、または②「…する必要がなかったので…しなかった」という意味を表す。

(8) "Did you ask Nicky to help?" "I *didn't need to*. I managed to finish my homework."
「ニッキーに手伝ってくれるように頼みましたか」「その必要はありませんでした。一人で何とか宿題をすませられましたから」［②の意味］

(9) I *needn't have cooked* dinner for my husband. He didn't eat it.
夫に夕食を作る必要はなかったわね。食べなかったのだから。［①の意味］

(10) I *didn't need to* cook dinner for my husband. He didn't eat it.
同上 ［①の意味］

ただし、didn't need to の場合は②の意味が普通で、①の意味を表すときには need に強勢を置く必要がある。［Thomson & Matinet（1986）］
また、didn't need to を①の意味で使うのはアメリカ英語とする英英辞

典もある。

【関連情報】

この項で述べた助動詞用法の need はすべて根源的な意味を表しているが、助動詞の need には認識的な意味もある。

この場合には、例えば It *needn't* be true. は It is not necessary the case that it is true. で書き換えられる。訳語としては「…だとは限らない」が適当である。ただし、これは堅い言い方となる。

(11) Roy could be, but *need not* be the suspect.

ロイは犯人かもしれないが、必ずしもそうとは限らない。

need の認識的用法については「否定」の項を参照。

neither と nor

一般に、前述の否定文に同意し、「…もまたそうでない」ことを表す場合、「neither/nor ＋（助）動詞＋主語」の形式を用いると言われている。

しかし、複数のネイティブ・スピーカーは、アメリカ英語ではこの場合、neither しか使わないとコメントしている。

彼らによると、nor は neither A nor B の形式以外では使わないとのことである。

(1) "I don't know what to do." "*Neither* do I," she admitted.

「どうしていいか分からない」「私もよ」と彼女は同意した。

(2) "He is not a happy man." "*Neither* am I."

「彼は幸せじゃないな」「俺だってそうだ」

ただし、彼らは堅苦しい書き言葉ではアメリカでも nor は用いられると付け加えている。

(3) Hill did not go to court; *nor* did his wife.

ヒルは裁判所に出向かなかった。彼の妻も行かなかった。

never

never は「決して…ない」という意味であるが、反復的行為や出来事に

用いられ、一回限りの行為や出来事に対しては通例、用いられない。

(1) *I *never* used your bike yesterday.

一般に、never は次のように、時間と関連させて使われ、「(ある期間の) どの時間帯をとっても…ない」という意味を表す。[Power (1986)]

(2) I have *never* smoked.

生まれてこの方、タバコは吸ったことがない。

[生まれてから現在までの期間を指す]

(3) He *never* smokes.

彼はタバコは吸わない。

[過去、現在、未来のすべての期間を指す]

(4) I will *never* smoke again.

2度とタバコは吸わない。

[現在から死ぬまでの期間を指す]

しかし、くだけた言い方では、相手に反駁する場合に、一回限りの行為であっても never を用いるネイティブ・スピーカーがいる。ただし、時制が過去の場合に限られる。

(5) A: "You broke the dish!"

B: "I *never* did!" [= I didn't]

A:「皿を割ったな」B:「割ってなんかいない」

(6) A: "You stayed at the hotel last night."

B: "I *never* stayed at the hotel last night." [= I certainly didn't stay at the hotel last night.]

A:「昨日の晩、そのホテルに泊まりましたね」B:「絶対に泊まっていない」

また、反駁を表さない場合でも、(7)のように finally didn't の意味を表すときには容認できるという人もいる。

(7) I waited, but he *never* came up.

待ったけど、彼は結局、来なかった。

nod

動詞の nod は「(賛成の意味を込めて) うなずく」という意味のほかに、次のような注意すべき用法がある。

[I] 挨拶のために頭を上下に動かすことを表す場合。

「会釈する」という意味になる。

(1) The bar was crowded, but mostly with regulars. I *nodded* to several of them.

バーは込んでいたが、ほとんどが常連客だった。私は何人かに会釈をした。

[II] 頭を1度、特定の方向に動かすことを表す場合。

「あごをしゃくる」という意味になる。

例えば、人に何かを見るように、あるいは人に何かをするように合図を送るようなときがこれに当たる。

日本では「あごをしゃくる」というのは失礼な行為であるが、英語圏では、敵意を込めて「出て行け」(Get out of here.) という意味で使われる場合を除いては通例、失礼な感じは与えない。

伴う前置詞は to, toward, at などである。

(2) The phone rang. He *nodded* to his secretary. She picked up the receiver.

電話が鳴った。彼は秘書にあごで合図をした。彼女は受話器を取った。

(3) "Where's the body?" The detective asked. The police officer *nodded* toward the living room. "In there, sir."

「死体はどこだ?」と刑事が尋ねた。警官はリビングのほうをあごで示した。「そこです」

(4) "That's his car," Allen said, *nodding* at Justin's Toyota.

「あれが彼の車だ」とアレンはジャスティンのトヨタ車をあごで示しながら言った。

構文的には、「nod + for + 人 + to do」の形式を取ることもある。

(5) Sherry *nodded for* him *to* lie down.

シェリーは彼に横になるようにあごで合図をした。

Not again

Not again は口語で用いられる表現で、「ある不幸な出来事がまた起こったなんて信じられない」ということから、いらいらしながら「またか。やめてくれ」という意味で使われる。

(1) He tried to start the engine, but it didn't. "No! *Not again!* Come on!"
彼はエンジンをかけようとしたが、かからなかった。「ええっ、またか。かかってくれ！」

(2) "My computer is not working. Please come and look!" "*Not again!*"
「コンピュータが動かないんだ。見にきてくれ」「またか」

ここでは、実際に起こったことを事実として認めたくないという話し手の気持ちが表されている。似た表現に Not that again!/Oh, it didn't./Oh, no. などがある。

(3) Dave was frozen at the horrible sight. "*Oh, no.*"
デイブはむごい光景を見て立ちすくんだ。「何てことだ！」

not to say

not to say は英和辞典では「…とは言わないまでも」という訳語が掲載されていることが多い。次はある英和辞典からの例である。

(1) He is frugal, *not to say* stingy.
彼はけちと言わないまでもとても倹約家だ。

しかし、これは正しくない。A, not to say B は、事態を説明するのに「A という形容詞よりも（それよりも意味の強い）B という形容詞のほうがふさわしい」ということを表している。したがって、not only A but (also) B のような意味に解釈する必要がある。[ミントン (2004)]

(2) Scott was surprised, *not to say* upset, to hear she had left.
スコットは彼女が去ったと聞いて驚いただけでなくうろたえた。

(3) Jim was amazed ─ *not to say* ─ stunned.
ジムは驚いた、いや茫然としたと言ったほうがいい。

この点はバーナード（2007）にも指摘があり、同書は次の(4)の例を日

本語訳を添えて挙げている。

(4) The information is inadequate, *not to say* misleading.

その情報は物足りないだけでなく、実際にまぎらわしい。

したがって、冒頭の(1)の例は「彼は倹約家だが、けちと言ってもいい」という意味に解釈するのが妥当である。

【関連情報】

not to say とよく似た表現に、not to mention, to say nothing of, not to speak of の3つがある。英和辞典には「…は言うまでもなく」という訳語が共通して掲載されている。

Kashino Database の調査では、頻度は not to mention が群を抜いて高い。続いて to say nothing of で、not to speak of は古い言い方で、今はほとんど用いられない。

ここでは、最も頻度の高い not to mention を取り上げ、not to say と比較してみよう。

A, not to mention B の表す意味についてはネイティブ・スピーカーによって捉え方が異なり、A, not to say B と同じ意味を表すという人もいれば、A, not to mention B は単に A plus B という意味を表すという人もいる。

前者の立場に立つ人は次の(5)を「彼らは残忍だった。彼らはその国を支配し国民の金銭を奪っただけでなく、数え切れない命までも奪ったのだ」と解釈し、後者の立場に立つ人は「彼らは残忍だった。彼らはその国を支配し国民の金銭を奪い、そして数え切れない命まで奪った」と解釈することになる。

(5) They were cruel because they controlled the country and took their money, *not to mention* countless lives.

なお、A, not to say B では、A と B は通例、形容詞であるが、A, not to mention B では A と B には上の(5)のように名詞を用いることも可能である。

not to と to not

to 不定詞の否定形は通例、not to であるが、話し言葉を中心に to not という表現が使われるようになってきている。
Kashino Database の検索では *to not* の語順は 59 例がヒットした。

(1) She is deliberately trying *to not* have fun.
   彼女は意識して楽しまないようにしているのだ。

(2) Once it gets dark outside, women in New York have good reasons *to not* open their doors to strangers.
   ニューヨークの女性は、外が暗くなると知らない人が来てもドアを開けないが、これには十分な理由がある。

(3) They were wrong *to not* discuss this with Emily.
   彼らはエミリーとこの件で話をしなかったが、それは間違っていた。

あるネイティブ・スピーカーは、次の(4)では not to go も to not go も可能であるとコメントしている。

(4) He ordered his child *not to* go out/*to not* go out.
   彼は自分の子どもに外に出ないようにと強く言った。

not... until ~

not... until ~ は「~まで…しない」という意味を表すが、通例、「~して初めて…する」という含意がある。

(1) He did*n't* arrive *until* ten. He made no apology for being late.
   彼は 10 時になって初めて現れたが、遅刻に対する謝罪の言葉はなかった。

not の後に生じる動詞は(1)の arrive のような瞬間動詞が一般的である。(2)の sleep のような継続動詞もときに用いられるが、この場合でも fall (asleep), get (any sleep) のような瞬間動詞を使うほうがずっと普通である。

(2) I did*n't* sleep *until* twelve.
   12 時まで寝付けなかった。(眠ることができたのは 12 時だった)

cf. I did*n't* fall asleep/get any sleep *until* twelve.

なお、(2)は「私は 12 時まで寝ていたわけではない」というように相手の発言に反駁をするような場合にも使われるが、稀である。

(3) A: "Mom, Toby slept until twelve."
B: "I did*n't* sleep *until* twelve! I was up at eleven."
A:「お母さん、トビーは 12 時まで寝ていたの」B:「12 時まで寝ていたわけではないよ。11 時には起きていたさ」[didn't に強勢を置く]

【関連情報】

not... until ～と同じ意味は it ～ before... の構文でも表すことができる。it ～ before... の構文では、not... until ～に見られた含意は before 節で明示することになる。

(4) *It* was five o'clock the next morning *before* the surgeon came out of the operating room.

外科医がようやく手術室から出てきたのは翌朝の 5 時になってからだった。

[= The surgeon did*n't* come out of the operating room *until* five the next morning.]

(5) She sat down and looked out the window. *It* was almost an hour *before* she finally moved.

彼女は座ったまま窓からじっと外を見ていた。彼女がやっと体を動かしたのは 1 時間近く経ってからだった。

# of course

of course が口語で用いられる場合、次のような 3 つの用法に注意したい。

[Ⅰ] yes に似た意味で用いられるとき。

(1) "We're partners all the way." "*Of course.*"
「私たちは何が起きてもパートナーだ」「その通りだ」

この場合、of course は「分かりきっている」という含みを持つ表現であるから文脈によっては相手に失礼な言い方になることがある。

(2) "It's hot." "*Of course* it is."
「暑いね」「当たり前だよ」

> ただし、依頼に対する返答や許可を与える場合に用いられると、丁寧な言い方となる。

(3) "Can you take a message?" "*Of course*."
「伝言をお願いできませんか」「かしこまりました」

(4) "Can I call you back?" "*Of course*."
「折り返し、お電話してもいいですか」「もちろんです」

[Ⅱ]「当然、…した/しなかった」と相手に反論するとき。

(5) "Why did you do that?" he asked. "Because I wanted to." "Oh come on. *Of course* you didn't."
「どうして、そんなことをしたんだ？」と彼は尋ねた。「そうしたかったからだよ」「何を言っているんだ。したかったはずがないだろう」

(6) "You didn't tell me about that." "*Of course* I did." "You didn't," he insisted.
「君はそのことを僕に言わなかったね」「いや、言ったよ」「言ってないって」と彼はこだわった。

[Ⅲ] 相手に言われてそれに初めて気づくとき。

> 「そうだったね」(Now I can see it./Now I remember.) という意味が表される。

(7) "I'm having a whisky. Would you like one?" "I'm on duty." "*Of course*."
「ウイスキーを飲んでいるのですが、一杯いかがですか」「勤務中です」「そうでしたね」

> さらに、相手に誤りを訂正されて、その訂正を受け入れるときにも of course は用いられる。

(8) A: "When Hitler came to power in 1934."
B: "1933."
A: "*Of course*. When Hitler came to power in 1933..."
A:「ヒトラーが 1934 年に政権の座についたとき…」B:「1933 年だよ」
A:「そう、ヒトラーが 1933 年に政権の座についたとき…」

on

前置詞の中でも on はその用法が複雑である。この項ではそのうち、注意すべき用法を「道具」「メンバー」「不利益」に分けて説明する。

[Ⅰ] 道具を表す用法

on には道具を表す用法があるが、これは on を using に書き換えると分かりやすい。

(1) Sam is working *on* the computer.
  サムはコンピュータを使って働いている。

(2) She was still *on* the cell phone.
  彼女はまだ携帯で話をしていた。

(3) Alice played Chopin *on* the piano.
  アリスはピアノでショパンを弾いた。

[Ⅱ] メンバーを表す用法

この on はグループやチーム、あるいはリストの中に含まれていることを表す。

(4) I was *on* the debate team in high school.
  高校ではディベートチームの一員だった。

(5) Is he *on* the committee?
  彼はその委員会のメンバーですか。

(6) I'm Dr. Gordon. I'm *on* the staff here.
  医師のゴードンです。ここのスタッフです。

この用法の on は日本人がよく間違うもので、例えば、「航空関係の仕事に就きたい」という場合、*I want to be an airline staff. ではなく、このメンバーを表す on を用いて、I want to be *on* an airline staff. とする必要がある。

次の、議題やメニューもこの用法に含めることができる。

(7) What's *on* the agenda?
  今日の議題は何ですか。

(8) I recommend everything *on* the menu.
  メニューにあるものすべてがお勧めです。

［Ⅲ］不利益を表す用法

この on は「不利益の on」「災難の on」と呼ばれ、くだけた口語で用いられる。

自分ではどうしようもない不快なことが降りかかることをいう。He hung up *on* me.（彼は一方的に電話を切った）のように比較的短い文で、on me の形式で使われることが多い。

(9) My car broke down *on* me.

車が故障して困った。

(10) My horse died *on* me.

馬が死んでしまった。どうしよう。

(11) He quit *on* me.

彼に会社をやめられてしまった。

(12) It rained *on* me.

雨に降られて困った。

(13) She closed the door *on* me.

彼女は私の鼻先でドアを閉めた。

また、自ら進んで負担を受け持つ場合にも on me の形式が用いられ、「私のおごりで」という意味になる。

(14) "How much do I owe you?" "Not a cent, it's *on* me."

「いくら払ったらいいのかな」「いいよ。僕のおごりだ」

【関連情報】

以下の3つの点について on と他の前置詞を比較しておこう。

①「…の試験で」という場合、on も in も可能であるが、on はアメリカ英語であるのに対して in はイギリス英語である。

(15) He got a perfect score *on/in* the English exam yesterday.

彼は昨日、英語の試験で満点を取った。

②「お金の持ち合わせがある」を英語にする場合、(16) のように money の後に on me か with me を付加する必要がある。

(16) I have some money *on/with* me.

on me は on の原義の「接触」という意味が生きていて、本人のポケットか、少なくともハンドバッグかブリーフケースにお金があることをい

うのに対して、with me は本人から少し離れて車の中とか家の中とか、旅行中ならスーツケースの中にあることをいう。

③「ジョンはギターを弾いてイマジンを歌った」というのは、ギターとジョンが接触していることから on the guitar といい、with the guitar とすれば他人がギターを弾いていることになる。

(17) John sang "Imagine" *on*/*with* the guitar.

on Sunday, on a Sunday と on Sundays

on Sunday（もっと一般的には、「on＋無冠詞単数の曜日名」）には以下の 4 つの意味がある。

(1) a. 先週の日曜日：On *Sunday* I got drunk.

b. 来週の日曜日：On *Sunday* I'm going to stay home.

c. 文脈に応じた特定の日曜日：We leave on March 4, that's Friday, and return on *Sunday*.

d. 反復される不定の日曜日：I work six days a week, but on *Sunday* I usually stay home and relax.

このうち、(1d) の類例としては (2) のようなものがある。

(2) "Your only day off is on *Sunday*." "It's okay with me."
「休みは日曜だけだ」「構いません」

次に、on a Sunday は「ある（一回限りの）日曜日」か「反復される日曜日」の意味で用いられる。

(3) I first met her on *a Sunday* in June.
6 月のある日曜日に彼女に初めて会った。

(4) The number 10 bus does not go to the museum on *a Sunday*.
10 番のバスは日曜は美術館には行かない。

最後に、on Sundays であるが、これは上の (1d) と同じ意味（反復される不定の日曜日）を表す。

(5) A: "Is the gym always quiet on *Sundays*?"
B: "It'll start to get busy soon."
A:「スポーツクラブは日曜はいつも閑散としているの？」B:「すぐに、

にぎやかになるよ」

したがって、「その店は日曜が休みだ」は The store is closed on *Sunday(s)/a Sunday*. のように3通りの表現が可能となる。ただし on Sunday(s) が一般的である。

on the contrary

on the contrary は、すぐ前の発言内容を強く否定し、「それどころか」「とんでもない」の意味で使われる。

(1)のように対話形式で用いられる場合と(2)のように同一人物が自分の言葉に付け加えて用いる場合がある。後者では前の文は否定文のことが多い。

(1) "You don't like baseball, do you?" "*On the contrary*, I like it very much."

「じゃ、君は野球が好きではないんだね」「全く逆です。大好きです」

(2) I was not at all offended by your remarks. *On the contrary*, I appreciated them.

私はあなたの言葉を決して不快に思っていません。それどころか、有り難いと思っているくらいです。

on the contrary は、次のように単独でも用いられる。

(3) "You can't be serious." Allen shook his head. "*On the contrary*."

「本気じゃないよね」と言われてアレンは首を横に振った。「本気なんです」

【関連情報】

よく似た表現には on the other hand がある。

これは、ある事柄に対して2つの見解を対比させる表現で、「それに反して」の意味で用いられる。

on the contrary とは異なり、反論を表すものではない。

(4) Luke is a good guy. His brother, *on the other hand*, is a selfish man.

ルークはいい男だ。それに反して弟は自分本位の人間だ。

once and for all

once and for all は文字通りには「この一回がすべて」という意味を表すことから「これで最後」というニュアンスを持つ。
具体的には、①「きっぱりと(決着を付ける)」、②「一度だけ言っておくが」という2つの意味で用いられる。
まず、①の意味の例を挙げる。

(1) Get it over with *once and for all*.
けりをつけてしまいなさい。

(2) She thought that she had to forget him *once and for all*.
彼のことはきっぱりと忘れないといけないと彼女は思った。

②の意味は、話し手が聞き手よりも上の立場にいるときに、いらだちを込めて用いられる。通例、let me say, let me tell, I tell you, I'm telling you などが先行する。
この場合、話し手の命令や決意の表明は通例、初めてのもので「最初で最後」という意味合いを持つ。

(3) I am going to say this *once and for all*, don't smoke in front of me.
一度だけ言っておくが、俺の前でタバコを吸うな。

ときには「(何度も言ったが)最後にもう一度だけ言っておく」というような場合にも用いられる。

(4) I've told you many times not to do that, but you just keep on ignoring me. So, I'm telling you *once and for all*, don't do it or you'll pay the consequences!
そんなことをしないようにと何度も言ったのに相変わらず守られていないな。最後にもう一度だけ言っておく。二度としてはいけない。そうでないと責任を取らせるぞ。

なお、and を省いた once for all の形式を挙げている文献もあるが、Kashino Database の検索ではすべて and が使われており、and のない例は皆無であった。

one

one は「どういう形式で用いられるか」を基準にして、次の3つのタイプに分類される。[Quirk et al. (1985)]

[Ⅰ] 数詞（one の形式しかない）
[Ⅱ] 代用語（one と ones がある）
[Ⅲ] 総称を表す場合（one と one's と oneself がある）

[Ⅰ] 数詞としての one

one と a/an を比べると、one は「ただ1つで2つ以上ではない」(only one, not more than one) ことを表し、a/an は「特にどれと特定しないで、どれでもいいから1つ」という意味を表す。[Thomson & Martinet (1986)]

(1) *One* nail is no good. I need two or three.
　釘は1本では役に立たない。2、3本は必要だ。

(2) *A* nail puller is no good. It is the wrong sort of thing.
　釘抜きは役に立たない。別のものが必要だ。

[Ⅱ] 代用語としての one

one は単数可算名詞の代わりに、ones は複数可算名詞の代わりに用いられる。

(3) "Have you got a computer?" "No." "You should buy *one*."
　「コンピュータ、持っていますか」「いいえ」「買ったほうがいいね」
　[この場合、*a one とはならない]

(4) I'm going to keep those books. The *ones* I want to get rid of are in the porch.
　その本はとっておこう。処分したい本は玄関に置いてある。
　[ones は必ず修飾語（句, 節）を伴い、単独では用いない]

なお、one は不可算名詞を受けて使うことはできない。

(5) *I bought lots of paper at the stationary store, so you can have *one* if you want.
　cf. I bought lots of paper at the stationary store, so you can have *some* if you want.

文房具屋でたくさん紙を買ったので、ほしければ分けてあげるよ。

> one(s) の前か後に修飾語（句, 節）があると通例、one(s) には冠詞などが付くが、付かない例もときに見られる。

(6) I'd like an ice cream. A big *one* with lots of chocolate.

アイスクリームがほしい。チョコレートのたっぷり入った大きいアイスがいい。

(7) Alex changed the damp sheets for fresh *ones*.

アレックスは湿っぽいシーツを新しいものに取り換えた。

［Ⅲ］総称を表す one

> これは一般の人を表すのに用いられるが、堅苦しい言い方で、古風に感じられることもあるため、you のほうが好まれる。

(8) *One* never knows/*You* never know what the future will be.

人は未来のことは分からないものだ。

> 人を表す one を受ける代名詞はイギリス英語では one's が用いられる。アメリカ英語では one's も使われるが、his や his or her のほうが好まれる。

(9) One never gets rid of *one's* [*his/his or her*] children.

人は自分の子どもを捨てたりはしないものだ。

> あるネイティブ・スピーカーによると、アメリカではここに挙がっていない their が「数の不一致」の観点からの反対の声もあるが、最も普通に用いられるという。
> ちなみに、アメリカでは one's はぎこちなく響き、his も用いられるがポリティカル・コレクトネスの立場から反対する向きもある。（さらに詳しくは、「ポリティカル・コレクトネス」の項を参照）

【関連情報】

> 代用語の one と it を比べると、一般に one は「a(n) + 名詞」の代わりに、it は「the + 名詞」の代わりに用いられると言われている。

(10) He opened Jim's mother's book. A photo of Jim fell out — *one* taken by Albert.

彼がジムの母親の本を開くとジムの写真がこぼれ落ちてきた。アルバートが撮ったものだった。

(11) She slammed the door and locked *it*.
彼女はドアをバタンと閉めて鍵をかけた。

ただし、動詞(句)が want, look for, plan, expect, intend などの未来指向の動詞(句)で、その後に「a(n)＋名詞」がきている場合は、文脈に応じて、どちらも可能である。
it は「a(n)＋名詞」が話し手にとって特定的であるときに用いられ、one は「a(n)＋名詞」が話し手にとって特定的でないときに用いられる。[Jackendoff (1972)] さらに詳しくは、「冠詞と特定性」の項を参照。

(12) I'm looking for a pen. *It*'s a red one.
ペンを探している。赤色のペンだ。

(13) I'm looking for a pen. Do you have *one*?
ペンを探している。持っていませんか。

また、過去形の動詞が用いられている場合には、「a(n)＋名詞」は it で代用されることが多い。これは過去の文脈では、「a(n)＋名詞」で示される人や物の存在が前提とされていることが多く、そのためそれは話し手にとって特定的となるからである。[Huddleston (1984)]

(14) He picked up a stone and hurled *it* into the parking lot.
彼は石を拾い上げてそれを駐車場に向かって投げた。

これに対して、「the＋名詞」を one で受けることはあまりない。

play the/a/Φ piano

play the piano と play a piano と play piano のうち、play a piano という表現はなじみが薄いかもしれないが、ときに用いられる。

(1) On the other side of the room, somebody was *playing a piano*.
部屋の向こう側でピアノを弾いている人がいた。

あるネイティブ・スピーカーは、a piano と聞くと瞬間的に1つのピアノを思い浮かべ、その場にピアノが存在するという風に解釈するという。これは、かなり具体性を持った解釈と言える。
逆に、「毎日ピアノを弾く」とか「ピアノが弾ける」というような習慣

性や能力を表す場合は、ピアノの個体としての具体的なイメージが薄れるため、(2)や(3)のような a ではなく、総称（対立の the とも考えられる）の the を用いて(4)や(5)のように言う必要がある。

総称の the と対立の the については、それぞれの項を参照。

(2) *I *play a piano* every day.

(3) *I can *play a piano*.

(4) I *play the piano* every day.

(5) I can *play the piano*.

ここでは、the は a に見られた個別具体的な楽器を、抽象概念としての楽器に変える働きをし、「どのピアノか」ではなく、「ピアノという楽器」を表している。[織田 (2007)]

さらに、play piano は「the（対立を表す場合）」の項で触れたように、(プロの) 演奏者がバンドのどのパートを担当しているかを表すという点で、一層ピアノの持つ具体性が希薄になり、抽象度を増した表現である。

(6) "Where's Martin?" "He isn't here. He's on tour. He's out *playing piano* somewhere."

「マーティンはどこにいるの？」「ここにはいないわ。ツアーに出ているのよ。(世界の) どこかでピアノを弾いているわ」

ここに、play a piano → play the piano → play piano の順に個体としてのピアノのイメージが薄れ、抽象化していく過程が読み取れる。

【関連情報】

以下に、play という動詞の目的語としては、無冠詞でしか用いられない2種類の名詞を挙げておく。

[I] baseball, football, tennis や poker などのようなスポーツやゲーム

(7) With Tom's encouragement and coaching, I *played baseball, football and basketball*.

トムに励ましてもらい、コーチをしてもらって、私は野球とフットボールとバスケットボールをしていた。

(8) "What are you doing?" "I'm *playing poker*."

「何をしているんだい？」「ポーカーさ」

これを play the/a violin などのように楽器を目的語にとる場合と比べると、楽器は具体的な形のある「物」であるのに対してスポーツやゲームは抽象的な「ルールの集合体」で実体がないという違いがある。

例えば、「バイオリンを持ってきなさい」と言われたら、バイオリンと呼ばれている具体的な形のある物を持っていくことができるが、「野球を持ってきなさい」と言われても戸惑ってしまうだろう。たとえ、バットやグローブを持っていっても、それらは野球で使う道具であって野球そのものではない。

[Ⅱ] house, detective, soldier, doctor など play と結合して「…ごっこ」という意味を表す名詞

この場合には、それぞれの名詞は無冠詞で用いることにより、役割、任務などの抽象概念を表すことになる。

(9) There are some medical examiners who like to *play detective*, like on TV.

検視官の中にはテレビドラマを真似して、刑事みたいなことをしたがる奴がいる。

(10) While my father worked outside, I'd *play house* in the empty rooms.

父が外で仕事をしているときには、私は誰もいない部屋でままごとをしていたわ。

please（応答に単独で用いられる場合）

次のように、許可を求められたときに承諾する場合、please は単独では用いられないと言われている。

(1) *"May I smoke?" *"Please."*

ところが、用例をつぶさに観察していくと次のような例があることに気づく。

(2) "May I sit down?" *"Please."*

「座ってもいいですか」「どうぞ」

この食い違いの原因は何なのだろうか。

これを探るためにネイティブ・スピーカーに当たってみると、あるオー

ストラリア人は(3)のような例を添えた上で、(4)のようなコメントを提供してくれた。

(3) "May I sit down?" "*Please* (*do*)."

(4) 応答には do を添えてもいいが、椅子を指差すジェスチャーを伴えば please だけでも言える。

このコメントが的を射ていることは次のような例を見ればなお一層、明らかになる。

(5) "*Please*," she said, and indicated the chair in front of the desk. Brian sat.

「どうぞ」と彼女が机の前の椅子を指差しながら言うと、ブライアンは座った。

ここから結論として、(5)のような場合に使われるジェスチャーは「Please do. の do の肩代わりをしている」と考えられる。

この場合、同じネイティブ・スピーカーによると、ジェスチャーは必ず必要で、そうでなければ、*Please* don't ask me, as I couldn't agree to let you do it. (あなたがその行為をすることを認めないので、どうか尋ねないでくれ) のように逆の意味を表すことになるという。

以上のことから、(1) の Please は何らかのジェスチャー（例えば、うなずく）を伴っての発言であれば、正しい英語ということになる。

please の使い方

please の使い方は日本人とっては実に難しい。please を付ければ命令文でも何でも丁寧になると誤解している向きが多い。

例えば、次の(1)は日本人がアメリカ人に英語の語法について英語で問答をするという書物の中で用いられていた文である。

(1) *Please* explain the difference between A and B.

これでは命令や指示に聞こえ、相手は不快感を覚えるだろう。Swan (2005) の指摘通り、「*Please* answer by return of post./Carry this for me, *please*. のように、命令文に please を添えても『命令や指示』が少しは丁寧になるが、『依頼』にはならない」のである。

「命令や指示」と「依頼」の違いは、前者では聞き手が No と言えないのに対して後者では聞き手は No と言えるという点に求められる。

これについては、「誰が誰に対して please という語を使うのか」という社会的な関係も重要で、あるアメリカ人は「please は目上の者が目下の者に対して使う」と述べている。

(2) "Damn," Matt said. "I'm going to be late again." "*Please* watch your language," his mother warned.

「ちぇっ、また遅刻だ」とマットが言うと母親は「言葉に気をつけなさい」とたしなめた。[母親から成人した息子へ]

ただ、鶴田ほか（1988）が正しく指摘しているように、社会的立場が逆転していても、職務上、頼む権利のある事柄であれば、please を使うことができる。

(3) The young, blond secretary came out to collect me. "Mr. Radford?" "Yes." "Follow me, *please*."

ブロンドの髪をした若い秘書が私の応対のために部屋から出てきた。「ラドフォードさんですか？」「ええ」「こちらへ、どうぞ」
[秘書から来客へ]

【関連情報】

同等か目上の人に「依頼」するときは Could you please...? が用いられるが、この場合も、特に please に強勢を置いて発音すると「いらだち」が表され「命令や指示」に近くなる点に注意したい。

quite と pretty

程度を表す副詞のうち、very が後続の形容詞や副詞の表す程度を高める働きをするのに対して、quite や pretty は fairly や rather とともに後続の形容詞や副詞の表す程度を低める働きをする。

quite はおもにイギリスで用いられ、pretty はおもにアメリカで用いられる。意味の強さは微妙な面もあるが、アメリカでは quite ＞ pretty となり、イギリスでは逆に pretty ＞ quite となる。

quite 自体の意味の強さについても英米差があり、イギリスではこ

quite と pretty

> の語は fairly の意味で用いられるのに対して、アメリカでは very や completely の意味で用いられる。
>
> ただし、イギリスでも amazing, impossible, exhausted など「極端」を表す語の前では quite は very や completely の意味を表す。[Macmillan English Dictionary]

(1) Though midsummer, it was *quite* dark by now and raining.
真夏だったが、あたりは結構、暗くなっていて雨が降っていた。
[イギリス英語の例]

(2) By the time he returned home, it was *quite* dark.
家に戻る頃にはすっかり暗くなっていた。[アメリカ英語の例]

(3) He appeared so completely indifferent to her. It was *quite* amazing.
彼は彼女に全く無関心のように思えた。大変な驚きだった。
[イギリス英語の例]

> 発音の点では quite も pretty も強勢の置き方で意味が変わる。
> これらの副詞に強勢を置くと後続の語の意味が弱くなり、逆に後続の語に強勢を置くと、これらの副詞の意味が弱くなる。[Thomson and Martinet (1986); ミントン (2002)]

(4) a. quite good そんなによくない
   b. quite good 割といい

(5) a. pretty hard to climb それほど登りにくくない(山)
   b. pretty hard to climb 結構、登りにくい(山)

> fairly と同じように、pretty も quite も一般に好ましい意味を表す語と用いられるが、必ずしもそうとは限らない。

(6) You've been having a *pretty* terrible week.
お前にとってはかなりひどい / 結構ひどい 1 週間だったな。

(7) Quarreling is *quite* useless.
けんかをしても何の役にも立たない。/ あまり役に立たない。

【関連情報】

> not を伴った not quite は「到達点に近い」ことを表すが、同じような意味を表す almost とは微妙に意味が異なる。
>
> not quite は話し手が事態を「到達点に近いが、わずかに届かない」と

消極的に捉えた場合に用いられるのに対して、almost は話し手が事態を「到達点にもう少しで届く」と積極的に捉えた場合に用いられる。

例えば、8時から花火が始まるという状況を考えてみよう。8時前になると子どもは(8)のように言って、はしゃぐだろうし、それを大人は(9)のように言って、はしゃぐのはまだ早いと制止するだろう。

(8) It's *almost* eight o'clock.

(9) It's *not quite* eight o'clock.

なお、正確に言葉を伝えようとするときに、この2つを並置して almost but not quite という表現が用いられることがある。

(10) Her hands were *almost, but not quite*, shaking.

彼女の手は完全に震えているというわけではなかったが、震えていると言ってもいいくらいだった。

say to oneself

say to oneself は「心の中で考える」「自分に言い聞かせる」という2つの意味を表す。

Penguin English Student's Dictionary は say to oneself を「声に出さないで何かを考える」と定義している。以下に例を挙げる。

(1) As the woman approached, she smiled and said, "Oh, hello Sammy, I haven't seen you for such a long time." Sammy smiled back and replied "Hello," but at the same time he *said to himself*, "Who on earth is this woman? I don't think I've ever seen her before."

その女性が近づいてきて微笑みながら言った。「サミーじゃないの。久しぶりね」サミーは微笑みを返して答えた。「こんにちは」しかし同時に彼は心の中で思った。「一体誰なんだ？会ったことがないな」

次に Macmillan English Dictionary は say to oneself を「心の中で自分に何かを信じ込ませようとする」というように上とは異なる定義をしている。

(2) "This isn't happening," she *said to herself*.

「これは現実に起こっていることではないわ」と彼女は自分に言い聞か

せた。

この定義は、宮田（1970）の「say to oneself は『自分に言い聞かせる』という意味で、通例心の中で『言い聞かせる』ことを表し、『独り言を言う』という意味を表す talk/speak to oneself とは異なり、必ず言い聞かせるべき内容を伴っている」という主張の正しさを裏付けている。

【関連情報】

「独り言をいう」は、英語では上で触れたように talk to oneself、稀には speak to oneself が用いられる。

(3) Who is that man that walks back and forth in the street all day *talking to himself*?

一日中、独り言を言って通りをうろうろしているあの男は誰なんだ。

(4) Why is he *speaking to himself*? What's he saying?

なぜ、彼は独り言を言っているのだ？何をつぶやいているのだ？

search の使い方

この項では Power（1986）に基づいて、次のような動詞 search の使い方の注意点を解説する。

(1) He *searched* his pockets for change and pulled out a few coins.

彼は小銭はないかとポケットをまさぐって、コインを 2, 3 枚取り出した。

まず、search A for B では A に「探す場所」、B に「探す物」がくるため、次の (2) と (3) では意味が逆になる。この for は「(B を) 求めて」の意味である。

(2) I *searched* the box for my bag.

箱をかき回してバッグを探した。

(3) I *searched* my bag for the box.

バッグをかき回して箱を探した。

ここから次の (4) のようには言えないことが分かる。

(4) *What are the children doing? Oh, they are *searching* a ball in the

garden.

cf. They are *searching* the garden for a ball.

彼らは庭でボールを探している。

ちなみに次の(5)では、人が場所扱いされ「(拳銃を求めて)犯人の体をチェックした」という意味になる。

(5) The police *searched* the criminal carefully, fearing that he had a gun.

警察は拳銃を持っていないかと犯人の体を注意してチェックした。

cf. The police *searched* for the criminal.

警察は犯人を探した。

【関連情報】

日本語の「探す」は「家の中を探す」、「落とした財布を探す」というように、探し物をする場所と探す物のどちらも目的語にすることができるが、英語では前者は search the house、後者は search for my lost wallet と表現する。

senior と junior

1964年に刊行された英和辞典に以下のような例文と和訳が掲載されている。

(1) He is three years *senior* to me.

(2) He is *senior* to me by three years.

彼は私より3歳年上だ。

しかし、『日本の学校英語に対するネイティブ・スピーカーのコメント集 (I)』(1982) によると、形容詞の senior や junior を人の年齢を比較するときに使うのは古風であるという。私の尋ねたネイティブ・スピーカーも(1)や(2)は「普通ではなく、形式張っている」とコメントしている。

ここから分かるように、現在では年齢のことを言うときは senior や junior ではなく、older や younger を使うのが一般的である。

(3) He is three years *older* than I am.

(4) He is *older* than I am by three years.

ただし、年齢を表す場合でも名詞の junior や senior を用いると次のように言うことができる。

(5) Silvia, a woman ten years his *junior*, was his second wife.

シルビアは彼よりも 10 歳年下ですが、彼の 2 番目の妻でした。

(6) Officer Hockett looked to be about five years Jamie's *senior* and was maybe ten pounds heavier.

ホケット巡査はジェイミーよりも 5 歳くらい年上で、体重も 10 ポンドほど重いように見えた。

なお、この問題はワトキンス (1987) でも扱われており、そこでは (1) や (2) のような言い方は現在では年齢ではなく年功序列を表す場合に用いるのが一般的であると説かれている。

すなわち、(1) や (2) は通例、「彼は私より 3 歳年上だ」ではなく、「彼は私よりも 3 年間長く（ある所で）働いてきたか、あるいは年齢が 3 歳年長なので、地位が私よりも上である」という意味になるということである。

several と a few

several は多くて「3 から 4」（人により、もう少し多い）までの数を指すが、a few は一般に言われているような「2、3」という意味ではなく、全体の中の少数を表し、数の上限は決められていない。例えば、全体が数百万であれば、a few はそのなかの数百を指すこともある。

しかし、全体の数が少なければ、a few と several はほぼ同じ数を指す。次の (1) と (2) で、クラスの人数が数十人だとすると、a few と several は入れ替えられる。

(1) *A few* students were ill.
(2) *Several* students were ill.

クラスの数人の生徒が病気だった。

注意すべきは、several は a few に比べ、「思ったよりも多い」という含みがあるという点である。

例えば、次の (3) と (4) を比較すると、a few を用いた (3) では「2 人以

上だが、多くない人数」が表されるのに対して several を用いた(4)では「季節の割には多い人数」という含みがある。[Wilkinson (1976)]

(3) It was very warm at Easter time, and I saw *a few* people swimming.

(4) It was very warm at Easter time, and I saw *several* people swimming.

イースターの時期にしては暑いくらいだった。泳いでいる人も少しは/結構、見かけた。

このようなことから、several は a few とは異なり、*only several のように、only の修飾を受けない。

(5) After *only a few* weeks at medical school, Roger had known in which field he would specialize.

医学部に数週間いただけで、ロジャーはどの診療科目を専攻するかをすでに決めていた。

【関連情報】

quite a few は「少なくない数の」という意味を表す口語表現である。「ほとんど…ない」という意味を表す very few との違いに注意したい。

(6) Outside the hotel there were *quite a few* photographers waiting.

ホテルの外には結構多くのカメラマンが待っていた。

(7) *Very few* people read Shakespeare nowadays.

近頃、シェイクスピアを読む人は極めて少ない。

(She is) beautiful to look at.

この構文は「見た目に美しい」という意味を表すが、主語の she は to 不定詞 (to look at) の意味上の目的語として働く。
She is beautiful. が全体的な愛らしさをいうのに対してこの She is *beautiful to look at*. は目に映る愛らしさをいう。形容詞の箇所には beautiful のほか fair, lovely, good などがくる。ただし、*She is *ugly to look at*. とは言わない。[堀内＆ジョンソン (1978)]

(1) She was as *good to look at* as she sounded.

彼女は声と同じように顔もきれいだった。

She is not what she was ...

次のように文脈により、内面との対比が含意されることもある。

(2) Lisa was *nice to look at*, but a little light in the intellect department.
リサは外見はきれいだったが、知性はあまりなかった。

【関連情報】

同じように、主語が to 不定詞の意味上の目的語になっている構文には以下のようなものがある。形容詞の箇所には easy, difficult, hard など難易を表すものがくる。

(3) She is *easy to talk to*.
彼女は話しやすい。

(4) Japanese names are *difficult to remember*.
日本人の名前は覚えにくい。

この場合には、難易を表す形容詞は人や物だけでなく行為も描写できるので It を主語にして *It* is difficult *to* remember Japanese names. のように書き換えることができるが、表題の She is *beautiful to look at*. の beautiful は行為を描写することができないので *It* is beautiful *to* look at her. とは書き換えられない。

She is not what/who she was ten years ago.

「彼女は10年前の彼女ではない」という日本語は次の2通りの英語に直すことができる。

(1) She is not *what she was* ten years ago.
(2) She is not *who she was* ten years ago.

ただし、(1)と(2)では意味が異なる。

what を用いた(1)は彼女が仕事、技術、お金、外見などの面で悪いほうに変わったことを表す。

ここから(1)の「彼女」は、俳優、スポーツ選手、ミュージシャン、ミスコンテスト優勝者などである場合が多い。例えば、「彼女」が歌手で、10年前は歌が上手であったが、今はあまり声が出なくなった、というような状況が考えられる。

(3) I still like the singer—but she is not *what she was* ten years ago.

まだその歌手が好きだけど、この10年で声量が衰えたね。

(2)のwhoは先行詞を含んでいて、(4)のように書き換えられる。

(4) She is not *the person who she was* ten years ago.

(2)は、一般にpersonal identityのことを言っていて「(悪い方向に)人が変わった」という意味を表す。

(5) I don't know what has happened to her. She is not *who she was* ten years ago.

何があったのか知らないが、彼女は10年前とは人が変わってしまった。

次はwhatとwhoが並列して用いられた例である。

(6) I want to get married to somebody who will love me for *who I am*, not for *what I am*.

私の地位や肩書きではなく、人間としての私を愛してくれる人と結婚したい。

このように考えてくると、「人そのもの」が変わるというのはあまりないので、(1)と(2)を比べると、whatを用いた(1)のほうが普通の表現であると言える。

ただ、ネイティブ・スピーカーによっては両者の区別をあまりしない人もいる。

【関連情報】

以上は、what/whoの節の主語が人(she)の場合であったが、主語が物の場合にはwhatだけが可能である。この場合も、通例、悪い方向への変化が表される。

(7) This school is not *what it was* ten years ago.

この学校は10年前とは変わってしまった。

should と ought to

shouldとought toを比べると、根源的用法の場合も認識的用法の場合も両者の意味に違いを認める立場と、ほぼ同義とする立場がある。

should と ought to

根源的用法から見ていくと、Myhill (1997) は両者に違いを認め、should が「個人的な意見」(individual opinions) を表すのに対して ought to は「一般的な意見」(a common opinion) を表すとする。この観点に立てば、次の 2 文の容認性の違いを説明することができる。

(1) ? You *should* be back home by 11:00, although it's fine by me if you aren't.

(2) You *ought to* be back home by 11:00, although it's fine by me if you aren't.

11 時までに家に帰ってこないといけないけど、それまでに帰ってこなくても私は構わないよ。

一方、Palmer (1990) や Leech (2004) などは次の文が言えることを根拠に should と ought to はほぼ同義と考える。

(3) He *ought to* come tomorrow, *shouldn't* he?
彼は明日来ないといけませんよね。

この立場からすると上に挙げた (1) の文も容認可能となる。

次に、認識的用法では、Close (1975) は ought to のほうが should よりも確実性が高いと言う。これは must と have to を比べると (to を伴った準助動詞の) have to のほうが確実性が高いという事実と平行している。

ネイティブ・スピーカーも同じ意見で、次の (4) では should は容認されるが、ought to では強すぎて不自然であるという。

(4) A: "Where's Mary?"
B: "She *should*/?*ought to* be in her office, but I could be wrong."
A:「メアリーはどこにいるの?」B:「オフィスにいるはずだけど、よく分からないな」

一方、Leech (2004) や Huddleston & Pullum (2002) は、次の (5) と (6) の例を挙げて should と ought to はほぼ同義と見なしている。

(5) Our guests *should*/*ought to* be home by now.
私たちのお客さんはすでに家に着いているはずだ。

(6) The next road on the left *should*/*ought to* be King Street.
次に左手に見える道路はキングストリートのはずだ。

この考え方からすると、上の She *ought to* be in her office, but I could be wrong. も容認可能ということになる。

このように、should と ought to はどちらの用法でも次第に区別なく用いられるようになってきているので、私たち日本人としてはほぼ同義として使ってもいいように思われる。

since... ago

次の(1)のような since... ago を用いた文の容認性については我が国では 1960 年代から盛んに議論されてきた。

(1) He has not been back to his home village *since* twenty years *ago*.
　彼は 20 年前から故郷の村には帰っていない。

古いところでは、例えば Wilson and Mushiaki (1971) は(1)に類する例を容認不可能としているし、比較的最近では、木塚＆バーダマン (1997) も同じように認められないとしている。

改めて複数のネイティブ・スピーカーに情報を求め、それらを総合してみると、「(1)の例は理解できるが正しくはない。(2)—(4)のように訂正する必要がある」という結論に至った。

(2) He has not been back to his home village *for* twenty years.
　［期間を表す for を使う］

(3) He left his home village twenty years *ago*.
　［時制を過去にして ago を用いる］

(4) *It* has been twenty years *since* he left his home village.
　［It... since の構文で表す］

しかし、(1)に関して、あるネイティブ・スピーカーは、文脈上、何らかの 20 年前の出来事（例えば、村からの人の大流出）がすでに言及されていて、それが(1)に含意されている場合には容認可能であるとコメントしている。

(5) He has not been back to his home village *since* (the exodus) twenty years *ago*.

ここから分かるように、since の後に何らかの出来事が明示されている

場合には、since... ago は完全に容認可能となる。

(6) Things have been running smoothly *since* his arrival a few weeks *ago*.

数週間前に彼が来て以来、物事はうまく進んでいる。

「so... as to」の構文

1970年代前半に出版された学習参考書に以下の例が挙がっている。

(1) I went to bed *so* early *as to* get up before dawn.

私は大変早く寝たので夜明け前に起きることができた。

しかし、ネイティブ・スピーカー（10名）はすべて、この構文はあまり用いられず、代わりに「so... that」の構文を使うという。

(2) I went to bed *so* early *that* I got up before dawn.

ただし、「so... as to」の構文でも、so kind as to の形式では今でも用いられる。Kashino Database を用いて so... as to と入力して検索すると5例がヒットした。それらはすべて(3)のような Would you be so kind as to...? の形式で用いられていた。

(3) Would you be *so kind as to* see her home?

彼女を家まで送ってくれませんか。

なお、(3)は依頼を表す丁寧な言い方で、形容詞としては kind のほか、good, considerate などが用いられる。

So much for today.

So much for today. は日本では、一昔前に授業の終わりによく耳にした言い方であるが、ネイティブ・スピーカーは聞いたことがないという。正しくは、That's it for today. と言う。

So much for X は一般に不満や失望を表し、「X はいいことであると期待されていたが、結局よくない結果となった」「失望したので何も言うことはない」という意味合いで用いられる。

(1) A: "I realize I have no money."

B: "Well, *so much for* going on vacation, then."

A:「お金がないことが分かった」B:「じゃあ、休暇に出かけるのはあきらめないとね」

(2) A: "The state cut education funding."

B: "*So much for* quality education."

A:「州が教育予算を削減した」B:「だったら質のいい教育は望めないね」

(3) Isabel is coming to our house for dinner tomorrow. We consider making chocolate éclairs, which contain milk. Isabel reminds us that she is vegan—she doesn't eat any animal products. *So much for* chocolate éclairs!

イザベルが明日、夕食に我が家にやってくる。ミルクの入ったチョコレートエクレアを作ろうと考えていたが、彼女から自分は菜食主義者で動物性のものは一切食べないと改めていわれた。だから、チョコレートエクレアは駄目だな。

> このように、So much for X は「予想や計画通りにいかなかったので話し手が不満や失望感を持っている」という意味であるから、冒頭の So much for today. は「授業は思ったほど成果が上がらなかった」という意味になり、適切な表現ではない。

「so... that 〜」構文の否定

> いわゆる「so... that 〜」構文の前に not がくると、その意味解釈に関して注意が必要である。
> 例えば、次の(1)と(2)の例では、not は「so＋形容詞」だけを否定するのではなく、「so.. that 〜」全体を否定している。
> したがって、程度を表すものとして「〜なほど…していない」と解釈する必要がある。(例文中の [ ] は not が修飾する部分を示している)

(1) The shirt was just damp enough but not [*so* damp *that* steam rose from it] when she applied the iron.

シャツは濡れはしていたが、彼女がアイロンを掛けたときに湯気が上が

るほどには濡れていなかった。

[「あまり濡れていなかったので」という意味ではない]

(2) "Do you recall that we were discussing the problem at breakfast a few days ago?" "I'm not [*so* old *that* I would forget]," he countered.

「数日前の朝食のときにその問題について話をしていたことを覚えていますか」「忘れるほど年は取っていないよ」と彼は切り返した。

[「あまり年を取っていないので」という意味ではない]

【関連情報】

いわゆる「too... to ～」構文の場合も同じことが当てはまり、以下の例では、not は「too＋形容詞」だけを否定するのではなく、「too... to ～」全体を否定している。したがって、程度を表すものとして「～ないほど…ことはない」という意味を表すことになる。

(3) It is not [*too* late *to* have a really good father/son relationship].

父と息子のいい関係が築けないほど手遅れということはない。

[「あまり遅くないので」という意味ではない]

「so that... may ～」の構文

よく知られているように、この構文は目的を表すが、表題のように may を用いるのは堅苦しい言い方で、くだけた言い方では、can や will が用いられる。

(1) We need for you to calm down *so that* we *can* talk.

話ができるように落ち着いてもらいたい。

(2) You'd better put it in a safe place *so* you *won't* lose it.

失わないようにそれを安全なところに保管しておきなさい。

[(2)はくだけた言い方で that が省略されている]

so that 節には助動詞だけでなく、未来を表すことのできる現在時制なども用いることができる。

(3) Every precaution must be taken *so that* the celebrity *is* not seen.

有名人だから人目を引かないように前もって十分注意しないといけない。

(4) I'm keeping my source a secret *so that* no one *copies* me.
誰も真似ができないようにソースは明かさないでおきます。

【関連情報】

この構文でso that節が否定されると、「…しないように」「…するといけないから」という意味になるが、この場合にはfor fear that構文やlest構文も用いられる。

(5) She was afraid to fight him off *for fear that* he *would* do to her what he'd done to Nancy.
彼がナンシーにしたようなことを自分にもするのではないかと思うと、彼女は怖くて彼を追い払うことができなかった。

(6) She was afraid to blink *lest* she *miss* something.
彼女は何か見落とすのではないかと思うと瞬きもできなかった。
[She missについては後述]

for fear thatの節内には上の(5)のようにwould、あるいはmightが用いられることが多い。
lestは非常に堅い書き言葉であるが、用いられないわけではない。Kashino Databaseの検索ではfor fear thatよりも6倍の頻度で使われている。
また、lestの節内にshouldが生起した例は予想以上に少なく、上の(6)のように仮定法現在（she miss）がくることが多い。
類例を挙げるが、(7)では仮定法現在のbeが使用されている。

(7) *Lest* there *be* any misunderstanding of his meaning, Roy continued.
言った意味を誤解されるといけないのでロイは言葉を続けた。

So what?

これは、whatに強勢が置かれて下降調で読まれ、相手の言ったことに「だからどうなんだ?」と切り返す、ぶしつけな表現である。
相手の発言に、何の重要性も関連性も感じられないため、話し手がそれに全く興味を示していないことが強調される。言われた方は、それ以上、言葉を継ぐことができないことが多い。

So what?

> 一般に、(1)のように、相手に非難されたときや、(2)のように、相手が驚かせるようなことや感心させるようなことを言ったときに用いられる。

(1) "Why can't you leave me alone? I'm not doing anything wrong!" "You are living with a woman who is divorced." "*So what?*"
「どうして放っておいてくれないんだ？何も間違ったことなんかしていないよ」「離婚した女と同棲しているじゃないか」「だからどうなんだ」

(2) "He earns over a three hundred thousand a year!" "*So what?*"
「彼は年収が30万ドル以上あるのよ」「だから何だって言うんだ」

> So what? には、もう1つ、相手の話を受けて、「それで？」とその先を言わせる用法がある。

(3) "What's come over you? I've never seen you like this." "*So what?*" "So I'm concerned. Tell me what's bothering you."
「一体、君はどうしたんだ？こんな君を見たことがないよ」「だから？」「だから心配してるんだよ。悩みごとがあるのなら言ってくれ」

【関連情報】

> これに似た表現には Who cares? や So?（強勢を置いて下降調で発音する）がある。

(4) I love you, Diane. You're a beautiful woman. And yes, okay, so you're not twenty. *Who cares?*
ダイアン、愛しているんだ。君はきれいだ。確かに君は（実際は50歳で）20歳ではないけれど、それがどうしたと言うんだ。

(5) "You're going to have to go into the army," his mother said. "You're getting really close to the age." "*So?* There's nothing I can do about it."
「あなたはもうすぐ軍隊に入らないといけないのよ。そういう年齢に近づいてきているわ」と彼の母親は言った。「だから？そのことで僕に何ができるというの？」

Sounds good (to me).

Sounds good (to me). は、相手の提案・勧誘を進んで受け入れる場合に「いいね」の意味で用いられる。

(1) "What do you think we should do?" Gerald asked. "Why don't we drive around a little more, then have lunch?" Molly said. *"Sounds good to me."*

「何をしようか」とジェラルドは尋ねた。「もう少しドライブして、それからお昼にするのはどうかしら」とモリーが答えた。「そいつはいい」

(2) "How about stopping for coffee and a donut?" Martin asked. *"Sounds good."* Tina said.

「少し車を止めてコーヒーとドーナツはどうだい?」とマーティンは尋ねた。「いいわね」とティナは答えた。

イギリス人の中には主語を省略したこの表現はあまり使わず、it や that などの主語を付けて使うという人もいる。

(3) "There'll be a cricket match in here tomorrow." *"It sounds good to me,"* said Sean.

「明日、ここでクリケットの試合があるんです」「それはいい」とショーンが答えた。

【関連情報】

よく似た表現としては、Sounds great [fine, wonderful]. などがある。

(4) "How about dinner? I know a place that gives the best meat dish in town." *"Sounds great."*

「夕食、一緒にどうかな。町で一番おいしい肉を食べさせる店を知っているんだ」「いいわね」

(5) "I've always thought it would be so nice to live in the mountains where the air is cool and the snow is deep in the winter." She smiled and said, *"Sounds wonderful."*

「前々から涼しくて、冬には沢山雪の降る山の中に住みたいと思っているんだ。」彼女は微笑み、「素敵じゃない」と言った。

speak ill/well of

> 1976年発行の学習参考書に次の例が挙がっている。

(1) They *speak well/ill of* him.

(2) He *is well/ill spoken of*.

> この speak ill/well of という言い方は、古風で最近ではあまり使わない。特に(2)のような受動態ではぎこちなく感じられる。
> speak badly/highly of と言うこともあるが、これも頻度は高くない。
> [堀内＆ジョンソン（1977）]
>
> Kashino Database を使って検索してみると、speak ill of（7例）、speak well of（0例）、speak badly of（2例）、speak highly of（2例）という結果になり、頻度の低さが裏付けられた。例としては以下のようなものがある。

(3) I'll never *speak ill of* him—he was like a son to me.
  彼のことは悪く言わない。私の息子のようだったからね。

(4) A homicide cop has to *speak badly of* the dead in front of the suspect.
  殺人課の刑事は容疑者の前では死んだ人のことを悪く言わないといけないんだよ。

(5) He always *spoke highly of* you.
  彼はいつも君のことをほめていた。

> なお、speak ill of が用いられるのは一般に叱責、忠告の場面であり、その場合は the dead を従えることが多い。

(6) "Did you talk to that bastard?" "Be careful, one shouldn't *speak ill of* the dead."
  「あの野郎と話をしたのか」「言葉に気をつけろ。死んだ人間のことを悪く言うものじゃない」

> 今日では speak ill/well of の意味は通例、criticize や praise を用いて表される。

(7) I'm not used to being *criticized*.
  私は批判されることに慣れていない。

(8) "You're a great pilot," she *praised* him.
「あなたは立派なパイロットだわ」と彼女は彼をほめた。

take pride in/be proud of

1978年発行の英和辞典に次の例が挙がっている。

(1) He *takes pride in* his son.

しかし、多くのネイティブ・スピーカーは(1)のように前置詞の後に「人」をとるときは、take pride in ではなくて be proud of を用いると指摘する。

(2) She *was proud of* her son. He was always first in his class.
彼女は自分の息子を誇りに思っていた。成績はいつもクラスで1番だったから。

be proud of が「人」をとる場合、Kashino Database の検索によると、I am proud of you. の形式で用いることが最も多い。

(3) I think you are doing a great job here at the hospital. I'*m proud of you*.
君はこの病院でよく頑張ってくれていると思う。私も鼻が高いよ。

このように、後に「人」がくる場合、take pride in ではなく、be proud of が用いられるが、後に「仕事、業績」をとる場合には、両者とも用いることができる。
その場合、be proud of では、その仕事や業績は過去に終わったものであることが多く、take pride in ではその仕事や業績は現在進行中のものであることが多い。

(4) He had *been proud of* the job Mia had done, proud enough to save the newspaper article about it.
彼はミアがそれまでに成し遂げた仕事に感心していて、その新聞記事を取っておく程であった。

(5) Tim *took pride in* his work as a valuable public service.
ティムは人の役に立つ公職についていることを誇りに思っていた。

terrific

この語は、元々、「恐怖を引き起こす」(inspiring terror) という意味を表していたが、1930年代からアメリカのくだけた口語で excellent や wonderful の意味で用いられるようになった。現在では多くの英語圏で使われている。

(1) "Maybe we could meet some other time." "How about tomorrow lunch?" asked Brad. "*Terrific*." Alice smiled.

「また、いつか、会いましょうよ」「明日の昼食はどうかな」とブラッドが尋ねた。「いいわね」とアリスは笑って答えた。

(2) Carl appeared carrying a tray, which he set down on the table. He said to me, "Is a cappuccino all right?" "*Terrific*."

カールがトレイを持って現れ、それをテーブルの上に置いた。「カプチーノでいいかな」と彼は私に言った。「もちろん」と私は答えた。

また、terrific は次のように身体の調子のことを言う場合にも使われる。

(3) "Hey, how have you been?" "Never better. You?" "*Terrific*."

「やあ、元気だったか」「申し分ないね。そっちは？」「最高だよ」

さらに、次の(4)のように、terrific は1語ではなくて、文の一部としても用いられる。

(4) "I think the paper you're writing is *terrific*." "You mean the diabetic thing?" "It shows a lot of new insights."

「あなたが今、書いている論文はすごいと思うわ」「糖尿病の分？」「新しい洞察が沢山あるわ。」

【関連情報】

terrific の反対の意味は terrible で表すことができる。

(5) "His father died recently." "So I heard. *Terrible*, quite *terrible*."

「最近、彼のお父さんが亡くなったんだ」「そうらしいね。気の毒に、本当に」

That's/There's... for you.

これは「ある人がある行動をとったが、それはよくあることなので驚くに当たらない」ことを表すくだけた口語表現である。「…とはそういうものですよ」くらいの意味に当たる。

(1) A: "She broke down and cried when she heard she had won."
 B: "*That's* a girl *for you.*"
 A:「彼女は自分が勝ったと聞いて取り乱して泣いた」B:「女の子とはそういうものですよ」

(2) "You can't turn around here without bumping into a star." "*That's* Hollywood *for you.*"
 「ここじゃ、振り向けばスターの顔が拝めるんだね」「ハリウッドとはそういう所だよ」

この表現は、次のように皮肉や反語としても用いられる。

(3) He didn't even send me a thank-you e-mail. *There's* gratitude *for you.*
 彼はお礼のメールもよこさなかった。感謝というものがあるだろう。

the（対立を表す場合）

次のような表現では初出でも名詞に the を付けて用いる。

(1) a. I can play *the* guitar.
 b. I like *the* summer best.
 c. He was gone when she woke in *the* morning.
 彼女が朝、目を覚ますと彼はすでにいなかった。

この the は、全体を構成するいくつかの異なった要素からの特定化を表すもので、他との「対立を表す the」と呼ばれる。

この場合には名詞に強勢が置かれる。[Long (1961); Close (1975); 五島 & 織田 (1977)]

例えば、上の (1b) の summer は、数ある夏の中で特定の夏（例えば、in the summer of 2010）のことを指しているのではなく、1 年を構成する「春夏秋冬」の中で、（春でも秋でも冬でもない）夏という特定の

the（対立を表す場合）

季節を指している。

次の(2)は全体の中の要素同士が対照されていて、the が対立を示していることをよく表している例である。

(2) The station is notorious for being drafty and cold in *the* winter and completely airless in *the* summer.

(その地下鉄の) 駅は、冬にはすきま風が入り寒く、夏には風通しが悪いので評判が悪い。

the がこのように対立を表すのは、「左右」「朝昼晩」「東西南北」「春夏秋冬」「現在・過去・未来」のようなセットになっている名詞群のうちの1つを取り出して述べるときに多い。

(3) a. the north, the south, the east, the west
   b. the left, the right
   c. the past, the present, the future
   d. the town, the country
   e. the land, the sea
   f. the summer, the winter, the spring, the fall [autumn]

この対立の the はときに省略されることがある。[Huddleston and Pullum (2002)]

省略されて無冠詞で用いられると、抽象化され、季節の場合は暑さや寒さなどの季節の特徴が表され、楽器の場合は主語が（プロの）演奏者で、どのパートを担当しているのかが表される。

(4) I may be able to get a job on the beach. They employ students in *summer*.

ビーチで仕事がもらえると思うんだ。夏には学生を募集するからね。

(5) "I play *saxophone* in a band." Michael said.

「バンドでサキソホンを吹いている」とマイケルは言った。

この「対立」という考え方は有効であるが、ネイティブ・スピーカーの中には、この「対立の the」を認めない人もいる。

そういう人たちにとっては、the summer/the piano も summer/piano もほぼ同じ意味を表すことになる。

(6) In (*the*) *summer* I try to spend as much time as I can in the moun-

tains.

夏にはできるだけ多くの時間を山で過ごそうと努めている。

(7) I play (*the*) piano terribly.

ピアノは下手です。

> ちなみに、Kashino Database で in the summer と in summer を検索すると、出現率は前者で73%、後者で27%であった。

【関連情報】

> このほか、対立の the と考えられる定冠詞の用法は以下の通りである。

［Ⅰ］接触動詞構文で用いられる the

> ここでは、(有限の)体の部分から、ある部分が特定化されていることが表される。

(8) Burt kissed her ─ on *the* cheek and then on *the* lips.

バートは彼女にキスをした。最初は頬に、それから唇に。

［Ⅱ］話し手と聞き手の間で、ある関係が成立したことを宣言するときに用いられる the

> これは二者のうちの一方を指すという意味での特定化である。

(9) She laid the money on the table, and said, "Okay, now I'm *the* lawyer and you're *the* client.

彼女は(もらった)お金をテーブルに置いて言った。「分かったわ。これで私が弁護士であなたが依頼人ね」

> ネイティブ・スピーカーによると、例えば、いつも遊んでいる親戚の子ども同士でも、年上の者が年下の者に勉強を教える段になると、年上の者が I am *the* teacher and you are *the* student. と宣言するという。

［Ⅲ］単位を表す the

> これは、売買や測量が表されるときに、時間や量を示す語が by the... の形式で用いられるものである。
>
> (10) の the week は day, hour, month, year などと、(11) の the gallon は他の液体を測る単位と対立している。

(10) Taylor rented the place by *the* week, paid in advance.

テイラーは週いくらでその場所を借りていて、前払いだった。

(11) He drank the cheapest wines by *the* gallon.

彼は安物のワインを浴びるほど飲んだ。

[IV] その他

以下に Huddleston and Pullum (2002) に挙がっているもので、対立の the と思われる例を引いておく。

(12) ダンス：Hilda can dance *the* waltz/*the* rumba.

ヒルダはワルツ［ルンバ］が踊れる。

病気：I have *the* flu/*the* measles/*the* chicken pox.

インフルエンザ［はしか、水痘］にかかっている。

情報授受：I listened to *the* radio. I spoke to her on *the* telephone.

ラジオを聴いた。/電話で彼女と話をした。

交通：We took *the* bus/*the* train/*the* boat.

バス［列車、船］に乗った。

the と固有名詞

固有名詞（特に場所の名前）には the が付く場合と付かない場合がある。

(1) the が付く場合

海 (the Pacific) / 山脈 (the Alps) / 川 (the Amazon) / 運河 (the Suez Canal) / 砂漠 (the Sahara) / 諸島 (the West Indies) / ホテル・劇場 (the Hilton Hotel) / 美術館 (the Metropolitan Museum of Art) / レストラン・パブ (the Hard Rock Cafe) など。

(2) the が付かない場合

大陸 (Asia)/国・州 (Washington)/市・町・村 (Tokyo)/個々の島 (Long Island)/湖・湾 (Lake Victoria, Hudson Bay)/個々の山 (Mount Fuji)/通り・広場・公園 (Oxford Street, Union Square, Central Park) など。

以下に具体例を挙げる。

(3) President traveled with us to the village near the source of *the Nile*.

大統領は私たちと一緒にナイル川の水源近くの村まで進んでいった。

(4) As we ascended, we saw that the Hollywood sign atop *Mount Lee* was directly in view through the windshield.

私たちが車で登っていくと、フロントガラス越しにマウント・リーの頂上に Hollywood というサインがはっきりと見えた。

どういう場合に固有名詞（場所の名前）に the を付けて、どういう場合に付けないかについては明確な原則はない。

例えば、Quirk et al. (1985) は、場所の名前が誰でも知っている有名なものであれば、特に指し示す必要がないので the を付けないとしているが、その一方で、有名であれば「誰でも知っているあの…」という意味で the を付ける、と反対の意見を述べている文献もある。

しかし、個々の山には知名度に関係なく the は付かないし、逆に海や川には知名度に関係なく the が付く。また橋に関しても London Bridge と無冠詞で言うのに対して the Golden Gate Bridge と the を付けて言う。

ここから分かるように有名かどうかは判断の基準にはならないようである。

the の意味の変遷

この項では、織田（2002）を参考に定冠詞の the の意味の変遷について述べる。

定冠詞の the は通例、「前方照応の the」（＝既出の the）と「対立の the」および「総称の the」の 3 つに分類されるが、the はこの順に具体性の強いものから抽象性の高いものへと変遷している。

「前方照応の the」は、「既出」「唯一性」という意味特徴を表し、また特定的（＝指示的）でもある。したがって、「the ＋名詞」の持つ具体性はかなり高い。

(1) *A* boy in a red uniform came up to the side of Ed's car and opened the door. "It's just four," he said. "Are you serving dinner yet?" *The* boy was holding the door handle. "Yes, sir," he said.

赤い制服を着た（レストランの）若い男がエドの車の脇にやってきてドアを開けた。「まだ、4 時だけど夕食はもう食べられるのかな」とエドは言った。その若い男はドアの取手を握ったまま「はい、ご用意できま

次に、「対立の the」であるが、これは、すでに「the（対立を表す場合）」の項で述べたように、全体を構成するいくつかの異なった要素からの特定化を表す。(2)では「東西南北」の中から「東」が選ばれている。

(2) The sun rises in *the* east.
太陽は東から昇る。

「対立の the」は「前方照応の the」とは異なり、(3)に見られるように前出の「the＋名詞」を「which＋名詞」で聞き返すことはできない。「which＋名詞」は、その名詞の表す物の集合の中から1つ選び出させる機能を持っているからである。

(3) A: "In *the* winter we can ski."
B: "*Which* winter?"
［Bは数ある冬の中から1つ選ぶようにとAに求めているので対話として不自然となる］

cf. A: "*The* steak was great."
B: "*Which* steak?"
A: "*The* steak I ordered for lunch."
A:「ステーキ、おいしかったよ」B:「どのステーキ？」A:「お昼に頼んだステーキだよ」

以上から、「対立の the」は「前方照応の the」よりも抽象度が高いと言える。

最後に、「総称の the」であるが、これはさらに抽象化が進み、「個々の区別のない全体」という概念を表す場合に用いられる。

(4) *The* elephant likes peanuts.
象はピーナッツが好きだ。

この総称の the は、同じ総称表現の a/an（an elephant）や無冠詞複数形（elephants）に備わっていた個別性を消し去り、抽象概念を強調する働きをする。総称の the については「総称表現」の項を参照。

ただし、「総称の the」は Long (1961) や Close (1975) のように「対立の the」と同じものと見なす人もいる。

その考えに従うと、例えば *The* maple is a beautiful tree.（楓は美しい木だ）の maple は oak や pine などと対立していることになる。

the の用法

「the＋名詞」は、話し手が特定の人や物の存在を前提としていて、聞き手にも、どの名詞を指しているのかが分かると話し手が判断している場合に用いられる。
このとき聞き手がどの名詞を指しているか識別できるのは以下の4通りの場合である。

［Ⅰ］その名詞がそれまでにすでに言及されているとき
　　　（「前方照応的な指示」と呼ばれる）
［Ⅱ］連想により予測できるとき
［Ⅲ］後位修飾を伴い、それが識別に必要な情報を与えているとき
　　　（「後方照応的な指示」と呼ばれる）
［Ⅳ］話し手と聞き手が共有している知識から分かるとき

このうち、［Ⅰ］は当該の名詞が既出の場合であるが、［Ⅱ］－［Ⅳ］では名詞が初出であるにもかかわらず、the が使われる。織田（2002）はこれを「いきなりの the」と呼んでいる。

［Ⅰ］前方照応の場合

これは前項ですでに説明したので、以下には例文だけを挙げておく。

(1) Jimmy had *a* plan. *The* plan was relatively simple. It was to find the nearest good bar.
　ジミーにはやろうとしていることがあった。それは割と簡単なことで、ごく近場でいいバーを見つけることだった。

話し手が聞き手にも分かるだろうと考えて、「the＋名詞」を使っても、聞き手が理解できない場合がある。そのときには、聞き手は what や which を用いて聞き返すことになる。

(2) A: "Where's *the* paper, Chris?"
　B: "*What* paper?"
　A: "*The* paper from the briefcase!"

B: "Oh, that paper!"

A:「クリス、書類はどこだ？」B:「書類って？」A:「ブリーフケースから取り出した書類だよ」B:「ああ、あの書類のことか」

[Ⅱ] 連想により予測できる場合

> 例えば、a book と言えば、the author や the pages や the content などが連想される。このように、「a/an＋名詞」から連想される人や物を初出にもかかわらず、the を用いて表すことがある。
> これは the の最も頻度の高い用法である。[Hawkins (1978)]

(3) I can give you a cup, but *the* handle is chipped.
カップはあげるけど、持ち手が欠けているよ。

(4) We got a taxi and *the* driver was very kind.
タクシーを拾った。運転手は親切だった。

(5) He withdrew to a bedroom, locked *the* door and stayed by himself.
彼はベッドルームに引っ込んでドアに鍵をかけ、ひとりきりでいた。

[Ⅲ] 後位修飾の場合

> 前置詞句（特に of 句）や関係詞節が後から前の名詞を修飾し、名詞の「唯一性」が表されている場合は the を付けることが多い。

(6) *The* door to Room 123 opened.
123号室のドアが開いた。

(7) She hurried through *the* lobby of the hotel and got into an elevator.
彼女はホテルのロビーを急いで歩いていき、エレベーターに乗った。

(8) I handed her *the* bottle that I was holding in my hand.
私は手に持っていたボトルを彼女に渡した。

> 関係詞節が後から前の名詞を修飾する場合、the ではなく、a/an を使うこともできるが、そのときは、次にくる名詞はいくつかある物［何人かいる人］のうちの1つ［1人］という「単一選択性」を表すことになる。

(9) It is far easier to find *an* American student who has read Hemingway than *a* Japanese student who has read Natsume Soseki.
夏目漱石を読んだことのある日本人学生を見つけるよりもヘミングウェイを読んだことのあるアメリカ人学生を見つけるほうがずっと簡単だ。

したがって、This is *the* house I was born in. とは言えるが、*This is *a* house I was born in. とは言えない。同じ人が 2 か所以上の家で生まれることはないからである。[ミントン（1999）]

of 句を伴う「the＋名詞＋of＋the/a/an＋名詞」のタイプ（*e.g.* the roof of a house）の場合も同様で、このタイプでは、最初の名詞で示される人や物は「唯一性」の意味を持つ。

これに対して最初の名詞の前に a/an が付けられると、いくつかある物［何人かいる人］のうちの 1 つ［1 人］という「単一選択性」の意味になる。

したがって、次の (10) の a summit は、1 つの山にいくつかの頂上があるという意味になり不自然である。[Hawkins（1978）]

(10) *He climbed *a* summit of the mountain.

cf. He climbed *the* summit of the/a mountain.

彼は山の頂上に登った

なお、この場合、最初の名詞と 2 番目の名詞は所属関係にあり、最初の名詞は 2 番目の名詞の一部になっていることが多い。

［Ⅳ］話し手と聞き手が共有している知識から分かる場合

Leech（1981）はこれを次の 3 通りに分類している。

①全人類が共有している一般的知識（universal）

②特定の村・町・国の人々が共有している一般的知識（regional）

③ある特定の場面にだけ適用できる個人的な知識（local）

この知識に基づき、①では、名詞の指す人や物が、どのような場面でもすべての聞き手に認定され、②では、村・町・国に属する聞き手に認定され、そして③では、当該の聞き手にのみ認定されることになる。

ここから、それぞれの場合に初出でも名詞には the が付けられる。

①の代表的な例はすべての人が知っている the sun, the moon, the earth などである。

(11) *The* sun is a star.

太陽は星である。

ただし、太陽はその時々に応じて姿を変えるので、一時的な太陽を描写するときは「a＋形容詞＋sun」の形式が可能となる。

(12) In a frozen sky, *a pale sun* was trying to come out.

凍りつきそうな空では、弱い光の太陽が顔を出そうとしていた。

②では、用いられる名詞は the castle など地域にある建造物を表す名詞のことが多い。

次の例では、聞き手にはどの郵便局と特定はできないかもしれないが、話し手が「いつも行く郵便局」として受け取られる。

(13) I've got to run over to *the* post office.

郵便局に急いで行かないといけない。

もし、聞き手がどこを指しているのかが分からなければ、次のように聞き返すことになる。

(14) "John is not here right now. He went to *the* bank." "Do you know *which bank*?"

「ジョンは今ここにいません。銀行に行きました」「どの銀行か分かりますか」

③では、場面は多くの場合、家庭などの狭い空間である。このときには聞き手は名詞で表される人や物を通例、見たり聞いたりすることができる。

(15) They were at *the* dinner table. "Would you pass *the* potatoes, dear?" She reached over and put *the* dish of potatoes in front of her husband.

2人は夕食のテーブルについていた。「ポテト、取ってくれないか」と夫に言われて、彼女は手を伸ばして夫の前にポテトの入った皿を置いた。

同じように、レストランのメニューに載っている料理を、その中からどれと示すときにも the が用いられる。

(16) A: "Hi I'm Bill, what can I get you?"

B: "I'll have *the* special steak."

A:「いらっしゃいませ。ビルと申します。ご注文をお伺いします」

B:「特製ステーキをもらうよ」

the last person to...

1970年代前半に出版された学習参考書には、「最も…しそうにない人」「…するのに全くふさわしくない人」の意味を表す the last person to... の例として以下の文が挙がっている。

(1) He is *the last person to* tell a lie.
彼は決して嘘をつかない人だ。

しかし、多くの文献は、(1)には to 不定詞の中に仮定的な気持ちが含まれていて、つまり実際に嘘をついているわけではなくて、仮定的に述べられているので、主節には would be を用いる必要があるとする。

(2) He would be *the last person to* tell a lie.

この観点に立てば、次の(3)の第2文は実際に相手がリスクについてのアドバイスをしたことを受けての発言であるから主節は would be ではなくて現在形の are でも容認されることになる。

(3) "You're taking a risk." "You are *the last person to* advise me about risk."
「君は危ない橋を渡っているよ」「君からリスクについてアドバイスはもらいたくないね」

ところが、Kashino Database の調査では to 不定詞が仮定的な意味を表していても、主節に現在形が用いられた例が多く見られた。

(4) Jean is *the last person to* complain about anything.
ジーンは何かに不満を言うような人間ではない。

なお、同じ調査では、last が「最後の」という文字通りの意味を表す例も散見された。

(5) *The last person to* see her alive was the person who murdered her.
生きている彼女を最後に見たのは彼女を殺した人間だ。

Kashino Database を見る限りでは、全体的に、この the last person to... 構文の頻度は予想以上に低い。

this day week

this day week というのは「先週の今日」「来週の今日」という意味であると齋藤秀三郎『熟語本位英和中辞典』(1915) に載っている。

しかし、今日では this day week は普通の表現ではなく、しかも用いられるとしても「来週の今日」という意味に限られる。

今では、「先週の今日」は一般に a week ago today で表され、「来週の今日」は a week from today で表される。

(1) This serial drama started just *a week ago today*.

この連続ドラマが始まったのはまだ先週の今日のことだ。

(2) Would you come back and see me *a week from today*?

来週の今日、戻ってきて私に会って下さい。

各種和英辞典には、「先週の今日」「来週の今日」の英訳として、このほか today week, today/this day last week, a week today, a week later today, today next week などが挙がっているが、Kashino Database の検索でヒットしたのは以下の a week from today だけであった。

(3) "You haven't said when next week." "I was thinking of next Thursday. *A week from today*."

「来週のいつかは聞いていなかったわ」「来週の木曜、つまり来週の今日を考えていたんだけど」

ただし、today week (来週の今日) はイギリス英語として複数の英英辞典に掲載されている。

「too... for... to」構文

「too... for... to」構文は主語が物か人か、too の後に形容詞がくるか副詞がくるかに応じて次の4つのタイプに分類される。

[I] 主語(物) + be 動詞 + too + 形容詞 + for + (代)名詞 + to + 動詞

This table is too heavy for me to lift.

このテーブルは重くて私には持ち上げられない。

［Ⅱ］主語(人)＋be 動詞＋too＋形容詞＋for＋(代)名詞＋to＋動詞
Susie is too crazy for me to understand (her).
スージーはどうかしていて、私には言っていることが分からない。

［Ⅲ］主語(物)＋一般動詞＋too＋副詞＋for＋(代)名詞＋to＋動詞
The arrow passed too quickly for us to see (it).
矢はあまりにも早く通り過ぎていったので私たちには見えなかった。

［Ⅳ］主語(人)＋一般動詞＋too＋副詞＋for＋(代)名詞＋to＋動詞
Alex ran too quickly for me to catch him.
アレックスの走るのが早かったので私には捕まえられなかった。

to 不定詞の目的語が主語と同一のものを指す場合、上例から明らかなように［Ⅰ］から［Ⅳ］に進むにつれて次第に目的語が現れるようになる。［以上、柏野 (1993)］

これは鷹家＆林 (2004) の 103 名のネイティブ・スピーカーの調査結果と一致している。(同書では［Ⅲ］のタイプは扱っていない)

ただ、用例を観察する限りでは、「too... for... to」構文の主語と同一指示の to 不定詞の目的語は［Ⅳ］のタイプを除き、一般に表されないことが多い。

(1) Some of the words were *too* complicated *for* him *to* understand.
言葉のうちいくつかは難しくて彼には理解できなかった。(［Ⅰ］のタイプ)

(2) He was *too* big *for* her *to* fight.
彼は大男だったのでとても彼女の喧嘩相手ではなかった。(［Ⅱ］のタイプ)

(3) A whisper passed between them *too* quickly *for* me *to* hear.
2 人は言葉をささやいたが、あまりにも早くて私には聞き取れなかった。(［Ⅲ］のタイプ)

次は to 不定詞の目的語が示された実際の例である。ともに［Ⅱ］のタイプとなっている。

(4) He was strong, *too* strong *for* me *to* overcome him.
相手は強い男だったから打ち勝つのは私には無理だった。

(5) They were still *too* far away *for* me *to* recognize them.

その人たちはまだ遠くにいたので私には誰であるか分からなかった。

unless (1)

unless と if... not は次の例に見るように、よく似た意味を表す。

(1) a. *Unless* you leave now, you'll be late.
   b. *If* you do*n't* leave now, you'll be late.
   今出発しないと、遅れるよ。

ただし、unless は except if...（…であれば話は別ですが）という意味を表すため、if... not と似てはいるが、全く同じとは言えない。次の2つの文を比べてみよう。

(2) *If* you do*n't* call me, I will not know if you got there.

(3) I will not know if you got there *unless* you call me.

(2) は「あなたが電話をかけてこなかったら、あなたがそこに着いたかどうか分からない」と言っているだけで、「あなたが電話をかけてきたら、あなたがそこに着いたかどうかが分かる」(= I will know if you got there only if you call me.) という裏の意味までは言っていない。

一方、(3) は「あなたがそこに着いたかどうか分からない。ただし、あなたが電話をかけてきたら話は別ですが」という意味で、これは「あなたが電話をかけてきたら、あなたがそこに着いたかどうかが分かる」という裏の意味にまで言及している。

同じように、上の (1a) は「今出発すれば遅刻しない」(= You will not be late only if you leave now.) という裏の意味にまで言及しているが、(1b) はそこまでは言っていない。しかし、(1b) も談話の中に置かれ、文脈が与えられると、ときに unless と同じ「今出発すれば遅刻しない」という含意を帯びる。その場合には (1a) と (1b) はほぼ同じ意味に解釈される。

【関連情報】

両者の違いに関しては、Huddleston and Pullum (2002) が、if... not は使えるが unless は使えない場合と unless は認められるが if... not は認められない場合の2つに分けて以下のように解説している。

[I] if... not は使えるが unless は使えない場合

① if 節の予測できない行為や出来事に対する何らかの感情を主節で表すとき。

(4) I'll be surprised *if* he *doesn't* win the award.
彼が賞を取らなかったら驚きだね。

② 上の(2)や(3)で述べた「裏の意味」がはっきりと否定されているとき。

(5) We're going to the beach this weekend if *it doesn't* rain—and indeed we may still go even if it does.
もし雨が降らなければ週末にビーチにいくつもりだ。いや、たとえ雨でも行くかもしれない。

[II] unless は認められるが if... not は認められない場合

unless には、次の(6)のような「後からの思いつき」を表す用法があるが、if... not にはない。

(6) You're in charge now. Don't move from here—unless you have to.
今は君がここの責任者だ。ここを離れないように。やむをえない場合を除いては。

unless (2)

unless は「…であれば話は別ですが」というように肯定命題の排除を表すため、if 節とは異なり、unless 節には some をはじめとする断定語がくる。

(1) "Are you free tomorrow night?" "Yes, *unless something* happens with this case."
「明日の晩、時間はありますか」「ええ、今扱っている事件で何か起こるようなことがなければね」

cf. *If* he does*n't* have *any* money, I'll lend him some.
もし彼がお金を全然持っていないのなら少し貸してやろう。

ただし、any でも自由選択の any (「どんな…でも」) の場合には unless とともに用いることができる。

(2) *Unless* you have *anything* at all to do perhaps you'll have dinner with me this evening.

今晩、他に特にすることがないのであれば、一緒に食事はどうですか。

> また、if とは異なり、一般に unless は反事実を表す仮定法の動詞とは用いられない。

(3) *Unless I *were* exhausted, I'd give you a hand.
   cf. *If* I *were not* exhausted, I'd give you a hand.
   疲れきっているのでなければ手を貸すのですが。

(4) *Unless Sandra *had studied* hard, she would have failed the exam.
   cf. *If* Sandra *had not studied* hard, she would have failed the exam.
   もしサンドラが一生懸命に勉強していなかったら試験に落ちていただろう。

> ただし、Hewings (2005) は、主節が否定文であれば unless 節に仮定法の動詞を用いても容認されると指摘している。また、この場合、ときに unless を用いた文と if... not を用いた文の間で意味の相違が見られるとも述べている。

(5) I couldn't have reached there on time *unless* I'*d had* a helicopter.
   どのみち定刻にはそこには着かなかっただろう。ヘリコプターでもあったら事情は違っただろうが。[定刻には着かなかった]

(6) I couldn't have reached there on time *if* I had*n't had* a helicopter.
   ヘリコプターがなかったら定刻にはそこには着かなかっただろう。[定刻には着いた]

> (5) の couldn't have reached の表す意味については「助動詞の過去形＋have＋過去分詞」の項を参照。

watch (the) television

> 「テレビを見る」は通例、watch television と television の前に冠詞を付けないで用いられる。
> しかし、イギリス英語では watch the television という言い方も見られる。

(1) Dick sat back to *watch the television*.
　テレビを見ようとディックは椅子にもたれかかった。
(2) Yesterday I was at home killing time *watching the TV* because it was raining outside.
　昨日、外は雨だったから家でテレビを見て時間をつぶしていた。

一方、アメリカ英語では通例、the は付けないが、特定のテレビ番組を見るときには the を付けるというネイティブ・スピーカーもいる。

(3) "What happened?" Jim asked. "I've been *watching the TV* here. All I know is that the man has been taken to the hospital."
　「何があったんだ？」とジムは尋ねた。「ここでずっとテレビを見ていたからその男が病院に運ばれたことしか分からない」[アメリカ英語の例]

【関連情報】

一般に、watch television のようにテレビには the は必要ではなく、listen to the radio のようにラジオには the が必要である。この理由は以下のように推察される。

もともとラジオは音声を伝えるもので、英語の radio は抽象的な捉え方をされていた。(実際、今でも、listen to radio という無冠詞の言い方も稀であるが見られる)

ところが、時代の変遷とともに具体的な機械、器具と見なされるようになり、the が付けられるようになった。

ラジオの後に発達したテレビの場合も、現在は映像を伝えるもので television は抽象的な捉え方をされているが、今後は特定の番組かどうかに関係なく、具体的な機械、器具と考えられ、watch the television [TV] という言い方が次第に増えてくるかもしれない。

wear

英語の wear は実に面白い側面を持っている。例えば、She is *wearing a red blouse.* などはよく見かける例であるが、wear が表すのは、このような「着る」「着ている」という意味だけではない。

めがね、時計、ネクタイ、コンタクトレンズ、イヤリングなどすべて

wear の目的語として使うことができる。

さらに、次のように言うことも可能である。

(1) Teresa wasn't injured in the accident because she was *wearing* a seat belt.

テレサはシートベルトをしていたので、事故にあっても怪我をしなかった。

(2) "What do you *wear* in bed, Miss Monroe?" "Chanel Number Five."

「モンローさん、ベッドでは何を着ていますか」「シャネルの5番（香水）よ」

(3) "Are you on duty or off?" "Well, off." "Then why are you *wearing* a uniform and a gun in the courtroom?"

（巡査部長に向かって）「君は勤務中かね、それとも非番かね」「あの、非番です」「だったら一体どうして法廷で制服を着ていて、しかも拳銃を携帯しているのだね」

ここに共通する意味は、鈴木孝夫著『ことばと文化』（岩波新書）が指摘しているように「人が自分の意志で何かを選んで一時的にそれを身体の表面に付着させる」ということである。

そうすると、めがね、時計などだけでなく、(1)―(3)のシートベルトもシャネルの5番も（ホルスターに入った）拳銃もこれに当てはまることになる。

なお、(2)はマリリン・モンローがかつて来日したときに行われたインタビューの一節であるが、当時、「香水は着るものではないのに、どうしてこのような受け答えができるのか」と思った人も多いのではないだろうか。

さらに次のような例にも上の定義が適用できる。

(4) Rachel came out *wearing* nothing but a short towel.

レイチェルは小さなタオルしか体にまとわないで出てきた。

(5) He was *wearing* handcuffs in front of his belly.

彼は腹の前で手錠をかけられていた。

(6) He's not *wearing* a pass around his neck.

彼は通行許可証を首からぶら下げていない。

(7) I used to *wear* a school badge when I was a high school student.
高校生の頃は校章を付けていた。
(8) Jack *wore* a thick, black mustache.
ジャックは黒い濃い口ひげをはやしていた。

【関連情報】

wear の目的語として用いられる名詞(句)を［Ⅰ］に、そして用いられない名詞(句)を［Ⅱ］に挙げておく。ただし、ネイティブ・スピーカーにより、多少判定に揺れはある。

［Ⅰ］ bandage, contact lenses, false eyelashes, wig, shoulder bag, pantyhose, gloves, pierced earrings, lipstick, makeup, etc.

［Ⅱ］ handbag, teeth, tattoo, etc.

well

本項では、間投詞 well の用法を『英語基本形容詞・副詞辞典』(研究社) を参考にしながら以下に8種類に分けて示す。どの用法も well は基本的に「発言する前に考えている」ことを表すという点で共通する。

［Ⅰ］ ah, oh などと用いられ、好ましくない話の内容を話し手が軽く受け流す場合。

(1) "You'll be late for dinner." "Oh, *well*, I don't suppose it matters."
「ディナーに遅れるよ」「ああ、構わないよ」

［Ⅱ］ 質問に対する答えに付けられる場合。

ここでは、回答者は不十分な答え方をしているので、質問者は推論を働かせて自分の求める情報を引き出すことになる。

(2) A: "What time is it?"
B: "*Well*, the sun just came up."
A:「今、何時ですか」B:「そうだな。太陽が昇ったくらいの時間かな」
［正確に時刻を答えていないので、質問者は「太陽が昇ったくらいの時間」とは何時頃かと推論を働かせる必要がある］

［Ⅲ］ 相手の発言に控えめに反論する場合。

(3) "I think Japan is beautiful." "*Well*, yes, but summers there are hot and

humid."

「日本は美しいと思います」「ああ、そうですね。でも日本の夏は非常に暑くて湿度も高いですよ」

[Ⅳ] 話を切り出す場合。

(4) "Could you tell me about yourself?" "*Well*... I am thirty-two years old. I was born here in Osaka."

「あなたのこと、お話していただけませんか」「ええと、私は32歳で大阪生まれです」

[Ⅴ] 話題を元に戻す場合。

▌下降調で発音され、well の直前にポーズが置かれる。

(5) "I talked to Mary about that." "What did she say? When did you talk to her?" "A few hours ago." "*Well*, what did she say?"

「その件でメアリーと話をしたよ」「何て言ってた？いつ話をしたんだ？」「2, 3 時間前だよ」「それで、彼女は何て言ったんだ？」

[Ⅵ] 話題を切り上げる場合。

(6) *Well*, I'd better be going now.

では、失礼します。

[Ⅶ] 相手の発言や行動を促す場合。

▌単独で用いられ、上昇調で発音される。

(7) "*Well*?" "Well what?" "Is everything all right?"

「それで？」「それでって？」「すべてうまくいっているか、ということだよ」

[Ⅷ] 適切な表現を考えたり、言い直したりする場合。

(8) I think I'll take a rest for a while. *Well* no, I'll take a bath first.

しばらく何もしないで体を休めるよ。いや、その前に風呂に入ろう。

What are you doing here?

▌What are you doing here?（主語や場所の副詞(句) は変化することもある）は doing に強勢を置くと文字通りの「ここで何をしているのか」という意味を表すが、you か here に強勢を置くと「どうしてここにい

るのか」という意味を表す。

後者では話し手の不満が表され、ときに失礼な言い方となる。

(1) "Hello, George," she said. "*What are you <u>doing</u> here*?" "I've been waiting for you."

「ジョージじゃないの」と彼女が言った。「ここで何をしているの？」「君を待っていたんだよ」

(2) "*What are you doing <u>here</u>*?" Amy asked. "I don't hear from you in months, and all of a sudden you appear in the middle of the night to scare me. I repeat, why are you here?"

「どうしてここにいるのよ」とエイミーは言った。「何ヶ月も連絡もしないで、突然、夜中にやってきて驚かすんだから。もう一度聞くけど、どうしてここにいるのよ」

(3) "*What the hell are <u>you</u> doing here*?" he mumbled bad-temperedly.

「一体、どうしておまえがここにいるんだ？」彼は不機嫌につぶやいた。

この構文では主語に無生物がくることもあり、その場合は「ある物がどうしてその場所にあるのか」（そこは本来の場所ではない）という意味が表される。

(4) *What's the DVD player doing under your bed?*

どうしてDVDプレーヤーがお前のベッドの下にあるんだ？

［Are you trying to hide it? というニュアンスがある］

(5) Over his shoulder, she noticed a purse. "*What is the purse doing there?*" she asked.

彼女は彼の肩越しにハンドバッグがあるのに気づいて尋ねた。「どうしてあそこにハンドバッグがあるの？」

What is + 比較級

この構文は書き言葉で用いられ、「さらに…なことに」という意味を表す。

(1) *What is more important*, Bill knows what happened yesterday.

さらに重要なことに、ビルは昨日何が起こったかを知っている。

(2) He is active, and *what is better*, very bright.
    彼は活発で、さらに加えてとても利発だ。

この場合、口語では What is の省略が可能である。

(3) *More important*, Bill knows what happened yesterday.
    [More importantly とも言う]

(4) He is active, and *better*, very bright.
    [少し不自然だが可能。better still/better yet のほうが一般的]

(1) や (2) の important, better の後のコンマは is that が省略されたものである。この is that は堅苦しい言い方では、あるほうが普通である。

(5) What is more important *is that* Bill knows what happened yesterday.
(6) He is active, and what is better *is that* (he is) very bright.

【関連情報】

What is の後の形容詞は原級でも最上級でもよい。

(7) *What is strange* is that there was no one at home.
    不思議なことに、家には誰もいなかった。

(8) *What is most surprising* is that he already knew my name.
    一番、驚いたのは彼がすでに私の名前を知っていたことだ。

比較級の場合と同じように、口語では is that、あるいは What is の省略が可能である。後者の場合、形容詞の代わりに副詞を用いることもできる。

(9) *What is strange*, there was no one at home.
(10) *What is most surprising*, he already knew my name.
(11) *Strange*(*ly*), there was no one at home.
(12) *Most surprising*(*ly*), he already knew my name.

ただし、(11) や (12) のような言い方ができるのは、形容詞が strange, surprising, curious, funny, odd などの場合に限られる。[Quirk et al. (1985)]

What is he? と Who is he?

一般に、What is he? は「彼が他人から外的にどう見られているのか」

に関して用いられる。例えば、彼の仕事、社会や組織での地位、あるいは性別、身体的特徴、国籍などの情報が求められている。

一方、Who is he? は「彼という人間そのもの」に関して用いられる。例えば、彼の名前、あるいは身元について聞かれている。

(1) "*What is that man*?" "He is a captain in the Army."
「あの人は何をしている人ですか」「彼は陸軍の大尉です」

(2) "*What is he*?" "He is a waiter."
「彼は何をしている人なの?」「ウエイターだよ」

(3) "*Who is she*?" "Jenny Paterson."
「彼女は誰ですか」「ジェニー・パターソンです」

(4) "*Who is George*?" "A friend of Bill's."
「ジョージって誰?」「ビルの友達だよ」

両者を比べると who のほうがはるかに普通の表現で、ときには what の代わりにも用いられる。

(5) "*Who is he*?" "He's a doctor."
「彼は誰ですか」「医者です」

なお、主語が you のときに、What are you? や Who are you? と言うと失礼になるので、代わりに What do you do? や May I ask your name? などが用いられる。

(6) "*What do you do*?" "I'm a homemaker. And you?" "A teacher."
「お仕事は何ですか」「専業主婦です。あなたは?」「教師です」

(7) "*May I ask your name*?" "My name is Alice."
「お名前は?」「アリスです」

whatever の前置詞化

whatever には(1)のように譲歩を表し、be 動詞の補語となる用法がある。

(1) *Whatever* the explanation is, some clarification is desirable.
どんなものであれ、明快な説明が必要だ。

この be が省略され、whatever が表面上、前置詞化しているような例が

見られる。Kashino Database の検索では、be が省略された例のほうがむしろ多く観察された。

(2) Is that why Cliff killed her? *Whatever* the answer, I need to know.
それがクリフが彼女を殺した理由なのか。答えは何であれ、知る必要がある。

(3) What was Ellen doing here? *Whatever* the reason, it didn't matter.
どうしてエレンがここにいるのか。その理由が何であっても、どうでもいいことだった。

この whatever は no matter what を用いて書き換えられるが、no matter what の場合にも同じ現象が見られる。[吉田（1982）]

(4) I was glad he had decided to do this, *no matter what* the consequences.
どんな結果になろうと、彼が実行すると決めたことが私には嬉しかった。

この場合には、次のように what も省略することができる。

(5) This is undesirable behavior *no matter* the circumstances.
状況がどうあれ、これは望ましくない行動だ。

Whatever you say.

Whatever you say. は Whatever you say will be done. の省略形で、好意的に「あなたの言うことなら何でも聞きます」「はい、分かりました」の意味を表すくだけた言い方である。Anything you say. とも言う。

(1) "Can I take you home?" Craig asked, glancing at her. "Do you mind dropping me off at the library?" she replied. "*Whatever you say*," he answered.
クレイグは彼女に目をやりながら「家まで送ろうか」と尋ねた。「図書館のところで降ろしてもらえないかしら」と彼女は答えた。「分かったよ」と彼は言った。

このほか、I'll do whatever you say, even though I think it's not the best thing to do. の意味で、ため息まじりに、あるいはあきらめたような調子で、しぶしぶ同意するような場合にもこの表現は使われる。

> この場合には「話に疲れたので会話を切り上げる」という含みがある。1 語で Whatever. とも言う。

(2) "I would advise you―" "If I need any advice from you about my work here, I'll let you know." Lenny let out a deep sigh. "Right." He rose. "*Whatever you say*."

「忠告しておくけど…」「ここでの仕事についてあなたからアドバイスをもらいたいときは私のほうから言います」レニーは深くため息をついた。「分かりました」そう言って彼は立ち上がった。「おっしゃる通りにしましょう」

(3) "I wasn't smiling. Take another one." Scott shrugged. "Sure. *Whatever you say*."

「(写真を撮ってもらったが) 笑顔で写っていないから、もう 1 枚撮ってくれ」(と言われて) スコットは肩をすくめて言った。「分かりました。お望み通りにしましょう」

> ただし、この表現は皮肉に聞こえることもあるので、(3)のような場合は All right then. と言うことも多い。

Why/How... would ～?

> why や how などの疑問詞に導かれる節に should が使われ、驚きを表すという事実はよく知られている。

(1) *Why should* she want to help ruin a project?
どうして彼女は計画を台無しにする手助けとなることをしたがるのだろうか。

(2) "What does he want?" "*How should* I know?"
「彼の望みは何だ?」「分からないね」

> この場合、あまり知られていないように思われるが、should だけでなく would も用いることができる。

(3) "*Why would* she want to do that?" "For money."
「どうして彼女はそれをしようとするのだろう」「お金のためさ」

(4) "Where was he last night?" "*How would* I know?"

「彼は昨夜、どこにいたんだ？」「知らないね」

次の(5)は、how 疑問文と why 疑問文のそれぞれに would が用いられた例である。

(5) "Where did you hear that?" "At work. One of the girls told me." "*How would* she know?" "She's the girlfriend of the owner's son." "So *why would* she tell you?"

「それをどこで聞いたんだ？」「仕事場で。女の子の 1 人が言ってくれたの」「どうしてその子は知っているんだ？」「その子はオーナーの息子の恋人なのよ」「なぜ君に言おうとしたんだろう」

複数のネイティブ・スピーカーによると、(5)の how 疑問文は How is it possible that she knows? に、why 疑問文は For what reasons was she willing to tell you? に書き換えられ、ともに話し手の疑いや不満の気持ちが表されるという。

特に、(5)の why 疑問文では、would は「…しようとする」という主語の意志が示され、それに対する話し手のいらだちが表出されている。

以下に類例を挙げる。

(6) "I've wondered lately... if it's all a bunch of lies." "But *why would* he lie to you?"

「最近、それ（彼の言うこと）が嘘で塗り固められているのではないか、と思うようになったよ」「でも、どうして彼があなたに嘘をつこうとするの？」

【関連情報】

should は It... that 構文の that 節に用いられて、出来事に対する話し手の驚きなどを表すが、この構文の場合もアメリカ英語では should ではなくて would が生起することがある。

(7) Isn't it a little odd that Betty *would* call you?

ベティがあなたに電話してくるなんて少し奇妙ね。

(8) I'm very surprised you *would* do this to your mother.

あなたがお母さんにこんなことをするなんて驚いたわ。

さらに詳しくは、「推定の should と仮定法現在」の項を参照。

will と be going to (1)

will と be going to はともに意志未来と単純未来の意味を表す。意志未来とは話し手や主語の意志を表すもので、通例「…するつもり」と訳される。

(1) I'*ll* tell you later.
後で言うよ。

(2) A: "What *are* you *going to* do?"
B: "I*'m going to* tell her the truth."
A:「何をするつもりなの？」B:「彼女に本当のことを言うつもりだ」

単純未来とは話し手による未来に関する「予測」(prediction) を表すものである。話し手や主語の意志とは係りがないのでこのように呼ばれる。

単純未来には「来週、20歳になる」のように時間がたてば自然にそのような事態になることを指すときと、「明日、雨が降るだろう」のように予測に話し手の判断が加わるときがある。前者を「不可避の変化」(inevitable change)、後者を「認識的な判断」(epistemic judgment) と呼ぶ。

(3) I'*ll* be ten in a few months.
ぼくはもう2、3ヶ月で10歳になるんだ。

(4) I'*m going to* be twenty years old next year.
来年で20歳になる。

(5) You'*ll* be more than happy. You'*ll* be rich.
君は幸せになるだけではなく、裕福になるだろう。

(6) She looked up at the gray sky. "It'*s going to* rain soon."
彼女は灰色の空を見上げた。「雨になりそうね」

認識的な意味を表す will と be going to については次の2点に注意したい。

[I] この will はかなり高い確率で出来事が起こることを表すため、I think や probably などを付けてそれを弱める場合がある。

(7) *I think* you'*ll* feel better after you've had coffee.

コーヒーを飲んだら気分がよくなると思います。

[Ⅱ] be going to は(6)の例のように、現在の時点でのある徴候に基づいて話し手が「この分だと…しそうだ」と予測する場合に用いられる。

(8) Looking at the clock, he said, "I'*m going to* be late."

彼は時計を見て「遅刻してしまう」と言った。

will と be going to (2)

1人称主語の場合、意志未来の will と be going to を比べると、will が「その場で何かをすることに決めた」(decision now) という意味を表すのに対して be going to は「前から何かをすることに決めていた」(decision before) という意味を表す。[Murphy (2004)]

例えば、will が用いられた次の(1)の例では、主語の「私」はゲアリーから電話があったという話を聞いて急に折り返し電話をかけることを思い立ったということが表され、一方、be going to が用いられた(2)では、主語の「私」はゲアリーから電話あったという話を聞く前からそのことを知っていて、折り返し電話をかけるつもりであったということが表される。

(1) "Gary phoned while you were out." "OK. I'*ll* call him back."

(2) "Gary phoned while you were out." "Yes, I know. I'*m going to* call him back."

したがって、次の(3)のような場面では will を使うのが適切で、be going to を用いると、話し手は前から誰かが来ることを知っていたことになり、不自然な言い方となる。

(3) The doorbell rang. "I'*ll* get it," said Nat.

玄関のベルが鳴った。「ぼくが出るよ」とナットが言った。

また(4)では I know という表現があることにより、前から保険料を払うつもりであったことが表され、will は使えないことになる。

(4) "Look at these!" Emily said. "Our insurance payment is overdue." "I know. I'*m going to* pay it next..."

「これを見てよ」とエミリーが言った。「保険料の支払い期限がすぎてい

るわ」「分かってる。この次、払おうと思って…」

単純未来（の中の認識的用法）の will と be going to を比べると、will が「出来事が条件付きで起こること」を表すのに対して be going to は「出来事が差し迫っていて避けられないこと」を表すという違いがある。[Palmer (1990)]

例えば、will が用いられた次の(5)の例は、「包みに近づくと」という条件付きで時限爆弾の爆発が起こることが示されていて、爆発を阻止するためにまだ何らかの手を打つことができるという状況にあることが表されている。

一方、be going to が用いられた(6)は、すでに時限爆弾が包みの中でカチカチと鳴っており、包みに近づいても近づかなくても今にも爆発するという状況が表されている。[Nicolle (1997)]

(5) Don't go near that parcel! It *will* explode!
包みに近づくな。（近づくと）爆発するぞ。

(6) Don't go near that parcel! It's *going to* explode!
包みに近づくな。爆発するぞ。

したがって、次の(7)は出来事が「今すぐにでも必ず起こる」ことが表されているため、be going to しか使えないことになる。[Eastwood (2005)]

(7) "Are you all right?" "I think I'*m going to* be sick."
「大丈夫か」「吐きそうだ」

この場合、if 節を用いて条件を付加すると will も使えるようになる。

(8) You'*ll* be sick *if* you drink too fast.
ゆっくりお酒を飲まないと気分が悪くなるよ。

単純未来の中でも、不可避の変化を表す will と be going to を比べると、一般に will が感情のこもらない客観的な記述に適しているのに対して be going to は感情のこもった主観的な記述に適している。次の2例を比較されたい。

(9) My grandfather *will* be 100 years old next month. Don't you think it's great?

(10) My grandfather *is going to* be 100 years old next month. Don't you

think it's great?

祖父は来月で100歳になる。すごいと思いませんか。

この場合、(9) も (10) も容認可能であるが、文脈により「祖父」が100歳になることに対する話し手の賞賛の感情が表されているので、一般に be going to のほうが好まれる。

同様に、次の (11) では話し手は 20 歳になることに対して嫌悪感を抱いていることが表されている。そのため、will よりも be going to のほうが文脈によく合った表現となる。

(11) I'm *going to* be twenty in 23 days. It's crazy! I won't be a teenager anymore.

あと 23 日したら 20 歳になる。何ということだ！もう 10 代ではなくなるなんて。

wipe A on B と wipe A with B

英和辞典には、よく wipe one's mouth on/with a napkin のような例が挙がっているが、厳密には on と with とでは意味が異なる。

wipe A on B では移動するのは A であるのに対して wipe A with B では移動するのは B である。

したがって、上の例では「ナプキンを口に持っていく」ことを表す with a napkin のほうが普通の言い方で、「口をナプキンに持っていく」ことを表す on a napkin は無作法な動作を表し、あまり一般的な言い方ではない。

以下に類例を挙げる。

(1) He *wiped* his nose *on* his sleeve.

彼は鼻を袖のところに持っていって拭いた。

(2) She *wiped* her mouth *with* her hand.

彼女は口を手でぬぐった。

(3) Max *wiped* his forehead *with* his handkerchief.

マックスは額をハンカチで拭いた。

したがって、次の (4) では on も with も可能であるが、(5) では on は使

えるが、with では「自分のはいているジーンズを移動させて手を拭いた」という不自然な意味を表すことになる。

(4) Dennis *wiped* his hands *with/on* his jeans that were lying on the floor.
デニスは床にあったジーンズを使って両手を拭いた。
デニスは床にあったジーンズのところに両手を持っていってぬぐった。

(5) Dennis *wiped* his hands *on* the jeans that he was wearing.
デニスははいているジーンズのところに両手を持っていって拭いた。
cf.? Dennis *wiped* his hands *with* the jeans that he was wearing.

【関連情報】

同じことが、「乾かす」「拭く」という意味を表す dry の場合にも当てはまる。
with を使った(6)では移動しているのはタオルであるが、on を用いた(7)では移動しているのは手である。

(6) Toby was *drying* his hair *with* a towel.
トビーはタオルで髪の毛を拭いて乾かしていた。

(7) He came into the room, *drying* his hands *on* a dish towel.
彼は部屋に入ると両手を布巾にこすり付けて拭いた。

Won't you...?

Won't you...? が「依頼」と「勧誘」の2つの意味を表すことはよく知られている。

(1) *Won't you* please help me?
助けてください。

(2) "Lieutenant Murphy." He turned around and faced a small attractive blonde. "Miss Eastwood?" "Yes. *Won't you* sit down?"
「マーフィー警部」と呼びかけられて振り向くと目の前には小柄な金髪美人がいた。「イーストウッドさんですか」「ええ。座りませんか」

この2つの用法に共通する意味は、「訴えるように（plead）強く言う（insist）こと」である。訴えるように強く言うことは「勧誘」の意味を

would（拒絶・固執）

表す場合には丁寧になるが、「依頼」の意味の場合は、命令に近づくため、文脈や口調により、失礼な言い方になる。

実際、久野 (1977) は (「依頼」の意味を表す) Won't you lend me this book? という文に関して以下のように述べている。

拒絶されることを予想した時、あるいはすでに一度拒絶された後に用いられる、しつこい、なじる気持の入った依頼形で、「この本を貸してくれたっていいでしょう」の意味となり、丁寧さを欠く。

以下に例を挙げるが、(3)では一度、Will you...? と言って拒否された後に Won't you...? を使っていることに注意したい。

(3) "Scott?" "Yes?" *"Will you* unzip my dress?" He stepped back. "I think I'll go to bed." "Oh. Well, good night." *"Won't you* unzip my dress?"
「スコット？」「はい？」「ドレスのファスナーを下ろしてくれない？」彼は後ずさりをした。「寝ようと思うの」「では、おやすみなさい」「ドレスのファスナーを下ろしてくれないの？」

特に、Why が先行して Why won't you...? という形式をとると典型的に「いらだちを込めた依頼」が表される。

(4) *Why won't you* leave me alone?
どうして一人にしてくれないの？

would（「拒絶・固執」を表す場合）

「拒絶・固執」を表す would を用いる場合には強勢が置かれ、それによって「説得に応じないで意志を貫く」という主語の強い意志が表される。

主語に無生物がくる場合もあるが、そのときでも意志を持っているものとして擬人化される。

(1) I tried and tried, but she *wouldn't* listen to my explanation.
何度もやってみたが、彼女は僕の説明を聞こうとはしなかった。

(2) James was angry because I *wouldn't* accept his offer.
ジェームズは私がどうしても申し出を受け入れないので怒った。

(3) Bob gave the knob a tug, but the door *wouldn't* budge.

ボブは取手を引いてみたが、ドアはびくともしなかった。

(1)—(3)は否定文の例であるが、肯定文でも用いられる。

(4) I tried to stop Jim smoking in bed but he *would* do it.
ジムにベッドでタバコを吸わないように言ったが、彼はどうしてもやめなかった。

この用法の would は次の(5)のように反復的行為を表すときと(6)のように一回限りの行為を表すときがある。
ただし、肯定文で一回限りの行為を表す用法は「稀で古風」というネイティブ・スピーカーもいる。

(5) Tom was miserly, and *wouldn't* spend any money on his wife at all.
トムはけちで妻に全くお金を使おうとはしなかった。

(6) The sign forbade bathing, but he *would* go into the water, and he drowned.
掲示には水泳禁止と書いてあったが、彼は水の中に入り溺れてしまった。

【関連情報】

この用法は will にも見られ、同じように強勢が置かれる。
1人称主語では話し手の妥協の余地のない決意が表され、3人称主語（無生物のことが多い）では話し手がその物の不便さに迷惑していることが表される。
なお、この will の用法はアメリカ英語では稀である。[Leech (2004)]

(7) Next time you come to my house, I really *will* call the police.
今度、家に来るようなことがあったら絶対、警察を呼ぶからね。

(8) My car's engine *won't* catch.
車のエンジンが、どうしてもかからない。

would rather

would rather の使い方では、注意すべき点が2つある。

［Ⅰ］1つは、would rather が後に節をとり、仮定法の動詞を従える場合である。

(1) I *would rather* you *didn't talk* during the movie.
映画の間は話をしないでほしい。

(2) I'*d rather* I *hadn't said* something like that.
あんなことを言わなければよかった。
[I wish I hadn't said something like that. のほうが一般的]

> この場合、仮定法現在を使うことも可能である。ただ、should を用いると容認度は落ちる。直説法を用いるとさらに容認度は低くなる。

(3) I'*d rather* she *marry* someone who really loves her.
彼女には彼女を本当に愛している人と結婚してほしい。

(4) ? I'*d rather* she *should marry* someone who really loves her.

(5) * I'*d rather* she *marries* someone who really loves her.

> [II] もう1つは、would rather の後に完了不定詞がくる場合である。このときには、「間違った選択に対する後悔」が表される。

(6) I *would rather have spent* the evening with Sandra.
夜はサンドラと過ごせばよかった。

> (6)は(7)のように I wish を用いて書き換えられるが、(7)のほうがいくらか意味が強くなる。

(7) I *wished* I *had spent* the evening with Sandra.

【関連情報】

> なお、I'd rather not. は依頼や提案に対して No と言うときの丁寧な言い方である。

(8) A: "Would you like to meet him?"
B: "*I'd rather not*."
A:「彼と会いませんか」B:「いや、やめておこう」

would と used to

> would と used to は、ともに過去の習慣を表し、よく often, always などと用いられる。

(1) Her father *always used to* say the same thing.
彼女の父はいつも同じことを繰り返し言っていた。

(2) "You're just like your father," Susie *would often* tell him.
「父親によく似ているわね」とスージーは彼によく言っていた。

ネイティブ・スピーカーの中にはwouldとused toはほぼ同じ意味を表すという人もいるが、厳密にはこの両者には以下のような違いが認められる。[柏野 (1999)]

[Ⅰ] 物語や昔の思い出を語る場合、冒頭にはused toが使われ、その後にwouldが続く。

この理由については、[Ⅱ]を参照されたい。

(3) I remember what we *used to* do when we were teenagers. I *would* wait for you after school and then we *would* stroll home together across the park, holding hands, and you *would* feed the doves while I was sitting on the bench reading a book.

10代の頃、いつも何をしていたか、よく覚えているよ。放課後、僕は君を待っていて、それから公園を手をつなぎながら歩いて一緒に家までぶらぶら帰ったよね。僕が公園のベンチに座って本を読んでいるその横で君は鳩にえさをやっていたね。

この(3)から分かるように、wouldには「戻らない昔を懐しむ気持ち」が含まれることが多い。[ミントン (1999)]

[Ⅱ] wouldを使うときは、いつ、その習慣的な行為が行われていたかを示す必要がある。

したがって、(4)のように言うのは不自然で、(5)のように言わないといけない。

(4) ?I *would* study French.

(5) I *would* study French when I attended high school.
高校時代によくフランス語を勉強した。

ただし、used toの場合にはその必要はない。

(6) I *used to* study French.
昔、フランス語をよく勉強した。

これはwouldには多くの意味があって、場面が過去であることを明示しないとあいまいになるからである。

例えば、上の(4)はこのままではI would study French if I had the

time.（時間があったらフランス語を勉強するのに）のように仮定法のwouldの意味に解釈される可能性がある。

［Ⅰ］で「物語の冒頭には used to を使う」と述べたが、その理由はここにある。

［Ⅲ］used to は現在との対比が強調され、過去の習慣的行為は現在ではもはや行われていないという含意があるのに対して would ではその点については中立である。

(7) "I thought she hated Lenny." "She *used to*."
「彼女はレニーのことが嫌いだったと思うけど」「昔のことよ」

(8) I *used to* be afraid to dream, but I'm not anymore.
以前は夢を見るのが怖かったが、今はそうではない。
［後半で現在ではそうではないことが明示されている］

［Ⅳ］一般に、used to は後に動作動詞も状態動詞もとれるが、would は動作動詞しかとれない。

(9) "This is where I *used to* hang out," Mike said. "There *used to* be a disco here."
「ここは僕がよくたむろしていた場所だ」とマイクは言った。「ここにはディスコがあった」
cf. *There *would* be a disco here.

(10) When I lived in New York I *would* get around by subway most of the time.
ニューヨークに住んでいた頃、よく地下鉄であちこちに行った。

なお、used to が状態動詞を従える場合、過去形で言い換えてもあまり意味は変わらない。［Lakoff (1969)］

(11) John *used to* know/*knew* arithmetic as a child, but he doesn't any more.
ジョンは子どもの頃、算数が得意だったが、今はそうではない。

［Ⅴ］used to とは異なり、would の主語には無生物はくることができないと言われているが、ときに用いられる。

(12) In the middle of surgery, the doctor's hand *would* begin to shake.
手術の最中にその医者の手が震えてくることがよくあった。

［Ⅵ］過去の習慣を表す would には強勢を置かない。

強勢を置くと拒絶や固執の意味（説得に応じないで意志を貫く）に解釈される。［柏野（2005 a）］

(13) Roger's mother told him not to play TV games, but he *would* play them whenever his mother went out of the house.

［強勢がない場合］お母さんはロジャーにテレビゲームをしないようにと言ったが、お母さんが家にいないときにはいつも彼はテレビゲームをした。

［強勢がある場合］お母さんはロジャーにテレビゲームをしないようにと言ったが、お母さんが家にいないときには彼はどうしてもテレビゲームをしようとした。

［Ⅶ］「would は短い期間の習慣に、used to は長い期間の習慣に用いられる」あるいは「would は不規則な習慣を、used to は規則的な習慣を表す」のような区別がなされることがある。

しかし、ネイティブ・スピーカー 15 名に尋ねたところ、13 名までがこのような違いを認めない。

Yes/No と「はい」「いいえ」

否定疑問文の答えとしての yes/no は日本語の「はい / いいえ」とは逆の対応関係になるとよく言われる。

例えば、次の (1) では yes に対して「いいえ」という日本語が、(2) では no に対して「はい」という日本語が適切である。

(1) "Aren't you scared?" "*Yes*, I'm scared."

「怖くはないのか」「いいえ、怖いです」

(2) "Haven't you been seeing him?" "*No*. I haven't seen him since that day."

「彼とは会っていないのか」「はい。あの日以来、会っていません」

毛利（1987）によると、英語では yes は肯定文の合図であり、yes の後には not はこない。また、no は否定文の合図で no の後には not が続く。

一方、日本語では相手の発した文が肯定文でも否定文でも相手の言ったことを認めて賛成なら「はい」、反対なら「いいえ」という。

ただし、英語の否定疑問文、例えば Don't you know that? の場合、「君は知らないのですか」という気持ちで聞かれたら、これに同調して、「はい、知りません」と答えられるが、同じ文であっても「知っているのではありませんか」のように修辞疑問のように問われたら、相手の疑いに反発して「いいえ、知りません」と英語の場合と同じ答え方ができる。(この場合、「はい、知っています」は不自然に響く)

このように、相手の発言の意図の判別が微妙なときもあるので、否定疑問文では「yes/no は日本語の『はい／いいえ』とは逆の対応関係になる」とは必ずしも言えない。

You want to... と You may/might want to...

You want to... と You may/might want to... はともにくだけた話し言葉で用いられるが、You want to... は指示や警告を表し、You may/might want to... は提案を表す。ネイティブ・スピーカーによると may/might want to... は I think you probably should... の意味だという。したがって want to → may want to → might want to の順に丁寧さが増すことになる。

(1) You *want to* be careful how you talk to me.
口の聞き方に気をつけたほうがいいな。

(2) "Did you say he still works for the oil company?" "I think so," Terry said. "You *may want to* check the website, though."
「彼はまだ石油会社で働いていると言いましたか」「そうです」とテリーが言った。「でもウェブサイトで調べたほうがいいですね」

(3) "You *might want to* ask her first," he suggested.
「最初に彼女に聞いてみたらどうかな」と彼はもちかけた。
[伝達動詞の suggest に注意]

この構文は、次のように否定文で使われることもある。

(4) *You don't want to* keep the judge waiting.

判事を待たせないほうがいいな。

動詞は want の代わりに wish も用いられる。次は留守番電話にメッセージを録音している場面である。

(5) My name is Nick Collins. I'm a private detective. You *may wish to* call me back.
私はニック・コリンズという者で、私立探偵をしています。折り返しお電話をください。

アメリカ英語とイギリス英語

この項では、McArthur (2002) と Swan (2005) に基づいて文法、語彙、つづり字、発音上のアメリカ英語とイギリス英語の違いについて解説する。

[Ⅰ] 文法

① shall と will: shall はアメリカではあまり使わない。

また、will の用法の中で(1)のように現在の推量を表す用法、および(2)の（話し手にとって不愉快な）現在の習慣を表す用法はおもにイギリス英語の特徴である。

(1) That *will* be Mary at the door.

玄関にいるのはメアリーだろう。

[アメリカではおもに must を使う]

(2) Tim will slam the door when he comes in.

ティムは入ってくるときにいつもドアをバタンと閉めるんだ。

[will に強勢を置く]

②仮定法：動詞や形容詞のうち、命令や主張を表すもの（例えば、insist や important）の後の that 節に動詞の原形（仮定法現在と呼ばれる）を用いることがあるが、これはおもにアメリカ英語である。

ここでは原形を使うことにより、命令の気持ちが表される。これは命令文が原形で始まることを考えれば理解できる。

イギリス英語では「should + 原形」が用いられる。

(3) I insisted that he not *leave*.

彼に出て行かないようにと強く言った。

It's important that she *be* told.

彼女に知らせることが重要だ。

cf. I insisted that he *should* not leave.

　　It's important that she *should* be told.

③完了形：They've already left. や Have you eaten yet? の代わりに過去形を用いて They left already. や Did you eat yet? と言うのはアメリカ特有の語法である。

> アメリカ英語では現在完了形のマーカー（already, yet など）があれば過去形を使うことができる。

(4) He *just walked* out of the door with his briefcase.
　彼はブリーフケースを持って、たったいまドアから出て行った。

> ④定冠詞：go to university/be at university や go to hospital/be in hospital に the を付けるのはアメリカ英語である。

(5) I have to go to *the university* without my father's help.
　父の援助を受けないで大学に行かないといけない。

(6) When can we get to *the hospital*?
　（救急車の中で）病院にはいつ着くのですか。

> ⑤前置詞：on a street［train］と in a street［train］、あるいは on the weekend と at the weekend のように同じ名詞の前でもイギリスとアメリカで前置詞が異なることがある。ともに後者がイギリス英語である。

(7) That shop is *on/in Market Street*.
　その店はマーケット通りにある。

(8) I'll call you *on/at the weekend*.
　週末に電話します。

［Ⅱ］語彙

> 同じものや同じことを表すのにアメリカとイギリスで異なる語が用いられることがある。日本ではアメリカ英語が一般に普及しているのでアメリカ英語から見たイギリス英語を以下に示す。

American	British
airplane	aeroplane
apartment	flat/apartment
busy（電話の話し中）	engaged
candy	sweets
check/bill（勘定書き）	bill
cookie	biscuit
elevator	lift/elevator
eraser（消しゴム）	rubber/eraser

fall/autumn	autumn
first floor, second floor...	ground floor, first floor...
garbage/trash（ごみ）	rubbish
gas(oline)	petrol
highway/freeway	main road/motorway
mail	post
movie/film	film
one-way ticket（片道切符）	single ticket
cf. round- trip ticket（往復切符）	return ticket
pants	trousers/pants
purse	handbag
railway	railroad
rest room/bathroom	(public) toilet
resume（履歴書）	CV [= curriculum vitae]
schedule/timetable（予定表）	timetable
subway	tube/underground
suspenders	braces
truck	lorry/truck
vacation	holiday(s)

[Ⅲ] つづり字

同じ語で英米でつづり字が違うのは、おもに次の4通りの場合である。
① favo(u)r, neighbo(u)r では、u のあるほうがイギリス英語で、ないほうがアメリカ英語である。
② theatre/theater, centre/center では―re がイギリス英語で、―er がアメリカ英語である。
③ organise/organize, analyse/analyze などは―se がイギリス英語で、―ze がアメリカ英語である。
④ catalogue, dialogue などは、アメリカ英語ではよく最後の ue を省略する。

[Ⅳ] 発音

アメリカの標準的な発音である General American（GA と略される）

とイギリスの標準的な発音である Received Pronunciation（RP と略される）を比べると、両者は① r の発音② a の発音③ o の発音④ u/ew の発音の点で異なる。

①アメリカ英語では car, horse などの r は舌の先を巻いて発音するのに対してイギリス英語（特に南部）では r を発音しない。したがって、かなり違うように聞こえるが、イギリス英語のほうが日本語の「カー」「ホース」に近い。

② fast, after などの a はアメリカ英語では［æ］と発音されるが、イギリス英語（特に南部）では大きく口を開いて［ɑː］と発音される。

③ top, dog などの o はアメリカ英語では［ɑ］と発音されることが多く、イギリス英語では［ɔ］と発音されることが多い。アメリカ英語の発音は日本人の耳には「タップ」「ダッグ」のように聞こえる。

④ duty, new などの u/ew はアメリカ英語では［uː］と読まれるが、イギリス英語では［juː］と読まれる。したがって、日本語の「ニュー」はイギリス英語に近い。

アメリカ英語と変則動詞 have

よく知られているように、「所有」の意味を表す have は、アメリカ英語では(1)のように一般動詞扱いされ、イギリス英語では通例、(2)のように変則動詞（anomalous verb）扱いされる。

(1) We don't *have* any money./Do you *have* a lighter?

(2) We *haven't* any money./*Have* you a lighter?

イギリス英語でも最近は、一般動詞扱いが普通になってきていることはよく知られているが、アメリカ英語で have が変則動詞として用いられているという事実はあまり知られていない。

(3) "I thought you might have some idea why she would do a thing like that." He said truthfully, "I *haven't* any idea."
「彼女がどうしてそんなことをするのか、君なら分かると思ったんだけど」（と言われて）彼は正直に答えた。「さっぱり分からないね」

(4) *Have* you any idea what you're after?

君は何を追いかけているのか、分かっているのか。

問題の語法に言及している数少ない文献の1つにFodor and Smith (1978) がある。彼女たちの言うところを簡単にまとめると、(5)のようにhaveの目的語がanyを伴っている場合にアメリカ英語でよく変則動詞扱いされるということになる。

(5) A: "*Have* you any idea where I left my umbrella?"
B: "No, I *haven't* any idea where you left your umbrella."

これは、(3)や(4)のような用例が散見される以上、正しい指摘だと言える。

このほか、Fodor and Smith (1978) は触れていないが、(6)のようにhaveがslightestやfaintestを従えるときにもよく変則動詞として扱われる。

(6) "Do you know who killed Cody?" He laughed, then shook his head. "I *haven't* the slightest idea, and I don't care."
「誰がコーディを殺したのか分かっているのか」（と言われて）彼は一旦笑い、それから首を横に振った。「全く分からないし、誰でも構わないさ」

(7) *Have* you the slightest idea how insulting you've been?
どれだけ俺を馬鹿にしてきたのか、ほんの少しでも分かっているのか。

このように、haveがanyやslightest, faintestなどと用いられると、アメリカ英語では一般動詞扱いだけでなく、変則動詞扱いも可能なのであるが、この理由は以下のように考えられる。

haveが変則動詞扱いされる場合には、通例、否定文ではhaven'tに、疑問文ではHaveに強勢が置かれるが、これは話し手がよりストレートな表現をしようとしていることの現れだと思われる。

ストレートな表現というのは、種々の文脈で見られるが、特に、話し手の感情が高まったときに現れやすい。その場合によくhaveがanyやslightest, faintestなどと用いられるのである。特に、次のような喜怒哀楽が表される脈絡では、変則動詞としてのhaveがアメリカ英語で顕著に見出される。

(8) Do you ever stop to think how I'm going to pay for it? I *haven't* any

money.

こんなもの、俺に払えると思うのか。金なんかないよ。

(9) Doug thought he would have to be as frank and direct as possible. "Look, I *haven't* the faintest idea why you feel as you do."

ダグはストレートにはっきりと言わないといけないと思った。「いいですか、どうしてあなたがそのように思われるのか、少しも理解できません」

(8)について、あるアメリカ人は、「haven'tの代わりにdon't haveを用いることも可能であるが、置き換えると、『感情的な意味合い』（emotional overtone）はなくなり、『単なる説明』（simple explanation）になる」とコメントしている。この脈絡でhaven'tが用いられることの所以である。

イギリスでも最近では多少古風、あるいは形式ばった感じを与えると言われる変則動詞haveがアメリカの口語で用いられるというのは面白い現象である。

アメリカ英語における shall

現代のアメリカ英語ではshallは申し出を表すShall I/we...?を除いてはほとんど使わない。このShall I/we...?もShould I/we...?を用いるほうがさらに普通である。

Lakoff (1969)［アメリカの文献］は、この場合、shallを使うと話し手は相手がyesと言うことを期待しており、shouldを使うと答えに対しては中立的な態度をとっていると指摘している。

(1) Before we talk business, why don't we order? Are you familiar with Japanese dishes or *shall I* order for you?

「仕事の話を始める前に料理を注文しましょう。和食には詳しいですか。それとも私のほうから注文しましょうか」

(2) "*Should I* call an ambulance?" Anne asked. "No." he said.

「救急車を呼びましょうか」とアンは尋ねた。「いや」と彼は答えた。

このほか、アメリカではshallは法律に関して3人称主語でThe debtor

> *shall* pay within ten days.（債務者は10日以内に返済しなければならない）のようにも用いられる。
> これ以外では、アメリカでは shall の代わりに will/'ll か、あるいは別の表現が使われる。

(3) I *shall* be back soon, so don't worry.
   → I'*ll* be back soon, so don't worry.
   すぐに戻るので心配は要りません。

(4) You *shall* do exactly as I say!
   → Do exactly what I tell you!
   言われた通りにしなさい。

> 特に、(4)のように2、3人称主語で「…させよう」という話し手の意志を表す用法はイギリスでも恩着せがましく聞こえたり傲慢に響くため、ペットや子どもに対して用いる以外は稀である。[Leech (1971)]
> イギリスの Coates (1983) の調査でも次の(5)の空所に shall を入れたネイティブ・スピーカーは全体の12.5%にすぎないという。

(5) John ( ) have his prize tomorrow.

「移動物」中心の構文と「移動先」中心の構文

> この項では、Pinker (2007) を参考に、(1)のような「移動物」中心の構文と(2)のような「移動先」中心の構文を解説する。
> (1)では干草、水、ペンキという移動物が、(2)ではワゴン、バラ、壁という移動先が目的語になっているのでこのように呼ばれるが、ともに影響を受ける対象が目的語になっている点に注意したい。

(1) a. He loaded the *hay* onto the wagon.
   彼は干草をワゴンに積んだ。

   b. She sprayed *water* on the roses.
   彼女はバラに水を吹きかけた。

   c. Bill splashed *paint* onto the wall.
   ビルは壁にペンキを勢いよく塗った。

(2) a. He loaded the *wagon* with hay.

彼はワゴンを干草で一杯にした。

b. She sprayed the *roses* with water.

彼女はバラ全体に水を吹きかけた。

c. Bill splashed the *wall* with paint.

ビルは壁全体にペンキを勢いよく塗った。

> 上記の和訳から分かるように、(1)の構文では干草、水、ペンキの量はどれだけでも構わないが、(2)の構文では「ワゴンは干草で<u>一杯</u>になった」「バラ<u>全体</u>に水を吹きかけた」「壁<u>全体</u>にペンキを勢いよく塗った」という含みがある。
>
> ただし、どの動詞でも(1)や(2)の構文をとることができるというわけではなく、例えば、pour という動詞は(1)の構文しかとれないし、fill という動詞は(2)の構文しかとれない。

(3) a. Amy poured *water* into the glass.

エイミーはグラスに水を注いだ。

b. *Amy poured the glass with *water*.

(4) a. Bobby filled the glass with *water*.

ボビーはグラスを水で一杯にした。

b. *Bobby filled *water* into the glass.

> これは pour は「注ぐ」ことを表し、意味の中心が移動物（水）にあり、移動先（グラス）には関心がないためである。また fill は「満たす」ことを表し、移動先（グラス）の状態の変化に重点があり、移動物（水）には無関心だからである。
>
> 一方、上で見た (1a) (2a) の load は「載せる」ことを表し、移動物（干草）だけでなく、移動先（ワゴン）の状態がどう変わったかにも関心があるため、「移動物」中心の構文も「移動先」中心の構文もとることができる。

過去完了形

> 過去完了形は「過去のある時点」(a particular time in the past) から見て、その時点までにある行為や出来事がすでに起こっていたというこ

とを表す。過去完了形では、この「過去のある時点」という概念が重要である。

過去完了形はそれだけでは「過去のある時点」を特定できないため、?Bill *had eaten* dinner. のように単独で用いることはできない。同じ文に(過去のある時点を表す)過去形があるか、それが文脈から推察される場合に限られる。[Lakoff (1969)]

例えば、(1)では「過去のある時点」は夕方の6時であり、彼はそれまでずっと仕事をしていたことが過去完了形によって表されている。

(1) Doug wanted to go home. He *had been* at work since eight that morning and it was already 6:00 pm.
ダグは家に帰りたかった。朝の8時から仕事をしていて、もう夕方の6時だった。

過去完了形は、この(1)のように現在完了形に準じて用いられる場合といわゆる「大過去」(pluperfect)を表す場合とがある。以下、この2つに分けて解説する。

[Ⅰ] 現在完了形に準じて用いられる場合

「過去のある時点」までの「完了・結果」「継続」「経験」の意味を表す。現在完了形では基準時は現在であったが、過去完了形ではそれは「過去のある時点」となる。

(2) She started to say something, but he *had* already *hung* up.
彼女は何か言おうとしたが、彼はすでに電話を切ってしまっていた。
[完了用法]

(3) They were best friends. He *had known* her since they were little kids.
2人は親友だった。彼は子どもの頃から彼女を知っていた。
[継続用法]

(4) All her life Natalie *had* never *spoken* to strangers.
ナタリーはそれまで知らない人に話しかけたことはなかった。
[経験用法]

[Ⅱ] 大過去を表す場合

大過去とは「過去のある時点」から見て、さらに過去の時を表すものをいう。つまり、過去の2つの出来事がある場合、その古いほうに用い

る過去完了形のことである。

(5) Murphy walked into the living room. The children *had gone* upstairs.
マーフィーはリビングに入っていったが、子どもたちはすでに（ベッドルームのある）2階に上がっていた。

しかし、話し手が過去の行為や出来事を起こった順に述べていくときは過去形ですませ、過去完了形は使わないことが多い。

(6) Martin *went* to the kitchen, *opened* the refrigerator, and *took* out a beer.
マーティンは台所に行き、冷蔵庫を開けて、ビールを取り出した。

上記の(5)の場合であれば、(7)のようにすれば過去完了形を使う必要はなくなる。

(7) The children *went* upstairs. (After that) Murphy *walked* into the living room.

また、文脈から時間関係が明確な場合にも過去完了形を使う必要はない。特にアメリカ英語では過去完了形は古風に響くので、口語では時間関係が明らかな場合には過去形が好まれる。

(8) She must have forgotten what I *told* her.
彼女は私が言ったことをきっと忘れていたんだ。

cf. She must have forgotten what I *had told* her.

ただし、ネイティブ・スピーカーの中には、この(8)のようにwhatの後に過去形を使うと「私が彼女に言った」のは最近のことになり、cf. の文のように過去完了形を使うと「私が彼女に言った」のはかなり前のことになる、というように意味上の違いを認める人もいる。

【関連情報】

過去完了形が大過去を表す場合には、次のような過去を表す副詞（句）と用いることが可能である。(9)では at ten は通例、「彼らの出発の時」と解釈される。

(9) They *had left* at ten.
彼らは10時に出発していた。

同じ過去を表す副詞（句）でも ago は「今から…前」という意味であるから過去完了形とは通例、使えない。代わりに before か earlier が用い

られる。[Close (1975)]

(10) It was a photograph that *had been* taken some years before.
それはその何年か前に撮られた写真だった。

(11) The event *had occurred* seven years earlier.
その出来事はそれより7年前に起こった。

ただし、複数のイギリス人は(12)のように ago を使った表現にも違和感はないと言う。

(12) I invited her to watch my new DVD but she told me she *had seen* it three weeks ago.
彼女に新しい DVD を見に来ないかと誘ったが、その3週間前に見たと言って断られた。

また小説の英語では、ago が過去完了形と用いられることもある。その場合には過去形が現在形に、過去完了形が過去形に相当する。(13)では now と過去形が用いられている点に注意したい。

(13) That *had been* almost two years ago, and now she *was* engaged and I was wondering if I should call Franklin and tell him.
それ(彼女がフランクリンと別れてアメリカに行ったこと)はほぼ2年前のことだった。今では彼女は他の男性と婚約をしていたが、それをフランクリンに電話をして言うべきかどうか迷っていた。

仮定法

仮定法(subjunctive)は直説法(indicative)に対する用語で、前者が「出来事や状態を想像として表現する」ものであるのに対して後者は「出来事や状態を事実として表現する」ものである。
英語では、仮定法が形態として残っているのは、1, 3人称単数主語の場合の were と仮定法現在だけである。

(1) Rick entered the judge's office as if it *were* his.
リックはまるで自分の部屋であるかのように判事の部屋に入っていった。

(2) I've insisted that he *leave* me alone.

彼には放っておいてくれるように強く言った。

上の(2)のような「仮定法現在」は、おもに希望、意図、命令を表す動詞や形容詞の後の that 節において使われる。これは命令を表す仮定法 (mandative subjunctive) と呼ばれ、特にアメリカ英語でよく用いられる。

なお、仮定法 (1、3人称単数主語の were と仮定法現在) はイギリス英語よりもアメリカ英語での頻度が高いが、それでもその使用は次第に減少してきている。具体例としては、It is time (that) I *was* going. や If I *was* you,... などの表現が可能なことや、as if 節が事実の反対を表していても直説法現在が使われるという事実などを挙げることができる。

【関連情報】

「仮定法」という用語は subjunctive を訳したものである。subjunctive という言葉はラテン語の *subjunctivus* に由来しており、さらに *subjunctivus* という語を遡ると、ギリシア語の *hypotakkitos* に辿り着く。この *hypotakkitos* という語は「従属」という意味であるが、これはギリシア語では subjunctive mood はたいていの場合、従属節に用いられていたことに起因する。[Chambers Dictionary of Etymology]

ちなみに、最近では、特に海外の文献においては、subjunctive という言葉はあまり使われておらず、「仮定法」と「直説法の条件文」を合わせて conditional sentences と呼ばれることが多い。

仮定法過去

仮定法過去は if 節に動詞の過去形を使うことからこのように呼ばれているが、通常の過去形が時間の点で現在から離れて (remote) いることを表すのに対して、仮定法過去としての動詞の過去形は現実から離れていることを表す。[Palmer (1990)]

日本の学校文法では、これまで仮定法過去といえば、「if 節に be, know, have, love などの状態動詞をとり、現在の事実とは反対の事柄 (counterfactual) を仮定する」という点が強調されすぎた嫌いがある。

仮定法過去には、これ以外にも if 節に動作動詞をとり「未来のありそうもないことを仮定」(hypothetical) したり、さらに仮定法過去を用いることによって提案などを「控え目」(tentative) にし、発言を丁寧にする用法も見られる。この順に以下に例を挙げる。

(1) If this firm *were* a football team, you'*d* be MVP of the year.
もしこの会社がフットボールのチームだったら、君は年間 MVP を受賞するだろう。

(2) "If anything ever *happened* to you, I think I *would* die." "Nothing is ever going to happen to me."
「あなたに何か起こったら私、死んでしまうわ」「ぼくには何も起こらないよ」

(3) This band is too noisy for conversation. It *would* be better if we *talked* at home.
バンドの音が大きくてよく聞こえないので、家で話をしたほうがいいね。

(1)はあり得ない (impossible) 状況を述べているため、通常の条件文のように if 節に現在形を用いて *If this firm *is* a football team, you *will* be MVP of the year. のように言うことはできない。
同様に、「(女性が) もし男だったら」と言う場合、If I *were* a man, I *would* not do such a thing. は可能であるが、*If I *am* a man, I *will* not do such a thing. と言うことはできない。
(2)は全く不可能という訳ではない (not impossible) 状況を述べているので if 節に現在形も使えるが、両者では意味が異なる。
(2)では事態の起こる可能性がかなり低いことを表すのに対して、条件文を用いた If anything *happens* to you, I think I *will* die. では可能性は数倍、高くなる。
したがって、例えば(4)と(5)の 2 文を比較すると、(4)は選挙の候補者の言葉と考えられ現実味を帯びているが、(5)は学生が夢を語るときの言葉と考えられ実現の可能性は低い。

(4) If I *become* Prime Minister, I'*ll* abolish capital punishment.
首相になったら死刑制度を廃止する。

(5) If *became* Prime Minister, I'd abolish capital punishment.
　首相になったら死刑制度を廃止するのに。

　(3)はあり得る（possible）状況を述べていて、It *will* be better if we *talk* at home. と言ってもあまり意味は変わらない。(3)では家で話をするという提案を控え目に行なっているだけである。
　この控え目な提案を表す仮定法過去は、「このような提案をしても実行に移されることはないでしょうが、もしよろしければ…」という意味で用いられている。このように、話し手が否定的なニュアンスを持つ表現を使うことにより、聞き手はNoと言いやすくなり、その分、丁寧な表現となっている。
　次は依頼の意味が表された例である。［以上、Graver (1986); Swan (2005)］

(6) I think it *would* be terrific if you *came* out here.
　ここに来ていただけたら有難いのですが。

【関連情報】

　if節の中に仮定法過去としてcouldが使われることがある。次のように、「できるものならするのですが…」という意味を表したり、依頼の意味［=Could you...?］を表す。似たような意味はwouldでも伝えることができる。

(7) If I *could* tell you, I *would*.
　言えるものなら言いますけど。

(8) If you *could* fax me a letter of introduction, I *would* really appreciate it.
　紹介状をファックスしていただけたら有難いのですが。
　[= Could you fax me a letter of introduction?]

(9) I *would* appreciate it if you *would* give me a phone call.
　お電話をいただけたら有難いのですが。
　[Would you give me a phone call? に近い意味を表す]

仮定法過去完了

一般に、仮定法過去完了は(1)のように過去の事実の反対（counterfactual）を表す。

(1) If Mike *had watched* the late news Monday, he *would have learned* that his petition had already been denied by the court. He was, however, sound asleep.

もしマイクが月曜の深夜にニュースを見ていたら、自分の出した請願書が裁判所によって却下されたことを知っていただろう。しかし、その頃、彼はぐっすりと眠っていた。

この場合、仮定法過去完了は以下の3つの意味を表している。[Schachter (1971)]
[Ⅰ] 帰結節は if 節を前提としない。
[Ⅱ] 帰結節は偽（false）であることが表される。
[Ⅲ] if 節と帰結節には因果関係（多くは後悔を表す）が成立するため because や so を用いて(2)のように書き換えることができる。

(2) Mike didn't learn that his petition had already been denied by the court *because* he didn't watch the late news Monday.

マイクは月曜の深夜にニュースを見ていなかったので、自分の出した請願書が裁判所によって却下されたことを知らなかった。

【関連情報】

このほか、あまり知られていないが、仮定法過去完了には以下のようなタイプのものが存在する。

(3) If we *had had* twins, we'd *have named* them Lauren and Laura.

私たちに双子がいたらローレンとローラという名前を付けていただろう。

(4) If Patricia *had baked* a pie, he *would have eaten* it.

パトリシアがパイを焼いていたら彼はそれを食べていたでしょう。

このタイプの仮定法過去完了は以下のような特徴を持つ。
[Ⅳ] 帰結節は if 節を前提とする。
[(3)や(4)が成立するためには、双子やパイの存在の前提が必要で、帰

結節は if 節が真であって初めて言える]

[Ⅴ] 帰結節は完全に想像上の事態であるため、真（true）とも偽（false）とも言えない。

[Ⅵ] because, so で書き換えると、if 節と帰結節の間の因果関係が希薄であるため、(5)や(6)のように不自然となる。

(5) ?We didn't name the twins Lauren and Laura, *because* we didn't have them.

(6) ?He didn't eat the pie, *because* Patricia didn't bake one.

[パイを食べた、食べないという事態そのものが存在しない]

この帰結節が if 節を前提とするタイプの仮定法過去完了は、「程度を言うための譬え表現」として用いられることが多い。

次の(7)では仮定法過去完了は、憎しみの程度の高さを述べるために使われている。

(7) It was at a party, he'd had a lot to drink. He *might have shot* at me with a pistol if he'*d had* one. But luckily he didn't.

それは、あるパーティでの出来事だった。彼はそれまでに深酒をしていた。もしピストルでもあったら彼は私をめがけて撃っていたかもしれない。幸いなことに、彼はピストルを持っていなかった。

仮定法過去完了形の特殊な形式

周知のように、仮定法過去完了形は(1)のように if 節に「had＋過去分詞」が用いられ、帰結節に「would など＋have＋過去分詞」の形式が用いられる。また、くだけた言い方では、(2)のように縮約される。

(1) If I *had seen* her, I *would have told* her.

(2) If I'*d seen* her, I'*d have* told her.

彼女に会っていたら伝えていたでしょう。

このほか、アメリカ英語のくだけた話し言葉では、(3)や(4)のように if 節に have を挿入した形式も見られる。[Quirk et al. (1985)] これは二重過去完了形（double pluperfect）と呼ばれる。

(3) If I'*d have seen* her, I'd have told her.

(4) If you'*d have been* here, you'd *have seen* that there was nothing else to do.

もしあなたがここにいたら（あのようにしたのは）仕方がなかったと分かってもらえたでしょう。

> 上記の 'd に関しては、If I *had've known*,... のような形式も存在することから分かるように、ネイティブ・スピーカーの間で would の省略と解釈するか、had の省略と解釈するかについて混乱が見られる。
>
> このようなことから、上記の 'd を would の省略と解釈して、if 節に完全な形の would を使う人もいる。
>
> ただ、それが認識的な意味を表している場合は、その容認性の判断はネイティブ・スピーカーにより異なる。一般に、if 節には認識的な意味を表す will/would は使えないからである。(if 節中の will については当該の項を参照)

(5) ?If he *would have known* how expensive it was, he *wouldn't have gone* there.

> 一方、if 節の中の would が意志などの根源的な意味を表している場合は (6) のように完全に容認される。

(6) If George *would have come*, we *wouldn't have had* to call Jim.

ジョージが来ようとしていたらジムを呼ぶ必要はなかったのに。

[=George wouldn't come, so we had to call Jim.]

仮定法と直説法の混合

> if 節を使う場合、if 節に直説法を用いると帰結節も直説法となり、if 節に仮定法を用いると帰結節も仮定法となるのが普通である。しかし、ときに ① if 節が直説法で帰結節が仮定法、② if 節が仮定法で帰結節が直説法のように両者が混合されて使われることがある。

(1) I *could* give him blood if he *needs* a transfusion.

彼に輸血が必要なら、私の血液を取ってもらってもいい。

(2) If I *fall* asleep, I *might* never wake up.

今、眠ってしまったら、2度と目が覚めないかもしれない。

(3) If it *were* an envelope or a very small package, it *may* get there sometime in the afternoon.

それが封筒か小さい小包なら、午後にはそこに着いているでしょう。

(4) I very nearly didn't go to that reunion. I *can't imagine* life now if I *hadn't gone*.

その同窓会にもう少しで行きそびれるところだった。もし行っていなかったら、今の人生は想像できない。

> この場合、①のタイプの混合型のほうが②のタイプよりも頻度が高い。②のタイプは、文法的に間違っているからであろう。なお、②のタイプでは、帰結節には may が用いられることが多い。

(5) If she *were* Japanese, she *may* have understood this custom more easily.

もし彼女が日本人だったら、この習慣をもっと簡単に理解していたかもしれない。

> これに関連して「混合型仮定法」の項も参照。

仮定法未来の should

> 日本の学校文法では、if 節で未来に関する仮定を表すのに用いる should を were to とともに「仮定法未来」と呼ぶことがある。これは if 節の表す意味を基準にした分類であり、if 節の動詞の形を基準にして分類された仮定法過去や仮定法過去完了とは名前の付け方が異なる。
>
> この should は if 節の内容が「偶然の機会や予測できない要因に依存している」場合に用いられる。逆に if 節の内容が偶然性ではなくて人間の意志に依存している場合には使えないことになる。[Close (1975)]

(1) We have no vacancies at present. But if the situation *should* change, we'll let you know.

今のところ欠員はありません。もし状況が変わればお知らせします。

(2) *If he *should* spend more time looking after his family and less time going out, his marriage would be a lot happier. [would であれば容認可能]

なお、「偶然性」の意味は次のように happen to を用いても表すことができる。この場合、should はあってもなくてもよい。

(3) If you (*should*) happen to fall ill, the firm will pay your hospital expenses.
もし病気になったら会社が治療費を負担してくれます。

should の構文的特徴としては、帰結節には命令文か will がくることが圧倒的に多いという点が挙げられる。

(4) If you *should* ever need any advice, please call me.
もしアドバイスが必要なら電話をしてください。

(5) If anything *should* happen to him, everything he has *will* belong to you.
彼の身に何かが起こったら、彼の所有しているものはすべてあなたのものになる。

この帰結節に用いられた動詞のタイプから判断すると、should を伴う if 節は却下条件（rejected condition）ではなく、開放条件（open condition）を表している。つまり仮定法ではなくて直説法という形をとっていると言える。

should は上で述べたように「偶然性」「予測不可能性」を表すため可能性の度合いは低いが、よく言われるような「万一」という意味ではない。

複数のネイティブ・スピーカーによると should の表す可能性は数値にすると 20％から 30％ くらいはあるという。そうすると、should の訳語としては「ひょっとして…することがあれば」という日本語が適切ということになる。この訳語には should のもつ「偶然性」の意味がよく表されている。

【関連情報】

「if + should」と「if + 現在形」の可能性の度合いを比べると、前者は後者よりも疑い（doubt）の程度が高い。［Palmer (1990)］

(6) If you *see* Burt, give him my regards.［You *may* see him.］
バートに会ったらよろしく言ってくれ。（バートに会うかもしれない）

(7) If you *should* see Burt, give him my regards.［You *might* see him.］

ひょっとしてバートに会うようなことがあったら、よろしく言ってくれ。(バートに会う可能性は低い)

さらに、あるネイティブ・スピーカーは「if + should」と「if + 現在形」の可能性の度合いをそれぞれ「20%から30%」「60%から70%」と判断している。

以上から、「if + should」と「if + 現在形」はともに直説法ではあるが、shouldのほうが現在形よりも可能性の度合いは低いと言える。これはshouldの持つ「偶然性」という意味によるところが大きい。

仮定法未来の were to

いわゆる仮定法未来の were to は Poutsma (1926) の言うように「その仮定が単なる想像であること」を表す。言い換えると、were to は話し手が現実世界とは別に任意に創り上げた全くの想像世界での仮定を表すことになる。

話し手は were to を使うことにより、談話の中に想像世界をもち込み、①それを現実世界と対比させたり、②想像世界の中で were to に具体例を挙げる機能を持たせたりする。

次の(1)は①の場合の例で、if I say と if I were to say が対照的に用いられ、現実世界と想像世界のコントラストが強調されている。

また(2)は②の場合の例で、最初に「ヨーロッパでは騒々しい選挙カーは容認されない」と一般的なことが述べられた後、were to を用いてヨーロッパの都市名を挙げるなど具体例が示されている。

(1) If I say that you will die someday, is there anyone among you who would question me? Of course not. And yet if I *were to* say that you are going to die on one particular day, at one particular hour, and in one particular way, you would shake your head and say that I was a fool.

もし俺が人はいつか死ぬ運命にあると言ったら誰か俺に嘘だというだろうか。絶対言わない。でも仮に俺がお前は何日の何時にこういう風にして死ぬ運命にあると言ったらお前は首を横に振り、俺のことを馬鹿だと

言うだろう。

(2) In the Western civilized nations, they would never allow such noisy election vans. If they *were to* parade the streets of Paris, Brussels or London, they would be shouted at by people there.

ヨーロッパの文明国では、日本で見られる騒々しい選挙カーは容認されないだろう。仮に騒々しい選挙カーがパリやブリュッセル、それにロンドンの通りを何台も通っていったら大声で怒鳴りつけられるだろう。

「If＋were to」の構文的な特徴は帰結節に助動詞の過去形がくるということである。逆に帰結節には will や命令文は使えない。ここからこの構文は純粋な仮定法であることが分かる。

このように were to は仮定法の動詞であり、しかも if 節の内容は想像世界での話であるから、その現実世界での事態の実現可能性は本来的にはゼロである。

次は1行目の impossible という語から分かるように、話し手は事態の実現可能性はゼロと判断し、その上に立っての仮定を述べている。

(3) Books will never disappear. It is *impossible* for it to happen. If books *were to* disappear, history would disappear.

本は決して消滅はしない。消滅するとは考えられない。仮に本が消滅すれば歴史も消滅するだろう。

ところが、可能性ゼロの場合だけでなく、可能性の低さ（ネイティブ・スピーカーによると可能性は1％から25 ％）を強調するために were to が「if＋過去形」に近い意味で用いられることがある。

次の例は、核汚染について述べられた文章であるが、1行目に unlikely という語があることから分かるように話し手は実現可能性はゼロではなく、ある程度（ネイティブ・スピーカーによると5％から10％）、存在すると考えている。また、ここでは「if＋were to」と「if＋過去形」が並列されていて、この2つの表現の意味の近さが示されている。

(4) Severe accidents with serious consequences are *unlikely* to occur. If such an accident *were to* occur, and if lands surrounding the national laboratory *were* contaminated, the government would respond immediately.

重大な結果をもたらす大きな事故の起こる可能性は低い。もし仮にそのような事故が起きて国立研究所の周りの土地が汚染されたら、政府が即座に対応するだろう。

このようにして、were to は想像世界からの発言であるから、話し手は全く実現不可能な仮定から実現の可能性のある仮定まで、自由奔放な発想ができる。[綿貫＆ピーターセン（2007）]

なお、were to の訳語としては「仮に」「仮の話ですが」という日本語が適切である。「仮に」とは「話を進めるための便宜として、実際にはそうでないことを想定する語」（『新明解国語辞典』第六版）であるが、これは were to にふさわしい訳語と言える。

【関連情報】

「if＋were to」と「if＋過去形」の可能性の度合いを比較すると、ともに仮定法ではあるが、were to のほうが過去形よりも可能性の度合いが低い。[Palmer（1990）]

次は were to と過去形の対比例である。

(5) If that railing *were to* give way, you'd be killed.
　　仮に鉄柵が壊れたとしたら死んでしまうよ。
　　[I'm just speaking theoretically as a warning.]

(6) If that railing *gave* way, you'd be killed.
　　鉄柵が壊れたら死ぬよ。
　　[It might happen.]

ただし、ネイティブ・スピーカーの中にはこの違いを認めない人もいる。そういう人たちにとっては、were to も過去形も互いに交換可能ということになる。

含意

含意（implicature）[ときに推意とも訳される]というのは、「口に出してはいないが、本当は伝えたい意味」のことで、含意がなければコミュニケーションが成立しないくらい私たちの周りには含意があふれている。

例えば、夜遅くまで起きている子どもに親が「いつまで起きているの？」と強い調子で言えば「早く寝なさい」という含意が認められる。また、次の(1)ではA,Bともに何かを含意しながら話をしているが、お互いにその含意を感じ取っているため会話が成立している。

(1) A: "I happen to have two baseball tickets for tonight."
「たまたま、今晩の野球のチケットが2枚あるのだけど」
[含意：一緒に行きませんか]
B: "I have to work part-time until 9:00."
「9時までバイトがあるの」
[含意：行けない]

この含意はGrice（1975）のいう協調の原則（cooperative principle）によって説明できる。

この原則は以下の量、質、関連性、様式の4つのルールに分類されるが、Griceは会話というのは一定の方向性を持った話し手と聞き手の協同作業であり、人は暗黙のうちにこの4つのルールに従っているとしている。

量（quantity）：過不足なく話しなさい。舌足らずもいけないし、余計なことを言ってもいけない。

質（quality）：内容について自信のあることを話しなさい。嘘をついてはいけない。

関連性（relevance）：場面にあった要点をついたことを話しなさい。無関係なことを言ってはいけない。

様式（manner）：明確に話しなさい。あいまいな言い方をしてはいけない。

このいずれかに反している場合に何らの含意が生じるが、これは、一見、違反しているように見える文を聞き手は、それには何か訳があると考え、何とか違反でないように善意に解釈しようと努めるからである。
[毛利（1980）]

例えば、次の(2)のBの話し手はAの発言に対して、一見無関係と思えることを言っているので関連性の原則に反している。また(3)のBの話し手の返答はAの質問の答えとしては情報不足であり量の原則に反

している。しかし、ともに聞き手は話し手が文字通りの意味のほかに何かを意図して発言していると考え、前者ではそれはyesだと推論し、後者ではnoだと推論している。

(2) A: "Can I borrow $100?"
B: "My purse is in the hall."
A:「100ドル、貸してくれない？」B:「ハンドバッグは玄関に置いてきたわ」

(3) A: "Did you do the reading for this week's seminar?"
B: "I intended to."
A:「今週のセミナーの課題図書は読みましたか」B:「読むつもりだったんだけど」

もちろん、My purse is in the hall. や I intended to. が文字通りにyesやnoの意味を表すはずもなく、この状況だからこそyesやnoを含意していると解釈される。

なお、含意というのはキャンセル（棚上げ）されることがあり、例えば、上の(2)ではMy purse is in the hall.の後に含意をキャンセルする次のような表現を付け足すことができる。［以上、Saeed（2003）］

(4) A: "Can I borrow $100?"
B: "My purse is in the hall. But don't you dare touch it. I'm not lending you any more money."
A:「100ドル、貸してくれない？」B:「ハンドバッグは玄関に置いてきたわ。でも絶対、ハンドバッグにさわらないでね。あなたには、これ以上お金は貸さないから」

【関連情報】

［I］含意は聞き手側の推論に委ねられているのだから、話し手の意図した含意がいつでも聞き手に伝わるとは限らない。
また逆に(5)のように話し手が意図していない含意を聞き手が一方的に感じ取ってしまう場合もある。

(5) "Kevin is a nice guy." "What you mean is that I'm not." "I don't say that."
「ケビンはいい人間だね」「どうせ俺はいい人間じゃないよ」「そういう

意味で言ったんじゃない」

[Ⅱ] 会話では皮肉を込めた表現もよく使われるが、この皮肉も Grice (1975) の協調の原則で説明が可能である。これは質の原則に対する違反と考えられる。

例えば、次の B の Fine という発言は、聞き手が状況を察して相手が文字通りの意味で Fine というはずがないと考えたときに皮肉と解釈される。

(6) A: "The publishing company has just called us. They rejected our request."

B: "Fine."

A:「出版社から電話があって、私たちの依頼を断ってきたよ」B:「上等だね」

この場合も [Ⅰ] と同じように、皮肉が伝わらないときも逆に話し手の意図とは裏腹に聞き手が一方的に皮肉と解釈してしまうときもある。

含意動詞

含意動詞 (implicative verb) とは過去形でしかも肯定文で用いられると、to 不定詞で表されている行為が行われたという含意を持つが、否定文で用いられると to 不定詞で表されている行為は行われなかったという含意を持つものを指す。[Karttunen (1971)]

(1) Scott *managed to* persuade her.

スコットは彼女を何とか説得した。

[=Scott persuaded her.]

(2) I didn't *manage to* get up early enough to catch the first train.

一番列車に間に合うほど早くにはどうしても起きられなかった。

[I didn't get up early... の意味だが、含意動詞が否定文で用いられるのは稀]

manage to とは逆に、forget to は過去形でしかも肯定文で用いられると、to 不定詞で表されている行為は行われなかったという含意を持つが、否定文で用いられると to 不定詞で表されている行為は行われたと

いう含意を持つ。
これを否定的含意動詞（negative implicative verb）という。

(3) When I went out to Kyoto I *forgot to* take the camera.
京都に出かけたときカメラを持っていくのを忘れた。
[= I didn't take the camera.]

(4) Joe didn't *forget to* lock the door.
ジョーは忘れないでドアに鍵をかけた。
[=Joe locked the door. の意味だが、含意動詞が否定文で用いられるのは稀]

さらに、非含意動詞（non-implicative verb）と呼ばれるものがあり、この種の動詞では過去形で用いられると to 不定詞で表されている行為の実現性に関してはあいまいになる。これは肯定文でも否定文でも変わらない。

(5) I *wanted to* spend some time with him before he went to Vancouver.
彼がバンクーバーに行く前に少し彼と一緒にいたかった。
[= I spent some time with him. *or* I didn't spend any time with him.]

(6) Dick didn't *want to* look back at her.
ディックは彼女のほうを振り返りたくはなかった。
[= Dick looked back at her. *or* Dick didn't look back at her.]

以下に3つのタイプの動詞の具体例を引いておく。

[Ⅰ] 含意動詞：manage, choose, happen, etc.
[Ⅱ] 否定的含意動詞：forget, fail, neglect, decline, etc.
[Ⅲ] 非含意動詞：want, hope, plan, intend, etc.

【関連情報】

このほか、Kreidler（1998）は、過去形で用いられると肯定文では to 不定詞で表されている行為が行われたかどうかは不明であるが、否定文では to 不定詞で表されている行為は行われなかったという含意がある動詞として try を挙げている。

また、過去形で用いられると肯定文では to 不定詞で表されている行為が行われたかどうかは不明であるが、否定文では to 不定詞で表されて

いる行為は行われたという含意がある動詞として hesitate を挙げている。

(7) We *tried to* answer.
私たちは答えようとした。
[=We answered. *or* We didn't answer.]

(8) We didn't *try to* answer.
私たちは答えようとしなかった
[= We didn't answer.]

(9) I *hesitated to* accept the offer.
オファーを受けるのをためらった。
[= I accepted the offer. *or* I didn't accept the offer.]

(10) I didn't *hesitate to* accept the offer.
ためらわず、オファーを受けた。
[=I accepted the offer.]

このうち、(7)については、try の表す固有の意味から考えると We answered. という含みを持たせることも可能であるが、実際には try to は、(11)のように We tried to answer, but... という形式でよく用いられ、首尾よくいかなかったことを表す場合が多い。

(11) I felt dizzy and I *tried to* stand up *but* I couldn't.
めまいがして、立ち上がろうとしたが立ち上がれなかった。

関係代名詞概説

関係代名詞（who, which, that）は、先行詞と関係詞節をつなぐ（つまり、関係づける）接続詞の働きをしているだけではなく、先行詞の代名詞として主語や目的語の働きも兼ねている。ここから「関係代名詞」と呼ばれる。

関係代名詞の発生を歴史的に見ると、that が 12 世紀ごろと最も早い。その後、which が 14 世紀ごろに生じ、who, whom は 15 世紀ごろと最も遅い。〔Webster's Dictionary of English Usage〕

関係代名詞は形の上で「右方埋め込み」と「中央埋め込み」に分けられ

る。「右方埋め込み」とは、次の(1)や(2)のように関係代名詞を含んだ節が右側にきていて、それで全体の文が終わっているものをいう。一方、「中央埋め込み」とは(3)や(4)のようにそれが中央に割って入っているものを指す。

[Ⅰ] 右方埋め込み

(1) Did you see the e-mail *which* came today?
　今日来たメールを見ましたか。[主格の関係代名詞]

(2) Choose the book (*that*) you like best.
　一番好きな本を選びなさい。[目的格の関係代名詞]

[Ⅱ] 中央埋め込み

(3) People *who* work in restaurants are called servers.
　レストランで働いている人はウエイターと呼ばれる。[主格の関係代名詞]

(4) The lawyer (*whom*) I consulted was American.
　私が相談した弁護士はアメリカ人だった。[目的格の関係代名詞]

文を解釈する場合には、(1)から(4)の構造に進むにつれて難しくなり、また英語圏の子どもは(1)から(4)の難易の順にこれらの構造を習得していく。

関係代名詞 that の特異性

関係代名詞のうち who と which は疑問代名詞から発達したもので、「先行詞のうち、誰[どれ]かと言うとそれは…」という意味を表すのに対して that は指示代名詞から発達したもので、すでに言及された語句に遡る機能を持つ。[Bolinger (1977)]

したがって、that は先行詞をそれと指し示すことのできる限定力の強い関係代名詞であり、また that は他の要素の介在を許さないほど先行詞と密着している関係代名詞とも言える。

この点は、that には「前置詞 + that」という形式はないという事実、あるいはコンマを伴う非制限的用法も見られないという事実から立証できる。(ただし、that の非制限的用法は、人により容認性に揺れが見られ

る [Huddleston (1984)]）

(1) *This is the school *to that* we go.
(2) ? To his surprise there was a letter from his mother, *that* he had not seen or heard from for twenty years.

> that は限定力が強いことから、先行詞が「唯一」であることを表す修飾語を伴うときや、先行詞が「すべて」あるいは「全くない」ことを表す修飾語を伴うときに好んで用いられる。
> 前者の具体例としては最上級の形容詞、the only, the first などがあり、後者の具体例としては every, any, no とその複合語などがある。

(3) Did he say *everything that* comes out of my mouth is a lie?
彼は私の口から出る言葉はみんな嘘だと言ったのか。[この例では which は使えない]
(4) I am afraid that there is *no* medicine *that* will help her.
残念ながら彼女を楽にする薬はありません。[この例では which は使えない]
(5) *The only* thing *that* cheered her up was his e-mails.
彼女を元気づけたのは彼からのメールだけだった。[この例での which の使用は稀]
(6) It's *the worst thing that* has ever happened to me in my life.
こんなに悪いことが起こるのは生まれて初めてだ。
[the best/worst thing that... の形式で用いられることが多い。この例では which は使えない]

> ここで注意したいのは、これらの場合でも、先行詞が人を表すときには who も可能という事実である。

(7) He was *the only neighbor who* had a key to our house.
近所の人で私たちの家の鍵を持っているのは彼だけだ。
(8) I'll be *the best father who* ever lived.
今までいなかったような立派な父親になってやる。

関係代名詞 which の特別用法

which は非制限的用法で名詞ではなく、先行する節またはその一部を受けることができる。これは主格として用いられることが多く、歴史的には 20 世紀初頭から発生した用法である。

(1) My parents expect me to pass the exam, *which* is impossible.
両親は試験に通ることを望んでいるが、不可能だ。

(2) She was crying now, *which* surprised him.
彼女が泣いていたので彼は驚いた。

この which が独立して以下のように文頭で用いられることがある。

(3) President Jefferson did it. *Which* means it's OK.
ジェファソン大統領の政策だから、まあいいのだろう。

(4) I smelled gunpowder. *Which* reminded me of the war.
火薬のにおいがしたので戦争を思い出した。

また、Which is/was? は、話し手が更なる情報を得ようと、相手の言葉に間髪をいれず切り返して質問する場合に使われる表現である。

(5) "There was another condition, and I didn't accept." "*Which was?*" "That I break all connection with him."
「もう1つ条件があったけど、断ったよ」「条件って？」「彼と一切関係を絶つことだよ」

【関連情報】

非制限的用法の which は先行詞として名詞や前文の内容だけでなく、形容詞や動詞句を受けることもある。
ただしこれは完全に確立した語法ではない。

(6) The garden looks very beautiful—*which* it usually doesn't in winter.
庭の草木が大変きれいだ。冬には普通あまりきれいには見えないのに。
[very beautiful か look very beautiful を受けている]

あるネイティブ・スピーカーは、これは「話し言葉で which が and の意味で使われるという事実と関係がある」とコメントしている。

(7) The ABC Party won the election, *which* I wish it hadn't.
ABC 党が選挙で勝ったが、勝ってほしくなかった。

このほか、which は先行詞が人であっても、関係詞節に be 動詞がある場合には、その先行詞の属性を受けて非制限的に用いられることがある。この場合には who は使えない。

(8) John is a doctor, *which*/*who his father is too.
ジョンは医師で彼の父も医師です。

関係代名詞（**whose** と **what**）

関係代名詞の whose は先行詞に人だけでなく、物もとることができる。[Huddleston and Pullum (2005)]

(1) A guy *whose* car was stolen
車を盗まれた人

(2) A book *whose* pages were falling out
ページの落丁がある本

(3) They entered a room *whose* windows fronted on the square.
彼らは窓が広場に面している部屋に入っていった。

関係代名詞の whose は of whom や of which を用いて書き換えられるが、例えば The room the door *of which* is open（ドアが開いている部屋）などはかなり古い英語という感じを与える。
また whose 自体も堅苦しく、通例は with などを用いて表現される。[ワトキンス (1987)]

(4) The book *whose* cover is torn is mine.
　→ The book *with* the torn cover is mine.
表紙の破れた本は私の本です。

次に、関係代名詞の what であるが、これは先行詞をその中に含み、the thing(s) that の意味で用いられる。ここでは、先行詞は the を伴っていて、what は特定の事柄を示しているという点が重要である。[ミントン (2004)]

(5) *What* Mary did next astonished everyone.
メアリーが次にしたことはみんなを驚かせた。

したがって、次の(6)では話し手が「できればいい」と願っているのは

特定の何かではなく、不定の何かであるため、what を用いると不自然となる。(7)のように不定であることを示す語 (something) を用いる必要がある。

(6) ?I wish I could do what (=the thing(s) that) is more exciting.
(7) I wish I could do something (that is) more exciting.
もっとワクワクするようなことができればいいのに。

関係代名詞の省略

関係代名詞は目的格の働きをし、関係詞で導かれる節の主語が代名詞の場合によく省略される。

(1) You're just the man I'm looking for.
君こそ私が探していた人だ。

cf. I was in New York to meet Dick Fraser, the man *whom* Erica had worked for.
エリカの以前の上司だったディック・フレイザーという男に会うために私はニューヨークにいた。[関係詞で導かれる節の主語が名詞の例]

(2) There are a lot of words you need to learn.
君が覚えなければならない単語はたくさんある。

主格の働きをする関係代名詞もときに省略される。
この場合には、省略される関係代名詞の直前に先行詞があり、その先行詞と関係詞で導かれる節の動詞とが結合し、主述関係が成立することが1つの条件となる。

(3) I'm looking for a man Φ used to live here.
ここに以前住んでいた男を探している。

(4) There are many surprising things Φ happen in the world.
世界では思いがけないことがいろいろと起こる。

(5) I have a friend Φ sent me an e-mail yesterday.
昨日、メールをくれた友達がいる。

関係代名詞の主格の省略は、初期近代英語 (シェイクスピアの時代) では普通であったが、あいまいになることが多いため次第に省略されなく

なったという経緯がある。[Webster's Dictionary of English Usage]

【関連情報】

関係代名詞の直後に I know などが挿入された場合、関係代名詞は本来主格を使うべきであるが、目的格の関係代名詞がよく代用される。これは関係代名詞が挿入節の主語の直前に置かれることから、話し手は目的格を使わないといけないと誤解するためである。

(6) I'm looking for a woman *whom* I believe works here.
　ここで働いていると聞いている女性を探している。
　[文法的には I'm looking for a woman *who* I believe works here. が正しい]

この関係代名詞は表面上、目的格であるから省略されることもある。

(7) Martin has given her some books Φ he thinks will help her.
　マーティンは役に立つと思われる本を数冊、彼女にあげた。

鷹家&林(2004)のインフォーマント調査によると、これには英米差が見られ、イギリス英語では文法的な次の(8)のタイプがよく用いられるのに対して、アメリカ英語では関係代名詞を省略した(9)のタイプがよく用いられるという。

(8) We were feeding the children *who* we knew were hungry.
(9) We were feeding the children Φ we knew were hungry.
　私たちは空腹であることが分かっている子どもに食物を与えていた。

(6)や(7)の語法は過剰矯正によるものであるが、歴史的にも古く、あるネイティブ・スピーカーは教養ある人の言葉にも多く見られると言う。

関係代名詞の制限的用法と非制限的用法

よく知られているように、関係代名詞には制限的(restrictive)用法と非制限的(non-restrictive)用法がある。これらは、それぞれ限定的(defining)用法、非限定的(non-defining)用法、さらには統合的(integrated)用法、補足的(supplementary)用法と呼ばれることもある。

両者には意味的に、また構文的に以下のような違いが認められる。

[I] 意味上の違い

以下の2文を比較して、両用法の意味上の違いを解説しよう。

(1) They have two children *who* are still at school.

(2) They have two children, *who* are still at school.

上の(1)では who are still at school の先行詞は two children ではなく、children という名詞である。全体は「子どもたちのうち、まだ学校に行っている子どもが2人いる」という意味であり、彼らには他にも子どもがいることが暗示されている。

一方、(2)では who の先行詞は children ではなく、two children という名詞句である。この who are still at school は children をどの子どもなのかと限定するのではなく、two children についての情報を追加する役割を果たしている。

したがって、彼らには子どもは2人しかいないことになる。[Graver (1986); Huddleston and Pullum (2002)]

このように、制限的用法の場合は「先行詞で示される人や物のうち」というように部分集合 (subset) の意味が表される。

ここから、この用法の先行詞には1人しかいない[1つしかない]ものは使えないことになる。例えば、次の(3)は「(1人しかいない) トムのうちイギリスに住んでいるトムは…」という意味になり、また(4)は「(1つしかない) 太陽のうち何百万マイルも離れている太陽は…」という意味を表し、ともに容認できない。

(3) *Tom *who* lives in England came to visit us yesterday.

cf. Tom, *who* lives in England, came to visit us yesterday.

トムはイギリスに住んでいるのですが、昨日私たちを訪ねてくれました。

cf. The Tom *who* lives in England came to visit us yesterday.

[the をつけると「あのトム」という意味を表し容認可能]

(4) *The sun *which* is millions of miles away is the source of all energy on earth.

cf. The sun, *which* is millions of miles away, is the source of all energy on earth.

太陽は何百万マイルも離れているのですが、地球のすべてのエネルギーの源です。

(「関係代名詞の前のコンマ」の項も参照)

同様に 3 人称単数の人称代名詞も、*He who* laughs last, laughs longest.（早まって喜ぶな）のような諺や引用句を除き、制限的用法の関係代名詞の先行詞として用いることはできない。

ただし、複数の we などは堅苦しい言い方では使われることがある。

(5) *We who* can speak Chinese were sent to the Beijing Olympics.
 私たちのうち、中国語を話せる人は北京オリンピックに送られた。

なお、(3) の Tom, *who* lives in England, came to visit us yesterday. のように非制限的用法の関係代名詞節が中央に埋め込まれている場合には、（追加情報であることを表す）by the way を用いて言い換えることができる。[ミントン (2004)]

(6) Queen Elizabeth II, *who* was born in 1926, was crowned in Westminster Abbey on 2nd June, 1953.
 エリザベス 2 世は、1926 年のお生まれですが、1953 年 6 月 2 日、ウェストミンスター寺院で戴冠されました。
 → Queen Elizabeth II was crowned in Westminster Abbey on 2nd June, 1953. Oh, *by the way*, she was born in 1926.
 エリザベス 2 世は、1953 年 6 月 2 日、ウェストミンスター寺院で戴冠されました。申し遅れましたが、エリザベス 2 世は 1926 年のお生まれです。

[II] 構文上の違い

非制限的用法の関係代名詞の先行詞には「the/my など＋名詞」「固有名詞」「代名詞」など指示物が存在する特定的な名詞句が用いられるのが普通である。不特定的な人や物を示す every, any, no など、あるいはその複合語はこの用法の先行詞としては用いることはできない。

(7) His pronunciation, *which* is very good, is easy to understand.
 彼の発音はとてもいいので理解しやすい。

(8) *Nobody, *who* knows her, could believe her capable of such an act.
 cf. Nobody *who* knows her could believe her capable of such an act.

彼女のことを知っている人は誰も彼女がそんなことをしでかすとは信じられないだろう。

先行詞が「a(n) + 名詞」の場合はそれが特定性を表すときに限り、関係代名詞を非制限的に用いることができる。

(9) He bought a new car, *which* goes like the wind.
彼は新車を買ったが、それは飛ぶように走る。

関係代名詞の先行詞の冠詞選択

「冠詞 (a, the): 基本的な意味」の項で述べたように、a/an に続く名詞は語用論的には「談話の中に初めて現れて、それまでは言及されていない」、つまり初出であることを表し、the に続く名詞は「談話の中ですでに言及されている」、つまり既出であることを表す。

また意味論的には、a/an に続く名詞は「複数存在する、あるいは複数存在しうるものの1つ、あるいは1人」、つまり「いくつかある中の単一性」（以後、「単一選択性」と略す）を表すのに対して the に続く名詞は、「その文脈のなかで1つしかない、あるいは1人しかいない」、つまり「唯一性」を表す。

これは関係代名詞の先行詞の冠詞選択の場合にも当てはまる。

Eastwood (1994) によると、関係代名詞節の機能は2つあり、1つは先行詞を分類 (classify) することであり、もう1つは先行詞を認定 (identify) することである。前者では、通例先行詞には a/an が付けられ、後者では the が付けられる。

(1) We're looking for *a* pub *that* serves food.
食べ物を出してくれるパブを探している。

(2) I can't find *the* book *that* I was reading.
読みかけだった本が見つからない。

文脈を度外視すれば、(1)の a pub は「初出」「単一選択性」という意味特徴を持ち、(2)の the book は「既出」「唯一性」という意味特徴を持っている。

以下、この意味特徴の組み合わせを4通り考え、文脈の整った例を挙

げながら、さらに説明を加えよう。
(3) a. ［既出］と［唯一性］の組み合わせ
b. ［初出］と［単一選択性］の組み合わせ
c. ［初出］と［唯一性］の組み合わせ
d. ［既出］と［単一選択性］の組み合わせ

(3a) と (3b) は、典型的にはそれぞれ「the + 名詞」と「a/an + 名詞」を用いて表される。これらの例はすでに(2)と(1)で挙げたが、以下には文脈のよく分かる例を引いておく。

(4) "Do you have that handkerchief with you?" "I do, yes, sir." "Produce it, please." He took it out. "Is that *the* handkerchief *which* you found in the defendant's apartment?" "Yes, sir."
「あのハンカチを今、持っていますか」「はい、持っています」「出してください」彼はそれを取り出した。「それがあなたが被告のアパートで見つけたハンカチですか」「そうです」

(5) "What kind of assistant do you want?" "*A* girl *who* could do things without you having to tell her twice."
「どういう助手を望んでいるのですか」「何をするにしてもこちらが同じことを2度言わないですむような女性だな」

(3c) は例外的な組み合わせであるが、これが「a/an + 名詞」で表された例が比較的よく見られる。
ある「冠詞 + 名詞」が「唯一性」という特徴を表していても、それが談話の中で初めて言及される場合（初出）には、a/an が用いられる。

(6) I have *a* woman *that* I married in Chicago before I went into the army.
軍隊に入る前にシカゴで結婚した女がいるんだ。［結婚相手は1人］

この (3c) の組み合わせは、ときに、「the + 名詞」でも表される。ここから、関係代名詞節を伴う場合、「the + 名詞」は「唯一性」が強調されるときには初出でも用いられると言える。

(7) She was in bed when she heard the car entering the driveway. She put down *the* book she had been reading and listened.
彼女がベッドで横になっていると車が私道に入ってくる音が聞こえてき

た。彼女は読んでいた本を置き、聞き耳を立てた。

Leech（1983）は次の例を挙げて、初出でも「the ＋名詞」が用いられることについて言及している。

(8)は聞き手は「話し手がヘレンから葉書をもらった」ことを知らないにもかかわらず、話し手は聞き手が分かっているものとして発言し、その上で「葉書は1枚しかない」という意味を伝えているという。

(8) Would you like to see *the* postcard I got from Helen last week?
　先週、ヘレンからもらった葉書を見たいですか。

最後に（3d）の組み合わせであるが、これを「冠詞＋名詞」を用いて表すことは理論的に不可能である。one of them などで代用されるのが普通である。

(9) There were a dozen young boys and girls in front of the church. *One of them* was holding a little bouquet of flowers.
　教会の前にはたくさんの若い男女がいた。そのうちの1人は小さな花束を抱えていた。

関係副詞

関係副詞には where, when, why, how, さらには that があるが、まず関係代名詞と関係副詞の相互関係を考えてみよう。

よく(1)のような文の空所に which と where のどちらが入るのか、というような問いが出題される。

(1) I know the city (　) Hemingway was born.

もちろん正解は where で which ではない。

(1)の文を2つに分けると、1つは、I know the city. で、もう1つは、Hemingway was born in the city. となるが、この in がポイントで、この in まで含めた意味を表すのが where である。which では in まで含めた意味を表すことはできない。

一般に、関係副詞と関係代名詞の間には、

「関係副詞＝前置詞＋関係代名詞」

という関係が成り立つ。上の例では、where ＝ in which ということに

なる。

以下、関係副詞を where, when, why, how の順に1つずつ見ていくが、that についてはその都度、触れることにする。

[I] where

where は、先行詞に place, house, street, town, country など場所を表す語をとる。where は「in/at/to + which」を使って置き換えることができるが、これはかなり堅苦しい言い方となる。

(2) This is the place *where* the accident happened.

ここが事故の起きた場所です。

[= This is the place *at which* the accident happened.]

(3) I remember the hotel *where* we stayed.

私たちが泊まったホテルのことは覚えています。

[= I remember the hotel *at which* we stayed.]

先行詞は place のときに限り、省略できる。

(4) This is *where* we want to build the dam.

ここがダム建設の予定地です。

先行詞を残して where を省略することは一般にできない。しかし、the place が先行詞の場合には認めるネイティブ・スピーカーが多い。

(5) *I like the area I live.

(6) That's the place I bought the computer.

この場合、where の代わりに関係副詞の that を用いることはできない。that を使うためには at などの前置詞が必要となる。

(7) *There was a fire at the hotel *that* I was staying.

(8) There was a fire at the hotel *that* I was staying *at*.

私が泊まっていたホテルで火事があった。

ただし、the place が先行詞のときはこの限りではない。

(9) That's the place *that* I bought the computer.

あれが私がコンピュータを買った所です。

以上述べた where と which と that の関係をまとめると次のようになる。[Declerck (1991)]

(10) That's the house *where* we live.
　　　　　　　　　　(that) we live in.
　　　　　　　　　　in which we live. [formal]
　　　　　　　　　　which we live in. [rare]
　　　　　　　　　　*(that) we live. [先行詞が the place の場合は認められる]

[Ⅱ] when

> when は先行詞に time, period, moment, day, summer など時間を表す語をとる。when は「on/at/in＋which」を使って置き換えることができるが、これはかなり堅苦しい言い方となる。

(11) Sunday is the day *when* I can be relaxed.
日曜日にはリラックスできます。
[=Sunday is the day *on which* I can be relaxed.]

(12) 10:44 is the time *when* her train arrives.
彼女の乗った電車が着くのは 10 時 44 分です。

> 先行詞は time などのときは省略できる。

(13) Summer vacation is *when* many people go abroad.
夏休みに海外に出かける人が多い。

> また when の場合は where とは異なり、先行詞を残して when を省略することもできる。

(14) That was the day I'd taken her to Niagara falls.
その日は彼女をナイアガラの滝に連れて行った日だった。

> when の代わりに関係副詞の that も用いられるが、この that も省略されることが多い。

(15) Do you remember the time (*that*) we all went to karaoke?
みんなでカラオケに行ったときのことを覚えていますか。

> この関係副詞の省略に関しては英米差が見られ、アメリカ英語では先行詞が day や time のように無色で情報量の少ない名詞の場合には、when や that は通例、省略されるが、イギリス英語では逆に省略しないのが普通である。

(16) On the day *when* the book was to be published I was very happy.

その日に本が出版されると思うと本当に幸せな気分になった。

(17) On the day Φ John F. Kennedy was assassinated, my father and I were in Dallas together.

ジョン・F・ケネディが暗殺された日には父も私もダラスにいた。

> 以上述べた when と that および which の関係をまとめると次のようになる。

(18) the day (when) the king died ［英米差あり］
　　　　　(that) the king died ［英米差あり］
　　　　　on which the king died ［英米差あり］［formal］
　　　　　*which the king died on

[Ⅲ] why

> why は先行詞に reason をとる。why は for which で置き換えることができるが、これもかなり堅苦しい言い方である。

(19) There's no reason *why* you can't solve the problem.

君がその問題を解けないという理由は何もない。

[= There's no reason *for which* you can't solve the problem.]

> why の場合には通例、the reason か why のいずれか一方が省略される。この場合、the reason が省略されることが多い。

(20) That's the reason I wanted to be a cop.

僕が警察官になりたかったのはそのためです。

(21) "I need your help," he said. "That's *why* I'm here," she said.

「協力してくれないか」と彼は言った。「そのために私はここにいるのよ」と彼女は答えた。

> why の代わりに the reason *that* she was late のように関係副詞の that を用いることもある。ただし、その that も省略されることが多い。

[Ⅳ] how

> how は意味上、the way という先行詞をとるが、the way how の形式では用いられず、どちらか一方が必ず省略される。

(22) I want to know *how* you deal with this.

あなたがこれにどのように対処しているのか知りたい。

(23) I liked *the way* he talked to people.

彼の語り口が好きだった。

堅苦しい言い方では the way *in which* he did it のように the way in which の形式も使われる。

how の代わりに、くだけた言い方では関係副詞の that を用いることもある。ただし、それも省略されることが多い。

(24) They showed us the way (*that*) it should be done.
彼らはそれをどのようにすればいいのか教えてくれた。

【関連情報】

関係副詞も中央埋め込みと右方埋め込みの2つの構造で用いられる。以下には中央埋め込みの例を挙げる。

(25) The place *where* we live is very beautiful.
私たちの住んでいるところは大変美しい。

(26) The time *when* the message arrived is not stated in the official records.
メッセージが届いた時間は公式の記録には記されていない。

関係副詞は why と how を除き、非制限的にも使われる。

(27) The children played baseball until 6:00, *when* they had dinner.
子どもたちは6時まで野球をしてそれから夕食をとった。

(28) The city, *where* the big university is located, is famous in the world.
その都市は大きな大学があり世界的に有名です。

関係詞の選択

Biber et al. (1999) は4千万語のデータベースを用いて関係詞の頻度調査を行い、以下のような結果を報告している。(Φは関係詞の省略を示す)

(1) 会話では that → Φ → who → which → where → why → when → whom → whose の順に頻度が低くなる

(2) 小説では that → which → who → Φ → where → whose → whom → when → why の順に頻度が低くなる

［which と who には制限的用法と非制限的用法が含まれている］

会話では予想通り、Φの頻度の高さが目立つ。また why も小説に比べてよく使われている。一方、小説では会話に比べて whose がよく使われていることと why の頻度の低さが目を引く。

次に、「先行詞が人か物か」を基準にして、関係代名詞に限って頻度を Kashino Database で検索してみると以下のような結果を得た。

(3) the man who 425 例 / the man that 5 例
someone who 581 例 / someone that 3 例
the thing that 33 例 / the thing which 0 例
something that 553 例 / something which 20 例

ここから制限的用法に関する限り、先行詞が人の場合、that よりも who の頻度が断然高く、先行詞が物の場合には which よりも that の頻度が圧倒的に高いことが改めて明らかになった。

なお、文献によっては、先行詞が someone のように漠然とした人、あるいは一般的な人を表す場合には that が好まれると主張するものもあるが、(3)の調査からではこれが正しくないことが分かる。

以下に例を挙げておく。

(4) We have to find *somebody who* can play the piano for the party.
パーティで誰かピアノの弾ける人を探さないといけない。

【関連情報】

family や crowd など人の集合体を表す名詞を先行詞とする場合は who も that も使えるが、次の例から分かるように「人」が意識されるときには who が好まれる。

(5) Did you have any *family who* might care about you?
あなたのことを気遣ってくれる家族がいますか。

(6) I saw the traffic accident. I saw the *crowd that* had gathered.
交通事故を目撃しました。野次馬がたくさん集まっていました。

関係詞の前のコンマ

関係詞は制限的用法の場合にはその前にコンマを付けず、非制限的用法の場合にはコンマを付けるのが原則であるが、非制限的用法であるにも

かかわらず、次のようにコンマを伴わないことがある。

(1) He came back with a portable recorder Φ *which* he placed on the table in front of them.
彼はポータブルレコーダーを持って戻ってきて、それを彼らの前のテーブルに置いた。

(2) He climbed into a taxi Φ *which* took him to the hotel.
彼はタクシーに乗り、ホテルに到着した。

本来、関係詞の後にコンマが必要であるにもかかわらず、コンマを付けないもう1つの例としては、Quirk et al. (1985) が圧縮された関係詞構文 (telescoped relative construction) と呼んでいるものがある。
例えば、次の(3)に見られる mother は1人しかいない人間に言及している。したがって、関係代名詞の who は非制限的に用いて、その前にコンマを付けるのが原則であるが、(3)ではコンマを伴っていない。

(3) All this I gave up for the mother *who* needed me.
私を必要としている母のためを思い、このことはすべてあきらめた。

Quirk et al. (1985) によると、この(3)は次の(4)のような文が圧縮されたものであるという。

(4) All this I gave up for a person *who* needed me, *i.e.* my mother.

この構文は上で述べたように、telescoped relative construction と名づけられているが、これは望遠鏡 (telescope) を mother という語に当てると、その先に上位概念の a person が見えてくるということであろう。以下に類例を挙げる。(5)と(6)では、先行詞に固有名詞が用いられている。

(5) He went back to Catherine *who* was a little calmer now.
彼はキャサリンのところに戻った。彼女は少しは落ち着いていた。
[= He went back to a person *who* was a little calmer now, *i.e.* Catherine.]

(6) She glanced at Kenny *who* was standing there, speechless.
彼女はケニーのほうをチラッと見た。彼は黙ってそこに立っていた。
[= She glanced at a person *who* was standing there, speechless, *i.e.* Kenny.]

冠詞 (a, the)：基本的な意味

an は one に由来し、a は後に an の n が落ちたものである。[Curme (1931)]

一方、the は指示代名詞の that に由来するが、that とは異なり、次にくる名詞は特に目の前に存在していなくてもよい。

よく知られているように、a/an に続く名詞は「談話の中に初めて現れて、それまでは言及されていない」、つまり「初出」の場合に用いられ、the に続く名詞は「談話の中ですでに言及されている」、つまり「既出」の場合に用いられる。

(1) *A* man and *a* woman were sitting opposite each other. *The* woman appeared to be talking and was gesturing with her hand, while *the* man was listening carefully.

男と女がお互いに向き合って座っていた。女は片手を使ってジェスチャーを交えながら話をしているようだった。男のほうは注意して聞いていた。

したがって、次の(2)の a man と the man は同一人物を指すが、(3)の a man と（2度目の）a man は別の人物を指すことになる。

(2) *A* man and *a* woman came up to me. *The* man looked tired.

ある男と女が私のところにやってきた。その男は疲れているように見えた。

(3) *A* man and *a* woman came up to me. *A* man ran between us.

ある男と女が私のところにやってきて、その後私たちの間に別の男が駆け込んできた。

以上は語用論的な意味と呼ばれるものであるが、意味論的には、a/an に続く名詞は「1つ［1人］だけとは限らない」、つまり「（いくつかの中からの）単一選択性」を表し、the に続く名詞は、「その文脈のなかで1つ［1人］しかいない」、つまり「唯一性」を表す。

ここでは、a/an は複数存在する、あるいは複数存在しうるものの1つ［1人］を指すという点に注意したい。

例えば(4)では、通例、家にはクローゼットは2つ以上あるため、a

closet が用いられ、the closet は容認不可能となる。

(4) The body was in his house, in a/*the closet.
死体は彼の家のクローゼットの中にあった。

逆に、すべての人が1つしかないことを知っている月や太陽は通例、the moon, the sun と the をとる。

ただし、月や太陽はその時々に応じて姿を変えるので、一時的な月や太陽を描写するときは a moon/sun のように a を用いることが可能となる。

(5) *A full moon*, truly orange, hung low in the sky even before the sun had set.
オレンジ色をした満月が、日没前というのにすでに水平線の低いところに出ていた。

【関連情報】

「a + X（固有名詞）」は「X という人」というように「無数に存在する X さんのうちの1人」を意味するのに対して「the + X（固有名詞）」は the に強勢が置かれ「かの有名な X」というように特定の1人の人間を指す。

(6) There's *a Mr. Paul Jenkins* here to see you.
ポール・ジェンキンスという方がお目にかかりたいそうです。

(7) "The name of the victim?" "Carl Ross." "Carl Ross?" "Yes." "*The Carl Ross*?"
「被害者の名前は？」「カール・ロスです」「カール・ロスだって？」「そうです」「あの有名なカール・ロスか？」

冠詞と特定性

a/an は不定冠詞と呼ばれていることから分かるように、「a/an + 名詞」は通例、不特定の人や物を指す。

一方、the は定冠詞と呼ばれていることから分かるように、「the + 名詞」は通例、特定の人や物を指す。

(1) There's *a* cockroach in the kitchen!

台所にゴキブリがいるよ！

(2) I've been to *the* dentist.

かかりつけの歯医者に行ってきた。

ただし、「a/an＋名詞」は文脈により特定的な人や物に言及することがよくある。

(3) *A* man came in with his five shirts. *He* always did, once a month.

ある男が（クリーニング店に）5枚のワイシャツを持って入ってきた。彼は月に一度、お決まりのようにやって来た。

ここでは、a man を受けて特定的であることを示す代名詞の his, he が用いられていることに注意したい。

このように、特定性を表す「a/an＋名詞」は2度目に言及する場合、代名詞で受けられることが多く、「a/an＋名詞」を定冠詞を使って「the＋名詞」で受けることは意外に少ない。

ただ、ここで重要なのは、特定的という場合、誰にとって特定的なのか、という点である。J. Tschudy (*ST* July 13-27, 2007) は、この点を考慮に入れて、「特定性」に関して次のような4分類を行い、[Ⅰ]から[Ⅲ]の場合には a/an が用いられ、[Ⅳ]の場合には the が用いられると指摘している。

[Ⅰ] 話し手にとって特定的であるが、聞き手には特定的でない場合

I saw *an* interesting TV program yesterday.

昨日、面白いテレビ番組を見た。[(3)がこれに相当する]

[Ⅱ] 話し手にとっても聞き手にとっても特定的でない場合

There's *a* cockroach in the kitchen! [＝(1)]

[Ⅲ] 聞き手にとって特定的であるが、話し手には特定的でない場合

I heard you wrote *a* book about American history.

アメリカ史の本を書かれたそうですね。

[Ⅳ] 話し手にとっても聞き手にとっても特定的である場合

Dad, can I borrow *the* car tonight?

パパ、今夜、車を借りてもいい？

使用されている動詞(句)が want, look for などの未来指向の動詞(句)のときは、その後に続く「a/an＋名詞」は特定性に関してあいまいにな

る場合がある。

例えば、次の(4)は「特定の百万長者と結婚する」という［Ⅰ］の意味か、「不特定、つまり任意の百万長者と結婚する」という［Ⅱ］の意味か、あいまいである。

(4) I want to marry *a* millionaire.

この場合、(4)の文にI met *him* last year. を後続させれば、a millionaireは特定的な意味になり、I haven't found *one* yet. を後続させれば不特定の意味になる。ここでは、himとoneという代名詞の違いに注意したい。

【関連情報】

「the＋名詞」も特定性だけを表すわけではない。

(修飾語句を伴った)「the＋名詞」はときに不特定の意味を表すことがある。例えば、(5)のような文脈で用いられたthe boyは特定のboyを指す場合も不特定のboyを指す場合もある。後者の意味では(6)のように、whoever it isを後に付け加えることができる。[Huddleston and Pullum (2002)]

(5) *The* boy who wrote this email must be expelled.
このメールを書いた男子生徒は除籍すべきだ。

(6) *The* boy who wrote this email must be expelled, *whoever it is*.
このメールを書いた男子生徒は除籍すべきだ。たとえ誰であっても。

この(6)では、話し手はthe boy（1人）の存在を信じてはいるが、誰であるか突き止める（identify）までには至っていないことが表されている。次は(5)に類似した例である。

(7) *The* student who did this must be punished so that it does not happen again.
こんなことをした生徒は同じようなことが二度と起こらないようにするためにも処罰すべきだ。

間接疑問文

一般に、whで始まる疑問文は尋問調で、返答を強要しているように響

き、丁寧な言い方ではない。その点、yes-no疑問文を用いると、聞き手は自分で答えを考え出す必要はなく、その分、聞き手の負担が少なくなり、丁寧な言い方となる。

例えば、相手の住所を聞きたいときに(1)のように言えば尋問しているように響くが、(2)のように言えば穏やかに聞こえる。

(1) *Where* do you live?
どこに住んでいるのだ？

(2) Do you live around here?
お住まいはこのあたりですか。

この(1)のようなwh疑問文を婉曲的な質問に変える働きをするのが間接疑問文である。

人に時刻を尋ねる場合、親しい間柄であればwh疑問文を用いて(3)のようにも言えるが、通例は間接疑問文を用いて(4)か(5)のように言う。(4)も(5)も文頭にExcuse meを置くとさらに丁寧となる。

(3) *What* time is it?

(4) (Excuse me.) Could you tell me *what* time it is?

(5) (Excuse me.) Do you happen to know *what* time it is?

(4)と(5)のどちらを用いるかは、相手との関係によって決まる。

鶴田ほか(1988)によると、知らない人に道を聞いたりするときのように、知りたい情報が得られるかどうか分からない場合にはDo you happen to know...?を使い、ホテルのクラークにトイレの場所を聞いたりするときのように、知りたい情報が得られると予想できる場合にはCould you tell me...?を使うという。

(6) Excuse me. I'm lost. *Do you happen to know* how to get to Central Park?
すみません。道に迷ってしまって。セントラルパークへの行き方を教えていただけませんか。

(7) *Could you tell me* where the rest room is?
トイレはどこでしょうか。

ただ、この論を進めると、知らない人に*Could you tell me* how to get to Central Park?と言ったり、ホテルのクラークに*Do you happen to* *know* where the rest room is? と尋ねるのは不自然と言うことになるが、ネイティブ・スピーカーによると両者とも用いられるという。

完了不定詞（実現できなかった行為を表す場合）

1970年代の初頭に出版された学習参考書に以下のような記述がある。
expect, intend, hope, wish, promise などの後に完了不定詞が続く場合には「実現できなかった行為」を表す。

(1) He expected *to have succeeded*.
彼は成功することを予測していた。しかし、成功できなかった。

(2) She hoped *to have gone* there.
彼女はそこへ行くことを望んでいた。しかし行けなかった。

しかし、(1)も(2)も古い用法で、鷹家＆林（2004）の調査では、103名のネイティブ・スピーカーのうち、intend to have —ed は5％、hope to have —ed は21％の人しか認めていない。
現在では過去完了形を使って、He *had expected* to succeed. あるいは She *had hoped* to go there. というのが普通である。
以下に類例を挙げる。

(3) She *had expected* to return in the summer, but it didn't happen.
彼女は夏に帰ろうと思っていたが、実現しなかった。

(4) We *had intended* to drive back to Osaka after the wedding, but we couldn't.
私たちは結婚式の後、大阪に車で戻ろうと思っていたが、戻れなかった。

ただし、by 句や by the time 節を伴い、to have —ed が「…してしまう」というアスペクトを表す場合は正しい言い方となる。

(5) I intended *to have written* to her *by* Monday, but I couldn't.
月曜までに彼女に手紙を書いてしまおうと思っていたが、書けなかった。

(6) Jill expected *to have succeeded* in running a business *by the time* she was thirty, but at forty she was still in the same boring job.

ジルは30歳までに商売を始めて成功できるだろうと思っていたが、40歳になってもまだ同じ退屈な仕事についていた。

強勢と抑揚

強勢（stress）とは、話し言葉で音節に与えられるアクセント（accent）のことである。声の大きさを用いて特定の語や語の一部を他から際立たせる機能を持つ。

これには、語強勢（word stress [accent]）と文強勢（sentence stress）がある。前者は(1)のように語によって決められているもので、後者は(2)や(3)のように文中の特定の語に強勢を置いて特定の意味を強調するものである。

(1) record（名詞）/record（動詞）
 cf. green house（緑色の家）/greenhouse（温室）
(2) I only spoke to Tim.
 私はティムに話をしただけです。
(3) I only spoke to Tim.
 私はティムにだけ話をしました。

語強勢は移動することがある。stress shift と呼ばれる現象で、例えば、Japanese は第一強勢は ne に、第二強勢は Ja に置かれるが、Japanese language というように名詞を従えると、Japanese language のように強勢が移動する。

次に、抑揚（intonation）とは、ある特定の意味を表すために声の高さを変動させることである。

これには、下降調（falling intonation）、上昇調（rising intonation）、下降・上昇調（fall-rise intonation）がある。

下降調は確実さを表すため、確かな事実を断言する平叙文に適している。

(4) I saw her entering the building. (↘)

上昇調は不確かさを表すので、確信のなさを表す yes-no 疑問文に適している。

(5) Are you a student? (↗)

> 下降・上昇調は「保留」の意味合いを表す場合に用いられる。何かを断言しながらも、まだ他に何か言うことがあるという含みを持つ。

(6) That's not my (↘) signature. (↗) (It must be somebody else's).
それは私のサインではありませんけど。(他人のものに違いない)

> 同じ文であっても抑揚の付け方で意味が変わることもある。
> 例えば、項目のリストを読み上げる場合、上昇調で発音すれば、まだ項目は続くことを表し、下降調で発音すれば、項目はそれで終わりであることを表す。

(7) I bought beer, whiskey, gin... (↗)
ビールとウイスキーとジンなどを買った。

(8) I bought beer, whiskey, gin. (↘)
ビールとウイスキーとジンを買った。

> 上昇調のイントネーションは丁寧さを表すことができる。(9)の場合では、Noを下降調で発音すれば失礼になることに注意したい。

(9) A: "Are you busy?"
   B: "No. (↗) Do sit down. (↗)"
   A:「忙しいですか」B:「いいえ。どうぞ座ってください」

> 強勢や抑揚は怒り、驚きなどの感情も伝えることができる。次ではHowとbeautifulに強勢を置いて下降調で発音すれば、皮肉の意味が表される。ただし、これは大人に向かって言う場合のことで、子どもに言う場合には文字通りの意味となる。[以上、Crystal (1988); Leech and Svartvik (2002)]

(10) How (↘) beautiful (↘) you are!
お綺麗ですこと。

【関連情報】

> 名詞の語強勢はおもにアメリカ英語では、前に置かれる傾向が見られる。

(11) magazine/address/adult/research

強調構文

学校文法では、例えば、*It was* Bill *that* broke the window. のような文は強調構文と呼ばれるが、正式には分裂文（cleft sentence）という。この構文では、It is/was ［　］ that... の［　］の位置に強調したい語句を入れ、上の例では「ほかの誰でもないビルが窓ガラスを壊した」という意味になる。

Quirk et al.（1985）によると、［　］の部分には名詞(句)、副詞句、副詞節がくることができる。以下に、この順に例を挙げる。

(1) *It was* a camera *that* John bought.
(2) *It is* Mark *that* Susan saw.
(3) *It is* in LA *that* Tom lives.
(4) *It was* because he was sick *that* John left the party earlier.

ここでは、動詞(句)を強調することはできないことに注意したい。

(5) *It was buy a camera *that* Mary did.

that の代わりに［　］の部分に人がくれば who、物がくれば which を使うこともできる。なお、この that/who/which は、くだけた話し言葉では省略（Φで示す）できる。

(6) *It was* Bill *who*/*that*/Φ broke the window.
(7) *It was* the window *which*/*that*/Φ Bill broke.

さらに、［　］に場所を表す副詞句がきたときには where を使い、時を表す副詞句がきたときには when を使うのも可能であるが、人により容認性に差が見られる。この that/where/when の省略（Φ）も、くだけた話し言葉では可能である。

(8) *It was* at the party *where*/*that*/Φ Linda met him.
(9) *It was* in 1966 *when*/*that*/Φ the Beatles concert was given in Japan.

なお、*It was* Bill *that* broke the window. のように、文全体が過去で表されている場合、It is/was ［　］ that... の be 動詞の時制は、現在形も可能であるが、現在形では that 以下の内容が現在でも話し手の関心の対象となっていることが表される。これに対して、過去形では関心はもはやないことが表されることが多い。

句動詞

句動詞とは、take off のように「動詞＋副詞辞（前置詞的な副詞）」から成るもので、統語的に1つのまとまった動詞のように働くものをいう。

句動詞は、次の2つのタイプに分けられる。

［Ⅰ］自動詞

(1) You lost. *Give up*.
お前の負けだ。あきらめな。

(2) The light turned green and he *took off*.
信号が青に変わり彼は車を動かした。

［Ⅱ］他動詞（目的語の位置に注意）

(3) I'll have to *give up my job* in a few months.
2, 3か月したら仕事を辞めないといけない。
cf. I'll have to *give my job up* in a few months.

(4) It was warm and she *took off her jacket*.
暖かかったので彼女はジャケットを脱いだ。
cf. It was warm and she *took her jacket off*.

以下では、句動詞が②他動詞として用いられた場合の目的語の位置について考えて見よう。

これについては次の3つの意見があるが、どれも絶対的なものではないことに注意したい。

まず、Bolinger (1977) は haul in（中に引っ張る）という句動詞を用いた(5)と(6)の文の容認性の違いについて述べている。

(5) They *hauled in* the lines but didn't get them in.
彼らは綱を中に引っ張ろうとしたが、中には入らなかった。

(6) *They *hauled* the lines *in* but didn't get them in.

同書によると、haul in the line では行為は始められたが、その行為が終わっていない場合も想定されるため(5)の文は容認される。一方、haul the line in は The line is in. を意味し、行為が終わったことが示されるため、(6)ではそれが but 以下の節の内容と矛盾し、容認されな

いという。ただし、この判定は微妙でネイティブ・スピーカーによっては、(6)を認める人もいる。

次に情報構造の観点から、目的語の位置の違いを説明しようとする立場もある。

「情報構造」の項で解説したように、一般に情報は旧情報（聞き手が知っている事柄）が先に現れ、新情報（聞き手が知らない事柄）は後にくる。

したがって、次の(7)のように不定冠詞を伴って新情報を表す名詞句は副詞辞の後に置かれ、(8)のように定冠詞を伴って旧情報を表す名詞句は副詞辞の前に置かれる傾向がある。

(7) I have seen Scott *throw away* an ice cream cone when a fly buzzed near it.

蠅が音を立てて近づいてきたときに、スコットがアイスクリームコーンを捨ててしまったところを見たことがある。

(8) I *threw* the old bicycle *away*.

古い自転車を捨てた。

ここから、目的語が旧情報を表す代名詞の場合には、*Take* them *off*. とは言えても **Take off* them. とは言えないことが説明できる。

最後に、ある文献は目的語が具体的なものを表すときには、*cut down* trees/*cut* trees *down*（木を切り倒す）のように2つの位置が可能であるが、目的語が抽象的なもので、比喩的に用いられているときには、*cut down* costs（経費を削減する）とは言えても **cut* costs *down* とは言えないと述べている。

これは興味のある考え方であるが、次のような例外も見られる。

(9) That would *cut* the assembly time *down* to a couple of years.

そうすることによって建築に掛かる時間を2年に短縮できるだろう。

なお、形式だけに注目して、Kashino Database を用いて、Take off your ____. と Take your ____ off. を検索してみると、前者のほうが後者の4倍の頻度で使われていた。

ちなみに、命令文で用いられた場合、off を後に置いた Take your____ off. のほうが、いくらか、命令口調になるという指摘もあ

携帯電話の英語

携帯電話はアメリカでは cell phone または cellphone、イギリスでは mobile phone という。日本でも携帯電話のことを「携帯」というように、英米でもそれぞれ mobile, cell のように省略される。

(1) Do you have my *mobile* number?
私の携帯の番号を知っていますか。

(2) "Would you mind giving me your number?" "Sure. My *cell*'s the best."
「電話番号を教えてくれませんか」「いいですよ。携帯がいいですね」

コンピュータを使ってのメールは e-mail(または email)というが、携帯電話を使ってのメールは text message(または text)という。「携帯電話でメールを送る」というのは動詞の text を使うか、send someone a text message と表現できる。

(3) Could you ask him if that's OK, and *text* me the answer?
彼にそれでいいかどうか尋ねて、結果を私にメールしてくれませんか。

(4) He ended the call, to find there was a *text* from Polly.
彼は電話を切るとポリーからメールが来ていることに気づいた。

(5) I'll *send her a text message* later.
後から彼女にメールしておきます。

【関連情報】

携帯電話およびコンピュータを使ってのメールで用いられる省略記号にはそれぞれ次のようなものがある。
なお、絵文字は emoticon(emotion+icon)あるいはスマイリー(smileys)という

(6) CU@7 = See you at seven./How R U? = How are you?/
be4 = before/2 morrow = tomorrow など

(7) FYI = for your information/TNX［TX］= Thanks/
ILU = I love you./PLS = please/BTW = by the way など

軽動詞

軽動詞 (light verb) とは、用途が広く、頻度の高い do, give, have, make, take などの動詞を指す。あまり情報量を持たず、意味的に軽いことから、このように呼ばれる。

これらの動詞は、have a drink のように、ある特定の動詞と同一の名詞 (drink)、あるいは、make a decision のように、ある特定の動詞から派生した名詞 (decision) と連語する場合に、口語でよく用いられる。以下に例を挙げる。

(1) do the cleaning/give someone a hug/have a drink/make a decision/take a break/have a look/take a rest, etc.

(1)のうち、例えば、make a decision は decide とほぼ同じ意味を表す。こういう現象が起きるのは、主語よりも述語のほうを長くし、文法的にも複雑にしようとする英語の末尾位重点 (end weight) という原則が働くからである。ここから、She is *swimming*. よりも She is *having a swim*. のほうが慣用的で自然ということになる。[以上、Leech (2006); Leech and Svartvik (2002)]

ちなみに、Kashino Database で take a ＿＿＿ と入力して検索してみると、look が 264 例、shower が 65 例、break が 56 例、walk が 41 例、ヒットした。

(2) *Take a look* around the house.
（不動産業者が客に）家の中を見て回って下さい。

(3) They *took a walk* down the beach after dinner.
彼らは夕食後、ビーチを散歩した。

現在完了形の基本的な意味 (1)

現在完了形は、基本的に過去の行為や出来事が何らかの点で現在とつながりを持っていること (current relevance と呼ばれる) を表す。

「have + 過去分詞」の過去分詞が過去の行為や出来事を表し、それを話し手が（発話時）現在の時点で結果、経験、状態として持っている

(have) と考えればよい。

現在完了形を考える場合、過去形との意味の違いは重要である。次の2つの文を用いて両者を比較してみよう。

(1) I *have lost* my passport.
(2) I *lost* my passport.

(1)では、「パスポートを失くしてしまって、今は持っていない」ことが表されるが、(2)では、「パスポートを失くしたが、また戻ってきたかもしれない」という含みを持つ。このように、現在完了形の意味は現在にまで及んでいるが、過去形は現在のことについては何も触れていない。ただ、イギリス人はこのような区別を明確にするが、アメリカ人の中には区別しない人もいる点に注意したい。

以上、述べた現在完了形の持つ「現在とのつながり」という特徴から現在完了形には次の2つの制約がある。

まず、現在完了形は yesterday や two years ago など明確な過去を表す語句とは用いられない：*I've read that book a week ago.

ただし、これには例外があり、long ago, years ago など漠然とした過去を示す副詞(句)は現在完了形と用いることができる。

(3) I've *long ago given* up the idea of getting married to a rich and handsome man.

金持ちでハンサムな男と結婚するなんて、とうの昔にあきらめたわ。

次に、現在完了形の主語に人間を用いる場合、その人は生存していなければならず、故人は通例、主語にはなれない：?Queen Victoria *has visited* Brighton.

ただし、受動態にしたり、主語に even を添えると容認されるようになる。

(4) Brighton *has been visited* by Queen Victoria.

ブライトンはビクトリア女王が訪問したことがある。

(5) *Even* Queen Victoria *has visited* Brighton.

ビクトリア女王でさえブライトンを訪問したことがある。

これは ?Queen Victoria *has visited* Brighton. の例では話し手は故人の話をしているので、「現在とのつながり」は認められないが、(4)や(5)

では今日のブライトンが話題となっていて、そのため「現在とのつながり」が認められるからである。[Palmer (1987)]

【関連情報】

私たちの多くは現在完了形と聞けば、まず完了・結果用法、経験用法、継続用法という言葉が頭に浮かぶ。

しかし、Bolinger (1977) は現在完了形の（中核的な）意味は1つ (current relevance) であって、これらの用法は文脈により決定される語用論的な意味であると指摘している。

確かに理論的にはこのように考えるほうがネイティブ・スピーカーの直観を反映していると言えるが、英語教育の観点からは用法に分けることの意義も見逃すことはできない。

現在完了形の基本的な意味(2)

現在完了形は、現在とどのようなつながりを持つかによって、一般に「完了・結果」「経験」「継続」の3つの用法に分けられる。

注意すべきは、この3つの用法には「現在との関連性」を最も顕著に表すものから希薄にしか表さないものまで、段階性が認められるということである。

「現在との関連性」を最も強く表しているのは、次に見られるように「完了・結果」用法で、「継続」用法がそれに続き、「経験」用法は「現在との関連性」を表しはするが、その現れ方が希薄である。[柏野 (1999)]

完了・結果＞継続＞経験

「完了・結果」用法では、過去の行為や出来事が現在の直前に完了したか、あるいはその結果が現在に残っていることが表される。

この「現在における結果の残存」は「完了・結果」用法に「現在との関連性」が認められることの大きな証拠となる。

(1) I've *put* on some weight.
　太りましてね。

次に「経験」を表す用法に移る。この用法は、「今よりも以前に少な

とも一度、ある行為がなされ、それを現在まで経験として持っている」ことが表される。

この用法では、(2)のように過去の行為や出来事が現在と時間的にかけ離れている場合も見出されるため、「現在との関連性」は「完了・結果」用法に比べ希薄となっている。

(2) I've *been* in Vegas only twice in my life. That was many years ago.
ラスベガスにはこれまでに2度だけ行ったことがある。でもずっと昔の話だよ。

最後に、現在完了形の「継続」を表す用法であるが、これは過去のある時点から始まった状態が現在にまで及んでいることが示される。

(3) He's *been* asleep for twenty hours.
彼は20時間、ずっと眠っている。

しかし、ときに「継続」用法が過去に始まり現在の時点で終わったばかりの行為や出来事を表すこともある。

これは話し手が終わったはずの過去の行為や出来事を現在まで物理的に、あるいは心理的に引きずっているためである。

(4) I'm sorry I couldn't return your calls earlier. I've *been* out of town for the past two days.
もっと早く電話でお返事できなくて申し訳ない。この2日間、街を離れていたもので。

ピーターセン (1988) は次の例に関して、「病気は治っているが、今でも自分の生活に病気が何らかの影響を及ぼしているため現在完了形を使う」という旨のことを述べている。

(5) A: "I haven't seen you around lately."
B: "I've *been* sick."
A:「最近見かけませんでしたね」B:「体の調子が悪かったもので」

以上から、「継続」用法は「完了・結果」用法よりも「現在との関連性」が希薄ではあるが、「経験」用法よりも「現在との関連性」を強く表すと言うことができる。

現在完了形の注意すべき点

この項では、現在完了形の「完了・結果」「経験」「継続」の三用法の注意すべき点について述べる。

[I] 完了・結果用法

McCawley (1971) は用法の1つに「最新のニュース」(hot news) を認めているが、これは「完了・結果」用法の1つの特徴を特化して述べたものである。

(1) A little girl's *been* killed.
    小さな女の子が殺された。

この場合、現在完了形を用いて相手に「最新のニュース」を伝えているわけであるが、2度目に言うときは過去形が使われる。

(2) "You've *won* a million dollars." Billy shook his head. "Don't joke with me." "I'm not joking! You *won* the lottery!"
    「100万ドル、当たっているよ」と言われてビリーは首を横に振った。「冗談ならやめてくれ」「冗談じゃない。宝くじに当たったんだよ」

一般に、初出の不定冠詞は2度目には定冠詞に変わるように、「新しい話題は不定表現として導入され、その後、定表現に変わる」という原則がある。[Hewings (2005)]

上記の現象もこの原則に従っている。現在完了形は過去の副詞(句)とは使えないという意味で不定表現であり、過去形は過去の副詞(句)と使えるという意味で定表現と言えるからである。

[II] 経験用法

「経験」用法の現在完了形は主語に無生物をとることもできる。

(3) This machine *has* never *broken* down.
    この機械は壊れたことがない。

(4) How can a body disappear? I mean, *has* it ever *happened* before?
    死体が消えてなくなることってあるのですか。こういうことは以前にもあったのですか。

McCawley (1971) は無生物主語と「経験」という言葉が噛み合わないことから、この用法を過去の行為や出来事の存在を表すという意味で

「存在」用法と呼んでいる。

[Ⅲ] 継続用法

「継続」用法では、使われる動詞は be, know, have などのいわゆる状態動詞であるが、動作動詞の場合は現在完了進行形が用いられる。現在完了進行形では「今も行為が続いている」という意味が表される。

Kashino Database の検索では、現在完了進行形でよく使われる上位5つの動詞は、do, think, work, try, go となっている。

(5) Jim and I *have been doing* business for years.
　ジムと私は何年も一緒に仕事をしてきている。

(6) She *has been drinking* vodka since late afternoon.
　彼女は夕方近くからずっとウォッカを飲んでいる。

稀に、動作動詞が「継続」用法の現在完了形で用いられることがある。その場合には、現在完了進行形とは異なり、継続と完了を兼ね備えた意味を表すことになる。

(7) I *have worked* for you for two years.
　2年間、あなたのために働いてきた。
　[今も働いているかどうかは不明]

(5)(6)と(7)を *since* late afternoon, *for* (two) years という副詞句に注意しながら比べてみると、現在完了進行形は(6)のように、あることを休みなく続けて行う場合にも、(5)のように、時間を置いて反復的に行う場合にも使えるが、現在完了形の「継続」用法は、(7)のように、あることを時間を置いて反復的に行う場合にしか使えないという違いがある。したがって、次のようには言えない。[柏野&吉岡（2004）]

(8) *The Larkins *have played* golf since 9:00 A.M.

　cf. The Larkins *have played* golf since they were teenagers.
　ラーキンス夫妻は10代の頃からゴルフをしている。

　cf. The Larkins *have been playing* golf since 9:00 A.M.
　ラーキンス夫妻は9時からゴルフをしている。

【関連情報】

現在完了進行形は行為が今も続いていることを表すが、稀に「終わったばかりの行為」についても用いられる。この場合には、since や for は

特になくてもよい。

これは「継続」用法の現在完了形の項で触れたように、話し手が終わったはずの過去の行為や出来事を現在まで物理的に、あるいは心理的に引きずっているための現象である。

(9) It *has been snowing*, but it has stopped now.
雪が降っていたけど、もう止んでしまった。

(10) You are out of breath. *Have* you *been running*?
息切れしているね。走ってきたの？

したがって、I've *been studying* all day. という文はまだ勉強している場合にも、もう勉強していない場合にも使われる。後者では、I've *studied* all day./I *studied* all day./I *was studying* all day. とほぼ同じ意味となる。

行為の達成を含意する動詞

例えば、英語の persuade と日本語の「説得する」を比べてみると、persuade では説得が成功したことが含意されるのに対して「説得する」は説得の成功、不成功については中立的である。

したがって、不成功を表す節を付加すると、英語と日本語ではその文の容認性に関して差異が生じる。

(1) *John *persuaded* Mary to come, but she didn't come.
(2) ジョンはメアリーに来るように説得したが、駄目だった。

この persuade のように、行為の達成を含意する英語の動詞にはこのほか、help, force などがある。

したがって、(1)と同じように、この2つの動詞に不成功を表す節を続けると容認不可能となる。それぞれ、当該の動詞を用いた日本語の文との容認性の違いに注意されたい。

(3) *Peter *helped* Mary solve the problem, but she was not able to solve it.
cf. ピーターはメアリーがその問題を解くのを手伝ったが、メアリーは解くことができなかった。

(4) *They *forced* us to enter the hall, but we refused to go in.
cf. 彼らは私たちに広間に入るよう強要したが、私たちは拒んだ。

上の日本語で表されている意味を英語に直すには、それぞれの英語の動詞の前に try to を添える必要がある。

(5) Peter *tried to help* Mary solve the problem, but she was still not able to solve it.
(6) They *tried to force* us to enter the hall, but we refused to go in.

ただし、英語のどの動詞が行為の達成を含意するのかについては、次の teach に見るように、ネイティブ・スピーカーの間でも意見の食い違いが見られる。

(7) ? He *taught* her to drive the car, but she never learnt how to do it.

鷹家＆林（2004）は、この teach を取り上げ、行為達成の含意についてインフォーマント調査を行なっている。

同書では二重目的語構文の I *taught* him English, but he didn't learn anything at all. が調査の対象例文となっているが、この文を容認したネイティブ・スピーカーは全体の47％であった。

以上から teach の行為実現の含意に関しては、人により感じ方が異なると結論できる。

また、鷹家＆林（2004）は、行為達成の含意に関してよく問題となる call についても同じ調査を行なっている。それでは全体の95％の人が I *called* you last night, but no one answered. の文を容認している。

ここから、通説とは裏腹に call は行為の達成を含意しない動詞であると言える。実際、以下のような用例も散見され、これが正しいことを裏付けている。

(8) When I got home, I *called* Dolly, but she was not home.
家に帰ってからドリーに電話したが、彼女は家にはいなかった。

(9) I *called* his house last night, there was no answer. So maybe he wasn't home.
昨夜、彼の家に電話したが、通じなかった。だから、たぶん家にいなかったのだろう。

肯定文の any (1)

any は普通、疑問文、否定文、条件文で用いられるが、「どんな…でも」という意味では肯定文でも用いられる。この any は「自由選択の any」(free-choice *any*) と呼ばれる。

この場合、any の後には(1)のように単数形の名詞がくるのが普通であるが、(2)のように複数形がくることもある。

(1) Ask *any* baseball *fan*, and he'll tell you the Tigers are the best team.

(2) Ask *any* baseball *fans*, and they'll tell you the Tigers are the best team.

誰でもいいから野球のファンに聞いてみなさい。タイガースが一番だと教えてくれますよ。

しかし、この any を用いるには肯定文であれば何でもよいというわけではない。

any book という表現を例にとると、これは不特定の本、つまり「本であれば、どれでもよい」という意味を表している。したがって、book がどの本と特定されるような文脈でこの表現を用いると不自然になる。例えば過去形、現在進行形、現在完了形は実際に行為が行われたか、行われていることを表すものであるが、このような文脈で any book が用いられると特定の book に言及することになり、この点で any の持つ不特定性と矛盾する。したがって、次のようには言えない。[Davison (1980)]

(3) *I *am reading any* book on John F. Kennedy.

(4) *I *have read any* book on John F. Kennedy.

(5) *I *bought any* book on John F. Kennedy.

[それぞれ some books とすると正しい文になる]

一方、(6)のような助動詞を使った文や(7)のような命令文は、まだ行われていない、これから先の行為について述べるものである。したがって、(6)や(7)の boy や smoker は、どの少年でもどの喫煙者でもよく、特定されることはない。これらの文脈は any のもつ不特定性とうまく噛み合い、(6)や(7)は適確な文となる。

(6) *Any* school boy *could* do this.

これは小学生にでもできるよ。

(7) Cigarettes are addictive. *Ask any* smoker who's tried to quit.

タバコは中毒になるんだよ。やめようとした人に聞いてみたらいい。

肯定文の any (2)

> 本来、肯定文で使われるはずの自由選択の any も疑問文、条件文、否定文で用いられることがある。その場合は通例、下降上昇調で発音される。

(1) Tim will *not* drink *any* wine.

ティムはどんなワインでも飲むというわけではない。

[Tim will drink any wine. (ティムはどんなワインでも飲む) を打ち消したもの]

(2) *If* you need *any* information on this, please tell us.

このことについて何でも情報が必要でしたらお知らせください。

(3) Can you give me *any* advice on what I should do?

何をすべきか、何でもいいからアドバイスをくれませんか。

> 書き言葉では音調を示すことができないので、通常の any と区別がつかないことがある。
>
> 書き言葉では、上の(1)―(3)はそれぞれ、「ティムはどんなワインも飲まないだろう」「このことについて何か情報が必要でしたらお知らせください」「何をすべきか、何かアドバイスをくれませんか」という意味にも解釈できる。
>
> ただし、「any+名詞」が just などで修飾されているときは自由選択の any として解釈される。

(4) You are *not just any* woman. You are exceptionally intelligent and beautiful.

あなたは、どこにでもいる女性ではない。飛びぬけて頭がいいし、美人だ。

混合型仮定法

一般に仮定法過去は「If+主語+動詞の過去形…, 主語+助動詞の過去形….」の形式をとり、仮定法過去完了は「If+主語+had+過去分詞…, 主語+助動詞の過去形+have+過去分詞….」の形式をとるが、ときにこの2つが混合された仮定法が用いられることがある。

混合型でよく知られているのが、「If+主語+had+過去分詞…, 主語+助動詞の過去形….」の形式で「過去のあのとき…だったら、現在は…なのに」という意味を表すものである。

(1) If he'*d had* the gun, you'*d be* dead now.
あのとき彼が銃を持っていたら、今頃お前は死んでいるよ。

もう1つは、あまり知られていないが「If+主語+動詞の過去形…, 主語+助動詞の過去形+have+過去分詞…」の形式で「現在…であれば、過去のあのときは…だったのに」という一見、矛盾するように思える意味を表す混合型仮定法である。

(2) If I *liked* her, I *would have offered* to walk her home.
もしぼくが彼女のことを好きなら、家まで送って行こうと言っていただろう。

(3) "Do you think the room is wired?" he asked. "Yes," she said. "What makes you think it?" he continued. "If I *were* he, I *would have done* it."
「部屋の中は盗聴されていると思うのか」と彼は尋ねた。「ええ」と彼女は答えた。「なぜそう思うのだ」と彼は続けた。「私が彼だったらそうしていたわ」

このタイプでは、if節に用いられる動詞は上の例のようにbe, have, loveなどの状態動詞に限られる。

if節に状態動詞しか用いられないのは、状態動詞の過去形 (If I were he) は過去に遡って「現在は私は彼ではないし、過去も私は彼ではなかった」という意味を表すことができるからである。

この場合にif節に過去完了形を用いると、「過去のあのときは…ではなかった」という意味が表されるだけで、「現在」については考慮外で、

それについては何も触れられることはない。

そこで、「現在は…でないし、過去も…でなかった」という「現在から過去へとつながる意味」を表すために、この状態動詞を伴った混合型仮定法が用いられるようになったと考えられる。

例えば、次の(4)の if I were a doctor は「(過去も含めて)現在も医者ではない」という意味を表している。

(4) My grandfather passed away ten years ago. If I *were* a doctor I *might have saved* his life.

私の祖父は10年前に亡くなった。もし私が医者だったら命を救えたかもしれない。

したがって、「現在、医者である」ことを明示した(5)は容認不可能となる。

(5) *If I *were* a doctor I *might have saved* his life. I could save his life now because *I am a doctor*.

ちなみに、if 節の中が過去完了形であれば現在のことは何も言っていないので、(6)のように、「現在、医者である」ことを文中に明示しても容認可能である。

(6) If I *had been* a doctor ten years ago I *might have saved* his life. I could save his life now because *I am a doctor*.

10年前に私が医者だったら彼の命を救えたかもしれない。今だったら医者になったから彼の命を救うことができるかもしれない。

このタイプの混合型仮定法は、Eastwood (2005) などの学習英文法書でも取り上げられており、予想以上に広く用いられている。

(7) If Matthew *was* more sensible, he *would have worn* a suit to the interview.

もしマシューにもう少し分別があれば、面接にスーツを着ていっただろう。

混合型仮定法について、さらに詳しくは柏野 (2007) を参照。

混合話法と描出話法

話法には、直接話法と間接話法のほか混合話法と描出話法（ときに自由間接話法とも言われる）がある。ともに直接話法と間接話法がミックスされたもので、小説、ときに新聞、雑誌の手法の1つとして用いられる。

混合話法は引用符を用いず、伝達動詞は think, say to oneself, wonder などを使う。「直接話法と間接話法(2)」の項で示した直接話法から間接話法への転換の5つのルールは守られないことが多い。

(1) Who was he? she wondered.
「彼は誰なの？」と彼女は思った。

描出話法とは混合話法から「主語＋伝達動詞」のなくなったものをいう。小説などの中で「登場人物の心の中のつぶやき」を表し、日本語に直すときは「主語＋伝達動詞」がなくても「…だと思った」と訳す必要がある。

引用符なしに疑問文や感嘆文が現れたり、突然、助動詞の過去形（多くは would）が現れるとそれは混合話法か描出話法だと考えられる。どちらであるかは「主語＋伝達動詞」があるかどうかで決定される。

(2)では、下線部だけが小説の作者による客観的な場面描写の文で、I thought, Why would Keith Wood want to write with me when he could write with anybody? の部分が混合話法、残りはすべて描出話法の形で登場人物の心の中を描写している。

(2) As I got into bed that night, I thought, Why would Keith Wood want to write with me when he could write with anybody? I'm a nobody. He's just being kind. He's going to be disillusioned. I'm not good enough to work with him. All the publishers have turned me down, and they're professionals. They know talent. I have none. I would just make a fool of myself with Keith Wood.
その夜、ベッドに入って僕は考えた。どうしてキース・ウッドは書こうと思えば誰とでも（歌詞が）書けるのに、僕と書くことを望んでいるのだろう。僕は無名だ。彼はただ親切な言葉をかけているだけなのか。こ

のままだと彼は幻滅するだろう。僕は彼と仕事をするに値しない。僕は出版社にはどこからも門前払いをくらった人間だ。彼らはプロであり、才能というものを知っている。僕には才能がない。彼と仕事をすれば物笑いの種になるだけだろう。

再帰代名詞

単文内では、主語と同一指示の動詞の目的語は通例、再帰代名詞で表される。

(1) I introduced *myself* as a friend of Andy.
私はアンディの友人ですと自己紹介をした。

しかし、場所を表す前置詞の後で主語と同一指示の代名詞を使う場合には、再帰代名詞ではなく人称代名詞が使われることがある。

(2) He looked about *him* in every direction.
彼はあちこち見回した。

(3) "Where is the bag?" "I suppose he took it with *him*."
「あの鞄はどこにあるのですか」「彼が持っていったと思う」

(4) Catherine had a towel wrapped around *her*. It looked like she just took a shower.
キャサリンは体にタオルを巻きつけていた。シャワーを浴びたばかりのようだった。

これは前置詞(句)が述語動詞と意味的に密接には結びついていないからである。逆に、前置詞(句)が述語動詞と意味上密接な関係がある場合には、再帰代名詞が使われることが多い。

(5) Jenny moved to the dresser and looked at *herself* in the mirror.
ジェニーはドレッサーの所に行き、鏡に自分を映した。
[at は look と結びつき、look at という慣用表現を作っている]

(6) They thought a lot too much of *themselves*.
彼らは自分たちに誇りを持ち過ぎている。
[think a lot of oneself は慣用表現]

このほか、代名詞を他と対照的に示して強調する場合にも再帰代名詞が

好んで用いられる。次の例では、他の誰でもなく、自分自身が満足の対象であることが強調されている。

(7) If you were satisfied with *yourself*, you would not have sought out a psychiatrist.
君が何も不満がないのなら、精神科医を探すようなことはしなかっただろう。

【関連情報】

ただし、前置詞の後で、再帰代名詞も人称代名詞も両方使える場合がある。またネイティブ・スピーカーの間でどちらを使うかに関して意見が分かれることもある。[Quirk et al. (1985)]

(8) I pulled the cover over *me/myself*.
布団を引っ張って自分に掛けた。

(9) He closed the door behind *him(self)*.
彼はドアを閉めて中に入った/出ていった。

なお、次のような場合には、どちらを用いるかにより、意味の違いが生じる。

(10) Mary smiled to *her/herself*.
メアリーは彼女に微笑んだ。[Mary と her は別人物]
メアリーは一人微笑んだ。

最上級と the

例えば、the fastest runner のように、形容詞の最上級には the が付くと言われるが、正確には「形容詞の最上級＋名詞」全体に the が付くと言うべきである。

the は名詞にかかっているので、最上級の前に the があるということは後に名詞が明示、あるいは暗示されているということである。また逆に、名詞が示されていれば、最上級の前に the が必要となる。

したがって、(1)の場合、They are *the safest* (*phones*). と言うこともできるが、*They are *safest phones*. とは言えない。

(1) Don't use cell phones or cordless phones. Use landlines. They *are*

safest.

携帯やコードレスは使うな。固定電話を使え。固定電話は一番安全だから。

このように考えると、一般に(2)のように副詞の最上級には the が付かないことや、(3)のように形容詞の最上級でも同一の人（物）の中で性質や状態を比較する場合には the が付かないことがよく理解できる。ともに「後に名詞を補うことができない」からである。

(2) He bought all the foods she liked *best.*

彼は（マーケットで）彼女が一番好きな食べ物をすべて買った。

(3) She was *happiest* when she kept to herself.

彼女は人と接触しないときが一番幸せだった。

［この場合、She was *the happiest woman*. とは言えない］

しかし、ネイティブ・スピーカーの中には上のような場合にも機械的に the を付ける人もいる。この傾向はアメリカ英語に多く見られ、あるアメリカ人は、(2)では 70—80％の人が the を付け、(3)では 20—30％の人が the を付けるだろうと指摘している。

【関連情報】

形容詞の中には most を付けて最上級を作るものもあるが、most は very に近い意味も表すので、例えば(4)は「この辺は10月が一番きれいだ」という最上級の意味か「この辺は10月になると非常にきれいだ」という very に近い意味かで、あいまいになる。

この場合、最上級の意味に解釈されるほうが普通であるが、最上級だからということで most beautiful の前に the をつける人もいる。［以上、ミントン (2004)］

(4) This area is *most beautiful* in October.

最上級の意味を表す表現

1970 年代の初頭に出版された学習参考書に「比較級や原級を用いて最上級と同じ意味を表すことができる」として以下の例文が挙がっている。

(1) Tom is *taller than any other boy* in his class.
(2) *No other boy* in his class is *as/so* tall *as* Tom.
(3) *No other boy* in his class is *taller than* Tom.
(4) Tom is *as tall as any* boy in his class.

> まず、形式の上では(2)と(3)の other はないほうが普通である。
> 意味に関しては、(1)と(2)のタイプの文は確かに最上級の意味を表すが、(3)と(4)のタイプの文は必ずしも最上級の意味にはならない。ともに「どのクラスメートもトムより背が高いということはない」ということで、トムと同じ背の高さのクラスメートがいるという可能性を残している。

(5) It's much *more challenging than any other job* I've done.
   それは私がしてきたどんな仕事よりもずっとやりがいがある。
   [(1)のタイプで最上級の意味]
(6) *No player* is *more talented than* him.
   どのプレヤーも彼より才能に恵まれているということはない。
   [(3)のタイプで必ずしも最上級の意味ではない]

> ちなみに、(2)のタイプは Kashino Database の検索では1例もヒットしなかった。また(4)のタイプについては、「as+形容詞+as any (+名詞)」の項を参照。

指示と依頼

> この項では2人称の疑問文で「依頼」を表すと言われる(1)から(4)のような表現を取り上げる。
> その際、Leech (1983) を参考に丁寧さ (politeness) の観点から解説する。丁寧さの原則は「聞き手に負担をかけない」ということであり、「依頼」の場合は、できるだけ聞き手に「ノー」と言いやすくするような表現を選ぶことが丁寧となる。

(1) *Will you* give me her email address?
   彼女のメールアドレスを教えて下さい。
(2) *Can you* help me with my homework?

ぼくの宿題を手伝ってくれませんか。

(3) *Would you* come to my office?
　私のオフィスまで来て下さい。

(4) *Could you* tell me the time?
　何時か教えてもらえませんか。

(1)の Will you...? には平叙文の *You will* report to the office at nine. (9時にオフィスに出頭のこと) に見られる軍隊口調の、有無を言わせない意味合いがまだ残っている。聞き手に拒絶する自由を許さない命令的な言い方となる。

したがって、あまり丁寧な表現ではなく、特に次のように will に強勢を置き下降調で発せられた場合には、命令の意味が顕著に認められる。

(5) <u>Will</u> you please be quiet!
　静かにしろ。

(2)の Can you...? は Will you...? よりも丁寧な言い方である。というのは、Can you...? と依頼された場合、聞き手は当該の行為をする意志はあるが、する（状況的）能力がないと言ってその依頼を断ることができるからである。

このように、Can you...? の場合、聞き手に逃げ道が用意されていて「ノー」と言いやすくなっており、その分、丁寧さを増している。

(3)の Would you...? は Will you...? の持つ命令の意味合いを仮定法を用いて和らげたものである。

これは確かに Will you...? よりは丁寧であるが、平叙文の Perhaps *you would* be kind enough to inform the guard when you wish to leave. (お帰りの際は守衛に声をかけて下さい) の場合と同じように、話し手は聞き手が「イエス」と言うものと期待しており、その点で押しつけがましく響く。

ちなみに、Coates (1983) はこの Would you...? を丁寧な命令 (polite imperative) と呼んでいる。

(4)の Could you...? は Can you...? に残っている直接的な感じを仮定法を用いて取り除いたもので、Can you...? よりさらに丁寧な言い方となる。

このように見てくると、Can you...?/Could you...? は確かに「依頼」を表すと言えるが、果たして Will you...?/Would you...? は「依頼」を表すと言えるのかという疑問が生じる。

結論から述べると、Will you...?/Would you...? が用いられた場合、聞き手は「ノー」と言いにくいのであるから、これらは「依頼」ではなく、「指示」を表していると言う必要がある。

したがって、Will you...?/Would you...? が使われるのは、通例、社会的立場が上の者が下の者へ職務上、する義務のあることを指示する場合に限られる。〔鶴田ほか（1988）〕

(6) "*Would you* make me a cup of coffee?" "Certainly, sir."
「コーヒーを入れてもらえるかな？」「かしこまりました、旦那様」
〔主人からメイドへの指示〕

(7) *Will you* book me on the first available flight to San Francisco?
サンフランシスコ行きの一番早い便の予約をしてください。
〔上司から秘書への指示〕

ただし、鶴田ほか（1988）が正しく指摘しているように、職務上、頼む権利のある事柄であれば、社会的立場が逆転していても will/would を使うことができる。

次の(8)はテレビのレポーターから市長への、(9)は劇場の案内係から客への職務上の指示である。

(8) Cameras flashed as reporters called out, "Mr Mayor, *would you* look this way, please?"
カメラのフラッシュが光り、レポーターたちが叫んだ。「市長、こちらに顔を向けて下さい」

(9) *Would you* follow me, please?
こちらにどうぞ。

このほか、各種のアナウンスの場合も指示として will/would が用いられる。次は「シートベルトを着用して下さい」という飛行機内のアナウンスの例である。

(10) *Will you* fasten your seat belts, please?

一方、can/could が典型的に使われるのは、will/would のように、「職

務上の会話」ではなく、職務を離れた「個人同士の会話」で「依頼」が表される場合である。

次のようにエレベーター内で見知らぬ人に依頼するような場合にcan/couldが用いられる。

(11) Excuse me, *could you* press three, please? Thank you.
すみません、3階を押してくれませんか。どうも。

以上の点は(12)のようにまとめられる。

(12) 一般に、Will you...?/Would you...? は「指示」を表し、Can you...?/Could you...? は「依頼」を表す。前者は「職務上の会話」で、後者は職務を離れた「個人同士の会話」で用いられることが多い。

【関連情報】

上記の(12)の正しさを立証するために実施したインフォーマント調査の結果を報告する。

この調査では、will/wouldやcan/couldが用いられる典型的な4つの場面を設定し、助動詞の部分を空白にした上で、20名のインフォーマントに適当な助動詞を選択してもらうという方法をとった。使用した例文は次の通りである。

(a) (　) you do me a favor?（友人に）

(b) Excuse me, but (　) you tell me the way to the station?（見知らぬ人に）

(c) (　) you tell the court your occupation, please?（証人に）

(d) (　) you type this letter, please?（秘書に）

この調査では、無回答や複数回答も見られたので、結果はパーセンテージで示すことにする。

	will	can	would	could
(a)	13	20	23	44
(b)	4	36	14	46
(c)	33	4	56	7
(d)	18	15	38	29

(a)は「個人同士の会話」で「依頼」が表されている場面であるから、予想通り、can/couldが64％と高い数値を示している。

(b) も「個人同士の会話」で相手は見知らぬ人であるから、「依頼」が表される can/could が 82％ と断然、高くなっている。ここでは、知らない人に道を尋ねるときは can/could を使い、will/would は通例、用いないという点に注意したい。

(c) は「職務上の会話」であり、また裁判所で証人が職業を言うのは義務であるから、「指示」を表す will/would が 89％ と圧倒的に高いパーセンテージを示している。

(d) も「職務上の会話」で「指示」が表されている。したがって、予想通り will/would が 56％ と高い数字を取っている。

以上から明らかなように、Will you...? はもとより、Would you...? も、いわば「依頼」を装った「指示」であり、Will you...?/Would you...? はともに依頼を表す表現ではない。

指示と依頼についてさらに詳しくは柏野（2002）を参照。

時制の一致

話法を転換する場合、間接話法の主節の動詞が過去時制のとき直接話法で現在時制であった従属節の動詞は過去時制に、現在完了形や過去時制であった従属節の動詞は過去完了形に変わるのが普通である。これを時制の一致（sequence of tenses）、あるいは最近では後方転移（backshift）と呼ぶ。

(1) "It's a great story," they said.
  → They said (that) it was a great story.
(2) "I've heard that they have been fighting," he said.
  → He said he'd heard that they had been fighting.
(3) "I didn't see Cody," he said.
  → He said he hadn't seen Cody.

(3) の間接話法の例では過去完了形が用いられているが、時の前後関係が明らかであれば簡潔性の点から過去完了形よりも過去時制のほうが好まれる。

(4) Ed said, "I woke up feeling ill, so I didn't go to school."

→ Ed said (that) he <u>woke up/had woken up</u> feeling ill, so he <u>didn't go/hadn't gone</u> to school.

以上、述べたことは以下のようにまとめられる。[Palmer (1987)]

(5) 直接話法　　間接話法
　　現在時制　→　過去時制
　　過去時制　→　過去時制か過去完了形
　　現在完了形　→　過去完了形

このような時制の一致の規則は、話し手が発話の時点で伝達内容に同意していないか、その真実性に確信が持てない場合に適用される。[Swan (2005)]

一方、伝達内容が明らかに真実である場合や、話し手が発話の時点で真実であると見なしている場合は適用されない。

例えば、次の (6a) と (7a) では話し手は「太陽は西から昇る」「サラが家を3軒持っている」という陳述に疑いを持っているが、(6b) と (7b) では話し手はそれらの陳述を信じていることになる。

(6) a. Bill said the sun *rose* in the west.
　　b. Bill said the sun *rises* in the west.
(7) a. Sarah told me that she *had* three houses.
　　b. Sarah told me that she *has* three houses.

したがって、歴史的陳述や一般的真理は伝達内容が明らかに真実であるので、(8)や(9)のように時制の一致を受けない。

(8) He said that World War I *broke out* in 1914.
　　彼は第一次世界大戦は1914年に勃発したと言った。
(9) My teacher said that two and three *makes* five.
　　先生は2足す3は5だと言った。

また、話を聞いてからあまり時間を置かないで伝達する場合も時制の一致は受けない。あまり時間が経っていないため、話し手が発話の時点で、それをまだ真実であると見なしているからである。[Huddleston and Pullum (2002)]

(10) I said I *don't know* anything.
　　何も知らないと言っただろ。

[同じ話し手が直前に言ったことを繰り返す場合]

(11) He told me his wife *is suffering* from the flu.

彼は奥さんがインフルエンザにかかっていると言っていた。

> このほか、仮定法が用いられた文を伝達するときにも一般に時制の一致の適用を受けない。(ただし、Quirk et al. (1985) の 1031 ページにその例外についての記述がある)

(12) "If I knew, I'd tell you," Anne said.
→ Anne said that if she *knew*, she *would* tell us.

【関連情報】

> 以上、時制の一致について解説してきたが、これは規則ではなく1つの傾向として考えておくのがよい。
>
> 例えば、話し手が伝達内容を信じていないことが表されている (13a) では could が用いられ、話し手が伝達内容を信じている (13b) では can が用いられるのが普通である。しかし、それぞれの場合、論理的とは言えないが can も could もときに用いられる。

(13) a. George said that he *could/can* lift 200 pounds, but I don't believe him.

ジョージは 200 ポンドの物を持ち上げられると言ったが、信じられないな。

b. George said that he *can/could* lift 200 pounds, so let's ask him to help us.

ジョージは 200 ポンドの物を持ち上げられると言った。彼に手伝いを頼もう。

> また、主節の過去時制に引かれて惰性で時制の一致が行われることもある。[Jespersen (1931)]

(14) A: "It was my fault. I'm OK."

Walt touches his leg.

A: "Walt, I said I *was* OK ─ leave me alone!"

A:「(足を怪我したのは) 僕が悪いんだ。大丈夫だ」ウォルトが彼の足を触る。A:「やめてくれ、ウォルト、大丈夫だって言っただろ。放っておいてくれ」

次の (15) や (16) のように歴史的陳述や一般的真理の場合でもこの惰性での時制の一致は見られる。

(15) He said that World War I *had broken* out in 1914.

(16) My teacher said that two and three *made* five.

受動態

受動態は「be＋過去分詞＋by＋動作主（agent）」で表されるが、「by＋動作主」は、Kashino Database の検索では受動態の表現全体の 15％ くらいしか明示されていない。

特に、それが文脈上、明らかな場合や逆に不明な場合、また論文、新聞の見出し、アナウンス、掲示などで動作主を隠して客観性を持たせたいときには示されない。[Greenbaum and Quirk (1990)]

(1) Newspapers *are delivered* early in the morning.
新聞は朝早く配達される。

(2) The church *was built* in 1900.
その教会は 1900 年に建てられた。

(3) The contrast can *be seen* in these two sentences.
対立関係は次の 2 文の中に見られる。

(4) Over 50 people *injured* by explosions
爆発事故で 50 人以上が負傷。
［新聞記事で be 動詞が省略されている］

(5) No Pets *Allowed*
ペット持ち込み禁止。
［掲示で be 動詞が省略されている］

(6) Passengers *are requested* to remain seated.
乗客の方は席を立たないで下さい。

ときに、話し手が責任の所在を明らかにしたくないときに、受動態が意識的に用いられることがある。

(7) A great mistake has *been made* somewhere.
どこかで大きなミスが発生した。

じゅど　　　　　　　　　　352

> 受動態は必要なとき以外は避けられる傾向にあり、特に会話で使われることは稀である。くだけた言い方では、受動態ではなく、someone, they, you などを主語にした能動態が用いられる。

(8) Someone slashed her back tires.
　　彼女の車の後のタイヤがざっくりと切られたんだ。

受動態と情報構造

> (1)の受動態と(2)の能動態を比較してみると、どちらも文のレベルではほぼ同じ意味を表している。

(1) My car *was repaired* by Mike.
　　私の車はマイクが修理した。

(2) Mike *repaired* my car.
　　マイクが私の車を修理した。

> ただし、談話のレベルでは同じではなく、(1)と(2)のどちらを用いるかは情報構造 (information structure) の違いによって決定される。
> 一般に、文というのは旧情報（聞き手がすでに知っているものと話し手が前提としている事柄。代名詞や the がそのマーカーとなる）から始められ、文末に新情報（聞き手が知っていると話し手が前提としていない事柄。a/an がそのマーカーとなる）が置かれる。
> これは末尾位焦点 (end-focus) と呼ばれる原則である。
> 次の例では、第2文の最後に新情報の a tray がきているが、それを受けて旧情報の it で第3文を始めるために、倒置という操作が行われている。

(3) A little while later Linda came back into the office. She was carrying *a tray*. On *it* was a pot of coffee and two cups.
　　少ししてからリンダがオフィスに戻ってきた。トレイを持っていて、上にはコーヒーの入ったポットとカップが2つ載っていた。

> 受動態の場合もこの原則が当てはまり、受動態の主語には通例、旧情報を表すものがきて、(「by + 動作主」を伴うときは）末尾の「by + 動作主」のところに新情報がくる。

(4) My father got a new car. It was purchased in Detroit.
父は新車を買った。デトロイトで買ったんだ。
[He purchased it in Detroit. よりも自然]
(5) He was killed by a man with a tattoo.
彼はタトゥーをした男に殺された。

したがって、受動態の主語に新情報を表すものを置くのは不自然である。また旧情報を表す「by＋代名詞」を伴った文は、その代名詞に強勢を置かない限り不自然な文となる。

(6) ?*A tie* was bought by Lucy.
(7) ?I was loved *by her*.

【関連情報】

by 句には、単数の特定的な名詞よりも複数名詞か一般的な名詞、あるいは数量詞付きの名詞がくることが多い。[ミントン（2002）]

(8) John's novels are read mainly *by middle-aged women*.
ジョンの小説は中年の女性を中心に愛読されている。
(9) The TV personality is liked *by everybody*/?*by the fan*/?*by my sister*.
そのタレントはみんなに好かれている。
(10) Jennifer was enthusiastically welcomed by many designers as a new icon for British fashion.
ジェニファーはイギリスのファッション界の新しいカリスマとして多くのデザイナーから熱狂的に迎えられた。

(8)のように by 句に総称的な名詞がきている場合は、It is mainly middle-aged women who read his novels. の意味となり、中年の女性以外の人は「ジョンの小説」を読まないという含みがある。
また by 句は(11)のように受動態の主語より長くなる傾向がある。

(11) Sarah was awakened by an early-morning phone call from Mike Harrison.
サラは朝早く、マイク・ハリソンからの電話で起こされた。

受動態の表す意味

> 受動態は、その主語が受動態で示される行為によって「影響を受ける」(affected) 場合に好んで用いられる。[Bolinger (1975)]
> 次の (1a) では主語は見知らぬ人に近づいてこられて、何らかの影響を受けていることが表されているが、(1b) では主語は電車の接近で何の影響も受けない。このことが受動態の可否に反映している。

(1) a. I *was approached* by the stranger.

b. *I *was approached* by the train.

> この「影響」という意味合いは by 句に「数が多いこと」を表したり、「力が大きいこと」を表す名詞(句)がくる場合に顕著となる。

(2) a. Kyoto *is visited* by many tourists every year.

京都には毎年多くの観光客が訪れる。

b. *Kyoto *is* often *visited* by me.

> 同じことは「動詞+前置詞」の形式で他動詞の役割をしている live in などの場合にも当てはまる。

(3) Several celebrities have lived in the house.

何人かの著名人が今までにその家に住んだことがある。

→ The house has *been lived in* by several celebrities.

(4) My brother has lived in Chicago.

弟はシカゴに住んだことがある。

→ *Chicago has *been lived in* by my brother.

> by 句が示されていない場合でも、受動態は主語が受動態で示される行為によって「影響を受ける」場合に用いられる傾向がある。

(5) My office *was broken into* yesterday.

昨日、会社が泥棒に入られた。

(6) They were laughing at me. Have you ever *been laughed at*?

あいつらは俺を見て笑っていたんだ。おまえは笑われたことってあるのか？

> 一般に、have や resemble や lack などの状態動詞は受動態では用いられないが、これも、それらの目的語は直接には影響を受けないためと説

明できる。

(7) *A mirror *is lacked* by the car.

ただし、状態動詞のすべてが受動態にならないわけではなく、例えば、resemble の受動態については容認性に個人差が認められるし、また own は by 句を伴ってよく受動態で用いられる。

(8) ? Ed *is resembled* by his eldest child.

(9) The company operates the winery, but the land *is owned* by the government.
会社がワイン醸造所を経営しているが、土地は政府のものだ。

同義語の possess も受動態で用いられることもあるが、Kashino Database の検索では、own に比べ頻度は極端に低い。

【関連情報】

own の受動態が容認されることから分かるように、Bolinger (1975) の原則は必ずしも絶対的なものではない。

次の (10) では主語が受動態で示される行為によって影響を受けているにもかかわらず、当該の文は容認されない。

(10) *The jailer *was escaped* by the prisoner.

このような例外があることは Bolinger (1975) も認めている。

瞬間動詞と for 句

一般に、瞬間動詞 (arrive, break, come, die, go, etc.) は for 句とは一緒に使えないと言われている。例えば、Kaplan (1989) は (1) のようには言えないことを指摘している。

(1) *Ellen *broke* the piece of chalk *for* a half hour.

ところが、小説を読んでいると、次のような例に出くわすことがある。

(2) He *went* to prison *for* two years, and he was on probation in Los Angeles for two years after that.
彼は刑務所に 2 年間入っていた後、ロサンゼルスで 2 年間、保護観察を受けていた。

ここでは went と for two years が共起しているが、ネイティブ・ス

ピーカーに尋ねてみると(2)は正用法だという。

同じネイティブ・スピーカーに(3)を示して、これはどうかと聞いてみると、(3)も容認可能という回答であった。

(3) This summer I *went* to America *for* two weeks.

今年の夏、2週間アメリカに行った。

Huddleston (1969) は、この問題を取り上げ、(4)のような go by plane の意味を表す fly と for 句が共起した例を挙げて、この for ten days はワシントンでの滞在期間を表していると述べている。

(4) Yesterday, he *flew* to Washington *for* ten days.

昨日、彼はワシントンに飛び、そこに10日間滞在した。[= Yesterday, he flew to Washinton, and stayed there for ten days.]

さらに、彼はこのような運動動詞 (verbs of motion) の場合だけでなく、状態変化動詞 (verbs of change of state) の場合にも瞬間動詞とfor 句との共起は可能とし、次の例を引いている。

(5) He *became* angry *for* a few minutes.

彼は数分間、怒っていた。

彼によると、この for a few minutes は became を修飾するのではなく、そこに隠れている be angry を修飾するということである。したがって、(5)は「彼は腹を立てて2, 3分その状態が続いた」という意味になる。

以下に(5)の類例を挙げる。

(6) We *went* silent *for* a time.

私たちはしばらく黙り込んだ。

以上のことから「瞬間動詞のうち、go, fly, become など運動や状態変化を表すものは、その中に stay, be の意味が組み込まれているため for 句と共起が可能」と言える。

【関連情報】

上記の(3)の文の容認性について、改めてネイティブ・スピーカー4人に質問してみると、やはり4人とも(3)を認めた。

そして、そのうち2人から「この for は期間 (duration) ではなく、目的 (purpose) を表していて、(3)は(7)の意味である」というコメント

(7) This summer I *went* to America *for* a stay of two weeks.
　今年の夏、私は2週間の滞在予定でアメリカに行った。

この解釈も可能なことは、次の(8)が言えることからも理解できる。

(8) This summer I *went* to America *for* two weeks, but I was turned back at immigration.
　今年の夏、2週間の予定でアメリカに行ったが、入国審査で入国拒否に遭い、追い返された。

しかし、この解釈は瞬間動詞のうち運動を表すものには適用できるが、(5)や(6)の状態変化を表すものには適用できない。

また目的を表すからには、主語には意志を持った人間が要求されることになるが、次のように無生物主語の場合も容認される。[Dillon (1977)]

(9) The rain *stopped for* two weeks.
　雨は止んでから2週間、降らなかった。(が、また降り始めた)

したがって、「なぜ瞬間動詞と for 句が一緒に使えるのか」という問いには、上で述べたように「瞬間動詞の中に stay, be の意味が組み込まれているため」と答えるのが最も適切である。

瞬間動詞の進行形とアクチュアリティ

瞬間動詞の進行形について全般的なことは「進行形の用法」の項で述べたが、本項では瞬間動詞のうち、① begin, start ② stop ③ forget を取り上げ、それぞれの進行形の表す行為や出来事が実際に起きているのかどうか(「行為や出来事のアクチュアリティ」と呼ばれる)という立場から、注意すべき点を述べる。

① begin と start の進行形はアクチュアリティを表す場合と表さない場合がある。

次の(1)では劇はまだ始まっていないが、(2)では雪が、(3)では雨がすでに降り始めていることが表されている。

(1) The play *is starting*.

劇はもうすぐ始まる。

(2) A little snow *was* just *beginning*.

雪が少し降ってきた。

(3) David held his hand out, and said, "It's raining. It*'s starting* to rain."

デビッドは手を差し出して言った。「雨だよ。雨が降ってきたよ」

> 上の(3)に見られる It's starting to rain. と It has started to rain. の違いをネイティブ・スピーカーに尋ねると、前者では雨がパラパラと降り始めたという感じがするのに対して後者では雨が本格的に降り始めている感じがするという。
>
> ② stop の進行形は「(すでに) 止まっている」というアクチュアリティは通例、表さない。「止まりかけている」という意味になる。

(4) "The restaurant," she said. The cab *was stopping* in front of the restaurant.

(タクシーの車中で)「そのレストランの前で停めて」と彼女が言うと、タクシーはレストランの前で止まろうとしてスピードを緩めた。

(5) Her blood soaked the towel, but the bleeding *was stopping*.

タオルは彼女の血に染まっていたが、もう血は止まりかけていた。

> ただし、stop の進行形は why を用いた疑問文に限り、アクチュアリティが表される。
> あるネイティブ・スピーカーによると、この stop の進行形は乗り物などが (予定を変更して) 止まったばかりのときに使われるとのことである。

(6) Why *is* the bus *stopping* on the corner now?

いま、どうして曲がり角でバスが止まったの？

(7) Why *are* we *stopping*?

どうして (車を) 止めたの？

> ③ forget の進行形はアクチュアリティを表す場合と表さない場合がある。
> 次の(8)では「もう少しで忘れるところだった」という意味が表され、(9)では「すでに忘れている」という意味が表されている。

(8) I*'m forgetting* my umbrella!

傘を忘れるところだった。

(9) "You're *forgetting* something important." "What's that?" "What if Jake doesn't come here?"
「大事なことを忘れているよ」「何だ？」「もしジェイクがここに来なかったらどうする？」

> アクチュアリティを表す場合には、I *was forgetting*...(話し手が何かを思い出したときに使う) あるいは *Aren't* you *forgetting*...(相手に何かを思い出させるときに使う) という表現がよく用いられる。

(10) I *was forgetting* you don't like milk.
あなたがミルクが嫌いだということを忘れていました。

(11) *Aren't* you *forgetting* you're in the middle of a divorce?
あなたは自分がいま、離婚調停中だということを忘れているんじゃないの？

> この用法では、ユーモアを込めて使われる場合と非難の気持ちを込めて使われる場合がある。

(12) Maybe you're *forgetting* who I am.
私が何者か、お忘れのようですね。

(13) So you want to be a surgeon? *Aren't* you *forgetting* something? You're the one who are afraid of blood!
で、君は外科医になりたいのか。何かお忘れじゃありませんか。君って血が怖いんだろう？

準助動詞概説

> 準助動詞には、be able to, be going to, have to などがある。すべて be, have という動詞と不定詞の to が用いられているのが特徴である。一般に、対応する can, will, must などの助動詞は主観性（話し手が関与しているという意味）を表すのに対して、これらの準助動詞は客観性（話し手が関与していないという意味）を表す。be, have という動詞と不定詞の to が客観性のマーカーとなっている。

> 上の3つの準助動詞については別のところで扱ったので、以下では、

be about to, be allowed to, be bound to, be supposed to と be willing to の5つの準助動詞を取り上げる。

[I] be about to

be about to には根源的な意味と認識的な意味を表す用法がある。

(1) I *was about to* leave when I remembered I'd left my wallet in my locker.
その場から離れようとしたら、ロッカーに財布を忘れてきたことに気づいた。

(2) I think I'*m about to* faint.
気絶しそうな気がする。

be about to と似た表現に be going to があるが、前者は後者よりも差し迫った事柄について用いられる。例えば、I'*m about to* become a father. と言えば2, 3週間後のことを指すが、I'*m going to* become a father. と言えば半年後くらいのことを指す。

be about to は通例、「まさに…しようとしている」と訳されるが、この例に見られるように必ずしも数分後の事柄を指すわけではないことに注意したい。

[II] be allowed to

be allowed to は根源的な意味（許可）しか表さない。

シノニムの may が主観性（話し手による許可）を表すのに対して be allowed to は客観性（誰の許可か特定されない一般的な許可）を表す。

(3) *May* I go back home?
家に帰ってもよろしいですか。
[= Will you allow it? (あなたはそれを認めますか)]

(4) *Am* I *allowed to* go back home?
家に帰ってもいいのでしょうか。
[= What is the rule? (規則ではどうなっていますか)]

過去時に言及して「いつでも…してもよかった」という継続的な許可を表す場合は was/were allowed to か could を使う。might はこの意味では用いられない。

(5) My university *was allowed to*/*could* use the Harvard library.

僕の大学はハーバード大学の図書館を利用できた。

ただし、一回限りの許可については、was/were allowed to のみが可能である。

(6) Susan *was allowed to* play TV games for an hour last night.
スーザンは昨日の晩、1時間テレビゲームをすることを許された。

cf. *Susan *could* play TV games for an hour last night.

この was/were allowed to と could の違いは be able to と could の違いと対応している。be able to と could については「can と be able to」の項を参照。

[Ⅲ] be bound to

be bound to は根源的な意味（義務）で用いることも可能であるが、認識的な意味（論理的必然性）で用いることのほうが圧倒的に多い。Kashino Database の検索では、認識的用法のマーカーとなる無生物主語や（be 動詞などの）状態動詞が be bound to と用いられた例が多く見られた。

ただ、認識的用法の場合でも使用頻度は低く、[Ⅰ]の be about to の1割程度しか用いられていない。

(7) "He is the murderer." "Is he, indeed? I *am bound to* ask if you have any proof of that."
「彼が犯人だ」「彼が？本当なのか。証拠があるかどうか聞かないといけないな」

(8) That'*s bound to* be Chuck's wife.
あれはチャックの奥さんに違いない。

認識的用法の be bound to は、客観性を示すため、シノニムの must よりも高い確実性を表す。また、must とは異なり、未来に言及することもできる。

(9) He'*s bound to* come to the dance tonight.
彼は今夜ダンスパーティに必ずやってくる。

cf. *He *must* come to the dance tonight.

［ただし、surely を付けると容認度が上がる：He *must surely* come to the dance tonight.］

[IV] be supposed to

> be supposed to は根源的用法では「規則や法律に従って、あることをしなければならない」という（話し手が関与しない）客観的な意味を表す。シノニムの should より意味が弱い。
> 多くの場合、「…することになっているが、実は守られていない」という含みがある。

(10) We *are* not *supposed to* play cards for money in our country.
我が国では、お金をかけてトランプをしてはいけないことになっている。

> be supposed to には認識的用法もあり、「…のはずである」という意味を表す。この場合、(12)のように過去形で用いられると、事態が期待通りではなかったことが表される。

(11) It's *supposed to* be snowy all weekend. I heard it on TV earlier.
週末はずっと雪になるそうだ。さっき、テレビで言っていた。

(12) There *was supposed to* be a light on in the hallway, she thought. There had been when she went into the bathroom. The bulb must have blown.
廊下には明かりがついていると思ったけど。さっきトイレに行ったときにはついていたのに。きっと電球が切れたのね、と彼女は思った。

[V] be willing to

> be willing to は根源的な意味でのみ用いられるが、「喜んで…する」という積極的な意味ではなく、「別に…しても構わない」という消極的な意味を表す。
> この点で意図を表すシノニムの will に比べ、話し手の関与の程度が低いと言える。

(13) I *am willing to* go with you, if you promise not to insult the other people who are there.
一緒に行ってもいいけど、向こうにいる人たちを侮辱しないと約束してね。

> more than を付けて be more than willing to とすると、「喜んで…する」という意味と「別に…しても構わない」という両方の意味で使われ

(14) Yes, I'm *more than willing to* go with you. I've been wanting to go there for a long time.

ええ、喜んでご一緒します。そこは前々から行きたかった所ですから。

(15) I *am more than willing to* go with you, but you must behave yourself.

一緒に行ってもいいけど、行儀よくしてよ。

> 過去形の was/were willing to とシノニムの would を比べると、前者が一回限りの行為にも習慣的な行為にも使うことができるのに対して、後者は通例、「過去の習慣」と解釈されるため、一回限りの行為には適さない。

(16) Max *was willing to* come to help us any time he was free.

マックスは時間があるときはいつでも手伝いに来てくれた。

(17) Max *was willing to* come to help us yesterday.

マックスは昨日、手伝いに来てくれた。

(18) Max *would* come to help us any time he was free.

(19) *Max *would* come to help us yesterday.

> 否定文では、was/were not willing to の場合は、必ずしも行為が実現しなかったという含みはないが、wouldn't では「拒絶・固執」を意味し、行為が実現しなかったことが表される。wouldn't には強勢が置かれる。

(20) Max *was not willing to* attend the meeting.

マックスは会議には出席するつもりはなかった。

［実際に会議に出席したかどうかは不明］

(21) Max wouldn't attend the meeting.

マックスはどうしても会議に出席しようとはしなかった。

［会議には出なかったことが表される］

条件文(1)

> 通常の（直説法の）条件文では if 節には現在形が用いられ、帰結節に

は will に代表される助動詞の現在形が用いられるのが普通である。

(1) If I *get* any useful information, I *will* be happy to tell you.
役に立つ情報が手に入ったら喜んでお知らせします。

このほか、特殊なタイプの条件文としては Sweetser (1990) のいう以下の2種のものがある。

[Ⅰ] 言語行為条件文 (speech act conditional)
[Ⅱ] 認識条件文 (epistemic conditional)

[Ⅰ] の言語行為条件文とは、(2)に見られるように I (will) tell you that... が省略されたもので「…だといけないから言いますけど」という意味を表すものである。[Palmer (1990)]
この if 節は話し手が帰結節の発言をした理由を説明する働きをしている。

(2) If you're going out to dinner, it's raining.
もし夕食に出かけるつもりなら言っておくけど、雨が降っているよ。
[= If you're going out to dinner *I (will) tell you that* it's raining.]

この用法では if 節は後置されることが多い。前置の場合には If A, then B. の then の使用は不可という特徴を持つ。以下に類例を挙げる。

(3) I'm in my office if you need me.
用事があるのならオフィスにいるからね。

(4) "Tomorrow evening there's a gallery opening if you're interested —"
"Oh, I'm sorry. Tomorrow night I'm busy."
「もし興味があれば（と思って言うのですが）明日の晩、画廊が開館するわ」「申し訳ない。明日の晩は忙しいんだ」

なお、Quirk et al. (1985) は次のような if I may say so, if I remember correctly などの定型表現もこの用法に含めている。

(5) You seem unusually nervous, *if I may say so*.
こう申し上げるのもなんですが、いつになく緊張しておられますね。

(6) "The church is very old, *if I remember correctly*." "Yes, it is."
「私の記憶が正しければ、その教会はとても古いものよ」「その通りです」

[Ⅱ] の認識条件文とは、次の(7)に見られるように「if 節で示される事

実に基づいて帰結節で示される結論を引き出す」つまり、if 節と帰結節の間に推論 (inference) が働くものをいう。[Dancygier (1998)] この場合には if 節を後置することはできない。

(7) If Mia is late, she went to the dentist.
ミアが遅刻しているというのなら、きっと歯医者に行ったのだろう。
[= If Mia is late, (then) it means she went to the dentist.]

(8) If he followed you here, he probably knows you're inside.
彼がここまで君をつけてきたというのなら、君がここにいることを知っているということだよ。

(9) It was 1972, thirty-eight years ago. Sam was sixty-one years old. If Sam was sixty-one, then Eddie was thirty-two, and Adam was almost three.
1972 年、今から 38 年前。当時サムは 61 歳だった。サムが 61 歳だったとすれば、(息子の) エディは 32 歳、(孫の) アダムは 3 歳間近だったはずである。[then に注意]

Huddleston and Pullum (2002) は、この構文において帰結節が過去に言及するときは must などの助動詞があるほうがよいという。したがって、彼らによると (7) は (10) のように言うほうが普通ということになる。

(10) If Mia is late, she *must* have gone to the dentist.

条件文 (2)

前項のほか、if の用法で注意すべきものを以下に 3 項目挙げる。

[I] If A, it is because B (A だとしたら B のことがあるからだ)
この構文は、話し手が他人の気づいたことを if 節で事実として認め、その理由を because 節か because 句で述べる場合に用いられる。
[Macmillan English Dictionary]

(1) "You sound more optimistic than you did when you came in." "If I am, it's because of our talk."
「入ってきて話し始めたときほど、くよくよしていないね」「もしそうな

ら、君に話を聞いてもらっているからだよ」
(2) "You are very flushed. I hope you are not upset." "If I am flushed, it is because I have been drinking."
「顔が赤くなっているよ。動揺していなかったらいいんだけど」「顔が赤くなっているとしたら、お酒を飲んでいたせいよ」

[Ⅱ] If A, A (Aだと言ったらAなんだ。どうしようもない)
if 節と帰結節で同じ言葉を繰り返し、置かれている状況がどうしようもできない状況であることを強調する。

(3) I can't help it. If I haven't got the money, I haven't got the money.
どうしようもない。お金がないと言ったらないんだよ。
(4) Now, if I lose, I lose, I have no problem with that.
（賭けに）負けたら負けたときのことだ。全く気にしない。

[Ⅲ] If A, B (Aが本当ならBだということになってしまう)
口語で用いられる皮肉を表す表現で、Bに明らかに真実でない事柄を持ち出して「Aであるはずがない」という強い否定の気持ちを表す。

(5) If they're married, I'm the King of England.
（ホテルに入ってきた男女を見て係員が）あの2人が夫婦なら俺はさしずめイギリス国王というところだな。

条件文の帰結節で用いられる be going to

Leech (1987) によると、条件文の帰結節には will は用いられるが、be going to は用いられない。

(1) If you accept that job, you'*ll* never regret it.
その仕事を引き受けたら決して後悔しないでしょう。
(2) *If you accept that job, you'*re* never *going to* regret it.

ただし、条件が未来ではなく、現在に言及するものであれば、帰結節に be going to を使うことができる。

(3) We'*re going to* find ourselves in difficulty if we go on like this.
このままいくと困ったことになるぞ。

しかし、これは制限が強すぎ、実際には次のように条件が未来に言及す

るものでも条件文の帰結節に be going to が用いられている例が見られる。

(4) If you don't go out of the building now, you're *going to* die.
すぐに建物から出て行かないと死んでしまうぞ。

(5) If he loses the election, he *is going to* be in big trouble.
彼が選挙に負けたら大いに困ったことになるだろう。

(6) If you call him as a witness at trial it *is going to* be a terrible mistake. You'd better not do that.
彼を裁判に証人として呼んだら重大なミスを犯すことになるぞ。やめたほうがいいな。

上の例から明らかなように、この種の be going to は帰結節で「悪い結果」が表されている場合に限り適切で、その場合には語用論的には「警告」「脅し」などの意味が伝えられる。[柏野 (1999)]

したがって、帰結節で「いい結果」が表されている(7)のような場合に、be going to を用いると不自然になる。

(7) ?If you hurry, you *are going to* catch your bus.
 cf. If you don't hurry, you *are going to* miss your bus.
 急がなかったらバスに乗り遅れるよ。
 cf. If you hurry, you *will* catch your bus.
 急いだらバスに間に合うでしょう。

上に挙げた(2)も、ネイティブ・スピーカーによると、次のように「警告」「脅し」の意味を表すようにすれば容認可能となる。

(8) If you accept that job, you *are going to* regret it the rest of your life.
その仕事を引き受けたら一生、後悔するぞ。

なぜ、このようなことが起きるのかは、「will と be going to」の項で述べた認識的用法の will と be going to の基本的な意味と関連する。will は「出来事が条件付で起こること」(条件性と呼ばれる) を表し、be going to は「出来事が差し迫っていて避けられないこと」(不可避性と呼ばれる) を表すが、不可避性というのは「悪いことが起きることを妨げることができない」という意味であるから「悪い結果」と結びつきやすいのである。

ちなみに、will は帰結節が「悪い結果」を表す場合も「いい結果」を表す場合にも使用可能である。

条件を表す不定詞

次のように、to 不定詞が条件を表す場合に用いられることがある。この場合、述べられている内容は仮定的なもので、事実ではないことに注意したい。

(1) *To hear her talk*, you'd think she had done all the work.
彼女が話すのを聞くと、仕事はすべて彼女がしたと思ってしまうよ。

(2) *To see him*, you'd think he was 18 years old.
彼を見たら 18 歳だと思ってしまうよ。

なお、口語では to 不定詞の代わりに—ing 形も使われる。

(3) *Hearing him speak English*, you would take him for an American.
彼が英語をしゃべるのを聞いたら、アメリカ人と間違えてしまうでしょう。

なお、to 不定詞や—ing 形に使われる動詞は see, hear などの知覚動詞のことが多い。

状態動詞の進行形

「進行形の用法」の項で述べたように、状態動詞は(1)のように一般に進行形では用いられない。

(1) *Jim *is owning* a lot of land.

(2) *That coat *is belonging* to me.

(3) *The coffee *is containing* some sugar.

しかし、次の 4 通りの場合には状態動詞であっても進行形で使われることがある。

[I] more (and more) や less (and less) などの比較級が付加された場合。

(4) Becky *is resembling* her mother *more and more*.

ベッキーはお母さんにますます似てきている。

(5) Dave *is liking* his new teacher *more and more*.
デイブは新しい先生がますます好きになった。

> ただし、これらの例を不自然と感じる人もいる。試しに(4)の例の容認性を9名のネイティブ・スピーカーに尋ねてみたところ、6名が不可、あるいは不自然と回答した。
> そして1人のネイティブ・スピーカーからは(4)よりも(6)のほうが一般的というコメントをもらった。

(6) Becky *is coming to resemble* her mother more and more.

［Ⅱ］状態動詞が動作動詞の意味に転化している場合。

> 例えば、have が「持っている」ではなくて「食べる」の意味を表すとき、また see が「見える」ではなくて「会う」の意味を表すときには、それぞれの動詞が動作の意味に転化しているので進行形で用いられる。

(7) Ben *was having* lunch in the cafeteria when Jenny approached the table.
ベンが食堂で昼食をとっていると、ジェニーがテーブルに近づいてきた。

(8) Oliver and Anne *are seeing* each other.
オリバーとアンは付き合っている。

> 同じように、think も「思う」ではなくて「考える」という意味では進行形で使われ、知覚動詞の taste も「味がする」ではなくて「味を見る」という意味では進行形で使われる。

(9) Don't interrupt me. I*'m thinking*.
邪魔をしないでくれ。考え事をしているんだ。

(10) I*'m just tasting* the soup to see if it's good.
スープがおいしいかどうか味見をしている。

> このほか、次のような場合には、love も like も enjoy の意味に変化していると考えられる。

(11) He*'s loving* every minute of this vacation.
彼はこの休暇を十分、楽しんでいる。

(12) How *are* you *liking* Boston?

ボストンはいかがですか。

[Ⅲ] 知覚動詞が用いられたときに、知覚する対象が変化したり、また知覚が幻覚や幻聴であるために、明らかに「一時性」が表される場合。

▌ 進行形の持つ「一時性」という基本的な意味とうまく噛み合う。

(13) We *are seeing* an eclipse of the sun in the sky.
日食が見える。

(14) You must *be hearing* things.
空耳だよ。

▌ また、知覚の対象に普段、見聞きすることのできないものがきて「驚き」の気持ちが表される場合にも知覚動詞は進行形で用いられる。
▌ (15)と(16)では話し手は知覚を現実のものではなく、幻覚や幻聴のように感じているため、上記と同じように「一時性」が保証され、進行形が可能となっている。

(15) I'*m* finally *seeing* a Pyramid with my own eyes!
自分の目でピラミッドを見てるんですよ。

(16) I can't believe I'*m hearing* President Obama's voice on the phone.
電話からオバマ大統領の声が聞こえるなんて信じられない。

[Ⅳ] 主語に移動可能性がある場合。

▌ sit, stand, lie など姿勢を表す動詞（stance verb）を進行形で使う場合、主語には人のように自ら動けるものか、物品（本、帽子、新聞など）のように人が手を加えて動かせるものが要求される。
▌ これは、進行形の持つ「一時性」により、主語の人や物が「いつまでもその位置に(い)ない」という意味を表すからである。
▌ したがって、これらの動詞を進行形で用いた場合、建物や地名はその主語にはなれない。

(17) *The new building *is standing* in the middle of downtown.

(18) *Nebraska *is lying* between South Dakota and Kansas.

(19) The man *was standing* in front of the hotel.
その男はホテルの前に立っていた。

(20) Many books *were sitting* on the shelf.
たくさんの本が棚に並んでいる。

(17)や(18)の場合には、主語は移動する可能性がないため、これらの動詞は進行形では用いられない。

ここで注意したいのは、主語にくる名詞(句)の移動の可能性の大小により進行形の可能性の大小が決まるという点である。例えば、主語が建物、木、銅像であれば、この順に進行形で用いられる可能性が次第に高くなる。木や銅像に比べ、建物は全く移動の可能性はないからである。

(21) *The tall building *is standing* in front of the station.

(22) ?The tree *is standing* in the garden.

(23) The statue *was standing* in the hall.

さらに、主語に移動不可能な名詞(句)がきていても、文脈により「もうすぐその物がなくなる」「あった物がなくなった」「もうないと思っていたのにまだある」という「一時性」が保証されていれば、その文は容認される。

(24) The tree that is to be cut down *is standing* in the garden.
切り倒される予定の木が庭に立っている。

(25) The statue *was standing* in the hall but curators moved it into the storeroom.
銅像がホールに立っていたが、学芸員が物置に移動した。

(26) I'm surprised the old bridge *is* still *standing*.
あんな古い橋がまだ架かっているなんて驚きだ。

このほか、語りの文では、主語が移動不可能なものであっても、それが瞬間的に(移動している)語り手の目に入ってきたことを描写する際に進行形が用いられることがある。

(27) When we entered into the gate to Central Park a large pond *was lying* directly in front of us.
セントラルパークの入り口に近づくと大きな池が目の前に広がってきた。

状態動詞の進行形についてさらに詳しくは柏野(1999)とDowty(1979)を参照。

情報構造

> 日常、会話をしたり、あるいは文章を書いたりする場合、話し手や書き手は「聞き手や読み手がすでに知っていると思う情報」に「聞き手や読み手がまだ知らないと思う情報」を付け加えることによって話を進めていく。前者を旧情報（old information）と呼び、後者を新情報（new information）と呼ぶ。
>
> 英語では、新情報のマーカーとなるのは、不定冠詞のa/anであり、旧情報のマーカーとなるのは、定冠詞のtheやit, sheなどの代名詞である。
>
> 重要なのは、新情報は一度、現れると次にそれは旧情報として働くという点である。次の(1)と(2)ではa coffeeがthe coffeeで受けられ、a songがitで受けられていることに注意したい。

(1) I ordered *a coffee*. *The coffee* was bad.
　コーヒーを注文したが、まずかった。

(2) My father taught me to sing *a song*. *It* goes like this. "Twinkle twinkle little star."
　父は私にある歌の歌い方を教えてくれた。その歌の出だしは次のようだった。「きらきら光るお空の星よ」

> 以上から明らかなように、一般にこの2つの情報は「旧情報→新情報」の順に現れる。これは末尾位焦点（end focus）の原則と呼ばれるものである。
>
> 英語では通例、主語に旧情報を表す名詞(句)が用いられるが、それはこの原則に従っているためである。
>
> ただ、次のcomeのように、「何かが視野に入ってくること」を表す動詞が用いられているときは、主語には新情報を表す「a/an＋名詞」を使うこともできる。

(3) One day *a man came* to the bank near closing time.
　ある日、閉店間際にある男が銀行にやってきた。

(4) *A feeling of comfort came* over her. The tears stopped.
　彼女は安らいだ気持ちになり、涙も止まった。

これ以外の動詞が用いられているときは、主語の位置に「a/an＋名詞」を置くよりも、(5)のようにthere構文を使ったほうが自然である。

(5) There is *a woman* waiting for you in the lobby.
女の人がロビーであなたを待っています。

cf. *A woman* is waiting for you in the lobby.

あるネイティブ・スピーカーによると、上のA womanで始まる文は唐突でぶっきらぼうな感じがして、この文の話し手はyouかwomanに腹を立てているように聞こえると言う。

一方、話し言葉では、新情報には主強勢が置かれて際立つので、新情報の現れる位置は自由で、特に末尾位にくる必要はない。

(6) <u>Cathy</u> cleared the table.
〔Someone cleared the table. が旧情報として了解されていてCathyが新情報として働く〕

(7) Cathy cleared <u>the table</u>.
〔Cathy cleared something. が旧情報として了解されていてthe tableが新情報として働く〕

(8) Cathy <u>cleared</u> the table.
〔Cathy did something to the table. が旧情報として了解されていてclearedが新情報として働く〕

【関連情報】

日本語の「は」と「が」を情報構造の観点から見てみよう。

一般に、「は」の左には旧情報がきて、「が」の左には新情報がくるという特徴が見られる。

したがって、物語で、ある名詞が初めて現れるときは「名詞＋が」が用いられ、2回目からはそれは「名詞＋は」に変わる。

(9) 昔々あるところにおじいさんとおばあさん<u>が</u>いました。おじいさん<u>は</u>山へ柴刈りに、おばあさんは川へ洗濯に行きました。

このようなことから、日本語の「は」「が」は英語のa/an, theと対応しており、次のような関係が成立する。

「名詞＋が」＝「a/an＋名詞」（名詞は新情報を表す）
「名詞＋は」＝「the＋名詞」（名詞は旧情報を表す）

したがって、(9)の英語訳は(10)のようになる。

(10) Once upon a time there lived <u>an</u> old man and <u>an</u> old woman in a certain place. <u>The</u> old man went to the mountains to gather firewood and <u>the</u> old woman went to the river to wash their clothes.

なお、末尾位焦点の原則は英語と同様、日本語の場合も当てはまり、例えば、野球のゲームの勝敗を話題にしている場合、「勝ったよ、阪神」と新情報を先に言うよりも「阪神、勝ったよ」のように旧情報を先に言うほうが自然である。

叙実述語と非叙実述語

叙実述語 (factive predicate) とは、Kiparsky and Kiparsky (1971) の用語である。that 節をとる動詞、形容詞の中で、話し手がthat 節の意味内容を真実であると前提としているものをいう。この前提は否定文で用いられても変わることはない。

以下の文では、話し手は「私が彼に失礼なことをした」「社長が辞任した」ことを事実と捉えた上で発言している。

(1) I *regret*/*don't regret that* I was rude to him.
彼に失礼なことをしたのを悔やんでいる（悔やんでいない）。

(2) It's *surprising*/It's *not surprising* that the president resigned.
社長が辞任したのは驚きだ（驚くようなことではない）。

叙実的な内容は that 節だけでなく、動名詞でも表すことができる。

(3) Logan *regretted*/*didn't regret making* the call to her.
ローガンは彼女に電話をかけたことを後悔した（後悔はしていなかった）。

これに対して、that 節をとる動詞、形容詞の中で、that 節の意味内容を真実であると話し手が前提としていないものは非叙実述語 (non-factive predicate) と呼ばれる。これは否定文で用いられても変わることはない。

以下の文では、話し手は「あなたが私の父を知っている」「彼女が考えを変える」ことを事実と捉えた上で発言しているわけではない。

(4) I *believe/don't believe that* you know my father.
　私の父のことをあなたは知っていると思います（知らないと思います）。

(5) It's *likely*/It's *not likely that* she will change her mind.
　彼女が考えを変える可能性がある（可能性はない）。

▍非叙実的な内容は to 不定詞でも表すことができる。

(6) Dick *is likely to* win the golf competition.
　ディックはゴルフコンペに勝ちそうだ。

▍以下に、叙実述語と非叙実述語の具体例を挙げておく。

▍▍［Ⅰ］叙実述語：regret, know, realize, learn, bother, remember, forget, be significant, be odd, be surprised, etc.
［Ⅱ］非叙実述語：agree, suppose, hope, think, believe, seem, appear, happen, be sure, be likely, be possible, be true, etc.

▍叙実述語の中には realize, learn など know に関連する意味を表す述語と regret, be surprised など感情的な意味を表す述語が混在している。このうち、感情を表す述語は次のように should を従えることができる。

(7) I'm *surprised that* anyone *should* be in the office at this hour.
　こんな時間に会社に人がいるなんて驚いた。
　（この anyone については、「断定語と非断定語」の項を参照）

【関連情報】

▍Hooper (1975) は、叙実的述語と非叙実的述語のそれぞれを「that 節を前置して、当該の述語が挿入的に用いられるかどうか」を基準に断定的述語 (assertive predicate) と非断定的述語 (non-assertive predicate) に下位区分している。
例えば、非叙実的述語の seem は (8) と言えるので断定的述語に分類され、同じ非叙実的述語の be likely は (9) とは言えないので非断定的述語に分類される。

(8) Many of the applicants are women, it *seems*.
　応募者の多くは女性のようだ。

(9) *Many of the applicants are women, it's *likely*.

▍同様に、叙実的述語の discover は (10) が可能なので断定的述語に分類され、同じ叙実的述語の regret は (11) は不可能なので非断定的述語に分類

(10) It was difficult to make ends meet, they *discovered*.
収支を合わせるのは難しいことが彼らには分かった。

(11) *It was difficult to make ends meet, they *regretted*.

叙述同格

叙述同格 (predicate appositive) というのは Curme (1931) の用語で、以下のような形容詞や名詞の果たす機能を指す。

(1) She married *young*.
彼女は若くして結婚した。
[= She was young when she married.]

(2) Robert came home *drunk*.
ロバートは酔っ払って家に帰ってきた。
[= Robert was drunk when he came home.]

(3) Money doesn't mean that much to him. He was born *rich*.
彼にとって金はそれほど大きな意味はないんだよ。彼は金持ちに生まれついたからね。

(4) He died *a very rich man*.
彼は莫大な財産を残して死んだ。

(5) They parted *friends*.
2人は喧嘩もしないで別れた。

これは文法的には分詞構文と関連し、上記の例文の場合、形容詞や名詞の前に being を補って考えることができる。

また、次の (6) の surprised は通例、分詞構文と考えられているが、叙述同格と見なすこともできる。ただ、コンマがある場合は通例、分詞構文と考えられている。

(6) "I've bought a new car." "A new car?" said Bill, *surprised*.
「新車を買ったよ」「新車だって？」とビルは驚いて言った。

助動詞概説

助動詞の表す意味は大きく2つ、あるいは3つに分類される。

2分類で代表的なものは Hofmann (1976) の根源的意味 (root sense) と認識的意味 (epistemic sense) の区別である。根源的意味の根源的 (root) というのは歴史的に見てそれが認識的意味よりも発生が早いことを意味する。

根源的用法では文の主語が持つ能力、意志、許可、義務などの意味が表され、認識的用法では命題についての話し手の（主観的な）判断が表される。

根源的意味を表すものとしては、許可の may、義務の must、意志の will、許可および能力（状況的能力を含む）の can がある。

(1) You *may* play TV game after you've finished your homework.
宿題が終わったらテレビゲームをしてもよい。［許可］

(2) "I don't want to eat vegetables." "You *must* eat." Her mother's voice was sharp.
「野菜、食べたくない」「食べるのよ」彼女の母親の声は鋭かった。
［義務］

(3) I *will* do anything you ask.
あなたの頼みなら何でも聞きます。［意志］

(4) You *can* use the shower in the guest room.
ゲストルームのシャワーを使ってもいいよ。［許可］

(5) She *can* play the piano very well.
彼女はピアノが上手だ。［能力］

(6) We *can* sit in the garden when it's sunny.
日当たりのいいときは庭に座っていられる。
［状況的能力。Lions *can* be dangerous.（ライオンは危険なことがある）の can とともに根源的可能性と呼ばれることもある］

認識的意味を表すものとしては、可能性の may、必然性の must、蓋然性の will、可能性の can（おもに否定文と疑問文で用いる）がある。

(7) "Nicole is late." "She *may* have missed the bus."

「ニコールが来ない」「バスに乗り遅れたのかな」［可能性］
(8) I've heard Simon skipped his lunch. He *must* be hungry because it is six o'clock now.

サイモンは昼食を抜いたらしい。いま6時だからきっとお腹をすかせていることでしょう。［必然性］

(9) I think he *will* tell the truth to you.

彼は君に真実を話すだろう。［蓋然性］

(10) This *can't* be happening.

これは現実の出来事なんかじゃない。［可能性。この解釈については「can't と must not」の項を参照］

(11) *Can* what he said be true?

彼の言ったことは本当なのかな。［可能性］

> なお、助動詞が認識的に用いられる場合、統語的には上記のように通例、be動詞に代表される状態動詞か完了不定詞、進行不定詞が後続する。また主語に無生物をとることができるのも認識的用法の特徴の1つである。
>
> 動作動詞を従えるときには文脈により、根源的、認識的のどちらの意味にも解釈できる場合がある。
>
> 例えば、次の(12)は(13)のような文脈を想定すれば「またお酒を飲み始めてもよい」という根源的意味に解釈され、(14)のような文脈を想定すれば「また飲み始めるかもしれない」という認識的意味に解釈される。

(12) You *may* drink again.

(13) Bill had a very weak stomach and his doctor persuaded him to stop drinking. Two years later he recovered his health and his doctor said to him, "You *may* drink again."

ビルは胃が大変弱かったので、医師はお酒をやめるように忠告し、彼もそれに従った。2年後、彼が元通り元気になったときに、医師は彼に「またお酒を飲み始めてもよい」と言った。

(14) Bill had a very weak stomach and his doctor persuaded him to stop drinking. But Bill had weak will. His doctor said to him, "You *may* drink again."

ビルは胃が大変弱かったので、医師はお酒をやめるように忠告し、彼もそれに従った。しかし、ビルは意志が弱かったので、医師は彼に「また飲み始めるかもしれないね」と言った。

3分類で代表的なものはPalmer（1990）の提唱する認識的意味、義務的意味（deontic sense）、動的意味（dynamic sense）の区別である。動的意味とは主語の性質や特性に係る意味のことで、能力（状況的能力を含む）のcanや意志のwillなどがこの意味を表す。

ここから分かるように、この分類法は上で述べた根源的意味を義務的意味と動的意味に分けたものであると言える。ちなみに、dynamicというのはpowerという意味である。

この動的意味については、まだ解決されるべき問題も残っているため、学校文法では従来どおり、根源的意味、認識的意味の2分類法を踏襲するほうが賢明である。

【関連情報】

日本の文法教育の現場では、上のように各助動詞を用法別に分けて教えているが、助動詞の表す意味は1つである、という立場に立つ学者がいる。

彼らに共通するのは、まず各助動詞に抽象レベルの高い中核的な意味（core meaning）を1つ設定し、それぞれの助動詞に複数の意味・用法が生じるのは、この中核的な意味が文脈に依存して解釈されるためとする点である。

例えば、McCallum-Bayliss（1985）によると、mustは「他に筋の通った選択肢はない」（no reasonable alternative）という意味を、canとmayは「少なくとも可能である」（at least possible）という意味を中核的に持ち、canとmayは「根拠」（grounds）の有無により区別される。これらの中核的な意味が文脈に応じて認識的意味や根源的意味に解釈されると考えるのである。

この考え方は、学問的には意味のあるものであるが、英語教育の立場からは、従来どおり、用法別に教えるほうが生徒や学生には分かりやすい。

助動詞の過去形＋have＋過去分詞

「助動詞の過去形＋have＋過去分詞」の形式の表す意味は複雑である。この項では、助動詞として could, might, should, would を取り上げ、これら4つの助動詞が根源的な意味（「…できる」「…してもよい」「…したほうがいい」「…するつもりだ」）を表す場合と認識的な意味（「…かもしれない」「…のはずだ」「…だろう」）を表す場合に分けて解説する。

まず、上記の助動詞が認識的な意味を表すときであるが、例えば、(1)の文は以下の3つの意味に解釈できる。

(1) He *could/might have lost* the election.

①話し手が結果を知らないとき。

「彼は選挙に負けたかもしれない」

[= It is possible that he lost the election.]

②事実の反対を表すとき。

「彼は（もし…だったら）選挙に負けていたかもしれない」

[= It is possible that he would have lost the election.]

③事実を表すとき。

「どのみち、彼は選挙に負けていただろう」

[= He lost the election and nothing could have changed that.]

以下に文脈を伴った例を挙げるが、①が最も普通の解釈である。

(2) ［①の解釈］ "Was the house unlocked?" "I locked the front door myself, and my wife said she was going to lock the back door." "She *might have forgotten*." "Maybe."

「家には鍵は掛かっていなかったのですか」「玄関は私が鍵を掛けましたが、裏口は妻が掛けると言っていました」「奥さんは鍵を掛け忘れたのかもしれませんね」「そうかもしれません」

(3) ［②の解釈］ They *might/could have reached* agreement (if they had been more flexible).

彼らは合意に達していたかもしれない。（もし彼らがもっと柔軟な態度を取っていたら）

(4) [③の解釈] You don't have to blame yourself for the breakup. It *would have happened* anyway.

離婚のことで自分を責めることはない。どのみち、そうなっていたことだろう。

次に、4つの助動詞が根源的な意味を表す場合であるが、このときには常に②の反事実の意味が表される。

(5) We *should have called* the police.

私たちは警察に電話をかけたほうがよかった。

[= It would have been advisable for us to call the police.]

(6) You *could have helped* her (if you had been there on the spot).

あなたは彼女を救うことができたでしょう。(もし、あなたがその場にいたら)

(7) You *could/might have gone* to the concert yesterday (if you had wanted to).

昨日、コンサートに行ってもよかったのに。(行きたかったら)

助動詞の表す認識的な意味と根源的な意味について詳しくは、「助動詞概説」の項を参照。

進行形の基本的な意味

進行形は基本的に「一時性」(しばらくの間、あることが続いていること)と「未完了性」(行為は必ずしも終わっていないこと)を表す。

これは進行形を単純形と比べると分かりやすい。次の study を用いた(1)と(2)、flow を用いた(3)と(4)を比較されたい。

(1) I *studied* with Noam Chomsky for a year.

1年間、ノーム・チョムスキーのところで勉強したわ。[完了性]

(2) "Are you at university?" "Yale. I'*m studying* English."

「あなた大学生なの?」「イェール大学の学生です。英語を勉強しています」[未完了性]

(3) The river *flows* to the sea.

その川は海に注いでいる。[永続性]

(4) Tears *were flowing* down her cheeks.

涙が彼女の頬を伝って流れ落ちていた。[一時性]

> ただし、進行形の表す「一時性」と「未完了性」の意味はときに区別しにくく、あいまいになることもある。この場合には temporarily や still などを付け足すとどちらの意味を表しているのかがよく分かる。

(5) "What are you doing here in Baltimore?" she said. "I'*m* just *living* here *temporarily*."

「ボルティモアで何をしているのよ」と彼女は言った。「ちょっと滞在しているだけだよ」[一時性]

(6) Your leg *is still bleeding*.

まだ足から血が出ているわ。[未完了性]

進行形の用法

> 進行形の用法を考える場合、まず動詞を意味の点から分類しておく必要がある。
>
> 動詞はまず動作動詞と状態動詞に分かれるが、この判断の基準は当該の動詞が命令文で使えるかどうかである。[Lakoff (1966)]
>
> 命令文で用いられる動詞は動作動詞と認定され、命令文で用いられない動詞は状態動詞と認定される。
>
> 例えば、know, work, finish という動詞を取り上げると、know は命令文では使えないので状態動詞に分類され、work と finish は命令文で使えるので動作動詞に分類される。

(1) *Know the answer.

(2) "We're working on that now." "*Work* harder."

「いま、それに取り組んでいます」「もっと一生懸命にやれ」

(3) *Finish* your drink.

飲み物を飲んでしまいなさいよ。

> 動作動詞はさらに継続動詞(行為や出来事が一定時間続くことを表す動詞)と瞬間動詞(行為や出来事が一瞬のうちに終わることを表す動詞)に分かれる。

これは当該の動詞が for 句と at 句のどちらと使えるかにより判断できる。for 句と用いられる動詞は継続動詞に分類され、at 句と用いられる動詞は瞬間動詞に分類される。ここから、上記の work は継続動詞と判定され、finish は瞬間動詞と判定される。

(4) He went to his office and *worked for* a few hours.
彼はオフィスに行き数時間仕事をした。
cf. ?*At* 12:30, he *worked* hard.

(5) Dr. Hill *finished* his testimony *at* 5:15.
ヒル博士の証言が5時15分に終わった。
cf. ?Dr. Hill *finished* his testimony *for* thirty minutes.

このように分類した動詞のうち、動作動詞は進行形で用いられるが、状態動詞は進行形では用いられない。つまり、命令文で使える動詞は進行形でも使えるが、命令文で使えない動詞は進行形でも使えないということである。

(6) *I *am knowing* the answer.

(7) She *was working* at her desk that morning.
彼女はその朝、机に向かって仕事をしていた。

(8) I *was finishing* a sandwich when Karen came to me.
サンドイッチを食べ終わりかけたときにカレンがやってきた。

ただし、上の和訳から明らかなように、継続動詞の進行形は「行為の進行」(「…している」) を表すが、瞬間動詞の進行形は動詞の種類に応じて①差し迫った未来 (「…しかけている」) ②段階的変化 (「だんだん…してきている」) ③反復 (「何度も…している」) の意味を表す。この順に以下に2例ずつ挙げる。

(9) His dog *is dying*.
彼の飼っている犬が死にかけている。

(10) The sun *was setting* behind the house.
家の向こう側では太陽が沈みかけていた。

(11) Hi, Tom. I *was beginning* to think you weren't coming.
ああ、トムか。君は来ないんじゃないかと思い始めていたよ。

(12) The weather *was getting* worse.

天候は次第に悪くなってきていた。
⒀ He *was jumping* up and down screaming madly.
彼は大声で叫びながら飛んだりはねたりしていた。
⒁ Linda *was knocking* on the door of his apartment.
リンダは彼のアパートのドアをノックしていた。

上で分類した3動詞の具体例を次に挙げておく。

状態動詞：belong, contain, have（持っている）, know, like, own, see（見える）, think（思う）, want, etc.［数が限られている］

継続動詞：dream, drink, drive, eat, play, read, run, sleep, stay, study, wait, write, etc.［非常に多い］

瞬間動詞：arrive, break, come, die, get, go, hit, jump, knock, leave, start, etc.［数が限られている］

状態動詞の中でも進行形で用いられるものもあるが、これについては「状態動詞の進行形」の項を参照。

推定の should と仮定法現在

推定の should（putative should）とは、①提案・主張・要求などを表す動詞や形容詞に続く that 節、あるいは②驚きなどの感情を表す形容詞に続く that 節に用いられる should のことである。

この that 節の内容は事実（fact）としてではなく、1つの考え（idea）として述べられ、その真偽については中立的である。これはイギリス英語に多く見られる。［Leech（2004）］

⑴ At first there was a difficulty because Daddy insisted that Dennis and I *should* be here with him.
父がデニスと私に一緒にここにいるようにと言って譲らなかったので、最初はどうにもならなかった。

⑵ He's very conscientious. It's surprising that he *should* stay home from work without permission.
彼は誠実な人間だから無断で会社を休むなんて驚きだ。

①のタイプでは、that 節には推定の should のほか、仮定法現在も用い

られる。この場合も that 節の真偽については中立的である。

仮定法現在、つまり動詞の原形が用いられるということは命令形と同じ形をとるということである。したがって、次の(3)にも命令の気持ちが含意されることになる。

(3) It's important that every word on this issue *be* understood.
この問題に関する1語1語を正確に理解することが大切だ。

これはときに命令を表す仮定法 (mandative subjunctive) と呼ばれ、アメリカ英語に多く見られる。

なお、1950年代にはイギリス英語では仮定法現在は廃れかけていたが、最近ではアメリカ英語の影響で復活の兆しが見え、イギリス英語でもこの構文で仮定法現在が用いられるようになってきている。

学校文法では、(3)の be understood は should be understood の should の省略と教えるが、歴史的には正反対で、推定の should は仮定法現在の代役として用いられたという事実がある。

さらに、イギリス英語では、事実 (fact) を表すはずの直説法が that 節に用いられることがある。これはときに誤用と見なされる。

(4) Your brother wants you to call him. He said to me that it's urgent, important that he *speaks* to you.
兄さんは君に電話をかけてもらいたがっている。君と至急に話をすることが重要だと兄さんから聞いている。

ただし、that 節が事実であることが明らかであれば、以下のように完全に容認される。

(5) It is important that the shipping *is* not delayed.
船積みが遅れていないという事実が大事なのです。
[=The shipping is not delayed. That is what is important.]

(6) It's important that she always *goes* there.
彼女が(いつも)そこに行くことが重要だ。
[習慣を表している例]

次に②のタイプに移る。このタイプでは、that 節にはごく普通に直説法の動詞が用いられる。should を使っても直説法の動詞を使ってもあまり意味の違いはないが、should を用いると、that 節の真実性に話し手

が疑いを持っていることが表される。

(7) It is incredible that she *should want*/*wants* to be a police officer.

彼女が警察官になりたいなんて信じられない。

この should は疑いを表すという点で、if 節中に用いられる俗にいう「万一の should」と似ている。

このタイプでは用いられる形容詞や動詞の意味から考えて命令の気持ちは示されないので、(8)のように仮定法現在を使うことはできない。

(8) *It is interesting that the play *be* such a huge success.

以上の点を Quirk et al. (1985) を参考にまとめると以下のようになる。

①のタイプ：It is essential that the ban *should be*/*be*/?*is* lifted tomorrow.

明日、禁止を解くことが不可欠だ。

②のタイプ：It is strange that she *is*/*should be*/*be so late.

彼女がそんなに遅れたなんて不思議だ。

【関連情報】

アメリカ英語では、①のタイプでも②のタイプでも that 節には would も可能である。

(9) It is necessary that they *would* carry out the plan.

彼らがその計画を実行することが必要だ。

(10) It seemed odd that a private detective *would* withhold evidence from the police.

私立探偵が警察に証拠を提供しないなんて奇妙なことのように思われた。

「スポーツをする」に当たる英語

「スポーツをする」に当たる英語は play sports が一般的だが、do sports も用いられる。

(1) Do you *play* any *sports*?

何かスポーツはしますか。

(2) "Do you ever *do* any *sports*?" she said. "Sure."
「何かスポーツはしたことがあるの？」と彼女は尋ねた。「もちろん」

ネイティブ・スピーカーの中には do も play も使わず、engage in sports や participate in sports を使うという人もいる。

特定のスポーツについては、baseball, tennis, golf などは play を用いて「野球 / テニス / ゴルフをする」という意味を表し、judo, kendo, karate など日本の武道には do を用いて「柔道 / 剣道 / 空手をする」という意味を表す。

一方、ボクシング、スキー、スケートなどは play も do も使わず、box, ski, skate を動詞として用いることにより、「ボクシング / スキー / スケートをする」ことを表す。

【関連情報】

スポーツの試合を表す game と match の違いについては、一般にアメリカでは、baseball, football などのように—ball の付くスポーツには game を使い、golf, boxing などには match を使う。

前者はチームを組んで戦うスポーツで後者は一人で戦うスポーツである。イギリスではアメリカ起源のスポーツを除けば、football match のように match を使う傾向にある。ただし、テニスの場合は game とも match ともいう。[木塚＆バーダマン（1997）；ライトハウス英和辞典（第3版）]

(3) He got a beer in the sports bar and watched a *boxing match*.
彼はスポーツバーでビールを買い、ボクシングの試合を見ていた。

(4) Many people attended a *football match* or went to the movies on a Saturday afternoon.
土曜の午後にはサッカーの試合を見に行ったり、映画を見に行ったりする人が多かった。[イギリス英語の例]

スラングとタブー語

スラング（slang）とは、一般に「俗語」と訳されるが、非常にくだけた語や句や用法のことである。それらは特定の職業や階級に特有の

もので、その使用は特別な文脈に限定される。[Chalker and Weiner (1994)]

通例、スラングは強い感情を表すときに用いられ、特に人にショックを与えるような語句はタブー語 (taboo words) と呼ばれる。タブー語は神 (God, Jesus Christ)、排泄 (shit, piss)、セックス (fuck, cunt, cock) を表すものから成る。このうち、4文字からなる shit, fuck などは特に4文字語 (four-letter words) と呼ばれ、タブー語の代表とされる。

ただし、これらの語が文字通りの意味で使われることは少ない。普通はタブー語の持つ強い感情を表す力を「スウェアワード」(swearwords) として他の意味に変化させて用いられる。

例えば、Fuck off! や Piss off! は Go away!（出て行け）を非常に乱暴に表現したもので、セックスや排尿とは全く関係がない。[以上、Swan (2005)]

以下、神、排泄、セックスの順にさらに解説を加える。

[Ⅰ] 神：旧約聖書で神がモーセに「神の名をみだりに口にしてはいけない」と戒めているため、英語圏の人は普段は神の名を口にはしないが、感情が高まったときには使われる。

(1) "Brad's wife just called. He had a heart attack." "Oh, *Jesus*! Is he at the hospital?" "No," Beth said quietly. "He died an hour ago." "*God*, that's terrible."

「ブラッドの奥さんが電話をしてきたのよ。ブラッドが心臓麻痺に襲われたんですって」「えっ、何だって？彼は病院にいるのか」「違うわ」とベスが静かな口調で答えた。「1時間前に亡くなったそうよ」「ああ、何てことだ！」

[Ⅱ] 排泄：これには crap, piss, shit などがある。

(2) "*Shit*," he said, aware that if he didn't hurry he was going to be late for the meeting.

急がないと会議に遅れそうだと気づいた彼は「くそ！」と口走った。

[Ⅲ] セックス：くだけた口語で、よく fucking が使われるが、強意語として使われており、上で述べたように性行為とは関係がない。

(3) "How dangerous is this guy?" "He's *fucking* crazy."
「この男はどれくらい危険な奴なんだ？」「とことん狂っているよ」
これらの表現はタブー語であるから子どもが使うと、母親はよく Watch your language/mouth. と言って注意をする。

【関連情報】

以上の表現は、文字通り「タブー」となっているため、口にすると直接的すぎるので、代わりに婉曲語法（euphemism）が用いられることがよくある。

婉曲語法とは「不快と考えられている表現ではなく、穏やかで心地よい表現を使うこと」をいう。以下にいくつか例を挙げる。［Aitchison (1996)］

(4) "You got the wrong room, buddy" "Oh, *gee*, I'm sorry."
「部屋を間違ってるよ、君」「えっ、申し訳ありません」
［gee は Jesus の婉曲語］

(5) "I said no," said Linda. "Ah, shit!" said Sarah. "*Shoot*, I mean. Sorry." Linda glared at her.
「駄目だと言ったでしょ」と（母親の）リンダが言うと「ちぇっ！」と（10歳の娘の）サラが言った。「ごめんなさい。なあんだ、という意味なの」するとリンダはサラをにらみつけた。
［shoot は shit の婉曲語］

(6) Oh, my *goodness*, you frightened me. I didn't hear you.
えっ、驚かせないでよ。入ってきたのが分からなかったわ。
［goodness は God の婉曲語］

タブー語についての人々の感じ方は時代とともに変化するもので、40年くらい前までは、まだ印刷物には fuck の伏字である fxxx という表示が見られたが、現在では制限がかなり緩やかになっていて、伏字は見られない。

ただし、shit, piss, asshole などは今日でもアメリカの地上波テレビでは放送禁止用語となっている。

「…するとすぐに」

「…するとすぐに」という意味を表す英語には、as soon as, no sooner... than, hardly/scarcely... when/before のほか、前置詞の on, 副詞の directly, immediately、それに名詞の the instant/minute/moment などがある。

以下、それぞれの表現の特徴を個別に解説する。

[Ⅰ] on

on は原義の「接触」から時間的な接触の意味に転化して「…するとすぐに」という意味を表すようになったものである。非常に堅苦しい表現で、口語では when を使う。

(1) *On* leaving high school, he joined the Los Angeles Police Department.

高校を中退するとすぐに彼はロス市警に入った。

cf. *When* he left high school, he joined the Los Angeles Police Department.

[Ⅱ] directly と immediately

ともにイギリス英語であるが、directly はやや堅苦しい言い方である。

(2) Adam came here *directly* he got his message.

アダムはメッセージを受け取ると、すぐにここにやってきた。

(3) *Immediately* I saw his face I knew he had a terrible problem.

顔を見た途端に彼が大問題を抱えていることが分かった。

[Ⅲ] the instant, the minute と the moment

このうち、例えば the minute は、at the (very) minute at which という表現から前置詞と関係詞が落ちて接続詞化したものである。

(4) *The minute* Toby saw her, he said excitedly, "You've just been promoted."

トビーは彼女を見かけたらすぐに興奮して「君、昇進したよ」と言った。

これら3つの表現は、最初の行為や出来事と次の行為や出来事の間にどれくらいの時間差があるかという点で異なる。最も時間差が少ない

のは the instant で、続いて the moment、時間差が最も大きいのは the minute である。[Ⅳ]で触れる as soon as はさらに時間的な猶予がある場合にも用いられる。

したがって、次のような場合には、The instant/moment/minute を用いると、時間的に速すぎて不自然となり、as soon as を使う必要がある。

(5) The whole country began to rebuild *as soon as* the war was over.
その国は戦後すぐ国をあげて再建に取りかかった。

[Ⅳ] as soon as

as soon as は2つの行為や出来事が同時か短い時間を置いてから起きる場合に使われる。

ときに「…するや否や」と訳される as soon as であるが、(6)だけでなく、(7)のように短い時間を置いてから起きる場合にも用いられることに注意したい。

(6) *As soon as* she entered the building, she was hit with a blast of cold air.
彼女がビルに入ったらすぐに冷たい空気が彼女を襲ってきた。

(7) I'll do my chores *as soon as* I get back home.
家に戻ったらすぐに雑用をこなそう。

[Ⅴ] no sooner... than

no sooner の後は(9)や(10)に見られるように倒置されることが多い。その場合、過去完了形だけでなく過去形も可能である。

(8) Austin had *no sooner* entered *than* the door closed behind him.
オースティンが中に入るとすぐにドアが閉まった。

(9) *No sooner* had they arrived in Hong Kong *than* they contacted him.
彼らは香港に着いたらすぐに彼にコンタクトを取った。

(10) *No sooner* did he press the button *than* the door slid open.
彼がボタンを押すとすぐにドアが開いた。

no sooner... than の出現数は Kashino Database で調べると、63例と意外に少ない数であった。

[Ⅵ] hardly/scarcely... when/before

Kashino Database を使って頻度を調査すると、hardly... when が一番

頻度が高く、その後に hardly... before が続き、scarcely はあまり用いられていなかった。

hardly や scarcely の後は過去完了形か過去形がくる。過去完了形の場合、倒置されることもあるが、意味が強くなり、その分、頻度も低い。

(11) Roy *hardly* said two words to her *before* she retreated to her room.
ロイが二言三言、彼女に言うか言わないかのうちに彼女はさっさと部屋に引っ込んでしまった。

(12) *Hardly* had I started our journey *when* the engine stalled.
旅行に出たらすぐにエンストを起こした。

ネイティブ・スピーカーによっては when/before 節には主節の主語による意図的な行為を表す動詞は用いられないという人がいる。
彼らによると、例えば、「駅に着くとすぐ私は母に電話をした」という意味で (13) のように言うことはできない。「電話をする前に私は駅には着いていない」という論理的な矛盾が生じるからである。

(13) ? I had *scarcely* gotten to the station *before* I called my mother.

as soon as や the minute には上で見たような制限はないので、(13) は次のように書き換えると完全に正しい文となる。

(14) *As soon as* I got to the station, I called my mother.

(15) *The minute* I got to the station, I called my mother.

このほか、when/before 節の動詞が主節とは違う人の行為であったり、when/before 節が偶然性を表すような内容であれば容認されるようになる。

(16) He had *scarcely* found the phone number for the police *before* the robber yanked the phone from his hand.
彼が警察の電話番号を見つけたと思ったら、強盗が彼の手から受話器をもぎ取った。

(17) *Hardly* had I left home *when* it started to rain.
家を出た途端に雨が降り出した。

なお、hardly/scarcely の代わりに barely を用いることもできる。

(18) The door was *barely* closed behind her *when* Carl's phone rang.
ドアが閉まり彼女が立ち去ったかと思うとカールの電話が鳴った。

また when/before ではなく、than が使われ、hardly/scarcely... than の形式をとることもあるが、標準的な言い方ではない。

[以上、[Ⅵ] についてはマケーレブ＆岩垣 (1988); 鷹家＆林 (2004)]

接触動詞構文

接触動詞 (contact verb) とは、人体と何らかの接触することを表す動詞を指す。次のように、2 種類に分けられる。

[Ⅰ] たたく (hit、pat)、ける (kick)
[Ⅱ] つかむ (take, grab, catch)、ひっぱる (pull)

[Ⅰ] では「接触動詞＋人＋on/in＋the＋体の部分」、[Ⅱ] では「接触動詞＋人＋by＋the＋体の部分」という形式をとる。これを A タイプと呼ぶ。

(1) "What happened?" "Someone *hit* him on the head last night with something like a club."
「何があったんだ？」「昨日の晩、誰かが彼の頭を棒か何かで殴ったんだ」

(2) Someone *kicked* me in the stomach.
誰かが俺の腹を蹴った。

(3) Raymond *took* him by the hand and led him back to the house.
レイモンドは彼の手をつかみ、家へと連れ戻した。

[Ⅰ] の動詞の場合、on と in とは体の部分に応じて使い分けられる。一般に head, back, arm, leg, hand, foot, shoulder のときは on が用いられ、stomach, ribs のときは in が用いられる。

これは on では衝撃が表面接触の軽いもので、in では中にめり込むような強い衝撃を表すからである。なお、on では上からの動きを、in では横からの動きを表すことが多い。

[Ⅱ] の動詞では by を使うが、通例、相手に触れてからしばらくは離さないという意味が表される。

次に、B タイプとして「接触動詞＋his/her など＋体の部分」の構文がある。

ただし、ネイティブ・スピーカーによっては、次の(4)の his hand は、「体から切断された手」という意味に解釈されるため不自然という人もいる。

(4) She reached over and *caught* his hand.
彼女は手を伸ばし彼の手をつかんだ。

動詞が hit や kick の場合に、A タイプと B タイプを比べると、前者には主語の敵意が感じられるとネイティブ・スピーカーはいう。
次の(5)では、主語の女性は怒っていることが想定されるが、(6)では、そうではなく、起こそう（wake him up）として、たたいている場面が考えられる。

(5) The woman *hit* him in the face with the newspaper.
その女性は新聞で彼の顔をたたいた。

(6) The woman *hit* his face with the newspaper.
同上

さらに C タイプとして、「接触動詞 + 目的語 + on/in/by + 所有格 + 体の部分」の構文も見られる。

(7) He *grabbed* Ellen by her shoulders and pulled her toward him.
彼はエレンの両肩をつかみ自分のほうに引き寄せた。

鷹家＆林（2004）のインフォーマント調査によると、以上の3つのタイプは A から C に進むにつれて次第に容認度が下がるという。B タイプを容認する人は全体の74％で、C タイプは57％であると報告している。

接触動詞の中には、上記以外にも kiss や look も含めることができる。

(8) She *kissed* him on the cheek. "Will you text me?" He *kissed* her forehead. "I'll text you."
彼女は彼の頬にキスをした。「メールくれる？」彼は彼女の額にキスをした。「するよ」［A タイプと B タイプの並列に注意］

(9) She *looked* her daughter right in the eye.
彼女は娘の目をまともに見た。

なお、(9)の「look + 人 + in the eye」は look at/into one's eye に比べて直接的で、感情的な表現である。大胆さを表してはいるが、いい意味で

(10) He *looked* her in the eye and said, "I can't tell you how much you mean to me."
彼は彼女の目を見つめて言った。「君は言葉では言い表せないくらい僕にとって大切な人だ」

(11) He *looked* her in the eye and said, "I can tell that you're lying."
彼は彼女の目を見つめて言った。「嘘をついていることくらい分かるんだよ」

【関連情報】

接触動詞の目的語には通例、人がくるが、無生物も可能というネイティブ・スピーカーもいる。
(12)では目的語に人がくる場合と同じように、前置詞の後の handle は目的語の suitcase の一部であることに注意したい。

(12) I *seized* the suitcase by the handle.
スーツケースの持ち手をつかんだ。

cf. I *seized* the handle of her suitcase.

前置詞の省略

時を表す前置詞の for と on は省略されることがある。

(1) Ray has been working here (*for*) ten years.
レイは 10 年間、ここで働いている。

(2) I stayed here (*on*) October 20.
私は 10 月 20 日にここに宿泊した。

ただし、for の省略は(1)のように動詞句が継続を表す場合に限られる。したがって、(3)のようには言えない。[Quirk et al. (1985)]

(3) *I haven't spoken to her two months.

cf. I haven't spoken to her *for* two months.
2 か月、彼女と口をきいていない。

last, this, next, every, some, that のような語の前では前置詞は必ず省略される。

(4) She paid the rent (*on*) last Thursday.
    彼女は先週の木曜日に家賃を払った。
(5) I make breakfast for him (*in*) every morning.
    毎朝、彼のために朝食を作っています。
(6) Call me (*in*) this afternoon.
    今日の午後、電話をしてきてください。

【関連情報】

前置詞の省略によってI lived in Tokyo three years. などの場合、名詞句（three years）は副詞の機能を果たしているが、このほか、前置詞の省略により、名詞句が形容詞や接続詞の働きをすることもある。

(7) When I was *your age*, I worked at the store all summer.
    あなたと同じ年だったときには、夏中その店で働いていた。
    [of の省略で your age は形容詞として機能し、記述の対格（accusative of description）と呼ばれる]
(8) They tried to bribe me *the day* I arrived in Washington.
    私がワシントンに着いた日に、彼らは私にわいろを贈ろうとした。
    [on の省略で the day は接続詞として機能している]

あるネイティブ・スピーカーは、(8)の on the day の on は前置詞で発音が弱く、しかも次の day に強勢が置かれるため on が省略されるとコメントしている。

総称表現（…というものは）

例えば、「コンピュータというのはすばらしい機械だ」という日本語は、話し手の捉え方に応じて、次の3つの方法で英語に直すことができる。

(1) *Computers* are great machines.
(2) *A* computer is a great machine.
(3) *The* computer is a great machine.

(1)の無冠詞複数形は、話し手が特定のコンピュータではなく、コンピュータ一般について、その全メンバーを考えている場合に用いられる。これは総称表現のうち最も普通に用いられるものである。

(2)の「A/An＋名詞」はコンピュータというクラスのなかの任意のメンバーを一台、見本として選んで、すべてのメンバーを代表させる言い方である。これは any（どの…でも）の表す意味に似ている。

この「A/An＋名詞」は、個々のメンバーではなくて、クラス全体について述べる文には適さない。[Hawkins（1978）]

(4) *A tiger will soon be extinct in this part of Africa.

cf. *The* tiger/*Tigers* will soon be extinct in this part of Africa.

(3)の「The＋名詞」の the は、「個々の区別のない全体」という概念を表す場合に適している。ただし、「The＋名詞」は堅苦しい言い方で、それほど普通には用いられない。

この「総称の the」は「対立の the」の項で解説した the と同じものであるとする考え方もある。この考え方に従えば、(3)は他のクラス（機器類）との対立の上で捉えられていることになる。

次はこの対立の意味がよく現れている例である。

(5) *The* homemaker has a harder life than *the* office worker.

主婦の生活は会社員のそれより大変である。

(6) *The* dog, *the* cat, and *the* horse were domesticated long ago. *The* giraffe was not.

犬や猫や馬はかなり前に家畜となったが、キリンはならなかった。

なお、「The＋複数名詞」は総称表現ではなく、特定の名詞を指す表現となる。

(7) I'd like to build a summer home here. *The trees* are actually quite lovely.

ここにサマーハウスを建てたい。木立がたいへん美しいから。

総称を表す3通りの言い方は上で見たように主語の位置に用いられることが最も多い。目的語の位置では、このうち、無冠詞複数形が使われるのが普通で、「a/an＋名詞」や「the＋名詞」は極めて稀である。

(8) She liked *animals* better than she did people.

彼女は人間よりも動物が好きだった。

(9) This kind of fungus only affects *a rose*/*the rose*/*roses*.

この種のカビはバラにだけ害を及ぼす。

[roses が最も自然]

【関連情報】

以上のほか、the rich や the Chinese などの「the＋形容詞」も総称表現と考える文献もある。

前者は人について使われる形容詞（例えば young, old など）の前に the を付けてその形容詞が表す人々全体を代表させて言うものである。後者は国名を表す形容詞（例えば English, Italian, French, Swiss, Japanese など）の前に the を付けて、その国の人々を表すものである。

(10) Ned is young and *the young* are sentimental.

ネッドは若い。若者は感傷的になるものだ。

(11) *The Vietnamese* are hard-working and friendly.

ベトナム人はよく働き、人なつっこい。

なお、人について使える形容詞は、blind, dead, deaf, disabled, poor, rich など「あるグループを形成していて、よく知られている人々」を表すものに限られる。したがって、通例、the happy, the new, the thirsty などは不自然となる。[Swan (2005)]

断定語と非断定語(1)

英語には、some, already, sometimes など通例、肯定文で使われる一群の語と、逆に any, yet, ever など肯定文では用いられず、否定文、疑問文、条件文で使われる一群の語がある。

前者を断定語（assertive items）と呼び、後者を非断定語（non-assertive items）と呼ぶ。

[Ⅰ] 断定語

some は基本的に「明示されてはいないが、固定した少数量の指示物が存在する」ことを、already は「ある事態が予期していたよりも時間的に早く生じている」ことを、sometimes は「あることの起きる割合が50％程度で、特に多くも少なくもない」ことを表す。

3語とも通例、肯定文で用いられる。疑問文で用いられると、述べられている事柄に対して話し手が肯定的な態度をとっていることが表され

る。

(1) Do you have *some* money?

お金、持っているでしょう？

[= I am sure you have some money and I want to confirm that you do.]

(2) Have you applied to schools *already*?

もう学校に願書を出したのか。

[=You have applied to schools, I suppose?]

(3) Do you feel like crying *sometimes*?

泣きたくなる時ってありますよね。

> 疑問文の中でも依頼、奨励、勧誘などを表すときには、話し手は断定語を用いて肯定的な態度をとっていることを聞き手に示す必要がある。このようにすれば、聞き手は断りにくくなるが、話し手が相手の利益になることを断りにくいようにするという点で丁寧な表現となる。逆に、ここで非断定語を使うと丁寧さに欠けてしまう。さらに詳しくは、「丁寧表現」の項を参照。

(4) Would you like *some* cookies? I just baked them.

クッキーいかが？焼きたてなのよ。

> 条件文で断定語が使われる場合も、上と同じように話し手が肯定的な態度をとっていることが表される。

(5) If you need *some* help, don't hesitate to give me a call.

援助が必要な場合は、遠慮しないで電話してきてください。

[You probably need some help. という含みがある]

(6) If you *sometimes* need to reach me, you can contact me on this e-mail address.

私と連絡を取りたいときは、このメールアドレスを使って連絡してください。

(7) If Allen is *already* on the telephone, he could not answer his cell phone.

アレンがすでに家の電話に出ているのなら、携帯には出られないだろう。

否定文は「断定語+not」の語順と「not+断定語」の語順に分けて考える必要がある。前者の語順では、断定語はごく普通に否定文で用いられる。一方、後者の語順では、否定の影響力は断定語にまで及んでいないことが表される。

したがって、(8)では he didn't eat（彼は食べなかった）までで1つの意味のまとまりを成し、(9)では Liz does not love him（リズは彼を愛していない）、(10)では it is not easy（教師であることは楽ではない）までで1つの意味のグループを構成していることになる。

(8) A: "Why is your mother angry at Ted?"

B: "Because he didn't eat/*something* (that she told him to eat)."

A:「どうしてお母さんはテッドに怒っているの？」B:「食べるように言われたものを食べなかったからよ」

(9) Liz does not love him/*already*.

リズの彼への愛はすでに冷めている。

[= Already Liz does not love him.]

(10) I know it is not easy/*sometimes* being a teacher.

教師を続けていくのはときに楽ではないことは承知している。

このほか、相手に反駁をする場合にも「not+断定語」の語順で断定語が用いられることもある。

(11) A: "You stole some documents."

B: "I did not steal *some* documents."

A:「書類を盗んだな」B:「書類を盗んだりはしていない」

[=It is not true that I stole some documents.]

[Ⅱ] 非断定語

any と ever は基本的に任意性を表し、それぞれ「1つ、あるいはそれ以上のどんなものでも構わない」「時はいつでも構わない」という意味を持つ。両者の持つこの任意性が非断定的な文脈とうまく噛み合う。

yet は「ある予期された事態がまだ存在していない」ことを言い、通例、「これから先にそうした事態が生じる可能性がある」ことを含意する。

3語とも一般に、疑問文、条件文、否定文で用いられる。疑問文では、

> 話し手は非断定語を用いることによって、中立的あるいは否定的な態度のいずれかを示すことができる。

(12) Do you have *any* money?
　お金、持っていますか。/ お金持っていないのでしょう？

(13) Have you applied to schools *yet*?
　もう学校に願書を出しましたか。/ まだ学校に願書を出していないのではありませんか。

(14) Do you *ever* feel like crying?
　泣きたくなる時はありますか。/ 泣きたくなる時ってあるのですか。

> 条件文でも、話し手は非断定語を用いることによって、中立的あるいは否定的な態度のいずれかを示すことができる。

(15) If you have *any* questions, feel free to ask.
　もし質問があれば遠慮しないで聞きなさい。

(16) If they're not here *yet*, I will wait until they arrive.
　もし彼らがまだここにいないのなら、来るまで待ちます。
　［yet の場合、if 節の中は必ず否定文となる］

(17) If you *ever* do that again, I'll smack you very hard.
　今度、そんなことをしたら強くたたくからね。

> 否定文では、語順は通例は「not + 非断定語」となり、「非断定語 + not」の語順は用いられない。

(18) I do not read *any* newspapers. I watch TV.
　新聞はどれも読みません。テレビを見ています。

(19) "Where are we going to go?" "I'm not sure *yet*. Wherever you want."
　「どこに行くの？」「まだ決めていないけど、お前の好きな所ならどこにでも」

(20) I haven't *ever* been to Australia.
　オーストラリアには行ったことがない。
　［not ever は never よりも「1度もない」ことを強める表現］

> 以上は単文の場合であったが、複文で用いられると、主節に否定の語句がなくても、話し手、あるいは主節の主語の否定的な態度や感情が含意されているだけで、従属節に非断定語が現れることがある。ただし、

> yet にはこの用法は見られない。

(21) One of his teachers was surprised that Ed caused *any* trouble at school, because he was always a good student.

エドはいつもはいい生徒なので（問題を起こさないと思っていたが）彼が学校で問題を起こしたと聞いて教師の一人が驚いた。

(22) It's all my fault. I'm sorry I *ever* did this kind of thing.

すべて私の責任です。こんなことをしてしまって申し訳ありません。

> 比較構文も非断定的な文脈を作り、原級、比較級、最上級の比較の対象が示されるところに非断定的な any, ever, yet が生じる。
> 日本語の訳から分かるように、すべてに否定の含意が認められる。

(23) You're *as* bright *as any* one of them.

頭のよさの点では君は彼らの誰にも引けを取らないよ。

[= None of them is brighter than you.]

(24) He is *the best* actor I've *ever* seen.

彼ほど演技の上手な俳優は見たことがない。

[= I have never seen an actor as good as him.]

(25) Arthur got *higher* marks *than* I've *yet* been able to achieve.

アーサーは私が今まで取れなかったくらいの高い点を取った。

[= I have not yet been able to achieve Arthur's marks.]

> ときに、any と yet は肯定文でも使われるが、その場合には必ず強勢が置かれる。肯定文で使われる any については「肯定文の any」の項を参照。

(26) <u>Any</u> woman would have felt the same way.

女性なら誰でも同じように感じたことでしょう。

(27) "It's time you went back home." "It's early <u>yet</u>." "If you don't want to run, you should leave now."

「家に帰る時間だよ」「まだ早いよ」「あわてたくなければ、もう出たほうがいいね」

> あるネイティブ・スピーカーによると、(27)の It's early yet. は It's still early. とほぼ同じ意味だという。
> ただし、一般に yet を still の意味で使うのは文語で、かなり古風とい

うことである。

ちなみに、ever は肯定文では通例は用いられない。

(28) *I have *ever* been to Seattle.

cf. I have been to Seattle once.

シアトルには一度、行ったことがあります。

【関連情報】

非断定語の ever と ever... before との違いに注意したい。

次の(29)では話し手は聞き手に「生まれてからこれまでの経験」を尋ねているのに対して、(30)は Is this the first time you've eaten sushi?（お寿司を食べるのはこれが初めてですか）という意味で、これからお寿司を食べようとしている人に尋ねている文である。

(29) Have you *ever* eaten sushi?

(30) Have you *ever* eaten sushi *before*?

断定語と非断定語 (2)

前項のほか、断定語と非断定語のペアには、much と a lot of/lots of, either と too がある。

［Ⅰ］much は疑問文、条件文、否定文で用いられる。

(1) Was there *much* traffic on the road?

道路は込んでいましたか。

(2) "Tonight or tomorrow?" "Tonight would be better, if it isn't too *much* trouble."

「今夜がいいのか、明日がいいのか」「あなたがよければ、今夜のほうがいいです」

(3) I didn't have *much* information, so I wasn't sure about that.

あまり情報を得ていなかったので、その件については確信が持てなかった。

much は肯定文ではあまり用いられない。特に、「much + 名詞」の形式で動詞の目的語として使うのは稀で、「a lot of + 名詞」を使うほうが普通である。ただし、so much, too much のように強意語が付けばこの限

(4) ?I have *much* money.
    cf. I have *a lot of* money.
(5) I have *so much* money I can buy anything I want.
    お金はたくさんあるので、ほしいものは何でも買える。

[Ⅱ] either はおもに否定文で用いられる。

(6) He cannot dance. He cannot sing, *either*.
    彼は踊れないし、歌も歌えない。

疑問文では either を使うのは否定疑問文に限られる。

(7) Didn't you understand what she said *either?*
    あなたも彼女の言ったことが分からなかったのですか。
    cf. Will Tom go to the party *too?*
    トムもパーティに行くのですか。

条件文では if 節中には too を用いるが、if 節が否定文のときは either か、ときには too も用いることができる。

(8) If Tom goes to the party *too,* I think it will be a lot of fun.
    トムもパーティに行くのなら、パーティは大変面白いものになるだろう。

(9) If Sarah doesn't go to the dance *too/either*, I think it will be very boring.
    サラもダンスパーティに行かないのなら、パーティは大変つまらないものになるだろう。[either のほうが普通]

このほか、far や long なども非断定語に含められ、肯定文で用いるには so, too などの強意語の付加が必要となる。

(10) She is in San Francisco, not *far* from here.
     彼女はサンフランシスコにいる。ここからは遠くない。

(11) We live here, in this house, *so far* from town.
     私たちはこの家に住んでいる。町からはとても遠い。

(12) I think that it won't be *long* before they reach the same conclusion.
     もうすぐ彼らも同じ結論に達すると思います。

(13) I'm sorry it was *so long* in coming.

来るのにとても時間がかかってしまい申し訳ない。

以上、断定語と非断定語については本項、前項とも『英語基本形容詞・副詞辞典』（研究社）を参考にした。

知覚動詞 (1)

知覚動詞は人間の持つ五感に応じて以下の3種類のものに分類される。[Palmer (1987)]

	視覚	聴覚	触覚	嗅覚	味覚
I	see	hear	feel	smell	taste
II	look at	listen to	feel	smell	taste
III	look	sound	feel	smell	taste

Iは「見える」「聞こえる」のように自然に「知覚を得る」もので、IIは「見る」「聞く」のように意識的に「知覚を得るために行動する」もの、そしてIIIは「(他人の外見が) …のように見える」「(他人の話を聞いていると) …のように聞こえる」というように自然に「知覚が生じる」ものである。

視覚、聴覚に絞って3タイプの例を挙げると次のようになる。

(1) I *see* two birds./I'*m looking* at some pictures./He *looks* well.

(2) I *hear* music./I'm *listening* to you./Your plan *sounds* good.

IIのタイプは意識的な行動であるから上例のように進行形が可能である。

Iのタイプは、I'm *seeing* pink elephants.（(酔って) ピンクの象が見える）のように知覚が空想・幻覚の場合や、I'm *hearing* you clearly. のように知覚を引き起こすものが変化・発展する場合を除いては一般に進行形は不可能である。[柏野 (1993)]

IIIのタイプは自然に「知覚が生じる」ものであるが、ときに進行形でも用いられる。単純形との意味の違いはあまり認められない。

(3) She *was looking* pale and nervous.

彼女は顔は青白く落ち着かない様子だった。

(4) I *was feeling* sick all day.

1日中、気分が悪かった。

命令文は意識的な行動を表すIIのタイプの場合にのみ可能である。ただし、hearに限っては *Hear* me out/through.（最後まで聞いてくれ）や Hear, hear!（賛成！）などの定型表現で使うことができる。

なお、触覚、嗅覚、味覚についてもIIのタイプの場合には、次のように進行形や命令文が可能となる。

(5) *Feel* it!

触ってみなさい。

(6) She *is smelling* the flowers.

彼女は花の匂いをかいでいる。

(7) The cook *is tasting* the soup.

コックはスープの味見をしている。

知覚動詞(2)

前項で述べたIのタイプの知覚動詞とIIのタイプの知覚動詞は、意味上、つながっている。「意識的に知覚を得るために行動する」と、その後で「知覚を得る」というのが普通のプロセスだからである。

例えば、何かに視線を向けたり (look at)、耳を傾けたり (listen to) するとそれが目に入ったり (see)、耳に入ったり (hear) するわけである。

(1) He *looked* up and *saw* his mother standing in the doorway.

彼が顔を上げると母親が戸口に立っていた。

(2) He paused for a moment to *listen* outside the door, *heard* a woman's voice.

彼はドアの外でしばらく立ち止まり、耳を澄ませてみた。すると女の声が聞こえてきた。

ただし、look at や listen to は知覚の努力を表すだけであるから、その達成までは表さない。したがって、We *looked/listened* but *saw/heard* nothing. と言うことができる。［柏野 (1993)］

以下に類例を挙げる。

(3) Jim *looked and looked*. He could not *see* Nancy.
ジムは何度も目を凝らしたがナンシーは見えなかった。

(4) She opened the door and *listened* for the sound of a car engine being cranked, but she *heard* nothing.
彼女はドアを開け、車のエンジンがかかる音がしないかと耳を澄ませてみたが、何も聞こえなかった。

また、見るものや聞くものに集中しないで、他の事を考えながら目や耳だけその方向に向けている場合には、see しないで look したり、hear しないで listen したりすることも可能である。

(5) I was *looking* at a magazine without *seeing* a thing.
雑誌の活字を追ってはいたが、何も目には入ってこなかった。

(6) I was *listening* to the radio without *hearing* a sound.
ラジオをかけていたが聞き流していた。

ただ、聴覚については、ネイティブ・スピーカーにより容認性の判断が揺れていて、上記の(6)を認めない人もいる。

知覚動詞構文(1)

知覚動詞には see（視覚）、hear（聴覚）、feel（触覚）などがあり、これらの動詞は「see/hear/feel + 目的語 + 補語（原形不定詞 /—ing）」という独特の構文をとる。

(1) I *saw him go* into the convenience store across the street.
彼が通りの向こうのコンビニに入っていくのが見えた。

(2) I *felt myself flush*.
顔が赤くなるのが自分で分かった。

(3) Ted wasn't visible, but I *heard him breathing* behind us.
俺にはテッドは見えなかったが、背後で彼の息遣いは聞こえた。

補語の位置に―ing がきているときは、主語の人間（多くは1人称）がその行為の途中までを知覚していることを表し、原形不定詞がきているときは、その行為の終わりまで知覚したことを表す。

例えば、I *saw Tom get* into his car and drive away. と I *heard him*

talking on the phone. はそれぞれ (4) と (5) のように分析される。
[Murphy (2004)]

(4) Tom got into his car and drove away. + I *saw* this.

(5) He was talking on the phone. + I *heard* this.

したがって、—ing を用いた次の (6) では、後に but I don't know... を続けることができるが、原形不定詞を用いた (7) では続けられないことになる。[Brugman (1988)]

(6) I *saw John entering* the room, but I don't know whether he actually got inside.

(7) *I *saw John enter* the room, but I don't know whether he actually got inside.

ここで強調したいのは、知覚動詞構文では、補語に原形不定詞として用いられる動詞は瞬間動詞であることが多いという事実である。

Kashino Database の検索では、視覚の場合、go、take、happen、leave、get、come などの瞬間動詞が原形不定詞としてよく使われている。

see「見える」hear「聞こえる」feel「感じがする」という知覚そのものが瞬間的であるから補語の位置にも瞬間動詞がくることが多いと考えられる。

【関連情報】

知覚動詞にはほかに smell（嗅覚）や taste（味覚）がある。

しかし、smell はこの構文で用いられるのは稀で I *smell something burning/cooking*. のような文で用いられる程度である。taste は知覚動詞構文ではほとんど用いられない。

知覚動詞構文 (2)

知覚動詞構文は look at や listen to の場合にも用いられ、一般に「look at/listen to + 目的語 + —ing」という構文をとる。

(1) I *looked at the smoke curling* up slowly in the clear night air.
タバコの煙が澄んだ夜空にゆっくりと曲線を描いて上がっていくのを見ていた。

(2) I *listened to you and her talking*.
あなたと彼女が話をしているのを聞いた。

なお「look at/listen to＋目的語＋原形不定詞」という構文はおもにアメリカ英語で用いられる。

(3) *Look at him blush*.
彼を見ろよ。赤くなってるぜ。
［命令文で用いられることが多い］

(4) I loved to *listen to him talk* about his childhood.
彼が子ども時代の話をするのを聞くのが好きでした。

知覚動詞構文(3)

知覚動詞構文では知覚動詞によく can や could が付加される。

(1) I *could see Terry getting* off the bus.
テリーがバスから降りるところが見えた。

(2) I *can hear somebody coming* up the stairs.
誰かが階段を上ってくる音が聞こえる。

Hornby (1956) は、この can と could は「知覚動詞は進行形では使えないのでその代わりをしている」と述べている。また Leech (2004) は言葉を変えて、この can や could は「状態」を表すとコメントしている。
したがって、Leech (2004) によると、次の(3)は「could hear の継続性と slam の瞬時性が矛盾し奇妙である」ということになる。

(3) ?I *could hear a door slam*.

しかし、これはイギリス英語の場合に言えることであって、アメリカ英語ではこの could は「ある状況が存在したお蔭で…することができた」という意味（状況的能力と呼ばれる）を表し、瞬間動詞を補語にとることができる。［柏野 (2002)］

(4) There was a pause, and I *could hear her suck* in her breath.
一瞬、会話が途切れて静かになり、彼女の息を吸い込む音まで聞こえた。

(5) I stood there in the dark. And, in a total silence, I was sure I *could hear a door slam*. Footsteps came towards me, and I was scared to death.

私は暗闇の中に立っていた。物音ひとつしない静けさの中で、ドアがバタンと閉まる音が確かに聞こえた。足音が私のほうに近づいてきたので怖くて死にそうだった。

このことから、Leech（2004）が奇妙としている(3)の例もアメリカ英語では、状況が整うとcouldは「できた」という状況的能力の意味を表し、可能な表現となる。

「couldと過去の一回限りの行為」の項も参照。

知覚動詞構文の受動態

この項では、知覚動詞構文（e.g. I saw the car door open.）の受動態について扱う。

一般に受動態は話し手がby句で示される動作主（agent）を知らないか、言いたくないか、あるいは自明の場合によく用いられる。また、書き言葉では受動態を用いることにより、記述に客観性を持たせることができる。〔Greenbaum and Quirk (1990)〕

知覚動詞構文の受動態の場合もこれが当てはまり、多くは客観性を表す内容で、犯罪捜査に関する証言や新聞報道などによく見られる。

(1) A large rock *was seen to* fall onto the roadway amidst the traffic.
大きな岩が車の走っている車道に落ちてくるのを見ました。

(2) Norman Hill was riding in a car with somebody at the time he was murdered. The car *was seen to* come down the street at pretty good speed.
ノーマン・ヒルが殺されたとき、彼は誰かと車に乗っていた。その車はかなりのスピードで通りを下ってくるところを目撃されている。

(3) Foreign people *were heard to* say, at the height of the student disturbances, that the youth of Japan was suffering from too much peace.

(1960年代末の) 学園紛争の真只中に外国人から日本の若者は平和すぎて平和病にかかっているという声がよく聞かれた。

これらの例のように、知覚動詞構文は受動態では to が現れるが、これは英語の一般特性として「受動態で原形不定詞を伴うことはまずない」からだと考えられる。[Quirk et al. (1972)]

同じ理由で使役動詞の make も受動態では to が使われる。

(4) He was *made to* pay a lot of money for that piece of information.
   彼はその情報に多額のお金を払わされた。

この知覚動詞構文の受動態は、能動態とは異なり to が現れることから学校文法では特に力を入れて教えられているようであるが、この構文は文体上堅苦しく、また Kashino Database の検索でも使用頻度は極めて低い。

直接話法と間接話法(1)

話法には人の言った言葉をそのまま繰り返す直接話法 (direct speech) と、人の言った言葉を自分の言葉に直して伝える間接話法 (indirect speech) がある。

直接話法では引用符が用いられるが、この外にくる動詞のことを伝達動詞 (reporting verb) と呼び、引用符に囲まれた伝達内容を被伝達部という。

伝達動詞には、実際に口に出して言うことを表す say, tell, ask タイプの動詞と、口には出さず頭の中で考えていることを表す think, say to oneself (心のなかで思う) タイプの動詞がある。前者のタイプのほうが圧倒的によく用いられる。

(1) "I'm sorry," Joy *said*.
   「申し訳ありません」とジョイは言った。

(2) "This is not happening," he *said to himself*.
   「これは現実に起きていることではない」と彼は思った。

伝達動詞としては、このほか文脈や被伝達部の内容に応じて demand, suggest, snap, smile, insist, answer, order, promise などが用いられる。

(3) "Where do you think you're going?" he *demanded*.
「どこに行くつもりなんだ？」と彼は問い詰めた。

(4) "If you're absolutely sure," Elliott began. "Yes!" she *snapped*. "I'm sure."
「もし君が絶対に確実と言うのなら」とエリオットは口を開いた。「絶対よ」と彼女は語気を強めて言った。「確実だわ」

> 伝達動詞の置かれる位置は被伝達部の前（文頭位）か後（文末位）、あるいはその中間（文中位）である。ただし、文頭位に置かれることはあまりない。文末位の例は上に挙げたので以下には文中位と文頭位の例を示す。

(5) "I don't want to be a grown-up," Pete finally declared. "Why not?" "Because," he *said*, "grown-ups always say that things are not simple."
「大人にはなりたくない」とピートは言い切った。「どうして」「だって大人はいつも物事はそんなに簡単じゃないよ、と言うもの」と彼は答えた。

(6) Finally I *asked*, "How much is my advance, exactly?"
僕はようやく尋ねることができた。「前金は正確にはいくらですか」

> 伝達部に倒置が起こることがある。これは伝達部が文中位か文末位にあるときに生じる。「said＋名詞」の形式の場合が一番多いが、said he のように主語が代名詞の場合に倒置が行われるのは稀である。

(7) "Look," *said Chris*, "my hand's trembling."
「ほら」とクリスは言った。「僕の手が震えているよ」

(8) "You may be right," *said Tim*.
「君が正しいかもしれない」とティムは言った。

直接話法と間接話法 (2)

> 直接話法を間接話法に転換するときには、被伝達部の文の種類を考慮に入れて、次の5点に注意する必要がある。

① 伝達動詞を変える

②引用符の中の動詞の時を変える
③引用符の中の文の語順を変える
④代名詞を変える。
⑤時や場所の副詞(句)を変える。

被伝達部が平叙文の場合は、伝達動詞が say のときはそのまま say を使い、「say to + 人」のときは tell に変えることが多い。接続詞には that が使われるが、通例、省略される。代名詞の変化にも注意が必要である。

(1) Perry said, "*I am* feeling ill."
　→ Perry said that *he was* feeling ill.
(2) She *said to* me, "*I will* be late."
　→ She *told* me *she would* be late.

次に被伝達部が yes, no で答えられる疑問文の場合は、伝達動詞が say であれば ask に変える。語順は平叙文の語順となり、接続詞には if か whether が使われる。

(3) I *said to* her, "Are you a professor?"
　→ I *asked* her *if/whether she was* a professor.

被伝達部が wh で始まる疑問文(how を含む)の場合も大体これと同じだが、wh で始まる語がそのまま接続詞として使われる。

(4) "Where are the keys?" he asked.
　→ He asked *where* the keys *were*.

最後に被伝達部が命令文の場合は、伝達動詞は tell が使われ、命令の内容は (not) to... で表される。

(5) "Stay in bed for a few days," the doctor said to her.
　→ The doctor *told* her *to stay* in bed for a few days.
(6) "Don't shout at me," I said to Jim.
　→ I *told* Jim *not to* shout at me.

以上の例には見られなかったが、話法を間接話法に転換するときに⑤に示したように時と場所の副詞(句)を変える必要がある場合がある。[綿貫&ピーターセン(2006)]

(7) The police officer said, "*I saw* the suspect *here yesterday*."

→ The police officer said that *he had seen* the suspect *there the day before*.

このように変化させる時と場所の副詞(句)には次のようなものがある。

today → that day/yesterday → the day before *or* the previous day/tomorrow → (the) next day *or* the following day/next week → the next week *or* the following week/last week → the week before *or* the previous week/now → then/... ago → ... before/here → there, etc.

こういう変化が生じるのは伝達者が時と場所を変えて伝達しているからである。時と場所が変わっていなければ副詞(句)は変化させる必要はない。(7)と次の(8)の例を比較されたい。

(8) The police officer said that *he saw* the suspect *here yesterday*.

以下に副詞(句)が変化していない例を挙げておく。

(9) Hello, Lenny. Ruth said you might be *here*. Have you got a minute?
やあ、レニー。ルースからここにいるかもしれないって聞いてね。時間あるかな。

(10) He said he saw you *yesterday*.
彼は昨日あなたを見かけたって言ってたわ。

「混合話法と描出語法」の項も参照。

丁寧表現

英語には日本語のような敬語はないが、丁寧な表現は存在する。

Leech (1983) によれば、「聞き手に負担をかけない」「聞き手に利益を与える」ことが表現を丁寧にするための基本条件である。

例えば、同じ命令文でも(1)では話し手が利益を受け、聞き手には負担となるので丁寧な表現とは言えないが、(2)では聞き手に利益を与えることになるので丁寧な表現となる。

(1) Help me with my homework.
宿題を手伝ってくれ。

(2) Have another cake.
ケーキ、もう1つどうぞ。

(1)の文は、このままでは丁寧とは言えないが、疑問文に変えて聞き手にノーと言える可能性を残したり、仮定法の助動詞を使って聞き手にノーと言いやすく仕向けると聞き手の負担が軽減される。したがって、この順に丁寧さが増していく。

(3) *Can you* help me with my homework?

(4) *Could you* help me with my homework?
　宿題を手伝ってくれませんか。

逆に、(2)のように聞き手に利益を与えるような行為を申し出るときは、話し手は聞き手にノーと言わせないようにすることによって丁寧さを表すことができる。
したがって、強調の do や助動詞の must を用いて聞き手に強く勧めても失礼ではなく、むしろ丁寧な言い方となる。

(5) *Do* have another cake.

(6) You *must* have another cake.
　ケーキ、もう1つ、ぜひ召し上がって下さい。

この場合に、仮定法の助動詞を使うと、当該の行為を聞き手が受け入れると話し手に利益が生じるという感じになり、逆に丁寧さに欠ける。
例えば、Leech (1983) は、次の(7)ではケーキが新鮮でないか、食べられないか、毒入りであることを暗示するという。

(7) *Would* you mind having another cake?
　ケーキ、もう1つ、食べていただけないでしょうか。

このように、相手に負担をかけないように、直接的な表現を避けて間接的な表現を使うことが丁寧さにつながるのである。
(3)や(4)以外に間接性を示す表現としては進行形と過去形がある。
この2つの形式が丁寧表現として機能するのは、進行形を使うと、その「未完了性」から話し手の気持ちが最終的な結論に達していないことが表され、また過去形を使うと、いま、述べているのは過去に達した結論であって、現在の態度は未決定であることが表されるからである。
［柏野 (1999)］

(8) I have a meeting with them at nine o'clock. I'*m wondering* if I can park here.

9時に彼らと会合があります。ここに車を停めてもいいでしょうか。
[実質的には Can I park here? と同じ]

(9) We're having a party. I *thought* you would like to join us.
パーティを開きます。来てもらえないかと思って。

(10) I *was hoping* you would do me a favor.
お願いがあるのですが。

[進行形と過去形が結びついた例]

以上から分かるように、形式上、語数が増えれば増えるほど丁寧な表現となる傾向がある。したがって、次の(11)は非常に丁寧な言い方と言える。

(11) I *was wondering if* you'd mind driving back into town with me.
町まで車で送っていただけたら有難いのですが。

この I was wondering if... は、語数だけでなく平叙文の形式をとっているため、表面上、相手から答えさえ求めていないことになり、丁寧さは最大となる。

同格の that 節

ある名詞の表す具体的な内容を後続の that から始まる節で説明することがある。これは同格の that 節と呼ばれる。

この場合に使われる名詞は一般に抽象名詞で、中でも the fact that...（事実、つまり…ということ）の形式で用いられることが圧倒的に多い。

(1) I never regretted *the fact that* I'd married her.
彼女と結婚したことを後悔したことは一度もない。

このほか、Kashino Database の検索では、idea, things, impression, feeling, possibility, thought, hope, news（高頻度順）などの名詞が fact の位置に用いられる。

(2) I like *the idea that* you want to be a writer.
あなたが作家になりたいという考えは気に入っている。

(3) I always got *the impression that* she was pretty careful with her money.

彼女はお金の扱いについては結構、注意深いという印象がある。

(4) I just get *the feeling that* we have been set up.
私たちは罠にはめられたという感じがしている。

(5) There's *the possibility that* she knew very well who Iris was.
彼女はアイリスとは誰かをよく知っていたかもしれない。

(6) *The thought that* he was missing something still troubled him.
何かを見落としているのではないかと思うと、彼はなかなか落ち着かなかった。

(7) The police will search again in *the hope that* they could find the missing boy.
警察は行方不明の少年が見つかることを期待して捜査を再開するだろう。

[in the hope that... の形式で用いられることが多い]

(8) I was surprised at *the news that* George's body had been found.
ジョージの死体が発見されたという知らせを聞いて驚いた。

この同格を表す that 節の that は接続詞であるが、省略しないのが普通である。

(9) We got *the information that* Mayor was coming to our town.
私たちの町に市長がやってくるという情報をつかんだ。

cf. *We got *the information* Mayor was coming to our town.

名詞の前の冠詞については、伝えられる情報が（聞き手も知っている）旧情報を表すときには the が、（聞き手が知らない）新情報を表すときには a(n) が用いられるのが原則である。

(10) *The idea that* the earth is flat is absurd.
地球が平らだという考えは馬鹿げている。

(11) I have *an idea that* he has already left.
彼はすでに帰ったと思う。

(12) *The report that* an escaped killer was seen entering this building turned out to be false.
逃亡した殺人犯がこのビルに入るところを目撃されたという報告は事実ではないことが分かった。

(13) We've had *a report that* an escaped killer was seen entering this building a few minutes ago.

逃亡した殺人犯が少し前にこのビルに入るところを目撃されたという報告を受けた。

名詞が fact の場合は、通例、旧情報を表すので the fact that... のように the が用いられ、a fact that... となることは稀である。

(14) You're ignoring *the fact that* we have no money.

お金がないということも考えないとね。

【関連情報】

次のように、名詞と同格の that 節が分離されることもある。namely が付加されていることに注意したい。

(15) I am asking you to dismiss one of *the charges*, *namely that* the defendant attempted to kill his brother.

私はあなたに告発の1つ、つまり被告人が兄を殺害しようとした事件を取り下げるようにお願いしているのです。

動詞の表す意味の直接性と間接性

同一の動詞が他動詞として用いられるか、「自動詞＋前置詞」の形で用いられるかによって、その動詞の表す意味の直接性・間接性が決定されることがある。

例えば、prepare と prepare for であれば、自分で直接、手を下してある物を作るときは prepare を使い、ある物を作るために間接的な準備をするときには prepare for を使う。［堀内＆ジョンソン（1977）］

(1) He watched his wife as she *prepared* dinner.

彼は妻が夕食を作るのをじっと見ていた。

(2) The kitchen door was open, and I could hear the sounds of people moving about, *preparing for* breakfast.

台所のドアが開いていたので、人が朝食の準備に動き回っている音が聞こえてきた。

また、learn と learn about の場合も、learn が何かが実際にできるよう

になることをいうのに対して learn about はそれについての知識を持っていることをいう。

例えば、learn karate は実際に空手が使えることを意味するが、learn about karate は本を読んだりして空手についての知識を身につけていることを意味する。したがって、人物についていう場合には learn about George Washington とは言えるが、*learn George Washington とは言えないことになる。

さらに、shoot と shoot at の間に見られる違いもここに含められる。[Quirk et al. (1985)] 前者では弾丸の命中を意味するが、後者では必ずしも命中を意味しない。

(3) John *shot at* the alien but was far too panicked to hit it.

ジョンはエイリアンめがけて撃ったが、うろたえていたので当らなかった。

(4) He pulled out a gun, yelled something, and *shot* the man in the back of the head.

彼は銃を取り出して、何か叫びながらその男の後頭部を撃ち抜いた。

【関連情報】

同一の動詞を他動詞で用いるか「自動詞+前置詞」で用いるかに応じて、その動詞の表す行為の一部に言及するか、全体に言及するかが決定されることがある。[Pinker (2007)]

以下では、「自動詞+前置詞」が行為の一部に、他動詞が行為の全体に言及している点に注意したい。

(5) a. He *drank from* the glass of beer.

彼はビールをグラスから（一口）飲んだ。

b. He *drank* the glass of beer.

彼はグラスに入ったビールを飲み干した。

(6) a. He *climbed up* the mountain.

彼は山に（途中まで）登った。

b. He *climbed* the mountain.

彼は山に（山頂まで）登った。

「動詞＋目的語＋—ing」の構文

この構文をとる動詞の代表的なものには知覚動詞、get, have などがあるが、これらの動詞については他の項で述べたので、ここではその他として leave, keep, catch, find の4つの動詞を取り上げる。

まず、「車を止めてエンジンをかけたままにしておく」というのは英語では(1)や(2)のように leave/keep the engine running と言うが、leave の場合は主語の人間は車の外にいることが表されるのに対して、keep ではその人間は車の中にいることが表される。

(1) The car parked ten yards from Bill's Cadillac and a small, slight figure jumped out, *leaving the engine running*.

その車はビルのキャデラックから10ヤード離れて止まった。小柄でほっそりとした人物がエンジンをかけたままで車から飛び出した。

(2) Bart pulled over to the side of the road. He *kept the engine running* for the air-conditioning.

バートは道路の脇に車を止めた。エアコンをつけておくために、彼はエンジンをかけたままにしておいた。

次に catch と find を比べると、find が中立的な意味を表すのに対して、catch は「find＋α」の意味、つまり、「(悪いことや他人に見られたくないことを) 見つける」という意味を表す。

(3) The back passenger door of the car was open. I *found Chris lying* on his back, motionless.

その車の後部座席のドアは開いていた。のぞいてみるとクリスがじっとしたまま仰向けになっていた。

(4) When I was sixteen, my Mom *caught me smoking* dope.

16のとき、ママに麻薬を吸っているところを見つかってしまったのよ。

したがって、I *found him reading* in the kitchen. と I *caught him reading* in the kitchen. では意味が異なり、後者では彼は台所で本を読んでいるのを見られたくないと思っていることが表される。

なお、(1)—(4)のすべての例で、—ing の代わりに原形不定詞を使うことはできない。

同族目的語

> 同族目的語とは通例、「動詞＋a＋形容詞＋目的語」の形式をとり、目的語に動詞と同形か同語源の名詞、あるいは動詞と同義語の関係にある名詞がくるものをいう。

(1) Kenny *smiled a mysterious smile*.
ケニーは謎めいた微笑を浮かべた。

(2) She *laughed a scornful laugh*.
彼女は馬鹿にしたように笑った。

(3) She *died a horrible death*.
彼女はひどい死に方をした。

(4) You are going to *live a happy life* in America.
アメリカで幸せに暮らすことになるよ。

(5) We're *fighting a losing battle*.
我々は負け戦を戦っているんだ。

> a の代わりに the が使われたり、形容詞が用いられずに「動詞＋(a)＋目的語」の形式をとることもある。

(6) She *slept the sleep of the innocent*.
彼女は子どものように眠った。

(7) My mother taught me to *sing a song*.
母親は私に歌の歌い方を教えてくれた。

> 同族目的語をとる動詞には smile, laugh, sleep, die, dream のように自動詞に近いものから live, fight, sing のように他動詞に近いものまで幅がある。
> 自動詞に近い動詞は次のようにコンマなどで動詞とその目的語を分離することができる。

(8) She *smiled, a quick smile*.
彼女はすばやく微笑んだ。

(9) He *laughed*, but *it* was not *a happy laugh*.
彼は笑ったが、楽しそうな笑い声ではなかった。

> 一方、他動詞に近い動詞は上の(7)や次の(10)のように「動詞＋(a)＋目

(10) I wish I could *live life* all over again.

もう一度、人生をやり直せたらいいのに。

この場合、あるネイティブ・スピーカーは live a life では人生が何度もあるような感じがするので、life の場合は不定冠詞はないほうがいいと言う。

Kashino Database で ((6)や(7)のタイプを含め) 同族目的語構文の頻度を検索してみると、live—life が 313 例と飛び抜けて多く、続いて smile—smile（106 例）、さらに sing—song（88 例）となり、dream—dream は 9 例しか見られなかった。

【関連情報】

例えば、look は take a look のように「軽動詞 (light verb) ＋動詞と同形の名詞」を使って表現することができるが、同族目的語構文もこれと同じ原理が働いている。

ただ、文体の点では take a look は look に比べて口語的であるのに対して同族目的語構文は詩や小説やシナリオのト書きなどにその使用が限られている。

同族目的語についてさらに詳しくは柏野（1993）を参照。

倒置構文

疑問文を除けば、倒置 (inversion) は、おもに次の2つの場合に起こる。

[Ⅰ] Only once *did I go* to the opera when I was in Italy.

イタリアにいるときに1度だけオペラを見に行った。

[Ⅱ] In the doorway *stood her mother*.

戸口に彼の母親が立っていた。

[Ⅰ] は否定を表す語 (*e.g.* no, never, neither, nor, seldom, rarely, hardly, only) が文の先頭部分に現れたときに見られる現象である。その文に助動詞が含まれていればその助動詞を用いて、含まれていなければ、do, does, did を用いて倒置する。

これは否定を強調するための措置であるが、文体的には堅苦しい文語的な言い方である。

(1) Under no circumstances *must an agent* enter into a personal relationship with any person under investigation.
いかなる状況にあっても捜査官は捜査中の人物とは個人的な関係を持ってはならない。

［Ⅱ］は be 動詞や come, go, lie, sit, stand などの動詞が用いられている場合に、場所を表す副詞句が文の先頭部分に現れたときに見られる倒置である。

これは前文とのつながりを円滑にするためのもので、これにより「旧情報（聞き手の知っている事柄）を前に置き、新情報（聞き手の知らない事柄）を後に置く」という情報構造の原則から見て自然な語順が確保できる。

(2) They sat in comfortable chairs around *a table*. *On the table* was an array of liquor bottles, a bucket of ice, and a tray with drinking glasses.
彼らはテーブルの回りの心地よさそうな椅子に座った。テーブルにはさまざまな酒のボトル、氷の入った容器、それにグラスの置いてあるトレイがあった。

したがって、次の(3)は「新情報（a drawer）+ 旧情報（the gun）」という順序になっているため、極めて不自然な言い方である。

(3) ? In *a drawer* was *the gun*.

この場合、「旧情報（the drawer）+ 新情報（a gun）」という順序にして In *the drawer* was *a gun*. と言うこともできるが、これも書き言葉で用いられる表現である。話し言葉では There was a gun in the drawer. のように there 構文が使われる。

同等比較の as + 形容詞 + as (1)

この項では、同等比較（as + 形容詞 + as）について解説するが、それには、まず、形容詞の表す文字通りの意味と中立的な意味について触れて

おく必要がある。

例えば、年齢というスケール（目盛り）があるとき、その上限を old で表し、下限を young で表すが、下限を表す young は「若い」という文字通りの意味で用いられるのに対して、上限を表す old は文字通りに「年を取っている」という意味で使われる場合と中立的に「年齢」のことだけを問題にしている場合がある。

したがって、He is *as young as* Mark. は「彼はマークと同じくらい若い」という意味であるが、Tom is *as old as* Jerry (is). は必ずしも「トムはジェリーと同じくらい年を取っている」という意味にはならない。多くの場合、トムとジェリーの年齢が同じくらいであることを言っているだけで、トムとジェリーがともに3歳でも80歳でも構わない。

次は、中立的に子どもの年齢を述べた例である。

(1) His own sons were nearly *as old as* these boys.

彼の息子たちもこの男の子たちと同じくらいの年でした。

ただし、「年を取っている」という前提があれば、この限りではない。

(2) My grandfather is *as old as* her grandfather.

同じように as tall as も、普通は(3)のように中立的に「背の高さ」が問題にされるが、(4)のように「背が高い」という前提があれば事情は異なる。

(3) I am *as tall as* he (is).

(4) She was tall, almost, *as tall as* her sister.

彼女は背が高く、姉とほぼ変わらなかった。

このようにペアをなし、上限と下限を表す形容詞には次のようなものがある。

(5) big—small, old—young, long—short, good—bad, hard—soft, fast—slow, tall—short, wide—narrow, high—low, strong—weak, hot—cold, etc.

【関連情報】

How 疑問文の場合も同じで、例えば *How old* are you? や *How tall* is he? は、「年を取っている」「背が高い」という前提がない限り、単に年齢や身長を聞いていることになる。

同等比較の as+形容詞+as (2)

例えば、Mary is *as tall as* Jane (is). は厳密に言うと Mary is not shorter than Jane (is). (メアリーはジェインより背が低いということはない) という意味で、メアリーの身長がジェインと同じか、あるいはそれ以上であることを表す。[Bolinger (1972)]

(1) "In 1950s? If so he must be at least *as old as* Dad, possibly older."
「50年代(生まれ)？ それなら彼はパパより若いということはないわね。ひょっとしたら年上かもね」

しかし、実際は(1)のように at least に修飾されているのでなければ「同じ年齢」「同じ身長」という意味になるのが普通である。

この構文 (A is as+形容詞+as B) は、さらに「Aだって形容詞の表す意味の点でBの基準に達している」という語用論的な意味を表すのに用いられる。これは「Aが劣っているという予想を覆す」働きをする。[ミントン (2004)]

(2) Many motels are *as comfortable as* hotels.
モーテルだって (安っぽく見られているが) 快適さではホテル並み (か、それ以上) の所も多い。

この場合、主語には形容詞の意味から考えて「劣っているもの」がきて、2つめの as の後には「上位にあるもの」「代表的なもの」がくる。したがって、上の(2)では、motels と hotels を入れ替えることはできない。

以下に類例を挙げる。

(3) West End is *as famous as* Broadway in New York.
(ロンドンの) ウエストエンドだってニューヨークのブロードウェイに匹敵するくらい (劇場街として) 有名だ。

2つめの as の後には「代表的なもの」がくることから *as silent as* the tomb, *as light as* a feather, *as free as* a bird など多くの比喩用法が発達している。比喩用法の場合は、初めの as は省略できる。

(4) Next she turned to examine Roy. He looked terrible. His face was *white as* a sheet.

次に彼女は振り向いてロイの様子を見た。彼はひどく気分が悪そうに見えた。顔は真っ青だった。

二重目的語をとる動詞の受動態

「動詞＋間接目的語＋直接目的語」の文型をとる動詞は、一般に間接目的語を主語にしても直接目的語を主語にしても受動態を作ることができる。

しかし、間接目的語は旧情報を表すことが多いことから、それを主語にした受動態のほうが直接目的語を主語にした受動態よりもよく用いられる。

(1) They *offered me a job* at a bank yesterday.
彼らは昨日、私に銀行の仕事をもちかけた。
→ *I was offered* a job at a bank yesterday. [more common]
→ *A job was offered* (to) me at a bank yesterday. [less common]

直接目的語を主語にして受動態を作った場合、間接目的語の前にどういう前置詞をとるかによって、それらの動詞は次のように3つのタイプに分類できる。

[Ⅰ] give, show, send, teach, tell のように to をとる動詞
[Ⅱ] buy, make のように for をとる動詞
[Ⅲ] ask のように of をとる動詞

[Ⅰ] My father *gave me a great gift*.
　　父は私にすばらしいプレゼントをくれた。
　　→ *A great gift was given* (to) me.
　　→ *I was given* a great gift.

[Ⅱ] I *bought Nick a cell phone*.
　　ニックに携帯電話を買ってやった。
　　→ *A cell phone was bought* for Nick.
　　→ *Nick was bought* a cell phone.

[Ⅲ] I *asked him some questions*.
　　彼にいくつか質問をした。

→ *Some questions were asked* of him.

→ *He was asked* some questions.

[Ⅰ]では、間接目的語の前の to は省略しないのが普通であるが、代名詞の前の to は省略されることもある。

[Ⅱ]でも間接目的語の前の for は省略しないのが普通であるが、代名詞の前の for は省略されることもある。

Nick was bought a cell phone. については人により容認性に差が見られる。この buy は「買って与える」という give の意味を含むので容認できるという人もいる。(この buy の受動態について詳しくは「buy と write の受動態」の項を参照)

[Ⅲ]でも間接目的語の前の of は省略しないのが普通である。なお *Some questions were asked* of him. は堅苦しい言い方である。

能動受動態

次のように、形式は能動態でありながら意味的に受動態で用いられる一群の動詞がある。伝統的に能動受動態 (activo-passive) と言われてきたが、最近では中間構文 (middle construction) と呼ばれている。

一般に、well, easily, poorly などの副詞(句)を伴う。

(1) This meat *cuts* easily.

この肉はよく切れる。

(2) The car *drives* beautifully.

その車はうまく運転できる。

(3) This apple *peeled* poorly.

このりんごはうまくむけない。

この構文では、主語に「動詞+副詞(句)」で示される意味内容を実現できるだけの(潜在)能力があることが表される。

時制は上記のように現在時制で用いられることが多いが、過去時制や未来も可能である。また進行形でも用いられる。

(4) The T-shirt *washed* easily.

その T シャツは簡単に洗えた。

(5) His latest book is going to *sell* quickly.
　彼の最新作はすぐに売れるだろう。
(6) This wine *is selling* well.
　このワインはよく売れている。

▎否定文では(7)のように won't も使われる。

(7) Wet wood *won't cut* easily.
　湿った木は簡単には切れない。

▎次に、この構文と通常の受動態を比べてみよう。[Lyons (1968)]

(8) The books *sold* quickly.
(9) The books *were sold* quickly.

▎(8)では話し手の関心は「本が（ひとりでに）売れた」という過程（process）にあるのに対して、(9)では話し手の関心は動作主（agent）に置かれ、「本が売れたのは動作主のお蔭である」というような意味合いがある。
したがって、通常の受動態では by 句を伴うことができるが、この能動受動態ではそれができない。

(10) *The books *sold* quickly *by* the bookseller.
(11) The books *were sold* quickly *by* the bookseller.

▎ちなみに、The meat *cuts* well. と The knife *cuts* well. の違いにも注意したい。前者の cut は be able to be cut という能動受動態としての意味を表しているが、後者の cut は be able to cut things という能動の意味を表している。

【関連情報】

▎能動受動態では、This sweater *doesn't*/*won't wash*. (このセーターは洗いがきかない) のように後に副詞(句) を従えない用法もある。この場合には時制は現在時制に限られる。[Halliday (1967)]

ノン・バーバル・コミュニケーション

▎ノン・バーバル・コミュニケーション（non-verbal communication）とは「言葉によらないで、コミュニケーションをとること」で、

Aitchison (1996) によると、①顔の表情②体の接触③ジェスチャー ④話をするときのお互いの距離⑤相手と向き合う角度⑥自分のとっている姿勢、などが含まれるという。

ここでは日英比較の観点から、ジェスチャーを取り上げ、「ノックの仕方」「手招きの仕方」「指を使っての数の数え方」について述べる。ただし、いずれのジェスチャーも個人により差が見られることに注意されたい。

［Ⅰ］ノックの仕方

日本人はノックをする場合、普通、手の甲をドアに向けて第二関節を使って2回、比較的弱くたたく。

一方、英語圏の人は通例、手のひらをドアに向けて第一関節を使って3回以上、日本人の場合より強くたたく。日本人が英語圏の人のようにノックをすると緊急事態が起こったかのような印象を与える。

(1) Peter went up to the front door and *knocked several times* since there was no bell.

ピーターは玄関のドアのところに行った。呼び鈴がなかったので数回、ノックをした。

[several は 3 から 5, 6 までの数を指す]

［Ⅱ］手招きの仕方

日本人は離れたところにいる人を自分のほうに来るように手招きする場合、手のひらを下にして4本の指を使って上から下の動きを何度か繰り返す。これに対して英語圏の人は同じ意味を表すのに、手の甲を下にして1本、あるいは4本の指で下から上の動きを何度か繰り返す。

(2) Joyce beckoned him to her with a wave of her *fingers*.

ジョイスは彼に自分のところに来るように、指を上下させて合図した。

［Ⅲ］指を使っての数の数え方

日本人は数を指で数える場合、親指から指を折って数える。「指折り数える」という表現があるくらいであるから、これが日本の伝統的な数え方である。

一方、英語圏の人は①通例、右手を握った状態にして親指、人差し指、中指の順に突き出して数えるか、②右手の人差し指で開いた左手の小

指、薬指、中指の順に指を押さえたり、握ったりして数えていく。後者のほうが一般的である。

(3) "What do I have to do?" Sandra nodded. "One," she said, *counting on her fingers*. "Quit your job. Two: Read ten issues of Newsweek magazine. Cover to cover. Three: ..."

「何をしないといけないの？」そう聞かれてサンドラはうなずき、「まずは」と彼女は指を使って数えながら「仕事をやめること。2つ目に『ニューズウィック』誌を10冊、最初から最後まで読むこと。3つ目に…」と言った。

［サンドラは②の数え方をしている］

倍数表現

「一方がもう一方の…倍」という場合、as... as の前に倍数を表す表現を置くのが普通である。

倍数表現には、half, twice, ... times（... は数字）などがある。

(1) "How selfish is he?" "Maybe *half as selfish as* I am."
「彼ってどれくらい、自分本位なの？」「僕の半分くらいだよ」

(2) Do you know how big Russia is? It's almost *twice as big as* the United States.
ロシアがどれくらい大きいか、分かりますか。アメリカの2倍くらい大きいのですよ。

(3) I read *three times as many books a year as* the average Japanese.
私は1年に平均的な日本人の3倍、本を読みます。

倍数表現が twice, half の場合には as... as が使われるが、... times のときには —er than が用いられることがある。

(4) It is *seven times larger than* a baseball stadium.
それは野球場の7倍の広さがあります

(5) The cigarette kills four hundred thousand Americans each year, *ten times more than* illegal drugs.
タバコによる死者はアメリカで毎年40万人に上っている。非合法の麻

論理的には、例えば three times as... as と three times —er than は意味が違うが、日常では同じような意味で用いられる。

例えば、次の(6)では、「私たちの家の大きさ」を x とすると「彼らの家の大きさ」は 3x となるのに対して、(7)では「彼らの家の大きさ」は 3x + x となって意味が異なる。しかし、口語では多くの場合、論理は無視されてほぼ同義として使われる。

(6) Their house is about *three times as big as* ours.

(7) Their house is about *three times bigger than* ours.

配分複数

例えば、We have noses. という文の場合、主語が複数であるから目的語も通例、複数の noses が用いられる。これを配分複数（distribute plural）と呼ぶ。

しかし、それぞれの人はそれぞれ鼻を持っている、つまり単数で配分されていると考えて We have a nose. とも言える。これは配分単数（distribute singular）と呼ばれている。

配分複数を用いるほうが一般的であるが、どちらも可能という場合も見受けられる。[以上、Quirk et al. (1985)]

(1) Have you all brought your *cameras*?
    みんな、カメラを持ってきましたか。

(2) Hand in your *papers* next Monday.
    来週の月曜日にレポートを提出しなさい。

(3) The students raised their *hand(s)*.
    学生は全員、手を挙げた。

(4) a. Some children have understanding *fathers*.
    b. Some children have an understanding *father*.
    中には理解のある父親がいる子どもたちもいる。

話し手の意志

「話し手の意志」という言葉からすぐに連想されるのは、(平叙文において) 2、3人称主語で話し手の意志を表す次の shall の用法だろう。

(1) You *shall* have a toy, Brian.
ブライアン、おもちゃを上げよう。

(2) You *shall* do your homework before you go out to play.
遊びに行く前に宿題をしなさい。

(3) No one *shall* escape!
誰も逃さないぞ。

ここでは、それぞれの話し手の意志の働き方に応じて、(1)では「約束」の意味が、(2)と(3)では「命令」「決意・拒絶」の意味がそれぞれ表されている。この(1)から(3)の shall は、堅苦しく、おもにイギリス英語で用いられる。

英米を問わず、2、3人称主語で話し手の意志を表すのに用いられるのは次の be going to と will である。

(4) a. The document *will* be on your desk by five o'clock this evening.
書類は今日の夕方の5時までに机の上に置いておきます。

b. You *are going to* have a chance to take an exam again.
再試験のチャンスをあげよう。

(5) a. "I'm not hungry." "You're *going to* eat."
「お腹はすいていません」「いいから食べなさい」

b. You *will* report to the main reception desk at eight tomorrow morning.
明朝8時に受付まで来なさい。

(6) a. If you marry him, you *will* get nothing from us.
彼と結婚したら援助はしない。

b. He *is going to* pay for stealing my girlfriend.
あいつには恋人を奪われた仕返しをしてやる。

ここでも、shall の場合と同様に、(4)では「約束」の意味が、(5)と(6)ではそれぞれ「命令」「決意・拒絶」の意味が表されている。

上例が話し手の意志を表していることは、ネイティブ・スピーカーがそれぞれのaの例を以下のように1人称を主語にして書き換えていることからも明らかである。

(7) *I* will put the document on your desk by five o'clock this evening.

(8) *I* order you to eat.

(9) If you marry him, *we* will not give you anything.

なお、(4)の「約束」のうち、It won't happen again. はよく使う表現で、木村&山田（1993）によると、何か失敗をしたり、あるいは叱責された場合に「もう二度といたしません」「今後気をつけます」のように反省していることを表す言い方である。

そして、この表現は、大人同士の会話によく見られるもので、子供はIt won't happen again. ではなく、*I* won't do it again. のような1人称主語の構文を用いるという。

(10) I'm sorry. *It won't happen again.* I promise.
　　申し訳ありません。二度といたしません。約束します。

【関連情報】

shallの表す話し手の意志（「…させよう」）は、shallの持つ固有の意味であるのに対して、will/be going toの表す話し手の意志は、will/be going toのもつ語彙的な意味（「…だろう」という予測）から語用論的に派生したものである。

例えば、上の(10)のIt won't happen again. は「それは二度と起こらないだろう」というのが本来の意味であるが、それが文脈によって、語用論的に「そういう事態になるようにする」という話し手の意志が働き、最終的に「二度としません」という意味を表すようになる。

この言い方は決まり文句としてチャンク化している。

比較級＋than＋代名詞

例えば、I am taller than ＿＿＿＿. の下線部に彼という代名詞を用いる場合、he, he is, him の3つの形式が可能である。

このうち、代名詞の主格がくる形式は、話し言葉では不自然に響くた

め、書き言葉に限られる。

(1) He was twelve years older than *she*.
彼は彼女よりも12歳年上だった。

代名詞の主格の後に（助）動詞を伴う形式は、話し言葉でも書き言葉でも用いられる。

(2) I'm a lot happier than *she is*.
私は彼女よりもずっと幸せだ。

代名詞の目的格がくる形式は話し言葉であり、書き言葉では避けられる。

(3) "He's brighter than *me*," admitted Jim.
「彼は私よりも頭がいい」とジムは認めた。

ネイティブ・スピーカーは、目的格は文法的に正しくなく、また主格は文語的だと感じられるため、話し言葉では(2)の形式を使うことが多いという。

同じことは、同等比較の I'm twice as old as *he/he is/him*. の場合にも当てはまる。he is が最も普通の表現である。

比較級と否定

例えば、(1)と(2)を比べると、前者は誰かが Tom is taller than John. と言ったことに対して、他の人がその反論として "It is not the case that Tom is taller than John."（トムがジョンより背が高いということはない）という意味で発言したものであり、後者は「トムは背が低く、（身長の低い）ジョンくらいしかない」という意味である。

(1) Tom is *not taller* than John.
(2) Tom is *no taller* than John.

(2)のタイプでは、than 以下には「no + 形容詞（の比較級）」で示されている意味を特徴的に表すような人や物がくる。

(3) Cathy slept in a basement room that was *no bigger* than a closet.
キャシーの寝ている地下の部屋は狭くてクローゼットほどの大きさしかなかった。

したがって、通例は(4)のようには言えないことになる。

(4) *He is *no more intelligent* than Albert Einstein.

(1)のタイプではnotは文全体を否定し、(2)のタイプではnoはtallerという語だけを否定しているが、ともに「トムはジョンと同じ身長か、それ以下」であることを伝えている。頻度としては(2)のタイプのほうがよく用いられる。

なお、(2)のタイプについては「A whale is no more a fish than a horse is」の項も参照。

【関連情報】

この「no＋比較級＋than」と「as＋形容詞＋as」の構文とは正反対の意味を表す。

例えば(5)はすでに人気があることが分かっている歌手を基準にして主語の歌手がいかに人気があるかを述べているのに対して、(6)は人気がないことが分かっている歌手を基準にして主語の歌手がいかに人気がないかを強調している。[ミントン (2004)]

(5) This singer is *as popular as* that singer.
この歌手だってあの歌手ぐらいの人気はある。

(6) This singer is *no more popular than* that singer.
この歌手は人気がなくて、あの歌手くらいの人気しかない。

なお、no better than は主語の悪いところを強調して「…も同然」の意味でよく使われる表現である。

(7) The lock on the back door was *no better than* a child's toy.
裏口のドアの錠前はひどくて、子どものおもちゃのようだった。

比較級の用法（同一の人や物についての場合）

他の人や物とではなく、同一の人や物の中で2つの性質や状態を比較する場合には、普通、—er形をとる形容詞でも「more＋形容詞の原級」という形式が用いられる。

(1) Jim looked *more confused than* sad.
ジムは悲しいというよりも困惑していた。

> Huddleston and Pullum (2002) は、この「more + 形容詞の原級」を用いた構文は「言葉の使用の適切性」を述べるものであると指摘している。

(2) He is *more old than* middle-aged.

彼は中年ではなく老年である。

[= He is more properly described as old than as middle-aged.]

[中年と形容するよりも老年と形容するほうが適切である]

> この構文では通例、than 以下の「主語 + be 動詞」は省略される。明示されている場合には—er 形が用いられることに注意したい。

(3) My secretary's typing is *neater than* it is accurate.

私の秘書のタイプの打ち方は正確でもあるが、それ以上に手際がいい。

> あるネイティブ・スピーカーは「more + 形容詞の原級 + than」と「形容詞の—er 形 + than」では意味が異なるとコメントしている。

(4) It's *more thick than* wide.

それは幅広いというよりも分厚い(と言ってもいい)。

[= I would not say that it is wide, but I would say that it is thick.]

(5) It's *thicker than* it is wide.

幅と厚さを比べると厚さのほうが大きい。

[= The thickness is greater than the width.]

> また、別のネイティブ・スピーカーも以下に見られるように、同じ趣旨のことを述べている。

(6) Brad is a huge man, *more wide than* tall.

ブラッドは大男で、高身長というより横幅が広い(と言ってもいい)。

[例えば、身長が185センチで横幅が1.2メートル]

(7) Brad is a huge man, *wider than* he is tall.

ブラッドは大男で背も高いが、それ以上に横幅が広い。

[これはジョークで、例えば身長が185センチで横幅が1.9メートル]

否定

> 否定一般に関して、Greenbaum and Quirk (1990) を参考に以下の 4

点について述べる。

[Ⅰ] 語否定と文否定

否定には文中のある語を否定する「語否定」(word negation) と主語と述語の結合を否定する「文否定」(sentence negation) がある。

語否定は incorrect のように否定の接頭辞を語の前に付けるか、not beautiful や no good のように否定すべき語の前に not または no を置くことによって表される。

文否定は not を be 動詞、(法)助動詞の後に付けて、I am not a doctor. や I did not go to the dance last night. のようにして表される。

次の(1)は語否定の例で、(2)は文否定の例である。

(1) We drank *no* beer.
(2) We *did not* drink any beer.
　私たちはビールを全く飲まなかった。

しかし、意味の上では文否定であるが、語否定の形式をとることもある。

(3) *Nobody* knows my secret.
　誰も私の秘密を知らない。

[Ⅱ] 否定の範囲

否定の not は通例、not から右に伸びて文の終わりまで影響力が及ぶ。

したがって、次の(4)と(5)は definitely が not の左にきて否定の範囲外になるか、右にきて否定の範囲内になるかに応じて意味が異なる。

(4) She *definitely wasn't* angry.
　彼女は絶対に怒ってなんていなかった。
　[= It is definite that she was *not* angry.]

(5) I *haven't definitely* decided to get married to her.
　絶対彼女と結婚するって決めたというわけじゃない。
　[= It is *not* definite that I have decided to get married to her.]

ただし、not の右に all などの語がくると、否定の範囲内になることも範囲外になることもある。話し言葉では強勢や音調により区別される。

(6) I'm *not* feeling good/*all* the time.
　ずっと気分がよくない。

[good と time に強勢を置き、good の所で下降上昇調になり、文末は下降調になる]

(7) I *not* feeling good *all* the time.
ずっと気分がいいわけではない。
[time に強勢を置き、そこで下降上昇調になる]

some などの断定語がある場合は、その前で否定の影響力は阻止される。

(8) I *haven't* seen/*some* of them for more than twenty years.
何人かとは 20 年以上も会っていなかった。

cf. I *haven't* seen *any* of them for more than twenty years.
誰とも 20 年以上も会っていなかった。

否定の影響力は、次のようにときに、従属節にまで及ぶことがある。

(9) I *don't* think she has *any* plans.
彼女には何の予定もないと思う。

[Ⅲ] 否定の焦点

話し言葉では、文中のある語に特別の強勢を置いて以下のような音調で発音すると、その部分に否定がかかり、(下降調で読む (10) を除き) 言外の他の語との対立的な意味が生じる。

この強勢の置かれた語を否定の焦点 (focus) と呼ぶ。この場合は not は焦点のある語の右にきても左にきても構わない。

以下では、各例の [ ] 内に焦点と音調、および意味解釈を示す。

(10) I *didn't* take Paula to swim in the pool yesterday.
昨日、ポーラをプールに泳ぎに連れて行かなかった。
[pool を下降調で読む。「プールに連れて行かなかった」という意味を表す]

(11) I *didn't* take Paula to swim in the pool yesterday.
昨日、ポーラはプールに泳ぎに連れて行かなかった。
[Paula を下降上昇調で読む。「他の人物は連れて行った」という意味を表す]

(12) I *didn't* take Paula to swim in the pool yesterday.
昨日、ポーラをプールに泳ぎには連れて行かなかった。

［swimを下降上昇調で読む。「他の目的のために連れて行った」という意味を表す］

(13) I *didn't* take Paula to swim in the <u>pool</u> yesterday.

昨日、ポーラをプールには泳ぎに連れて行かなかった。

［poolを下降上昇調で読む。「他の場所には連れて行った」という意味を表す］

(14) I *didn't* take Paula to swim in the pool <u>yesterday</u>.

昨日はポーラをプールに泳ぎに連れて行かなかった。

［yesterdayを下降上昇調で読む。「別の日には連れて行った」という意味を表す］

(15) <u>I</u> didn't take Paula to swim in the pool yesterday.

私は昨日ポーラをプールに泳ぎに連れて行かなかった。

［Iを下降上昇調で読む。「他の人が連れて行った」という意味を表す］

> 次は焦点の置かれる位置と音調によって否定の範囲が決定される例である。because節を伴う場合によく見られる。(16)はnotの影響力はbecauseの前で阻止され、Because I had a solid alibi, the police did not suspect me. に書き換えられる。(17)はnotの影響力は文の終わりにまで及び、I'm saying this, but it was not because he is my father. に書き換えられる。

(16) The police did not suspect <u>me</u>, because I had a solid <u>alibi</u>.

私には紛れもないアリバイがあったから、警察は私を疑わなかった。

［meとalibiが焦点となり、前者は上昇調で後者は下降調で発音される］

(17) My father is a nice man. I'm not saying this/because he is my <u>father</u>.

父はすばらしい人間です。父だからこう言っているわけではありません。

［fatherが焦点となり、下降上昇調で発音される］

> 否定の影響力が主語にまで遡って及ぶことがあるが、これも焦点と音調によって示される。主語にallやeveryなどの語を含む場合に多く見られる。

(18) *All* the students *didn't* pass the <u>exam</u>.

学生は全員、試験に落ちた。

[exam が焦点になり、下降調で発音される]

(19) *All* the students *didn't* pass the exam.

学生全員が試験に落ちたわけではない。

[all が焦点になり、下降上昇調で発音される]

［Ⅳ］否定と助動詞

> 助動詞を含む文が否定される場合、助動詞自体が否定される場合と本動詞が否定される場合がある。以下のそれぞれの書き換えで not がどの位置にあるかに注意されたい。

本動詞否定

> ① may（可能性）

(20) The water *may not* be warm enough for us to swim here.

ここで泳げるほど水は温かくないかもしれない。

[= It is possible that the water is *not* warm enough for us to swim here.]

> ② must（義務）

(21) You *must not* go to the festival alone.

1人でお祭りに行ってはいけません。

[= It is essential that you will *not* go to the festival alone.]

> ③ must（必然性）

(22) Silvia is not answering the phone. She *must not* be at home.

シルビアは電話に出ない。きっと家にいないのだろう。

[= It seems certain that she is *not* at home.]

助動詞否定

> ① may（許可）

(23) Visitors *may not* feed the animals in the zoo.

本園の来場者は動物にえさをやらないで下さい。

[= Visitors are *not* allowed to feed the animals in the zoo.]

> ② can（能力）

(24) I *can't* read Chinese.

中国語は読めません。

[= I am *not* able to read Chinese.]

③ can（可能性）

(25) They *can't* be working at this time!

彼らがこの時間に働いているわけがない。

[= It is *not* possible that they are working at this time.]

④ can（許可）

(26) We *can't* play baseball in the park.

公園で野球をしてはいけない。

[= We are *not* allowed to play baseball in the park.]

⑤ need（義務）

(27) You *need not* worry about the future.

将来のことで悩む必要はない。

[= You are *not* obliged to worry about the future.]

⑥ need（必然性）

(28) A: "My sister is looking pale. I guess it's the flu."

B: "It *need not* be the flu. Maybe she is just tired."

A:「妹の顔色が悪い。インフルエンザじゃないのかな」B:「インフルエンザとは限らない。疲れているだけなのかもしれない」

[= It is *not* necessary that it is the flu.]

will については例外で、本動詞否定の解釈も助動詞否定の解釈も可能である。

ただし、意志を表す場合には助動詞否定の解釈が、推量を表す場合には本動詞否定の解釈が一般的である。

⑦ will（意志）

(29) I *won't* tell you my secret.

君には僕の秘密は言わない。

[= I *don't* intend to tell you my secret.]

[= I intend *not* to tell you my secret.]

⑧ will（推量）

(30) They *won't* know who I am.

彼らには私が誰か分からないのだろう。

[= I predict that they *don't* know who I am.]

[= It is *not* probable that they know who I am.]

なお、(27)と(28)の need not と同じ意味は don't have to でも表すことができる。

(31) You *don't have to* apologize.

あやまる必要はない。[義務]

(32) The man *doesn't have to* be dead. He could merely be in a coma.

その人は死んでいるとは限らない。昏睡状態にあるだけなのかもしれない。[必然性]

ちなみに、(21)の must not と(27)や(31)の need not/don't have to の意味の違いは、「not のかかる位置が違う」という点から説明できる。つまり、must not は「…しないことが要求されている」(It is essential that you... not...) ことから「…してはいけない」という意味になり、need not や don't have to は「…することが要求されていない」(You are not obliged to...) ことから「…する必要はない」という意味になる。

(25)の can't はもう1つの解釈が可能であるが、これについては「can't と must not」の項を参照。

否定の繰上げ

例えば、(1)の文を(2)のように書き換えた場合、従属節の not が主節に移動しているが、この現象を「否定の繰上げ」(negative raising) と呼ぶ。

(1) I think that he is *not* coming.

(2) I *don't* think that he is coming.

彼は来ないと思う。

これは否定の言葉を先に持ってきて、ある事柄に対して話し手が肯定的な態度をとっているのか否定的な態度をとっているのかをまず聞き手に伝えるという英語の特徴の現れである。Nobody knows. などにもこの特徴が読み取れる。

一般に、(1)と(2)は意味は同じとされるが、厳密には、(1)を使う話し手

は自分の意見を(2)よりも強く表明しているのに対して、(2)を使う話し手は(1)の場合よりも自分の考えに疑いを持ちながら意見を述べているという点で異なる。

しかし、従属節の内容によっては、(1)のタイプが(2)のタイプよりも弱い言い方になることがある。例えば、次の(3)は He is rather poor. の間接的な表現となっている。

(3) I think he is *not* rich.
   彼は金持ちではないと思う。

また、相手の意見に反駁する場合には(2)のタイプが用いられる。次の(4)では話し手Aの I think と話し手Bの I don't think が対照をなしていることに注意したい。

(4) A: "*I think* it's going to rain tonight."
   B: "*I don't think* it is." [I think it's not. はここでは不適切]
   A:「今夜、雨が降りそうですね」B:「そうは思わない」

なお、(1)と(2)を比べると、使用頻度は(2)のほうが圧倒的に高い。
このような否定の繰上げが行われる動詞は、「思う」という意味を表す動詞で、think のほかにも suppose や believe などを挙げることができる。

hope では否定の繰上げは起こらない。

(5) I *don't believe* she killed the man, and I'm going to defend her.
   彼女はその男を殺してはいないと思う。だから彼女を弁護するつもりだ。

(6) I *don't suppose* he's talked to you about what happened.
   彼は何があったのかを君に話さなかったと思う。

(7) "I hope you're *not* angry." "It's OK."
   「怒っていなければいいんだけど」「いいんだよ」
   cf. *I *don't hope* you are angry.

付加疑問文

よく知られている付加疑問文のタイプには次のようなものがある。

(1) a. 肯定―否定（He is rich, *isn't he*?）
　　b. 否定―肯定（He isn't rich, *is he*?）

> a、b タイプとも上昇調のイントネーションで発音されると、話し手の「疑い」や「驚き」を表し、下降調で発音されると、話し手が聞き手に同意を求めていることが表される。
> このほか、(2)のようなタイプの付加疑問文もときに見られる。
> ただし、d タイプについては認めないネイティブ・スピーカーも多い。

(2) c. 肯定―肯定（He is rich, *is he*?）
　　d. 否定―否定（He isn't rich, *isn't he*?）

> c タイプだけ見ておくと、これは一般に軽い上昇調で発音される。このタイプはさらに以下の2つのタイプに下位区分される。
> 1つはすでに言われたことを繰り返したり、思い出したり、あるいは何かを推量したりして不満、非難、皮肉などの感情的な意味を表すものである。so, oh, I see などを伴うことが多い。

(3) *So* you have forgotten your homework again, *have you*?
　　また宿題を忘れたのね。

(4) "I haven't seen my dad in six months, so I need to spend time with him by myself." "Oh," her mother said frostily. "*I see* you're leaving me here alone, *are you*?"
　　「半年もパパに会っていないから2人で時間を過ごしたいのよ」「えっ？じゃあ、私をここに残して行くつもりなのね」と彼女の母親は冷たく言った。

> もう1つは話し手が新しい情報を聞いて、それに対する「驚き」を表すものである。[以上、Quirk et al. (1985); Huddleston and Pullum (2002)]

(5) A: "Joe is coming to the party tonight."
　　B: "Joe is coming, *is he*? In that case, the party will be a lot of fun."
　　A:「ジョーが今日のパーティに来るよ」B:「ジョーが来るって？それなら面白くなりそうね」

不定詞＋前置詞

to 不定詞が形容詞的に前の名詞を修飾する場合、次のように、文の最後に前置詞が残ることがある。

(1) I have no chair *to sit on*.
   座る椅子がない。
   cf. sit on a chair

(2) We have no table *to sit at*.
   つくテーブルがない。
   cf. sit at a table

(3) There were more important things *to attend to*.
   片付けないといけないもっと重要なことがあった。

(4) Mark was a wonderful man *to work for*.
   マークはすばらしい上司だった。

同じように、a house *to live in* の場合にも in が必要である。
しかし、a place *to live* では in のないほうがむしろ普通で、Kashino Database を用いて a place *to live* で検索したところ、in のない例が 37 例であったのに対して、in があるのは 5 例のみであった。

(5) He drove on to New Orleans and began to look for a place *to live*.
   彼はそのまま車でニューオーリンズに行き、住む場所を探し始めた。

また、学校英文法では「本を買うお金」という場合、money *to buy* the book *with* というように with の残った形式が正しいとされる。しかし、Kashino Database を用いて money to buy と入力して検索したところ、37 例、ヒットしたが、すべて with が付いていなかった。

(6) Where did you get the money *to buy* this computer?
   どこでこのコンピュータを買うお金を手に入れたのですか。

不定詞と動名詞

不定詞は、基本的に to で示される行為や出来事が仮定的なものであること、あるいは、未来に属しまだ実現されていないことなどを表す。こ

れは、to がもともと（未来への）方向を示す前置詞であったことからも分かる。不定詞の持つこの特性は「仮想性・未来指向性」と呼ばれる。

一方、動名詞は、ある行為や出来事が現実のもので、すでに実現されていることを表す。これは、動名詞が進行形と同じ—ing という形をとっていることからも分かる。動名詞の持つこの特性は「現実性」と呼ばれる。

次の(1)の文は現実に子どもから大人になる成長過程にある女性の言葉であり、(2)は頭の中で娘が成長することを仮想している父親の言葉である。

ここには、不定詞と動名詞の意味上の違いがよく現れている。

(1) Dad, it's not easy *growing* up to be a woman.
お父さん、大人の女になるって簡単なことじゃないわ。

(2) I think that it's not easy *to grow* up to be anything.
何になるにも簡単なことなんてないんだよ。

この不定詞と動名詞の意味上の区別は Bolinger (1968) が提唱し、その後、定説となっているものである。

このような基本的な意味を掌握しておけば、動詞の中には、なぜ不定詞のみを目的語とする動詞や動名詞のみを目的語とする動詞、さらに両者を目的語とする動詞があるのかが理解できる。

まず、不定詞のみを目的語とする動詞であるが、このグループの動詞には choose, decide, expect, hope, plan, promise, refuse, want などがある。これらは意図や希望や決心を表すものである。

(3) He was tired and *decided to take* the day off.
彼は疲れていたので休みを取ることに決めた。

意図や希望や決心というのは、これから先の未来のことであるから、不定詞のもつ「未来指向性」とうまく噛み合い、これらの動詞は不定詞と結びつくことになる。

次に、動名詞のみを目的語とする動詞であるが、このグループの動詞には、admit, avoid, deny, enjoy, finish, mind などがある。

(4) I have just *finished marking* my examination papers. I always *enjoy*

reading these papers, because they help me to see how much of my teaching has been understood.

私は今、試験の採点を終えた。採点はいつも楽しい。私の授業を学生がどれだけ理解したかを測る手助けとなるからである。

enjoy や finish が動名詞と結びつくのは、現実に行なっていることしか楽しめないし、また、終えたりすることもできないからである。

最後に、不定詞も動名詞も目的語とする動詞は、次の4つに分類することができる。

［Ⅰ］forget, remember など記憶に関する動詞
［Ⅱ］attempt, try など試みを表す動詞（attempt —ing は稀）
［Ⅲ］hate, like, love など好き嫌いを表す動詞
［Ⅳ］begin, start など始まりを表す動詞

上記のうち、不定詞をとるか動名詞をとるかで最も意味上の差異が認められるのは［Ⅰ］のタイプの動詞である。これらの動詞が不定詞を伴うと、その「未来指向性」から不定詞は述語動詞が示す時より後の行為や出来事に言及し、動名詞を伴うと、その「現実性」から動名詞は述語動詞が示す時より前の行為や出来事に言及することになる。

(5) Don't *forget to wish* him a happy birthday.

忘れないで彼に誕生日おめでとうのお祝いを言ってね。

(6) I *remember being* in New York in the late 1990s and watching the annual Democratic Party Convention on television.

1990年代の後半にニューヨークにいて、テレビで民主党の年次大会を見たのを覚えている。

なお、［Ⅱ］から［Ⅳ］のタイプの動詞は、目的語に不定詞をとる場合と動名詞をとる場合とで意味の違いを認めるネイティブ・スピーカーもいるが、ほぼ同義とする人も多い。

不定詞の意味上の主語

to 不定詞の意味上の主語は「for＋(代)名詞」で表されるが、よく知られている構文は次のような It-for-to 構文であろう。

(1) *It* is not easy *for* you *to* see her again.
あなたが彼女にまた会うのは簡単なことではない。

> これ以外にも、for—to のパタンは、文の構成要素として主語、補語、修飾語などになることができる。[Declerck (1991)]

(2) Everybody knew the prime minister would be leaving but *for him to resign* immediately was surprising.
誰もが首相は辞めると分かっていたが、即座に辞任するとは驚きだった。[主語として機能]

(3) The plan was *for us to leave* school and find a job.
私たちは学校を卒業し、仕事を見つけるつもりだった。[補語として機能]

(4) Do you have the papers *for me to sign*?
私がサインする書類はありますか。[形容詞的な修飾句として機能]

(5) She turned on the lights and stepped aside *for him to enter*.
彼女は明かりをつけ、彼が中にはいれるように脇へ寄った。[副詞的な修飾句として機能]

> to 不定詞が目的語と見なされる場合には、for は用いられないのが普通である。

(6) I want *him to come* and help me.
彼に手伝いに来てもらいたい。

(7) We expect *them to be* punctual.
私たちは彼らに時間厳守を求めている。

> この場合でも少数の動詞は for をとることがある。Celce-Murcia and Larsen-Freeman (1999) は、この種の動詞として(8)のようなものを挙げている。しかし、動詞によっては容認性に揺れが見られることに注意したい。

(8) arrange, desire, hate, intend, like, love, plan, prefer, etc.

(9) We planned *for her to stay* there.
私たちは彼女がそこに滞在できるように取り計らった。

(10) He's arranged *for me to see* a psychiatrist.
彼は私が精神科医に見てもらう手筈を整えた。

(11) I'd like *for you to spend* a few days with me in Nevada.

私と一緒にネバダで数日、過ごしてほしい。

[would like to のほうが like 単独の場合よりも容認度が高い]

> このほか、アメリカ英語では、say も for—to のパタンで用いられることがある。

(12) I said *for her to be* there alone.

私は彼女にそこに一人でいるようにと言った。

> 容認性はどういう構文をとるかによっても変化する。例えば、want の場合、一般に、?I want *for her to come* to the concert. は容認度が低いが、want と for と分離すれば、逆に for が不可欠となる。

(13) What we want is *for kids to be* active.

私たちが望むのは子どもたちが活発になることだ。

cf. *What we want is *kids to be* active.

(14) I want very much *for her to come* to the concert.

彼女にコンサートにぜひとも来てほしい。

cf. *I want very much *her to come* to the concert.

【関連情報】

> ネイティブ・スピーカーによっては for がある場合とない場合とで意味の違いを感じ取る人もいる。
>
> あるオーストラリア人によると、次の (15) は (16) よりも間接的で、聞き手を責める気持ちがあまり強くないという。話し手は、その状況に対して嫌悪感を持っているが、「あなた」を嫌っているわけではないとのことである。

(15) I would hate *for you to wear* a pair of high-heeled shoes like that.

そんな高いヒールの靴は履いてほしくない。

(16) I would hate *you to wear* a pair of high-heeled shoes like that.

そんな高いヒールの靴を履くあなたなんて好きじゃない。

部分否定

> all, every, both などの数量詞を not とともに用いると「…とは限らない」という部分否定の意味を表すことが多い。

> この場合、all を例にとると、「all＋not」か「not＋all」かという語順の違いに注意する必要がある。
>
> (1)のような「all＋not」の語順では、部分否定か全体否定かについては確かにあいまいであるが、部分否定の意味に解釈するネイティブ・スピーカーが多い。

(1) *All* of the packages *didn't* arrive on time.
小包の中には時間通りに着かなかったものもある。
すべての小包は時間通りに着かなかった。

> ただし、「all＋not」の語順自体、あまり一般的ではなく稀である。(1)の場合、部分否定では(2)のように not all を使い、全体否定では(3)のように none of を使うのが普通である。

(2) *Not all* packages arrived on time.
(3) *None* of the packages arrived on time.

> 一方、(4)のような「not＋all」では部分否定になるのが一般的で、全体否定としての解釈は不自然である。全体否定を表す場合には通例、(5)のように not any が使われる。［以上、Baker (1989); Huddleston and Pullum (2002)］

(4) She *didn't* sell *all* of her books.
彼女は本をすべて売ったわけではない。

(5) She *didn't* sell *any* of her books.
彼女は本をどれも売らなかった。

> 確認のため、ネイティブ・スピーカー5名に尋ねたところ、全員が(1)の *All* of the packages *didn't* arrive on time. も(4)の She *didn't* sell *all* of her books. も部分否定の意味に解釈した。

【関連情報】

> このほか always などの副詞が not と用いられたときにも部分否定の解釈を受ける。

(6) She was alone now, but *not always* lonely.
彼女は今や一人きりだったが、必ずしも寂しくはなかった。

> always not の語順は普通ではない。全体否定の意味を表したい場合には never, not... ever, not... at all などを使う。［Quirk et al. (1985)］

(7) We were *not*, however, *ever* truly alone.

しかし、私たちは本当に2人きりになったことは1度もなかった。

▌ 否定一般についてさらに詳しくは「否定」の項を参照。

文型

▌ 日本の学校文法でよく知られている5文型は、外国の文献ではどのように扱われているのだろうか。

▌ Huddleston and Pullum (2002) は Five canonical constructions (5つの標準的な構文) として以下のものを挙げている。ここでは、Pは predicator (述語) を、PC は predicative complement (いわゆる補語) を指す。

・[S + P]（学校文法の第1文型）

 I left.

・[S + P + PC]（学校文法の第2文型）

 I got better.

・[S + P + O]（学校文法の第3文型）

 I took the car.

・[S + P + O + O]（学校文法の第4文型）

 I gave Joe a key.

・[S + P + O + PC]（学校文法の第5文型）

 I kept it hot.

▌ Quirk et al. (1985) は Major clause types として以下の7つのタイプを挙げている。彼らは Adverbial、つまり副詞(句)を必須要素として加えているが、この点が従来とは異なる点である。

・[S + V]

 The sun is shining.

・[S + V + O]

 The lecture bored me.

・[S + V + C]

 Your dinner seems ready.

- [S + V + A]

    My office is in the next building. [*My office is. とは言えない]
- [S + V + O + O]

    I must send my parents an anniversary card.
- [S + V + O + C]

    Most students have found her reasonably helpful.
- [S + V + O + A]

    You can put the dish on the table. [*You can put the dish. とは言えない]

> Biber et al. (1999) は Major clause patterns として9つの文型を提唱している。必須要素として、Quirk et al. (1985) の副詞(句)に加えて、前置詞句を挙げているところが従来とは異なる。ここでいう predicative とは学校文法で補語と呼ばれているものを指す。

- [Subject ― verb phrase]

    Birds sing.
- [Subject ― verb phrase ― obligatory adverbial]

    The baby was lying on his back.
- [Subject ― verb phrase ― subject predicative]

    He's American.
- [Subject ― verb phrase ― direct object]

    Tom likes apples.
- [Subject ― verb phrase ― prepositional object]

    Science deals with facts. [*Science deals. とは言えない]
- [Subject ― verb phrase ― indirect object ― direct object]

    You left him a note.
- [Subject ― verb phrase ― direct object ― prepositional object]

    I accused him of murder. [通例、of murder は省略できない]
- [Subject ― verb phrase ― direct object ― object predicative]

    She found it cold here.
- [Subject ― verb phrase ― direct object ― obligatory adverbial]

    I put a note on my door.

このように、どの文型も動詞を基準としており、動詞型と呼んでも差し支えがない。ただ、学校文法では、S+V+O+Cなどという呼び方をするが、この場合、Vは動詞だけではなくて動詞句（verb phrase）も指している点に注意したい。その点、上記のようにPあるいはverb phraseという表示のほうが適切である。

この文型という考え方は有用ではあるが、すべての文がどの文型に当てはまるというわけではない。したがって、例えばI want you to go. はどの文型か、というような質問が出されたりするが、これはあまり意味がない。

以上のほか、過去にはH. E. Palmer（A Grammar of English Words, 1938）の27の動詞型、Hornby（A Guide to Patterns and Usage in English, 1956）の66文型などが提案された。これらは確かに英作文をするときには有益ではあるが、文型が複雑すぎることは否めない。

分詞構文 (1)

分詞構文とは現在分詞や過去分詞が接続詞と主語の働きをするものをいう。ただし、使われる分詞は現在分詞のことが多く、過去分詞の使用はある程度、限られている。

この構文は、書き言葉、特に小説でよく用いられるが、話し言葉でもスピーチ、ニュース、授業、会議などの公式の場では使われる。［マケーレブ（1998）］その場合には、次のような連続性、同時性の意味を表すことが多い。

(1) *Moving* on to the next topic, let's discuss the problem of consumption tax.

次の議題に移り、消費税の問題について討議いたします。

分詞構文の表す意味は［Ⅰ］から［Ⅳ］の4つである。頻度としては、［Ⅱ］の「理由」の意味で用いられることが最も多い。

なお、現れる位置は、通例文頭か文末である。

［Ⅰ］時：「…するときに」（when）、「…している間に」（while）

　　Jim hurt his leg *playing* baseball.

野球をしていたらジムは脚に怪我をした。

[= While he was playing baseball, Jim hurt his leg.]

[Ⅱ] 理由：「…なので」(as, since, because)

Feeling tired, I went to bed earlier than usual.

疲れたのでいつもより早く寝た。

[= Since I felt tired, I went to bed earlier than usual.]

[Ⅲ] 連続性「…した後」(after)

Taking a key out of her pocket, she opened the car door.

彼女はポケットから鍵を取り出すと、車のドアを開けた。

[= After she took a key out of her pocket, she opened the car door.]

[Ⅳ] 同時性：「…しながら」(接続詞で置き換えられないことが多いが、andで書き換えられることもある)

Julia is in the kitchen *making* breakfast.

ジュリアは台所で朝食を作っている。

[= Julia is in the kitchen and she is making breakfast.]

稀に分詞構文が条件や譲歩の意味を表すこともある。しかし、その場合にはそれぞれの意味を表す接続詞を文頭に置いて用いるほうが普通である。

(2) *If traveling* in America, you should go to NY.

アメリカを旅行するのならニューヨークに行ったほうがいい。

(3) *While admitting* that he had stolen the money, he denied having killed the man.

彼はお金を盗んだことは認めたが、その男を殺したことは認めなかった。

[Ⅰ]から[Ⅳ]の意味を表す場合も、分詞構文の意味があいまいになると思われるときは接続詞を残して用いられる。

(4) Sandra cut her finger *when cooking* dinner last night.

サンドラは昨日の晩、夕食を作っているときに指を切ってしまった。

小説では、分詞構文は[Ⅰ]から[Ⅳ]のうち、[Ⅳ]の「…しながら」という同時性の意味で、文末に置いて使われることが群を抜いて多い。

(5) "What's wrong?" she asked, *concerned*.
「どうしたの」と彼女は心配そうに尋ねた。

(6) They walked among the beautiful flowers, *laughing*, *talking and drinking* beer.
彼らはきれいな花畑の中を笑い、しゃべり、ビールを飲みながら歩いていった。

【関連情報】

次のように、普通、進行形では用いられない動詞も分詞構文では使うことができる。その場合には［Ⅱ］の「…なので」という理由の意味が表される。

(7) Not *liking* that sort of talk, Lucy went back to her book.
ルーシーはそんな話は好きではなかったので、読んでいた本を再び読み始めた。

(8) Five minutes later George put the phone down, and *having* some time to kill, he strolled up Fifth Avenue.
5分後、ジョージは（公衆電話の）受話器を置いた。（約束の時間まで）時間をつぶさないといけなかったので、彼は5番街をぶらついた。

分詞構文(2)

本項では前項を受けて、完了分詞構文、独立分詞構文、懸垂分詞構文について解説する。

[Ⅰ] 完了分詞構文

一般に、完了分詞構文（Having ―ed ~, ...）は主節の行為が始まる前に分詞節で示される行為が終わっている場合に用いられる。
ただし、通常の分詞構文も前項で述べたように［Ⅲ］の連続性の意味を表すことができるのであるから、あいまいさが生じなければ、通常の分詞構文で代用されることが多い。

(1) *Taking off* his shoes, Stuart walked into the Japanese house.
= *Having taken off* his shoes, Stuart walked into the Japanese house.
靴を脱いだ後、スチュアートは日本家屋に入っていった。

完了分詞構文は分詞で導かれる節が受動態のときに最も自然に用いられる。

(2) *Having been recently renovated*, the room was very beautiful.
最近、リフォームしたので、その部屋は大変きれいだった。

なお、Hewings (2005) によると、主節の行為や出来事が分詞節の行為や出来事の「結果」を表しているときは完了分詞構文を使う必要があるという。

(3) *Having spent* his childhood in Osaka, Lewis can speak Japanese well.
ルイスは子ども時代を大阪で過ごしたので日本語が上手に話せる。

[II] 独立分詞構文

「独立分詞」(absolute participle) とは、次の(4)や(5)のように分詞がその前に意味上の主語を伴うものである。分詞が主節の主語に文法的に依存していないことから、このように呼ばれる。

この構文は17世紀頃からその使用が増大したが、堅苦しい言い方である。

(4) *This being* a weeknight, the streets were relatively quiet.
今日は平日の夜だったので、通りも比較的人通りが少なかった。

(5) *Everything done*, I had nothing to do.
すべて片付いたので何もすることがなかった。

独立分詞構文がごく自然に使われるのは、次のように、連続する行為や出来事を滑らかに描写する場合である。小説ではよく見られるパタンである。

(6) "I don't want to hear any more," said Kate, *tears flooding* down her cheeks.
「もうこれ以上、聞きたくないわ」と両頬を涙でぬらしながらケイトは言った。

(7) He lay on the hospital bed, *his eyes closed*, waiting for the doctor to return.
彼は目を閉じて病院のベッドに横になりながら医者が戻るのを待っていた。

独立分詞構文が慣用化したものに、Other things being equal（他の条件が同じであれば）や Weather permitting（天気がよければ）などがある。

なお、独立分詞構文の前に with を付けて同時性や連続性を表すことがよくある。いわゆる「付帯状況を表す with の構文」である。

(8) A few moments later, he came out *with* his things packed.
　　数分後に彼は荷物をまとめて出てきた。

(9) Kane was waiting outside *with* his engine running.
　　ケインはエンジンをかけたまま外で待っていた。

[Ⅲ] 懸垂分詞構文

「懸垂分詞」(dangling participle) とは、次の (10) のように分詞節の（示されていない）主語と主節の主語が一致していないものをいう。

これは文法的には正しくなく、(11) のように書き換えて 2 つの主語を一致させる必要がある。

(10) ?*Walking* down the street, a beautiful house came into view.

(11) *Walking* down the street, I saw a beautiful house.
　　通りを歩いて行くと美しい家が見えた。[ともに主語は "I"]

「懸垂分詞」というのは Curme (1931) の用語で、Jespersen (1940) はこれを「ずさんな分詞」(loose participle) と呼んでいる。

この構文は古くから広く用いられ、シェイクスピアのハムレットにも次の例が見られる。

(12) *Sleeping* in mine orchard, a serpent stung me.
　　果樹園で寝ていると蛇にかまれた。[mine は my のこと]

海外の語法辞典によると、話し言葉やくだけた書き言葉では懸垂分詞を使っても見過ごされるが、堅苦しい書き言葉では避けるほうがいいという。

結論として、この懸垂分詞構文は「分詞節の主語を認定できる手がかりが主節の中にあり、そこから分詞節の主語が推察される場合には容認度が高い」と言える。

例えば、次の (13) では主節の he が手がかりとなって、分詞節の主語が he であると推察できる。

(13) *Having* almost no time, there was not much that he could do.
時間がほとんどなかったので、彼はあまり多くのことはできなかった。

一方、次の (14) では主節に分詞節の主語認定の手がかりがないので、上記の文よりも容認度が低くなる。

(14) ?*Looking* out of the hotel window, there was a beautiful lake.

懸垂分詞構文には慣用化したものが多くあるが、以下のように、話し手の態度を表す決まり文句に多く見られる。

Considering.../Frankly speaking.../Speaking [Talking] of.../Generally speaking.../Broadly speaking.../Judging from [by] ...

(15) *Strictly speaking*, this is not a crime.
厳密に言うと、これは犯罪ではない。

(16) *Judging from* the empty bottle in the bedroom, he likes whiskey.
ベッドルームに空き瓶があったことからすると、彼はウィスキー好きなようだ。

Judging from... は Judging by... とも言う。Kashino Database の検索では同じくらいの頻度で用いられている。

(17) You don't take a shower much, *judging by* the horrible smell.
このひどい臭いからすると、お前はあまりシャワーを浴びていないな。

補語と無冠詞の名詞

組織の中のただ1つの地位を表す名詞を補語として用いる場合は無冠詞で使う。この無冠詞の名詞は、特定の人や物を指さず、その名詞の表す属性、働き、特徴を表す。

(1) He is *president* of his class and *captain* of the baseball team.
彼はクラスの委員長で野球部のキャプテンです。

しかし、この場合、the president や the captain のように「the + 名詞」も用いられる。例えば、アメリカ大統領のことは President of the United States of America とも the President of the United States of America とも言う。

(2) Governor Caleb Austin might someday be *the President* of the

United States of America.

ケーレブ・オースチン知事は将来、合衆国大統領になるかもしれない。

(3) Someday he might be *President* of the United States of America.

将来、彼は合衆国大統領になるかもしれない。

> 次に the を用いた場合と無冠詞の場合を比べてみよう。
>
> 例えば、John is *the captain* of the team. と John is *captain* of the team. では、前者はただ「ジョンがキャプテンだ」という情報を相手に伝える場合に用いられるのに対して、後者はジョンの業績や地位のことを言う場合に用いられ、例えば、ジョンの両親が誇らしげに息子を自慢しているような状況が想定される。
>
> 当該の名詞が無冠詞で用いられるということは、それが名前(固有名詞)のように扱われているということである。
>
> これは最初の文字が大文字になることや、Professor, Lieutenant, Senator, Mayor などは呼びかけ語としても用いられるという事実からも理解できる。

(4) She is *Professor* of Statistics at University of California.

彼女はカリフォルニア大学で統計学の教授をしている。

(5) I'll leave that up to you, *Professor*.

教授、後はお任せします。

> ただし、固有名詞化した場合にも(2)で示したように、the を伴うことがある点に注意したい。

(6) This morning a great man was assassinated. He was *the President* of the United States of America.

今朝、偉大な人物が暗殺された。合衆国の大統領だった人物だ。

ボランティアと **volunteer**

> 日本語のボランティアは「自分から進んで社会活動などに無償で参加する人」(『岩波国語辞典』第7版)を指すが、英語の volunteer も「お金をもらわないで自ら進んで仕事をする人」という意味であるから無償という点では同じである。

(1) Those of us who answer your questions are *volunteers*, who work without pay in our spare time.

あなたの質問に答えるのは私たちボランティアで、時間のあるときに無償で働いています。

(2) I work as a *volunteer* in the public library.

ボランティアで公立図書館で働いている。

> しかし、英語の volunteer には「強制されないで特定の仕事をしようとする人」という意味も辞書に見られる。ここでは無償か有償かについては不明であるが、ネイティブ・スピーカーの「ボランティアは仕事をすることでお金をもらうこともある」というコメントからも分かるように、有償のボランティア（a paid volunteer）も存在する。

(3) We are looking for *volunteers* to help paint the church with nominal wages of five dollars a day.

日給5ドルというわずかのお金で教会のペンキ塗りを手伝ってくれる人を探しています。

ポリティカル・コレクトネス

> ポリティカル・コレクトネス（political correctness, 一般に politically correct, PC と略される）とは文字通りには「政治的に正しい」ということであるが、1980年代のフェミニズム運動から生まれた言葉である。それまで社会の中で差別されてきた人たちの権利を尊重し、それらの人たちを不快にさせる言動を排除しようとする動きを指す。
>
> この言葉の由来については諸説があるが、一説に politically は politics ではなく policy と関連し、politically correct とは having the correct policy [=idea] という意味だという。
>
> 以下では、寺澤（2008）とバーダマン（2000）を参考に、障害者を表す言葉、人種を表す言葉、性差に関する言葉の各項目に分けて解説していく。
>
> なお、ポリティカル・コレクトネスは、年代とともに変化していくことと、場所により異なったり、人により感じ方が違うことに注意したい。

[Ⅰ] 障害者を表す言葉（*印は従来の言葉）

障害者を表す言葉として、以前は *disabled や *handicapped などが使われていたが、現在では障害を肯定的に捉える表現（challenged）を用いて次のように言うことが多い。

耳の不自由な：aurally challenged
目の不自由な：visually impaired, visually challenged
知的障害のある：mentally challenged

中には、vertically challenged（背が低い）、horizontally challenged（太った）、あるいは financially challenged（お金がない）などの表現も見られるが、これらは、ある英英辞典では humorous という注記が付けられている。

[Ⅱ] 人種を表す言葉

黒人に対して *colored people や *Negroes と言うのは差別的で、今日では、black や African-American が用いられる。
白人を表す語は white であるが、Caucasian や Anglo も使われる。
アメリカ先住民のことは、Native American と言う。
なお、外国人のことを *foreigner や *alien と言うのは避けられ、people from other countries などが使われる。

[Ⅲ] 性差に関する言葉

職業名については、—man や—ess を含む語を使って、あえて一方の性を表す（gender-specific）のは避けられ、性に関して中立的な（gender-neutral）語が用いられるようになってきている。

スチュワーデス：*stewardess → flight attendant, cabin attendant
スチュワード：*steward → flight attendant, cabin attendant
ウエイトレス：*waitress → server, waiter
メイド：*maid → housekeeper
販売員：*salesman, *sales woman → sales person, sales clerk
郵便配達人：*postman, *mailman → mail [letter] carrier
警察官：*policeman, *police woman → police officer
消防士：*fireman → fire fighter
（女性の）医師：*lady doctor, *woman doctor → doctor

（男性の）看護師：*male nurse → nurse
女優：*actress → actor

このほか、次のような語句も性に関して中立という意味でここに含められる。

議長：*chairman → chair(person)
主婦：*housewife → homemaker
結婚式で牧師が言う言葉：*man and wife → husband and wife
（女性の）主催者：*hostess → host

なお、英語では男女の対をなす表現がある場合、女性を表す語のほうにだけ好ましくない意味が見られることがある。

例えば、master は名人、達人という意味であるが、mistress は現在では愛人という意味である。ここでは、男性名詞は権力と結びつけられ、女性名詞は性と結びつけられている。

同じようなことは、He is a professional. と She is a professional. を比べ、主語が He という男性であれば、弁護士か医師などを連想するのに対して、主語が She という女性であれば娼婦を連想するという Lakoff (1975) の指摘にも読み取れる。

なお、Miss と Mrs. と Ms. については「Mr, Mrs, Miss と Ms」の項を参照。

[Ⅳ] その他

発展途上国は emerging nations や developing nations と言い、*underdeveloped nations や *undeveloped nations は使わない。
また、人類のことは human beings や humankind と言い、*mankind は避けられる。

【関連情報】

以下に見られるように、文法の面にもポリティカル・コレクトネスの影響が及んでいる。

someone などを代名詞で受けるとき、少し前までは he, his ではなくて、he or she, his or her が用いられていた。

しかし、これが回りくどいと感じられるようになり、今では文法的には誤りであるが、they, their を単数の男女共通の代名詞として使うように

なってきている［堀内＆ジョンソン (*ST*, Feb. 13, 2004)］
(1) Someone has left *their* cell phone behind.
　［最も普通で口語的。自然なスタイル］
(2) Someone has left *his* cell phone behind.
　［男性中心の一昔前の言い方］
(3) Someone has left *his or her* cell phone behind.
　［形式的で不自然］
　誰か携帯を忘れていったよ。

また、従来は、船、車、国、都市などを指すときに she などの女性代名詞が用いられていたが、これもポリティカル・コレクトネスの立場から避けられ、it を使う傾向にある。
(4) You've got a new car, huh? *She's* a beauty.
　車、買ったんだね。格好いいじゃないか。［She を It にする］

未来進行形

未来進行形は(1)のように進行形の意味を表す用法と(2)のように進行形の意味を表さない用法がある。
(1) Don't call us between 7 and 8. We'*ll be having* dinner.
　7 時から 8 時の間には電話をかけてこないで下さい。夕食中ですから。
(2) I *will be staying* with him this weekend.
　今週末は彼のところに泊まることになっています。

(1)は未来の一時点において進行中の行為を表すもので、現在進行形が未来に移行したと考えればよい。
(2)は、事態が普通に推移すれば実現すると思われる未来の行為や出来事を表すもので、一般に「自然のなりゆき」を表す未来進行形と呼ばれている。ここでは未来進行形は単純未来のマーカーとなっている点に注意したい。なお、訳語としては、「…することになっている」「どのみち」などが適当である。
このようなことから、未来進行形は、行為や出来事の先を見通して自分が何かしたいときや、相手に何かしてもらいたいときによく用いられ

次の(3)では文の後半でそれが指示となって明示されているが、(4)では明示されないで含意となっている。

(3) The plane *will be landing* in about ten minutes, so make sure your safety belts are fastened.
本機は後約10分で到着いたします。安全ベルトのご確認をお願いいたします。

(4) We*'ll be leaving* at six in the morning tomorrow.
明日の朝、6時に出発することになっている。
[「いつもより早く起きないといけない」という含意がある]

なお、次の(5)のように未来進行形を疑問文で用いると、聞き手の決定に影響を与えたくないという話し手の気持ちが伝わり、相手の予定を丁寧に聞く言い方となる。

(5) *Will* you *be going* back soon?
すぐに戻られますか。

【関連情報】

未来進行形と類似表現の（未来を表す）進行形を比較してみよう。
未来進行形は、「漠然とした予定」を表すのに対して進行形は、「はっきりとした計画」を表す。したがって、probably や perhaps のような可能性の度合いを表す副詞との共起に関しては差異が認められる。

(6) I*'ll probably be spending* more time in Japan than in Australia.
今後はオーストラリアよりも日本で過ごすことが多くなるでしょう。

(7) *Perhaps I *am leaving* for Paris next month.
この「漠然とした予定」というのは、その実現に比較的、時間的な余裕があることを表すのに対して「はっきりとした計画」というのはすぐにでも実現されることを表す。そのため未来進行形は soon, shortly, today, this morning, tonight のような副詞と用いられ、進行形は (right) now のような副詞と用いられる傾向がある。

(8) Everything's been taken care of, and I*'m leaving now*.
すべて手はずは整ったので、これから出発します。

(9) I*'ll be leaving tonight*.

今晩、出発します。

ただし、Hornby（1975）のように、未来進行形と進行形は多くの場合、意味の違いはないと考える人もいる。

(10) I'm seeing Bob this afternoon.

今日の午後ボブと会う予定です。

(11) I'll be seeing Bob this afternoon.

同上

未来を表す現在形

現在形も未来を表すことができる。未来の出来事が確実に起こることが分かっているときに使われる。カレンダーやスケジュール、またプログラムや時刻表に関することに多く用いられる。

(1) Tomorrow is the Fourth of July.

明日は7月4日で独立記念日だ。

(2) The ceremony starts at ten in the main hall. Try not to be late.

式はメインホールで10時から始まる。遅れないように。

(3) The plane takes off at 9:30 tomorrow.

飛行機は明日9時30分に出ます。

また、未来を表す現在形は、自然現象のうち、次のように科学的に計測可能と考えられる場合にも使われる。

(4) The sun rises tomorrow at 6:10.

太陽は明日は6時10分に昇る。

ただし、同じ自然現象でも、天候に関しては確実に予測ができないので、*It rains tomorrow. のように言うことはできない。

未来を表す現在形は、人間が主語の場合にも用いられる。そのときには計画がタイムテーブルのようにはっきりと決まっている場合に限られる。

(5) I move out next week.

来週、引越しする。

(6) I'm off duty tomorrow.

明日は休みだ。

(7) Our itinerary says that we *fly* to Los Angeles tomorrow, and then *fly* on to New York on Monday.

行程表によると、明日はロサンゼルスに飛んで、月曜日にはニューヨークに飛ぶことになっている。

以上のほか、現在形は相手に指示を求める場合にも未来時に言及して用いられる。[Swan (2005)]

(8) Where are the contracts? Where *do* I *sign*?

契約書はどこにありますか。どこにサインすればいいのですか。

【関連情報】

未来を表す現在形と類似表現の進行形を比べてみよう。

［I］現在形は進行形よりも確実性が高いため、現在形は「変更のできない公式の決定」を表すのに対して、進行形は「変更のできる個人的な計画」を表すという違いが見られる。

次の(9)は本人によって決められた計画で変更は可能であるが、(10)では「今日、販売部長と会うことは会社などによって決められている」ことが表される。

(9) I'*m seeing* Robert today.

今日ロバートと会う予定だ。

(10) I *see* the sales manager today.

今日、販売部長と会う。

ただし、これは一般的な傾向で、次のように「公式の決定」であるにもかかわらず、進行形が用いられたり、逆に「個人的な計画」であるにもかかわらず、現在形が用いられることもある。

(11) I *start* jogging tomorrow.

明日からジョギングを始める。

(12) Examinations *are starting* next week.

試験は来週から始まる。

［II］文脈がなければ、未来を表す現在形は一回限りの行為や出来事を表しているのか、反復される習慣の意味なのか、あいまいになることがある。

⒀ His bus *leaves* at eight o'clock.

彼の乗るバスは（今日）8時に出る。/ 彼の乗るバスは（毎日）8時に出る。

一回限りの行為や出来事であることを明確にするには進行形を用いればよい。

⒁ His bus *is leaving* at eight o'clock.

彼の乗るバスは（今日）8時に出る。

したがって、乗り物のダイヤが変更になった場合は進行形が使われることになる。

⒂ The train for Kyoto *leaves* at 10:25 a.m. on Sundays. It *is leaving* at 10: 35 a.m. next Sunday.

京都行きの列車は日曜日には午前10時25分に出ていますが、来週の日曜日に限り、午前10時35分の発車となります。

未来を表す(現在)進行形

(現在)進行形は未来を表すことがある。これは英語特有の表現で他の言語には見られない現象である。

何かの予定があって、その準備が今、着々と進んでいる場合に用いられる。心の中ではすでにその行為が始まっていると考えれば理解しやすい。訳語としては「…する予定です」が適当である。

次の⑴では、飛行機の予約が済んでいることが明示されている。

⑴ I'*m flying* out to New York next week. I'*ve already booked* a reservation for Flight 120 on Monday.

来週ニューヨークに飛びます。月曜の120便の予約をしました。

⑵ "What are your plans tomorrow?" "I *am seeing* the manager here at 9:00."

「明日の予定を聞かせてください」「9時にここでマネージャーと会います」

用いられる動詞は leave, come, have（食べる）, fly, call など人間がコントロールできるものに限られる。したがって、次のように言うことは

(3) *It *is raining* this evening.

(4) *I *am having* the flu next week.

ただし、次の文の容認性についてはネイティブ・スピーカーにより揺れが見られる。

(5) ?The sun *is rising* at 5:00 tomorrow morning.

(現在)進行形は、このような「予定」の意味を表すほか、1人称主語で「…します」というように決意の意味を表したり、2, 3人称主語で命令の意味を表すことがある。前者では、否定文で用いられることが多い。

(6) I'm *not moving* until Chris comes back.
クリスが戻るまでどこにも行きません。

(7) "I'm *not going* to the dentist," Oscar said stubbornly. "You're *going* to the dentist," his mother said firmly.
「歯医者には行かないよ」とオスカーはかたくなに言った。「行きなさい」と母親はきっぱりと言い返した。

【関連情報】

未来を表す現在進行形と類似表現の be going to を比べてみよう。

この両者には、あまり意味の違いが認められないこともあるが、厳密には以下のような意味上の違いがあることを確認しておきたい。

次の例文(8)では「私」は仕事をやめる準備をし、会社にはすでに知らせてあることが表されるのに対して、例文(9)では「私」が「仕事をやめよう」と漠然と思っているだけで、会社は「私」がやめることをまだ知らないという違いがある。

(8)では近い未来を示す明確な時の表示があるのに対して(9)では漠然とした時の表示しかない点に注意されたい。

(8) I'm *leaving* my job next week.
来週、仕事をやめます。

(9) I'm *going to* leave my job someday.
いつか、仕事をやめるつもりだ。

次の例では、この違いがさらによく分かる。

(10)の進行形には What arrangements have you made? という意味合い

があり、話し手は「すでに決まっている手はず」について尋ねているのに対して、⑾の be going to には What are you thinking? という意味合いがあり、話し手は誰が犬の世話をするのか、これから決めるよう聞き手に求めている。

⑽ Who *is looking* after our dog while we are away?
私たちがここにいない間、誰が犬の面倒を見ることになっているの？

⑾ Who *is going to* look after our dog while we are away?
私たちがここにいない間、誰が犬の面倒を見るの？

したがって、誘いを断るような場面では、すでに約束があることを強調して、一般に be going to ではなくて進行形が用いられる。[Leech (2004)]

⑿ "Are you free next Friday evening? I'm giving a party." "Next Friday? Oh I'm sorry but I *am taking* my wife out to dinner."
「来週の金曜の晩、あいていますか。パーティを開くんだけど」「来週の金曜ですか？ああ、残念ですが、妻を夕食に連れて行く予定があります」

なお、⒀は現在進行形と be going to が並列された例であるが、単なる意図を表す be going to と手はずを整え、過程がすでに始まっていることを表す進行形の違いがよく分かる好例である。妻は最初、離婚の意志を be going to を使って夫に伝えているが、夫に反対されたため、それでは弱いと感じ、進行形に切り替えることによって断固とした決意を表明している。

⒀ "I'*m going to* get a divorce and marry Tom." "But Natalie, you can't! Listen to me for a second." "I've listened to you long enough. I'*m getting* a divorce."
「あなたと離婚してトムと結婚するつもりよ」「ナタリー、そんなことできないよ。ちょっと僕の話も聞いてくれ」「もう話はいいわ。離婚よ」

無生物主語構文

英語には日本語にはない無生物を主語にした構文がある。主語にきてい

る無生物が、動詞で示される行為や出来事の原因や手段となっているものである。この構文をとるのは限られた他動詞で、例えば、以下の例のaのようなものがある。

(1) a. *What* made you do that?
   b. Why did you do that?
   どうして、そんなことをしたのですか。

(2) a. *The news* surprised me.
   b. I was surprised at the news.
   そのニュースに驚いた。

(3) a. What did his *e-mail* say?
   b. What did he write in the e-mail?
   彼はメールで何を言ってきたのですか。

(4) a. *The No.11 bus* will take you to Union Square.
   b. If you take the No.11 bus, you'll get to Union Square.
   11番のバスに乗ればユニオンスクエアに行けます。

複数のネイティブ・スピーカーによると、aの無生物主語構文は文体の点では堅苦しい書き言葉であり、意味的にはbの人を主語にした構文に比べて直接的だという。対照的に、人を主語にした構文は間接的で話し言葉に適しているともいう。

無生物主語構文でよく用いられる動詞は(1a)のmakeである。ここで「どうしてここに来たのですか」の英訳として次の3つの文を比較してみよう。

(5) Why did you come here?

(6) What made you come here?

(7) What brought/brings you here?

3文とも意味はほぼ同じであるが、以下のような差異が見られる。

(5)はwhyが使われているため答えが強要されており、直接的な表現となる。「あなたは来るべきではなかった」というように相手を責める感じを伴う。

(6)は「聞き手には何か来る理由があったのだろう」という話し手の側の理解があり、(5)のように直接的ではないが、まだ責める感じが残っ

ている。

(7)も無生物主語構文ではあるが、くだけた口語で責める感じはない。ただ、現在形のbringはフレンドリーに響くが、過去形のbroughtはそれほどフレンドリーではない。このように、無生物主語構文の中にも間接的で話し言葉に適している表現も見られる。

【関連情報】

談話の観点からすると、前の文の最後に新情報として現れた名詞を次に旧情報として主語の位置に置いて、談話の流れを保つために無生物主語構文が用いられることがある。

(8) They mentioned the recent sale of one of his pictures, and *the price*. *The price* surprised me.

彼らは最近売れた彼の絵とその価格のことを話題にした。価格を聞いて私は驚いた。

名詞：可算名詞と不可算名詞 (1)

英語の名詞は固有名詞を除けば一般に以下のように分類される。

(1) 普通名詞：book, door, day, student, town, etc.
(2) 集合名詞：audience, club, committee, family, government, team, etc.
　　［同じ種類の人の集まり］
(3) 物質名詞：［固体］butter, glass, iron, wood, etc.
　　　　　　　［液体］milk, oil, water, etc.
　　　　　　　［気体］air, smoke, etc.
(4) 抽象名詞：kindness, peace, laughter, love, success, etc.
　　［特質、出来事、感情などを表す］

このうち、(1)と(2)の普通名詞と集合名詞は可算名詞（countable noun）と呼ばれ、(3)と(4)の物質名詞と抽象名詞は不可算名詞（uncountable noun）と呼ばれる。

可算名詞とは、その境界がはっきりとしていて、別々の個体として存在すると人が認めるものである。この名詞は数えることができ、a book, two books/a family, two familiesのように不定冠詞のa/anが付き、複

数形になる。

不可算名詞とは、その境界がはっきりとせず、連続体と人が捉えるものである。この名詞は数えられず、*a homework, *two homeworks/*a water, *two waters のように不定冠詞の a/an が付かず、複数形にもならない。

(3)と(4)の不可算名詞を数えるためには a glass of, a piece of のような容器や単位を表す語句を用いて連続体から切り取り、個別化する必要がある。

(5) How about *a glass of wine*?
   ワイン1杯いかがですか。

(6) May I give you *a piece of advice*?
   ひとつアドバイスしましょうか。

この場合、物質名詞の wine や抽象名詞の advice は可算名詞化しているわけではない。

これら物質名詞や抽象名詞などの不可算名詞は、具体的な1つのタイプや事例を表すようになると純粋に可算名詞化する。

(7) Could I have *two coffees*, please?
   コーヒー2杯、お願いします。[くだけた言い方]

(8) She was *a beauty* even at fifteen.
   彼女は15歳のときにはすでに美人だった。

(9) I had some interesting *experiences* while I was traveling.
   旅行中に面白い経験をいくつかした。

この場合、特に抽象名詞では、次のように形容詞や関係詞節によって修飾されることも多い。

(10) He shows *a remarkable knowledge* of mathematics.
   彼の数学の知識は卓越している。

(11) Tom was a brilliant man, there was no doubt about that; but it was *a brilliance that I distrusted.*
   トムは頭がよかった。それは疑いようもなかったが、私が信頼できるような頭のよさではなかった。

ただし、どのような修飾語が付いても可算名詞化しない以下のような抽

象名詞がある。[綿貫＆ピーターセン（2006）]

advice, baggage, damage, equipment, fun, furniture, homework, information, luck, luggage, magic, music, news, progress, slang, traffic, work, etc.

これは日本人が間違いやすいので特に注意したい。

(12) *I think he's giving me *a good advice*.

(13) *Maybe it'll bring you *a good luck*.

【関連情報】

英語には、ほぼ同じ意味を表すにもかかわらず、aのような可算名詞とbのような不可算名詞が別々に存在する場合がある。

(14) a. She is looking for a new *job*.
    彼女は新しい仕事を探している。

b. She's looking for some interesting *work*.
    彼女は何か興味の持てる仕事を探している。

(15) a. Dave wrote a *poem* about the moon.
    デイブは月を題材に詩を書いた。

b. Beth wrote beautiful *poetry*.
    ベスは美しい詩を書いた。

(16) a. That's a good *suggestion*.
    それはいい提案だ。

b. That's good *advice*.
    それはいいアドバイスだ。

名詞：可算名詞と不可算名詞 (2)

日本語で考えるとお金（money）や家具（furniture）は数えられると思われがちであるが、英語ではともに不可算名詞である。

moneyは抽象的な価値を表し、価値には決まった形がないため数えることはできない。価値が具体化した紙幣、コインなどは数えられる。[富岡ほか（2008）]

(1) The box was stuffed with rolls of *bills*. A roll of *fivers*, then a roll of

tens, then *twenties* and a few *hundreds* on the bottom of the box.
箱は札束で詰まっていた。5ドル札、10ドル札、20ドル札の束が1つずつと、一番下には100ドル札の束が2つか3つあった。

また furniture は家具の総称で、具体的なたんす、机、椅子などの上位概念である。furniture そのものは数えられないが、具体的な個々の家具は数えることができる。

(2) The only furniture was a metal-frame *bed* with a thin mattress, a *desk*, a *table*, and two *chairs*.
置いてある家具といえば、薄いマットレスを敷いたメタルフレームのベッド、机、テーブル、それに2脚の椅子しかなかった。

名詞：無冠詞と the

go to school や by bus のように、当該の名詞は可算名詞であるが、慣用的に無冠詞で用いられる一群の名詞がある。

[Ⅰ] 場所に関連する活動

bed : in bed, go to bed [to sleep] など

church: in [at] church, go to church [to a service] など

hospital: in hospital (as a patient), be taken to hospital [アメリカ英語では the が付く] など

prison: in prison, go to prison (as a prisoner) など

school: in [at] school, go to school (as a pupil) など

[Ⅱ] 移動や通信の手段 (by の後で)

bus, car, bicycle, plane, ship, train など

fax, letter, mail, (tele)phone など

これらの名詞は具体的に特定の建物や乗り物を指し示しておらず、抽象的な概念 (その名詞の持つ本来の機能など) を表している。

例えば、by bus, by (tele)phone であれば、「バスに乗ることによって」「電話を使うことによって」という意味である。

次のように the が付けられると指示性が生まれ、特定の建物や乗り物を指すことになる。

(1) When the ambulance finally reached *the hospital* he saw a doctor and a nurse standing next to a gurney by an open door.
救急車がようやく病院に着いたとき、彼には医者と看護師がストレッチャーの横で玄関を開けたまま待機しているのが見えた。

(2) He took a glance in Jonah's direction before following them into *the school*.
彼はジョナの方向に目をやった後、彼らについて学校に入っていった。

(3) At his usual time, Mark got off *the bus*.
いつもの時間にマークはバスから降りた。

【関連情報】

the sun などの場合も同様で、sun が無冠詞で用いられると抽象化し、「日光」という意味を表すようになる。

(4) Sun was streaming through the windows hurting my eyes.
窓から太陽の光が差し込んで、まぶしかった。

命令文と just

just が命令文と用いられると、「つべこべ言わないで…しろ」という強い意味を表すことが多い。

(1) "Look, get out, will you?" "But I wanted to say I'm sorry about —" "*Just get out!*"
「おい、出て行ってくれよ」「でも、この件について謝りたいと思って…」「とっとと出て行けよ」

(2) "I don't think—" "Don't argue! *Just do it*." Taylor said stiffly, "Very well."
「私はそうは思いま…」「理屈を言わないで、さっさと実行しろ」そう言われてテイラーは「承知しました」とよそよそしく言った。

ただし、次のように相手の利益になることであればこの限りではない。

(3) *Just* help yourself.
自由に食べてください。

(4) *Just* drop in any time.

いつでもお立ち寄り下さい。

Please just... という言い方も可能であるが、これは私たち日本人が考えるほど丁寧な表現ではない。Please just... は依頼ではなく、丁寧な命令である。

あるネイティブ・スピーカーは、*Please just* go. も *Just* go. もほぼ同じ意味だとコメントしている。(please については「please の使い方」の項を参照)

(5) If you are interested in what we do, *please just* e-mail us.
私たちの事業に興味をお持ちでしたらメールを下さい。

【関連情報】

同じような表現に do があるが、do を命令文と用いると、just とは対照的に、相手を思いやった大変丁寧な言い方となる。

(6) Ben, I'm so glad you came. *Do come in.*
ベン、よく来てくれましたね。さあ、どうぞ中にお入りください。

呼びかけ語 (1)

ある地位、職業にある人に対しての呼びかけ語の使い方は時代とともに変わるのが常である。

30数年前に出版された Smith (1976) は、呼びかけに用いられる語として以下の左欄に示したものを挙げているが、時代による変化を探るためにその使用に関して改めて複数のネイティブ・スピーカーに確認してみると、右欄のようなコメントを得た。

Smith (1976)	ネイティブのコメント
Doctor	OK
Nurse	ボーダライン。名前を呼ぶ。
Stewardess	Excuse me. と言う
Waiter	OK
Captain	OK
Bartender	今は稀

| Driver | 古風。Excuse me. と言う。 |

相手の地位、職業が分からないときは以下のように呼びかける。

Smith (1976)	ネイティブのコメント
Sir	OK
Ma'am	OK（アメリカ英語）
Miss	OK
Mister	挑戦的なので Sir を使う。
Lady	失礼なので Ma'am を使う。

呼びかけ語 (2)

前項の表のうち、本項では sir (*or* Sir) と ma'am (*or* Ma'am) を取り上げ、呼びかけ語としての用法を扱う。

sir と ma'am は典型的には店員が客に対して Can I help you, *sir/ma'am*? のように使う。また警察官が民間人に対して sir/ma'am と言うこともある。

(1) The police officer smiled and said politely, "May I see your license, *ma'am*?"
   警察官は微笑みながら丁寧に「免許証を見せていただけますか」と言った。

アメリカ英語ではイギリス英語よりも sir/ma'am を幅広く使う。例えば、道で出会った全くの他人に対してもアメリカでは次のように言う。

(2) Excuse me, *sir*, I think you dropped this.
   あの、これ、落とされたんじゃないですか。

このほか、相手の地位が分かっている場合にも sir/ma'am が用いられることがある。

(3) "Do you understand me?" "Yes, *sir*, Mr. Harrison, sir!"
   「分かったか」「はい、了解いたしました。ハリソン殿」
   ［上官に対して］

(4) "Would you bring me some tea, please?" "Certainly, *ma'am*."

「お茶、もらえるかしら」「かしこまりました。奥様」
[メイドが女主人に対して]

これには教員の場合も含まれる。ただし、イギリス英語では女性の教員に対しては ma'am ではなく、Miss と言う。

(5) *Sir*, can I see you in the hall for a moment?
先生、少しだけ廊下でお話できませんか。

(6) You marked this sum wrong, *Miss*.
先生、この試験の合計点、間違っています。

なお、丁寧語と言われる ma'am であるが、人により ma'am と呼ばれるのを嫌い、名前で呼ばれるのを好む女性もいる。

(7) "He called a cab for me." "What time was that, *ma'am?*" Natalie frowned at the detective's word *ma'am*.
「彼は私にタクシーを呼んでくれました」「それは何時のことでしたか」ナタリーは刑事の「マム」という言葉に眉をひそめた。
[ナタリーは若い女性]

【関連情報】

madam (*or* Madam) はイギリスでは、Would you like a coffee, *madam?* のように用いられることもあるが、アメリカでは稀にしか使わない。アメリカでは ma'am がどの年代の女性に対しても用いられる。ただし、若い女性に対しては Miss と言うことも可能である。

また、ネイティブ・スピーカーの中には既婚女性には ma'am、未婚女性には Miss と使い分けている人もいる。

なお、12歳以下の女の子に ma'am と呼びかけるのは普通ではない。

シノニム編

above と over

まず、この2つの前置詞の位置関係から考えてみよう。

基準となる位置から見て真上が over で、さらにその上が above である。above は必ずしも真上でなくてもよい。[Tyler and Evans (2003)]

X over Y では X が Y に上から覆いかぶさっていることを表す。Y は X と接触していることも、接触していないこともある。接触していないときは over ではなく above を使うことも多い。

(1) A tablecloth was placed *over* a table.
テーブルクロスがテーブルにかけられていた。

(2) The chandelier is *above* the table.
シャンデリアがテーブルの上方にぶら下がっている。

(3) *Over* the mountain hung a cloud of volcanic ash.
山頂付近には多くの火山灰が舞い上がっていた。

(4) *Above* the mountain was a vast blue sky flecked with small white clouds.
山の上方には青空が広がり、白い小さな雲があちこちにあった。

あるネイティブ・スピーカーによると、A sign is *above/over* the door. では above も over も可能であるが、above では看板は小さいものを連想し、over では覆うような感じがすることから、大きいものを連想するという。

次に、over は動きを表す動詞と共起すると、「一方から他方へ」という意味を表すが、above にはこの意味はない。

(5) Jump *over/*above* the fence.
フェンスを飛び越えろ。

したがって、次の例で over を使うと、飛行機は頭上から見えなくなったことを表すが、above では頭上で旋回していることが表される。[J. Tschudy (*ST* May 30, 2008)]

(6) The plane flew *above/over* the lake.

ただし、over と above の選択については話し手の主観によるところも

多く、以下の例では両者とも可能である。

(7) the cupboard *over*/*above* the sink
流しの上にある食器棚

(8) the painting *over*/*above* the fireplace
暖炉の上に掛かっている絵画

(9) He held a large umbrella *above* his head.
彼は頭上に大きな傘をさしていた。

(10) He held an umbrella *over* his boss's head.
彼は上司の頭上に傘をさしかけていた。

【関連情報】

under と below に関しても同じことが言える。

基準となる位置から見て真下が under で、さらにその下が below である。below は必ずしも真下でなくてもよい。

したがって、(11) のような場合は、under よりも below が普通である。under を用いた (12) と比較されたい。(12) では屋内に植物があることが示されている。

(11) There were big windows in the office, and there was a street *below* them.
オフィスには大きな窓があった。その下には通りが見えた。

(12) There were geraniums growing *under* the windows.
窓の下にはゼラニウム（園芸植物）が育っていた。

X under Y では Y が X に上から覆いかぶさっていることを表す。Y は X と接触していることも接触していないこともある。

(13) He found a folded piece of paper *under* a pillow.
彼は枕の下に折りたたんだ紙切れを見つけた。

(14) They were waiting for me *under* a large tent.
彼らは大きなテントの下で私を待っていた。

at, in と on (1)

この項では at と in と on の意味上の違いについて解説する。

> in は面積や体積のあるものに「囲まれている」状態を表す。

(1) Terry is *in* the room/*in* the garden/*in* the pool.
　テリーは部屋［庭、プール］にいる。

> on は物の表面に「接触」している状態を表す。必ずしも「上」でなくてもよい点に注意したい。

(2) The sign *on* the door says Homicide.
　ドアの掲示には「殺人捜査課」と書かれていた。

(3) He saw the painting *on* the wall.
　彼は壁にかかった絵が目に入った。

(4) The water stains *on* the ceiling were ugly.
　天井の水のしみが見苦しかった。

(5) What's that *on* your shirt?
　シャツについているのは何ですか。

(6) Irving took a sip of his beer and looked at the label *on* the bottle.
　アービングはビールを一口飲んでから、ボトルのラベルを見た。

> at は、ある場所を広がりも奥行きもない「一点」と見なすときに用いられる。in と on は現実の場所であるが、at は頭の中で点と捉えられた場所であることに注意したい。

(7) Shall I drop you *at* the bus stop?
　バス停で降ろしましょうか。

(8) On the morning Bob was leaving, Tina was standing *at* the door to say good-bye.
　ボブが出発する日の朝、ティナはさよならを言うためにドアのところに立っていた。

(9) Jerry was standing *at* the entrance to the underground car park.
　ジェリーは地下駐車場の入り口のところに立っていた。

> このように、at は一点と見なされる場所と、in は空間と見なされる場所と、on は表面と見なされる場所と一緒に用いられる。
> ただし、次のように話し手の主観が入り、その人の捉え方により異なる前置詞が用いられることもある。[Quirk et al. (1985)]

(10) Dick was sitting *on*/*in* the grass.

ディックは草の上に座っていた。

[on では草の背が低いと捉えられ、in では高いと捉えられている]

(11) The plane refueled *at* Amsterdam on its way from Osaka to Edinburgh.

その飛行機は大阪からエジンバラへ行く途中、アムステルダムで燃料を補給した。

[アムステルダムが地図上の一点と考えられている]

(12) He works *at/in* a trading company.

彼は貿易会社で働いている。

[at では会社という機能を、in では構造上から見た建物を表す]

at, in と on (2)

at, in, on の3つの前置詞は、ある場所 X（点、空間、表面）に近づいて離れるまでの行為を、流れを追って順序付けて考えると理解しやすい。

```
近づく            離れる
to X    →   at X   →   from X
into X  →   in X   →   out of X
onto X  →   on X   →   off X
```

[I] to X → at X → from X

to は at の示す一点に到着することを、at はその場所にいることを、from はそこから遠ざかることを表す。

(1) I needed some gasoline, so I drove <u>to</u> the gas station. I stopped <u>at</u> the station, got some gas and drove away. Now I am in the country, far away <u>from</u> the gas station.

車にガソリンを入れる必要があったので、ガソリンスタンドまで車で走った。そこで車を止め、ガソリンを補給して立ち去った。今はそこから遠く離れて田園地帯にいる。

[II] into X → in X → out of X

into は in の表す空間に入るときに、in はその場所にいるときに、out

| of はそこから出るときに使う。

(2) I went to the pool last week. I dived into the water and swam around for a while, but it was too early in the season, and the water was still too cold. I don't like being in the water when it's too cold, so I climbed out of the pool.

先週、プールに行った。水に飛び込んでしばらく泳いでいたが、季節的に早すぎたので、水はまだ冷たすぎた。冷たすぎる水の中にいるのはいやだったので、プールから出た。

[Ⅲ] onto X → on X → off X

| onto は on の表す表面に移るときに、on はその場所にいるときに、off はそこから離れるときに用いる。

(3) On my way home I turned onto the main road and stayed on it for several miles, but the traffic was terrible, so I turned off it.

(車で)家に帰る途中、幹線道路に入っていって、そのまま数マイル走った。でも渋滞していたので、幹線道路から外れた。

| ただし、このように3つの前置詞が並んで用いられることは珍しく、通例は、次のように始点と終点だけが示される。

(4) Beth switched off the lamp and moved swiftly *from* the bed *to* the window.

ベスは電気スタンドを消すと、ベッドから窓のところまですばやく歩いていった。

(5) He went *out of* the bedroom *into* the sitting room.

彼はベッドルームを出て居間に入っていった。

(6) The man took a couple of steps *off* the sidewalk *onto* the grass.

その男は歩道から離れて少し歩き、芝生に入っていった。

| [以上、前項と本項はともに Power (1983)]

by と with

| 受動態の後にくる by 句と with 句を比較してみよう。[Power (1983)]

(1) He *was hit with* a snowball.

(2) He *was hit by* the avalanche.

> (1)では「誰かが雪玉を彼にぶつけた」(= Someone hit him with a snowball.) という意味で人が係っていることが表されるが、(2)では例えば、「偶然、雪崩が彼を襲った」(= The avalanche hit him.) というように人が係っていないことが表される。
> by と with のどちらを使うか迷う場合は、using...(…を使って)で置き換えてみて、不自然でなければ with を用いるとよい。

(3) *He was hit using* the avalanche.

(4) He *was hit using* a snowball.

> 次の場合は、by も with も使えるが、人が係っているかどうかの点で意味が異なる。

(5) He *was killed by* a stone.
   落石で彼は死んだ。

(6) He *was killed with* a stone.
   誰かの投げた石で彼は死んだ。

character と personality

> character と personality は日常の話し言葉では区別されないで用いられることもあるが、厳密には次のような違いがある。
> personality は「人であること」つまり「人格」という意味で、人が備えている、ある1つの先天的な特徴を指す。一方、character は personality を構成する「性格」のことで、これは後天的なものである。character は時とともに変化することもあるが、personality は変わることはない。personality が変わるということは「人そのもの」が変わるということで病的なものとなる。

(1) His *character* had changed. I guess he seemed kind of nervous and paranoid.
   彼は性格が変わってしまったんだ。少し、神経質で偏執的なように思えたよ。

(2) Your son has multiple *personality* disorder.

息子さんは多重人格障害にかかっておられます。

character は、generous, honest, polite など「道徳」に関する形容詞と結びつき、personality は、kind, warm, friendly, shy など「他人に対する振舞い方」を表す形容詞と結びつく。

(3) The superintendent of the building was a tall, attractive man with a warm *personality*.
そのビルの管理人は背が高く、人間的にも温かい魅力的な人物だった。

(4) He's a very tough *character*, well able to look after himself.
彼は気丈な性格だから自分の面倒くらいは十分見られるさ。

【関連情報】

character には「(映画などの)登場人物」という意味もあるが、これはある俳優が別の人物の性格を模倣して演じるという意味である。
一方、personality には TV personality (テレビタレント) などの使い方もあるが、これはある人がその人自身としてテレビに出演しているということで、別の人物の性格を模倣して演じているわけではない。

cinema, film と movie

「映画」という語を和英辞典で引くと、cinema, film, movie と出ているが、この3つの語はどのように違うのだろうか。
cinema には「映画館」という意味と「(概念、芸術、産業としての) 映画」という意味がある。

(1) They're building a new *cinema* next to the shopping mall.
彼らはショッピングモールの隣に新しい映画館を建設中だ。

(2) In the twentieth century *cinema* became an important popular art.
20世紀には映画は重要な人気のある芸術となった。

「(概念、芸術、産業としての) 映画」という意味では、film や the movies (the と複数形に注意) も用いられる。

(3) "Does your mom talk posh, too?" "Do you mean like in *the movies*?"
「あなたのお母さんもお上品な話し方をするの?」「映画みたいに、ということですか」

> なお、a movie や a film は個々の映画作品を指す場合に用いられる。

(4) If Bob made *a film* that flopped at the box office, he soon got another deal.
（映画監督の）ボブは失敗作を作ってもすぐにまた次回作の話が舞い込んだ。

【関連情報】

> 「映画を見に行く」というのは一般に go to the cinema/go to the movies という。go to a movie は特定の映画を指す場合に使われる。
> あるネイティブ・スピーカーは、the movies では、話し手の関心は映画そのものにはなく、他の状況、例えば That's why I wasn't at home. などにあり、a movie では、関心は映画にあり、この後、話題は見た映画に移るだろうと言っている。
> なお、go to the movie は、すでに言及された映画のことを言う場合を除いては稀な表現である。

collect と gather

> 物を集める場合、collect はあちこちから「集める」という意味を表し、gather は散らばったものを一箇所に「寄せ集める」という意味を表す。

(1) They were *collecting* money to build a shelter for the homeless.
彼らはホームレスの収容施設建設のための募金をしていた。

(2) *Gathering* up her books, Lisa walked out of the classroom.
リサは本をかき集めると教室から出ていった。

> また collect は、あるものを目的意識を持って集め、その後の整理までを意味するが、gather にはこの含みはない。
> したがって、切手収集は collect stamps と言い、*gather stamps とは言わない。

contain と include

> 一般に、contain は含まれるものをすべて列挙する場合に用いられるの

に対して、include は含まれるものの一部を指す。

(1) He could speak four languages fluently, *including* English.
   彼は英語を始め4ヶ国語を流暢に話すことができた。

(2) Dick was carrying a big suitcase. It *contained* cameras and lenses.
   ディックは大きなスーツケースを抱えていた。中にはカメラとレンズが入っていた。

したがって、ビートルズの12曲入りのアルバムがあり、その中に「ヘルプ」という曲が入っている場合、(3)のようには言うが、(4)とは言わない。

(3) This Beatles' album contains twelve songs, *including* "Help".
   このビートルズのアルバムには「ヘルプ」を始め、12曲入っている。

(4) *This Beatles' album includes twelve songs, *containing* "Help".

ただし、次のように include の意味で contain が使われることもあるので注意したい。

(5) The food *contains* a lot of fat.
   その食べ物には脂肪分が多く含まれている。

damaged, hurt, injured と wounded

上記4語のうち wounded は戦争での銃刀などの武器による傷や怪我を意味し、injured は事故や喧嘩による傷や怪我を意味する。また damaged は物や植物に関して用いられ、事故、力、不注意などによる損傷を指す。[Smith (1976)]

(1) A number of ships were sunk, and a lot of men were killed and *wounded*.
   (空襲で)船が数多く撃沈された上に死傷者が多数に上った。

(2) He is badly *injured*, but he will recover.
   彼は(事故で)大怪我をした。でも直るだろう。

(3) "Are you okay?" "Fine, but my car's *damaged*."
   「大丈夫か」「ああ、でも車がめちゃくちゃだよ」

残った hurt であるが、これは一般的な injuries や wounds を指し、そ

れほどひどくない傷や怪我のことをいう。どういう場合に他の語と交換可能かに注意したい。

(4) A lot of people were *hurt/injured* when the wall collapsed.
壁が倒れてきて多くの人が怪我をした。

(5) Several people were *hurt/injured* in the fight.
喧嘩で何人かが怪我をした。
［武器が使われていれば wounded も可能］

(6) A lot of men were *wounded* in the battle.
戦闘で多くの人が傷を負った。
［hurt も可能だが wounded ほど正確ではない］

なお、damaged は人には使えないが、人の知覚については用いられる。

(7) Her hearing/eyesight was *damaged* in the accident.
彼女の聴力 / 視力は事故で損傷された。

decline, refuse と reject

decline は誘いがあった場合、その誘いの良し悪しに関係なく、他の理由のために断るときに用いられる。丁寧な堅苦しい言い方である。

(1) John invited Harry to his birthday party, but Harry *declined* the invitation because he was going to be out of town.
ジョンはハリーをバースデーパーティに招待したが、ハリーは街から離れる用事があるので断った。

reject は誘いはあったものの、それに応じるだけの利点がない場合に用いられる。3つの動詞の中で一番、意味が強い。

(2) Tim tried to buy Carl's house, but Carl *rejected* Tim's offer because it was below market value.
ティムはカールの家を買おうとしたが、ティムの希望価格が市場価格以下だったのでカールは断った。

refuse は、あることをするように頼まれたときに、頼まれた人間がそれをしたくない場合に使われる。通例、to 不定詞を伴う。

(3) Mary *refused to reveal* who was the father of her child.

メアリーは自分の子どもの父親が誰か明かそうとしなかった。

Kashino Database の検索では、頻度が最も高いのは refuse で、decline や reject の5倍以上、用いられている。

decline は目的語に offer を取ることが多く、reject は目的語に idea を取ることが多い。refuse は上で見たように、通例 to 不定詞を伴う。

(4) The actor *declined the offer* to appear in the movie.
その俳優はその映画出演のオファーを断った。

(5) Emily had thought about it herself, but *rejected the idea*. Her boyfriend wasn't that kind of man.
エミリーはそのこと(恋人の浮気)を自分でも考えたことはあったが、そんなことはないと打ち消した。恋人は浮気をするような人間ではないと思ったからである。

despite と in spite of

ともに「…にもかかわらず」という意味を表すが、Kashino Database の検索によると、頻度は despite(848例)のほうが in spite of(333例)よりもかなり高い。

(1) *Despite* his anger, Abe laughed under his breath.
エイブは怒ってはいたが、小さく笑ってしまった。

despite は in spite of よりもいくらか意味が弱く、多少、堅苦しい言い方である。

ただし、despite は簡潔な表現であるため3語から成る in spite of よりもジャーナリズム英語では好まれる。[Quirk et al. (1985)]

in spite of は despite よりも意味が強く、A in spite of B の B は A と対立する力を持つ。[Power (1983)] 訳語としては「…をものともせず」という日本語が適当である。

(2) *In spite of* his injury, Rodney was back at work, his arm in a sling.
ロドニーは怪我をものともせず、三角巾で腕を吊って仕事に戻った。

【関連情報】

似た表現で口語的なものには with all と for all がある。

> with all は文脈により「…にもかかわらず」という意味のほか、「…だからこそ」という意味になるので注意が必要である。
> for all の場合はこのような曖昧さはない。

(3) *With all/For all* this noise we managed to get some sleep last night.
うるさかったけど、何とか昨夜は少し眠ることができた。

(4) I like Philip *with all* his faults.
欠点はあるがフィリップが好きだ。
欠点があればこそフィリップが好きだ。

(5) I've heard your father was a really wonderful person, even *with all* the pain and hardship he suffered.
お父さんは苦難を乗り越えた立派な方だったと聞いています。
[even に注意]

dinner と supper

> この2語の意味するところは国や社会階層により異なるが、概略、次のような違いがある。
> dinner は一日のうちのメインの食事で大体夕方の6時くらいに食べる。日曜日は教会から帰って家族で昼に dinner を食べることもあり、Sunday dinner と呼ばれる。dinner が昼食の場合は、夕食は supper と呼ばれ、dinner が夕食の場合には昼食は lunch と呼ばれる。
> supper は dinner に比べ簡単な食事で、夜食として夜の9時くらいに食べることもある。

(1) Another hour until his plane left. Two hours to NY. He'd be home in time for *Sunday dinner.*
彼の飛行機が出るまであと1時間あった。ニューヨークまで2時間かかる。家でのサンデイディナーには間に合うだろう。

(2) I had a drink in the bar first and then a meal, nearer *supper* than *dinner*.
俺はまずバーで一杯飲んでそれから食事をした。ディナーというよりサパーに近いものをね。

(3) After *supper* did you go to bed?
夜食を食べた後はすぐに寝たのですか。

【関連情報】

tea というのはイギリスで昼に食べる軽い食事を指す。紅茶とサンドイッチとケーキなどが出る。afternoon tea ともいう。tea は夕食としてメインの食事になることもあり、おもに子どもが食べる。[Oxford Advanced Learner's Dictionary]

(4) Connie tipped the food she'd prepared for her *tea*, a big bread roll with strawberry jam, two shortcake biscuits and a slice of fruitcake, down into the waste bin.
コニーはティーのために用意していたストロベリージャムを挟んだロールサンド、ビスケット2枚、それにフルーツケーキひと切れを生ごみ入れに捨てた。[イギリス英語の例]

during と for

during は特定の期間を従えて「あることがいつ起こったのか」を述べるときに用いられ、for は時間の長さを表す語を従えて「あることがどれ位続いているのか」を述べるときに用いられる。[Longman Dictionary of American English]

for は期間の全体を表すのに対して during は期間中のある時期（複数のこともある）を指すことが多く、必ずしも期間の全体を表さない。

(1) She had studied the street map *for* two hours.
彼女は2時間、ずっと街の地図を見ていた。

(2) Her dog died *during* the night.
彼女の犬が夜中のうちに死んだ。

(3) There are often thunderstorms *during* the summer.
夏の間には何度も激しい雷雨がある。

次の2つの例を比較すると、この違いがよく分かる。

(4) He was in (the) hospital *during* the summer.
彼は夏の間、しばらく入院していた。

(5) He was in (the) hospital *for* the summer.

彼は夏の間ずっと入院していた。

> 上の(1)のように、数字が用いられている場合は、期間の全体を表していることが多いので for が適切である。ただし、last, past などが付加されていれば数字がきていても during が可能となる。

(6) I had worked with him at different times *during* the last six months.

私はこの6か月の間、何度も彼と一緒に仕事をした。

> 次は for と during が並列して用いられた例である。

(7) I chatted with him *for* fifteen minutes *during* lunch.

ランチの間、15 分間彼と雑談した。

eat と have

> ともに「食べる」という意味で用いられるが、eat は「(食欲を満たすために) 食べる」ことを表すのに対して、have は「(おいしい物を楽しんで) 食べる」ことを強調する。
>
> したがって、次のように人を食事に誘うような場合には have が適切で、空腹で仕方がないようなことを表す場合には eat が適切である。

(1) "We could *have* a relaxing dinner at the restaurant." "Sounds good to me," said Jim. "I could *eat* a horse."

「レストランでゆっくり夕食でもどうかしら」「いいね」とジムは言った。「馬でも食べられるよ (お腹がペコペコだ)」

> このように、have は eat の丁寧な表現で、人間らしさが感じられる。したがって、動物に have を使うことはない。

(2) *Our dog *is having* his food.

cf. Our dog *is eating* his food.

犬がエサを食べている。

except と except for

> except は *everyone* except me や *no one* except John のように、その

前に all, each, every, any, no を伴った名詞があるときに使われる。[綿貫&ピーターセン (2006)]

(1) He understood *no* English *except* "please" and "thank you".
彼はプリーズとサンキューを除いては英語が全く分からなかった。

これに対して except for は「…はあるが、それを除けば」という意味で前の文全体にかかる。

(2) It's dark *except for* the glow of the terminal.
ターミナルビルの明かりがあるだけであたりは暗い。

この場合、except の代わりに except for が用いられることはあるが、except for の代わりに except が用いられることはない。

(3) Everyone is ready to go now, *except* (*for*) Bill.
ビルを除いて全員行く用意ができていた。

(4) He looked very elegant, *except for*/*except his unpolished shoes.
彼は靴を磨いていない点を除けばセンスのある格好をしていた。

位置については、文頭に置けるのは except for だけである。

(5) *Except for* Bill, everyone is ready to go now.
(6) *Except Bill, everyone is ready to go now.

なお、except は書き言葉で好まれ、except for は口語的な言い方である。

fill in と fill out

もともと fill out は「必要事項をすべて記入する」という意味で、fill in は「(不足を補う場合などに) 一部の情報を追加する」という意味で用いられていた。

(1) I just need you to *fill out* some forms.
何枚か書類に必要事項を記入してください。

(2) You forgot to *fill in* one of the blanks, the one for your account number.
一箇所、記入漏れがあります。口座番号の欄です。

しかし、現在では fill in も「必要事項をすべて記入する」という fill

out の意味で使われる。

(3) If you *fill in* this form, we'll send a credit card to your home address in the next few days.

この書類に必要事項を記入していただければ、2, 3日で記載の住所にクレジットカードをお送りします。

逆に、fill out を「(不足を補う場合などに) 一部の情報を追加する」という fill in の意味で用いるのは認めないネイティブ・スピーカーが多い。

(4) ?Would you *fill out* your name and address, please?

cf. Would you *fill in* your name and address, please?

住所と名前のご記入をお願いします。

ちなみに、fill in には、「(不在の間に起こった出来事などについて) 最新情報を与える」という意味もある。[以上、J. Tschudy (*ST* Sep. 11, 2009)]

(5) As soon as I'm through with this job, I'll come over and you can *fill me in* on everything.

この仕事が終わり次第、君の家に行って何があったかすべて教えてもらうよ。

fix, mend と repair

本項では「修理する」という意味を表す上記の3語の違いについて解説する。

アメリカでは、mend はおもに coat, shirt, trousers, dress, sheet, rug など家庭で直せるような布製品について用いられ、修理に専門的な技術のいる shoes, watch などについては用いられない。アメリカ人の中には mend は古風で稀という人もいる。

一方、イギリスでは mend はアメリカよりも使用範囲が広く shoes, watch など布製品以外でも使われる。

(1) They offered me the tools to *mend* furniture, clothes and shoes.

彼らは私に家具や服や靴を修理する道具を提供してくれた。

fix は（もとアメリカ）口語で、repair は堅苦しい言い方であるが、それを除けば、お互いに交換可能である。2語ともおもに car, roof, radio, TV など修理に特殊な技能が必要なものについて使われる。[以上、Smith (1976); Longman Dictionary of Contemporary English]

(2) She offered to *fix* my car today.
彼女は今日、車を直してくれると言った。

(3) Mr. Harrison sent me to *repair* your TV set.
ハリソンさんに頼まれてテレビの修理に来ました。

(4) Tim would *fix* leaky faucets or electrical shorts, and I always had to call experts in to *fix* what Tim had *repaired*.
ティムは蛇口の水漏れや電気のショートをよく直してくれたけど、彼が直した後には必ず専門の人を呼ばないといけなかったの。

ただし、fix は repair とは異なり、服の小さな穴などにも用いられる。

(5) We needed a needle and thread to *fix* a torn shirt 100 years ago.
100年前、私たちは破れたシャツを直すのに針と糸が必要だった。

したがって、イギリスでは布製品以外のものを目的語にとる場合は3語とも可能で、例えば I *mended/repaired/fixed* the bike. はほぼ同じ意味になる。

forget と leave

「物を置き忘れる」という場合、場所の副詞（句）を伴うときには leave が使われ、伴わないときは forget が使われる。

(1) I *left* my umbrella *on the train*.
電車に傘を忘れてきた。
cf. *I *left* my umbrella.

(2) I *forgot* my umbrella.
傘を忘れた。
cf. ?I *forgot* my umbrella *on the train*.

上の(2)は「それまでにいた所から、傘を持ってくるのを忘れた」という意味であるが、正確には次のように forget to pick up と言う。

(3) I *forgot to pick up* the cigarettes.
　タバコを持ってくるのを忘れた。

> また(2)の cf. の I *forgot* my umbrella *on the train*. のようには一般に言わないとされているが、鷹家＆林（2004）のインフォーマント調査では、Oh, I *forgot* my umbrella *in the taxi*. を68％のアメリカ人が容認している。実際にも以下のような例が見られる。

(4) I'll meet you up there in a second. I *forgot* something *in my office*.
　すぐに追いかけます(から先に行って下さい)。オフィスに忘れ物をしました。

(5) My daughter had *forgotten* her bag *in the bathroom*, so I had to go and get it for her.
　娘が洗面所にバッグを忘れてきたので代わりに取りに行かないといけなかった。

> 次は forget と leave が並列して用いられた例である。

(6) I *forgot* my report. I must have *left* it *on my desk*.
　レポートを持ってくるのを忘れた。きっと机の上に置いてきたんだ。

gaze と stare

> gaze が何かを興味、驚き、賞賛などの感情を持ってずっと見ることを表すのに対して、stare は目を大きく開いて、しばしば失礼な見方で相手に視線を注ぐことを表す。[Merriam-Webster's Advanced Learner's English Dictionary]

(1) She *stared at* him scornfully.
　彼女は馬鹿にしたように彼をじろじろと見た。

(2) His stare across the table at Keith was confrontational. He *stared* back *at* him.
　テーブル越しにキースを見る彼の視線は挑戦的だった。キースは負けじと見返した。

(3) The blonde of twenty-two who was to become his bride was standing quietly by his side, *gazing* up *at* him adoringly.

これから花嫁になる 22 歳のブロンド娘は、花婿のそばに黙ったままで立ち、愛情を込めたまなざしで彼を見つめていた。

> stare に失礼な感じが伴うのは後に人がくる場合で、物がくる場合はこのような感情は伴わない。ただし、物をじっと見ていると、何か悪いことがあったという不安を相手に与えることが多い。

(4) Ben hung up the phone and *stared at* his desk. "What's wrong?" asked Robin.

ベンは電話を切った後、机から目を離さなかった。すると「どうしたの？」とロビンが尋ねた。

get in(to)/out of と get on/off

> 乗り物に「乗る」「降りる」を英語でいう場合、car の場合には get in(to) a car/get out of a car と言うのに対して bus の場合には get on a bus/get off a bus と言う。
> これは乗り物の大きさで決まるのではなく、その乗り物の乗降口の空間の広さによって決まる。つまり、bus, plane, train では人は立ったままの姿勢で入れ、その上に乗っている感じがするので、on/off が使われ、car, truck, helicopter では中にもぐりこむ感じで人は腰をかがめないと入れないので、in(to)/out of が使われる。
> 結果的に、大量輸送のできる乗り物には on/off を使うことになる。

(1) He *got off* the elevator, stood and thought for a moment.
彼はエレベーターから降りて立ち止まり、しばらく考え事をしていた。

(2) "Let's go." They *got in* the truck.
「さあ、行こう」彼らはトラックに乗り込んだ。

(3) I just *got off* a plane from New York.
私はいまニューヨークからの飛行機を降りたところだ。

(4) Murphy *climbed into* the helicopter.
マーフィーはヘリコプターに乗り込んだ。
［手足を使って苦労して動くことを表す climb にも注意］

> Kashino Database を使った頻度調査では、get on/off の後にくる乗り

物の上位は、train, elevator, bus, plane で、get in(to)/out of の後にくる乗り物の上位は、car, cab, van, truck であった。

なお、elevator は特殊で in(to)/out of も on/off も可能。

guest, customer と **client** など

日本語の「客」に当たる英語には guest, customer, client, passenger, visitor などがある。

guest はホテルの客や家への来客のことである。家の場合は招待された客をいう。

(1) My *guest* should be here any minute.

お客さんはすぐに来るはずだ。

(2) He's a very important *guest* of this hotel.

彼はこのホテルの非常に大切な客だ。

customer は品物やサービスを買う人という意味で、レストランや店の客を指す。

(3) In a large drugstore, cashiers were sitting idly by the registers. The store was utterly devoid of *customers*.

(そこは) 大きなドラッグストアで、レジ係が何人か、それぞれのレジのそばに何もしないで座っていた。店には全く客はいなかった。

(4) There were about twenty *customers* in the restaurant, most of them businessmen.

レストランには 20 名くらいの客がいた。たいていはサラリーマンだった。

client は、本来、弁護士に助言を求める人を指したが、現在では建築家、デザイナー、会計士、美容師など他の専門的な職業の場合にも用いられる。最近では customer の意味で client を使う傾向が見られる。

(5) "May I have a private word with my *client*?" the lawyer asked the detective.

「私の依頼人と内輪で話ができますか」と弁護士は刑事に尋ねた。

passenger は列車、飛行機、船、バス、車などの乗客のことである。エ

> エレベーターに乗る人も passenger という。

(6) "A plane went down a month ago." "What happened to the passengers?"

「1ヶ月前に飛行機が墜落したんだ」「乗客はどうなった？」

(7) An elevator door opened and the passengers moved out.

エレベーターのドアが開き、人が外に出た。

> visitor は美術館、催し物、テーマパーク、観光地などへの来場者を指す。病院の見舞い客も会社への訪問客も visitor である。インターネットで特定のページを見る人もこのように呼ぶ。

(8) The zoo was busy with *visitors*.

動物園は客でにぎわっていた。

(9) Tom pressed the intercom button. "I'm expecting a visitor in a few minutes."

トムはインターホンのボタンを押した。「もうすぐ、お客さんが来る」

(10) *Visitors* to our website can purchase DVDs online.

このホームページをご覧の方はオンラインで DVD をお買い求めいただけます。

happen, occur と take place

> happen と occur は accident, earthquake, murder など偶然の出来事（事故、事件）を主語にとり、take place は lecture, meeting, wedding など計画されたことを主語にとることが多い。

(1) Those traffic jams *happen* around Christmas.

そんな交通渋滞はクリスマスの季節によく起きる。

(2) The incident *occurred* at eleven P.M. in a poorly lit district.

その事件は午後 11 時に薄暗い街で起きた。

(3) The wedding *took place* in the church five days later.

結婚式は 5 日後に教会で行われた。

> したがって、take place の場合、a fire など偶然性を表す名詞を主語にとると容認度が落ちる。

(4) ?A fire *took place* in Osaka early this morning.

> ただし、ネイティブ・スピーカーの中には、主語が「the+名詞」のように旧情報を表す場合には、このような場合でも take place は使えるという人がいる。

(5) *The accident took place* in front of my house at 3:30 yesterday.
その事故は昨日の3時半に家の前で起きた。

> Kashino Database には take place が murder (殺人(事件)) を主語にとった例が10例あるが、すべて(6)のように旧情報が主語になっていた。

(6) I'm not saying that *the murder took place* in his house.
殺人が彼の家で起こったとは言っていません。

> なお、3語のうち、happen が最も一般的な語で、occur は堅苦しい言い方である。
> occur では上の(2)のように出来事の起きた時間や場所が明示されることが多い。

(7) The uncomfortable episode *occurred* at the dinner table Friday night.
金曜の夜、夕食の席で不快な出来事が起こった。

> また、occur には happen や take place にはない「(考えなどが) ふと心に浮かぶ」という意味を表す用法がある。

(8) A number of ideas *occurred* to him.
いくつかの考えが彼の頭に浮かんだ。

high と tall

> high は横幅が広く高さのある物に、tall は細長くて幅が狭い物に用いられるのが普通である。
> したがって、一般的に、人、建物、木には tall が用いられ、山には high が用いられる。また、壁やフェンスには high のほうが好まれ、タワーは high も tall も使用可能である。

(1) I like to look at the *tall buildings* downtown.
ダウンタウンの高いビルを見るのが好きです。

(2) They saw the *high mountain*, and the *tallest peak* on that mountain.
   彼らには高い山と、その高くそびえた頂きが見えた。
(3) He looked up at the *high fence*.
   彼は高いフェンスを見上げた。
(4) Beyond the lodge at the top of the hill, I saw a *tall tower*.
   丘の頂上にあるロッジの向こうに高いタワーが見えた。

【関連情報】

日本語の「高い鼻」は通例、high nose とは言わない。
これに近い英語としては、prominent/well-shaped/beautifully shaped/high-bridged nose などがある。

(5) He was a tall boy with his father's dark hair and *high-bridged nose*.
   彼は背の高い少年で、父親譲りの黒い髪と高い鼻をしていた。

欧米人は鼻を高低よりも長短、大小で捉えるため、英語では long/big/large nose という表現がよく用いられる。ただ、これらの表現は日本語の「高い鼻」とは異なり、マイナスのイメージが付きまとう。[『英語基本名詞辞典』(研究社)]

なお、Kashino Database で nose と連語する形容詞を検索してみると、高頻度順に sharp, big, pointed, narrow, long という結果となった。

(6) Bert had thinning brown hair, a small face with a pointed chin, and a *sharp nose*.
   バートの髪の毛は褐色であったが、薄くなってきていた。顔は小さく、あごはとがり、鼻は高かった。

holiday と vacation

vacation はおもにアメリカ英語で、学校、会社などで規則として認められた授業や業務のない日をいう。
多くの場合、「(人が)家、学校、職場から離れて過ごす期間」を指し、旅行に行くことを意味する。

(1) We had a wonderful *vacation* in France.
   フランスですばらしい休暇を過ごした。

holiday と vacation

(2) "What did you do during your *holidays*?" "Oh, the *holidays*? No *vacation*, I just stayed home and relaxed."

「休暇中は何をしていたのですか」「ああ、休暇中ね。旅行には行かなかったよ。家でのんびりしていた」[holiday については後述]

> vacation は、会社の（本人から願い出る）有給休暇のことを指す場合もある。

(3) He took a week's *vacation* and went up to NY.

彼は1週間の休暇をとってニューヨークに出かけた。

> イギリスでは vacation は大学や法廷の休みのことをいう。

(4) The undergraduates were away for the long summer *vacation*.

学生は長い夏休みで大学にはいなかった。

> 一方、holiday はおもにイギリス英語で、アメリカ英語の vacation に相当する。ただし、アメリカでもクリスマス、独立記念日、イースターなどの「祝祭日」は holiday と呼ばれる。また、アメリカで the holidays や the holiday season というのは11月から1月の初めまでの多くの holiday のある期間を指す。

(5) "My husband is working today." "On a *holiday*?" "He works Thanksgiving Day so he can have Christmas off."

「主人は本日は仕事をしております」「休日にですか?」「クリスマスに休みを取れるように感謝祭の休暇（11月）は毎年、働いております」

(6) We agreed to stay home for the *holidays*, and not spend Christmas with our parents in LA this year.

私たちは、今年はクリスマス休暇は家にいて、ロサンゼルスにいる両親と過ごさないことにした。

> なお、本人の都合で個人的に取る1日の休みは、day off という。[以上、Merriam-Webster's Advanced Learner's English Dictionary]

(7) I think you should take a *day off*.

休みを1日取ったほうがいいと思う。

home と house

house は人の住む建物を指し、home は人が家族と住む家を指す。

ただし、アメリカの不動産業界では広告する場合に、homes for sale のように house の代わりに home を建物の意味で使うことがある。home には人が住んでいるという温かい感じがするためであろう。

最近では、この傾向が不動産業界だけでなく、一般にも広まって、buy a home, build a home のような言い方も可能となっている。

(1) Dennis *bought a new home* in a suburb of Kansas City.
デニスはカンザスシティの郊外に新しい家を買った。

(2) He *built the home* for his wife and two children.
彼は妻と 2 人の子どものために家を建てた。

これに関連して、次のような言い方にも注意したい。

(3) I don't have a *home*. My *home* was the trailer behind the car. It's gone.
家はないの。家は車につながっているトレーラーハウスだったけど、なくなってしまったの。

次の (4) では、house と home が並列されているが、建物としての house と人が住んでいるという感じのする home の違いが分かる好例である。

(4) Elaine was looking at the *houses* along the street. A mail person was delivering some letters to one of the *homes*.
エレインは通りに並ぶ家々を見ていた。郵便配達人がその家の 1 つに手紙を配達していた。

journey, travel と trip

3 語とも「旅行」を意味するが、Power (1986) と松本 (1976) を参考に、各語それぞれの違いについて解説する。

trip は最も日常的な語で、仕事や遊びの旅行に関して用いられる。「出発点に帰る旅」という意味合いを持つ。

journey, travel と trip

(1) We're going on a *trip* down the South Coast in the summer holidays.
　夏休みにサウスコーストに旅行に行く。

(2) My father was on a business *trip*.
　父は出張中だった。

> この語は短い旅行だけでなく、長い旅行についても用いられ、Kashino Data base の検索では long trip という表現が多く見られた。

(3) I'm afraid you have taken a *long trip* for nothing.
　長い間旅行したのに何にもならなかったようだね。

> travel は、距離も時間も長い旅行を指し、移動するという行為に重点が置かれた語である。名詞よりも(5)のように動詞として使われることが多い。

(4) This year there has been a lot of *travel* between Paris and London.
　今年はパリとロンドンを何回も往復した。

(5) I really hate to *travel* alone.
　一人で旅行するのは嫌だ。

> Kashino Database の検索では、time travel や space travel という表現が散見された。

(6) This is what makes *time travel* possible.
　これでタイムトラベルが可能になる。

(7) Most people are not familiar with *space travel*.
　宇宙旅行のことをよく知らない人が多い。

> journey は特別な意味や目的のあるもので、特に長期間で長距離の旅行のことをいう。どこへ行くのかその行き先は問題ではなく、移動するという行為に重点がある。
> これには「骨の折れる旅」という意味合いがあり、laborious, hard, tough などとよく用いられる。

(8) He made a three-month *journey* from NY to LA by bicycle.
　彼は自転車で三ヶ月かけてニューヨークからロサンゼルスまで旅をした。

(9) They had a *long, hard journey* ahead of them.
　彼らには長い、つらい旅が待ち受けていた。

【関連情報】

trip には定期的な「外出」という意味もある。

(10) Bruce only had a fifteen-minute *trip* to work.

(当時) ブルースは仕事場までわずか 15 分で行くことができた。

この場合、イギリス英語では trip の代わりに journey を用いることができる。[Clark and Pointon (2003)]

lately と recently

基本的に recently は①「現在より少し前のある時」(a short time ago) に起こった一回限りの行為や出来事に言及し、lately は②「少し以前から現在までの間」(during a recent period) に継続している行為や出来事か、反復されている行為や出来事に言及する。

(1) We've been purchasing a lot of books *lately*.

最近、本をたくさん買っている。

(2) I've been feeling rather ill *lately*.

この頃、体の調子が悪い。

[lately は口語で完了進行形と用いられることが多い]

(3) I've *recently* got a new computer.

最近、新しいコンピュータを買った。

(4) They went to France *recently*.

彼らはこの前、フランスに行った。

ただし、ネイティブ・スピーカーの中には①の意味で lately を使うという人や②の意味で recently を使うという人もいる。

そういう人たちにとっては lately と（一回限りの行為を表す）過去形との共起、recently と（継続している行為や出来事か、反復されている行為や出来事を表す）現在形、過去形、現在完了形との共起も可能となる。

このようなことから、以下の(5)—(7)の文の容認性の判定はネイティブ・スピーカーの間で食い違いが見られる。

(5) ? She had a baby *lately*.

(6) ? I have been having dinner with friends *recently*.

(7) ? I was ill *recently*.

(8) ? He gets up earlier *recently*.

> 文中での位置に関しては、2語ともに①の意味では文頭、文中で用いられることが多く、②の意味では文末で用いられることが多い。
> ただし、文頭では recently のほうが好まれる。

(9) I've *recently* split up with my girlfriend.

　最近、彼女と別れた。

(10) I've had these bad dreams *lately*.

　近頃、よくこんな悪い夢を見る。

(11) *Recently* she started taking acupuncture treatments.

　最近、彼女は鍼治療を受け始めた。

> 以上はすべて肯定文の場合であったが、否定文と疑問文では、一般にお互いに交換可能である。この場合、位置は文末であることが多い。

(12) Have you seen any movies *lately/recently*?

　最近、何か映画を見ましたか。

(13) I have not seen him *lately/recently*.

　近頃、彼に会っていない。

【関連情報】

> よく似た表現に these days と nowadays がある。
> これらは現在形と用いるのが基本である。使用頻度は these days のほうが高い。ちなみに、nowadays は「now + on + days」から生まれた語である。

(14) My schedule's too full *these days*.

　近頃、予定が立て込んでいてね。

(15) Lots of people get divorced *nowadays*.

　この頃、離婚する人が多くなってきた。

learn と study

> この2語はともに「学ぶ」「勉強する」という意味を表すという点で共

通するが、以下のような違いがある。

単純過去形で用いられた場合、learn は「ある知識を獲得した」という意味を表すが、一方 study は「知識を獲得する過程を経験した」という意味しか表さない。したがって、I *learned* Chinese. は中国語が堪能になったという意味であるが、I *studied* Chinese. では中国語の知識の獲得に成功したかどうかについては不明である。

(1) Ned *learned* German in school, like all Danish children.
ネッドは他のデンマークの子どもたちと同じように、学校でドイツ語をマスターした。

(2) Logan *studied* Japanese at his grandmother's knee and computer science with the brightest minds in the field at Tokyo University.
ローガンは祖母から直接日本語を教えてもらい、また東京大学でコンピュータサイエンスをその分野の聡明な頭脳の持ち主と学んだ。

しかし、現在進行形や過去進行形で用いられると、learn も study もほぼ同じ意味を表すようになる。

(3) He *was studying* Russian, his fifth language.
彼は5つ目の言語としてロシア語を勉強していた。

(4) So you *are learning* French, are you?
それで、あなたはフランス語を勉強しているのですね。

look after と take care of

この2つの表現はお互いに交換して用いられる。(1)と(2)は目的語にともに dog をとっている例である。

(1) She got the dog and *looked after* it for three days.
彼女は犬をもらって3日間、面倒を見た。

(2) You can't have a dog. Can you *take care of* the dog?
犬を飼うのは許しません。面倒を見ることができるの？

ただし、厳密には look after は短い期間に子どもなどの面倒を見る場合に、take care of は長い期間に病人や老人を介護する場合に使われる。

(3) Thanks for *looking after* my kid.

子どもの面倒を見てくれて有難う。
(4) He is *taking care of* his father after a stroke.
彼は脳卒中にかかった父の世話をしている。

object と oppose

ともに「反対する」という意味を表すが、object (to) は好きか嫌いという程度の反対の仕方で、意味はそれほど強くないが、oppose は積極的な行動を伴った反対を表し、意味は強い。

例えば、I *object to* tattoos. は I dislike tattoos. の意味であるが、I *oppose* tattoos. は I speak or fight against tattoos./I try to prevent tattoos. という行動を伴った意味を表す。

(1) "I *object to* him using that term." "The objection was sustained."
（法廷で）「彼のその言葉の使用には反対します」「異議を認めます」
(2) They *opposed* the war and were taking action against it.
彼らは戦争に反対し、反戦運動を行なっていた。

「反対する」の逆は「賛成する」であるが、これにも agree with と agree to という2つの表現がある。

agree with は人が他の人と同じ意見を持っているという意味であるのに対して、agree to は示されている行動をとることに同意するという意味である。この点で agree with は object (to) に、agree to は oppose に似ている。(agree to/with については「agree to と agree with」の項を参照)

occasionally, sometimes, often と usually

頻度を表す副詞には occasionally, sometimes, often, usually などがあるが、パーセントで大体の頻度を示すと以下のようになる。ただし、パーセントの数値は、文脈や個人の感じ方により異なる。

usually　80%
often　60%

sometimes 50 %
occasionally 40%

(1) Brian *usually* came here on Saturdays and *often* Sundays.
ブライアンはよく土曜日にここに来る。日曜のこともある。

(2) She jogged *often* on Sundays, *occasionally* at dusk, *sometimes* in the early morning.
彼女は普通、日曜日にジョギングをするが、夕方のときも朝方のときもある。

一般に、often は「しばしば」、usually は「普通」と訳されるが、上の数値からすると、英語の表す意味と訳語には食い違いが見られる。

onto, into と to

[Ⅰ] onto は副詞の on と前置詞の to が結合してできたもので、Oxford English Dictionary（第2版）の初出表示は 19 世紀の前半で、まだ新しい語である。あるイギリスの作家の 1950 年代の作品には on to と 2 語で綴られていたが、同じ作家の 1970 年代の作品には onto と 1 語で綴られている。

onto は「ある表面の上へ」という意味で、to で、ある表面への動きを表し、その後の位置を on で示している。

(1) She walked *onto* the stage, and the audience immediately fell silent.
彼女がステージに歩いて出てくると、すぐに観客は静まり返った。

(2) Move the plates *onto* the other table; there's more room there.
お皿を他のテーブルに移しなさい。そこには置くスペースがあるから。

(3) Matt took off his socks and shoes and threw them *onto* the floor.
マットはソックスと靴を脱いで床に投げた。

onto は「上への動き」を表すことが多いが(3)に見られるように必ずしもそうではない。

話し手の関心が動きよりも表面に乗った後の状態にある場合は、onto よりも on が好まれる。

(4) James put his mail *on* the kitchen counter and poured himself a glass

of beer.

ジェイムズは郵便物を台所のカウンターに置き、自分にビールをついだ。

> onto の後にくる語を Kashino Database で調べると、高頻度順に floor, street, bed, porch, table となっている。

> [Ⅱ] into は副詞の in と前置詞の to が結合してできたもので、onto とは異なり、歴史は古く西暦 1000 年以前から存在する。

> into は「ある空間の中へ」という意味で、to で、ある空間への動きを表し、その後の位置を in で示している。

> ちなみに、英語には onto, into という語はあるが、*atto という語はない。

(5) We dived *into* the water.

　私たちは水に飛び込んだ。

(6) I went *into* the kitchen and sat down at the table.

　私は台所に入っていってテーブルの前に座った。

> 話し手の関心が動きよりも空間の中に入った後の状態にある場合は、into よりも in が好まれる。

(7) I came *in* the room. She was sleeping.

　部屋に入ると彼女は眠っていた。

(8) He put the key *in* his pocket.

　彼は鍵をポケットに入れた。

> into の後にくる語を Kashino Database で調べると、高頻度順に room, kitchen, house, car, office となっている。

> [Ⅲ] to は「…の方へ向かって」を意味するが、通例「到着」を含意する。

(9) She went *to* the room.

　彼女は部屋に行った。

> この場合、部屋の中に入ったことを明示的に表したいときは、She went *into* the room. という。ただし、to でも文脈から中に入ったことが暗示される場合がある。

(10) Arthur went *to* the bedroom. He closed the door.

アーサーはベッドルームに入り、ドアを閉めた。

ちなみに、前置詞の for も「…の方へ向かって」を意味するが、「到着」を含意しない。したがって、to と for の間で、次のような容認性の差が見られる。

(11) Toby runs *to/?for* the castle and back every day.

トビーは毎日、お城まで走って往復している。

over と up

ある文献に、over と up がともに「終わる」という意味を表す場合、「サッカーのように制限時間があるスポーツのときには The game is *up*. と言い、野球のように制限時間がないスポーツのときには The game is *over*. と言う」と書かれている。

しかし、これは正しくない。複数のネイティブ・スピーカーによると、スポーツの種類にかかわりなく、ゲームの終了時には The game is *over*. と言うとのことである。

一方、up は時間に関連して次のような使い方をする。

(1) The time is *up*; hand in your papers.

時間です。答案を提出してください。

(2) Your three minutes are *up*.

制限時間の3分が終わりました。

なお、The game is *up*. というのは、誰かが、何か悪いことをしようとしてうまくいかなかったときに、捕まえた側の人間の言う決まり文句である。

(3) OK boys, the game is *up*.

さあさあ、お遊びは終わりだよ。

[警察官が泥棒に対して]

Kashino Database の検索では up は time と用いられることが多く、over は war, life, meeting, conversation, dinner（高頻度順）と用いられることが多い。

(4) When the war is *over* I want to go home.

戦争が終わったら故郷へ帰りたい。
(5) When the conversation was *over*, she lay down on the bed.
話が終わると彼女はベッドに横になった。

possible, perhaps, maybe, likely と probable

これらの形容詞、副詞は何かが起こる可能性の度合いを表しているが、パーセントで大体の目安を示すと以下のようになる。
ただし、パーセントの数値は、日本語の「たぶん」と同じように、文脈や個人の感じ方により異なる。

probable 80-90%

likely 70%

perhaps, maybe 50% あるいはそれ以下

possible 25% 以下

このような可能性の度合いの違いを把握しておくと、第一文の答えとして(1)—(4)のようには言えるが、(5)や(6)のようには言えないことが分かる。[以上、Power (1986)]

A: "Are you going to attend the PTA meeting?"
「PTA の会合に出席しますか」
(1) B: "*Maybe* I will, but *maybe* I won't."
「たぶん。でも行かないかもしれません」
(2) B: "*Possibly* I will, but *probably* I won't."
「行くことがあるかもしれませんが、おそらく行かないでしょう」
(3) B: "*Perhaps* I will, but it's *likely* I won't."
「たぶん。でも行かない可能性のほうが高いです」
(4) B: "*Perhaps* I will, but *probably* I won't."
「たぶん。いえ、行かないでしょう」
(5) B: "*Probably I will, but it's *likely* I won't."
(6) B: "*Probably I will, but *probably* I won't."

なお、あるネイティブ・スピーカーによると、probable はある出来事

が起こってほしくないと、話し手が思っているときによく用いられるという。

(7) We're planning to go to the mountains on Friday, but there will *probably* be a train strike.
金曜日に山に行く計画を立てていますが、あいにく鉄道のストライキがありそうです。

(8) A: "The school sports day is on Saturday."
B: "It will *probably* rain."
A:「運動会は土曜日にあります」B:「残念ながら雨でしょうね」

maybe は、上に記した数値よりも実際の談話においてはもっと低い可能性の度合いで使われるが、これについては「maybe」の項を参照。

sea と ocean

the ocean は「大洋」という意味であるが、アメリカ英語では the sea と同じ意味で使う。イギリス英語では the sea のほうが好まれる。アメリカ英語で the sea を使うと詩的に響く。
Kashino Database で検索すると、イギリス英語(120万語)では the sea が the ocean の約6倍ヒットし、アメリカ英語(120万語)では the ocean が the sea の約2倍ヒットした。

(1) We went out onto the terrace overlooking *the sea*.
私たちは海が見渡せるテラスに出た。

(2) I was standing on the balcony looking out at *the ocean* when I heard the phone ringing in the living room.
バルコニーに立って海を見ていると、リビングで電話の鳴る音が聞こえた。

ちなみに、「海に行く」というのはアメリカ英語では、go to the beach、イギリス英語では go to the seaside という。

(3) On Halloween, we drove to the *beach* and spent the afternoon collecting seashells.
ハロウィーンの日に私たちは車で海に行き、貝殻を拾って午後を過ごし

た。
(4) Why don't we go to the *seaside* at the weekend?
週末に海に行きましょう。

shop と store

shop は規模が小さく、1つの品物やサービスを売っている店を指し、store は規模が大きく、いろいろな種類の品物を売っている店を指すのが普通である。

ただし、例えば、convenience store や liquor store のように、store は shop の意味も込めて使われることがある点に注意したい。

Kashino Database で shop と store と連語する名詞を検索すると以下のような結果が得られた。頻度の高いものから順に示す。

coffee/barber/repair/beauty/butcher shop
department/grocery/convenience/liquor/video store

show, teach と tell

3語とも「教える」という意味で用いられるが、tell は言葉を使って、show は動作を交えて短時間に、teach は言葉か動作、あるいは両方を使って時間をかけて教える、ということを表す。

teach の場合は、過去形で用いられると、他の2つの動詞とは異なり、通例「教えられたことを習得した」という含みを持つ。

次の(1)の文で3語の違いを考えてみよう。

(1) George *told*/*showed*/*taught* me how to ride on a horse.

tell の場合は、ジョージが言葉で馬の乗り方を説明したことを表し、その場に馬がいなくても構わない。

show では、ジョージが教えた時間は30分くらいで、彼が馬か馬に見立てた物に乗ったり、乗馬のビデオを見せたりしたことを暗示する。

teach の場合は、ジョージが教えた時間は2、3日から2、3週間くらいと長く、tell や show とは異なり、「私」は馬に乗れるようになったこ

とを通例、含意する。
以下に類例を挙げる。

(2) Can you *tell* me how to reach her?
どうすれば彼女と連絡が取れるか、教えてもらえませんか。

(3) Annie *showed* him how to use the camera.
アニーは彼にカメラの使い方を手ほどきした。

(4) She *taught* me how to knit. He *taught* me how to play the piano. And, they *taught* me how to make the best pizza.
彼女は編み物を、彼はピアノを、そして彼らは最高のピザの作り方を教えてくれた。

teach については「行為の達成を含意する動詞」の項を参照。

【関連情報】

「道を教える」というような状況でも同じことが当てはまり、通例、「言葉で教える」という意味を表す tell が用いられる。

(5) Could you *tell* me the way to the station?
駅へ行く道を教えてくれませんか。
[= Please explain how to go to the station.]

show も使えるが、動作を伴うため「案内する」という意味になる。

(6) Could you *show* me the way to the station?
駅まで案内してくれませんか。
[=Please walk with me to the station.]

なお、teach は「知識か技術を教える」という意味なのでこの状況ではふさわしくない。

umpire と referee

2語ともスポーツ競技の「審判員」の意味である。
一般に、「審判員」が選手に合わせて移動するスポーツ(ボクシング、フットボール、サッカー、バスケットボール、レスリング)は referee と呼ばれ、そうでないスポーツ(野球、クリケット、バドミントン、テニス)は umpire と呼ばれる。

(1) Beth ran for first base. Ted, acting as *umpire*, yelled, "Safe!"
ベスは一塁に向かって走った。審判を務めていたテッドは「セーフ」と叫んだ。
［ソフトボールの試合］

(2) We were waiting for the *referee* to blow his whistle to start the game.
私たちは審判が笛を鳴らし、試合を始めるのを待っていた。
［サッカーの試合］

【関連情報】

umpire と referee によく似た語に judge があるが、これは競技会、コンテストなどで、順位をつけて優勝者を決める審査員のことをいう。

(3) Frank served as a *judge* at the costume contest.
フランクは仮装コンテストで審査員を務めた。

(4) Betty was asked to be on the panel of *judges* at the recitation contest.
ベティは暗唱大会の審査員団に加わるように依頼された。

up と down

up と down が副詞辞として用いられる場合、物理的、あるいは比喩的に「…の上方に」「…の下方に」という意味を表すが、このほか以下のような用法に注意したい。

［Ⅰ］重要な、あるいは中心的な場所に行くときは up、その逆の場合には down を使う。これはイギリス英語でよく見られる用法である。

(1) Silvia went *up* to London to meet him.
シルビアは彼に会うためにロンドンまで行った。

(2) He will come *down* from London if there is an emergency.
緊急なことがあれば、彼はロンドンからでもやって来るだろう。

この場合、down の代わりに out が用いられることもある。

(3) "Let's go to a movie." "No, we can drive *out* to the country."
「映画を見に行こう」「いや、車で郊外に繰り出そうよ」

［Ⅱ］地理的に北に行くときは up、南に行くときは down を使う。これはアメリカ英語でよく見られる用法である。

(4) Toby and Peggy got married recently and they moved *up* north.
トビーとペギーは最近結婚して北の方へ引っ越した。

(5) Anita knew both her parents were alive, lived *down* south.
アニータは両親が2人とも健在で南の方に住んでいることを知っていた。

▌ちなみに、南北について言及しないときは over などが用いられる。

(6) In the morning, Larry took a call from Bill and they went *over* to the American Embassy.
朝、ラリーはビルから電話をもらい、2人でアメリカ大使館に出かけた。

▌[Ⅲ] 話し手、あるいは話題となっている場所、人、物に近づくときは up を使い、離れるときは down を使う。

(7) A young boy came *up* to the table and said to her, "Can I have your autograph?"
男の子がテーブルにやって来て彼女に言った。「サイン、いただけませんか」

(8) Bill was at home in NY when he received a phone call from the police. They wanted him to come *down* to the station and answer some questions.
ビルがニューヨークの自宅にいると、警察から電話があった。彼に警察署まで来て、いくつか質問に答えてほしいということだった。

▌[Ⅳ] 話し手の住居の近くにある馴染みの場所を指すときに up, down が使われることがある。
これは話し手の主観が大いに左右する用法で、ネイティブ・スピーカーによっては、この種の up, down は使わないという人もいる。

(9) Meg's parents are *up* at the school talking to the principal because she flunked out and couldn't graduate.
メグが留年して卒業できなかったので、両親は学校で校長と話をしている。

(10) The police officer took out a pair of handcuffs from his trousers pocket. "I didn't do anything!" she protested. "Well, we can talk *down*

at the station."

警官はズボンのポケットから手錠を取り出した。彼女は「私は何もしていないわ」とむきになって否定した。「じゃあ、署で話を聞きましょう」

【関連情報】

前置詞の up, down については、上下に関係なく、ときに along の意味で用いられるという点に注意したい。

(11) "Can you tell me where the bank is?" "Just go straight *up/down/along* this street."

「銀行に行く道を教えてくれませんか」「この通りをまっすぐ行けばあります」

和製英語 編

オービーと graduate

日本語では学校の男子の卒業生を OB（オービー）というが、これはイギリス英語の old boy (*or* Old Boy) からきている。old boy はおもに私立学校の卒業生のことをいう。なお、英語では OB のように省略はしない。

(1) Today there is a visitor. He is Daniel Harrison, an *old boy* of our school.
本日は同窓生の方がお見えです。本校の卒業生のダニエル・ハリソンさんです。

アメリカ英語では alumnus を用いる。

(2) As an *alumnus*, he entered the hall and sat with the Class of '72.
彼は OB としてホールに入り、1972 年卒業生と一緒に座った。

なお、graduate はイギリスでもアメリカでも男女の区別なく使われる。

(3) She was a *graduate* of the state university.
彼女は州立大学の卒業生だった。

キーホルダーと key

「キーホルダー」は英語では、key chain、あるいは key ring（鍵を通しておく輪）という。Kashino Database の検索ではほぼ同じ頻度で用いられている。

(1) She removed two keys from her *key chain* and handed them to him.
彼女はキーホルダーから鍵を 2 つ取り、彼に手渡した。

(2) Brad took a *key ring* from his pocket, unlocked the door.
ブラッドはポケットからキーホルダーを取り出し、ドアを開けた。

グランドと ground

学校のグランドは英語では field と呼ばれる。具体的に、football field, baseball field などということが多い。

(1) David turned to the high school *football field* behind him.

デビッドは背後にある、高校のフットボール場のほうに振り向いた。

school grounds というのは校庭という意味ではなく、学校の敷地（建物を含む）を指す。

(2) You are not allowed to smoke cigarettes on *school grounds*.

学校の敷地内での喫煙は禁止されている。

playground は（遊び道具のある）小学校の運動場か、公園（park）の滑り台、ブランコなどの子ども向けの遊び道具がある一角をいう。

(3) On the other side of the street was a public *playground*. A lot of children were playing on it. There were three benches to one side of the swings.

通りの向こう側には公園があった。たくさんの子どもが遊んでいた。いくつかあるブランコの片側にベンチが3つ並んでいた。

車に関する用語

車に関する用語には和製英語が多く見られる。またイギリス英語とアメリカ英語でも違いが認められることもある。
以下では10項目を取り上げる。

①フロントガラス

フロントガラスはアメリカ英語では windshield といい、イギリス英語では windscreen という。

(1) Dick started to clean his *windshield*.

ディックはフロントガラスを拭き始めた。

(2) She looked ahead, through the *windscreen*, at the street.

彼女はフロントガラス越しに前方の通りに目をやった。

車の後のガラスは rear window と呼ばれる。

(3) Walt stared at the house through the *rear window* as he eased down the street.

ウォルトは車の速度を緩めて通りを通ったとき、後のガラス越しにその家を見つめた。

②ハンドル

車を運転するハンドルは英語では steering wheel という。behind the steering wheel（運転席に座って）の形式で使われることが多い。

(4) Chuck sat *behind the steering wheel*.
　チャックは運転席に座った。

自転車やバイクのハンドルは handlebars と呼ばれる。

(5) We were gripping *handlebars* with sweaty hands.
　私たちは汗のにじんだ手で（自転車の）ハンドルを握っていた。

車のドアのハンドルは handle というが、部屋のドアの丸い取っ手は doorknob という。

(6) He inserted the key in the lock, and turned the *doorknob*.
　彼は鍵を錠に差し込みノブを回した。

③クラクション

もともと、「自動車用の警笛」の商標である Klaxon からきているが、現在では horn が使われるのが一般的である。動詞には honk が用いられる。

(7) She began to *honk* the *horn*.
　彼女はクラクションを鳴らし始めた。

④ウインカー

ウインカーはイギリスの古い英語の winker に由来するが、現在では turn signal か indicator が一般的である。

(8) She watched the wink of a *turn signal* as the car made its way out of the road.
　その車が道路から出ていくとき、彼女はウインカーが点滅するのをじっと見ていた。

(9) David saw the right turn *indicator* light blink on the vehicle in front of him.
　デイビッドには前の車の右折のウインカーが点滅するのが見えた。

⑤パンク

日本語のパンクはイギリス英語の puncture を省略したものである。アメリカ英語では flat (tire) という。次の例のイギリス英語の tyre とア

アメリカ英語の tire の綴りの違いにも注意されたい。

(10) I had a *puncture* on my left rear *tyre*.
左の後輪のタイヤがパンクした。

(11) As she was driving to work yesterday, she got *a flat tire*.
昨日、彼女が車で仕事に行こうとしたらパンクしてしまった。

⑥スリップ

人が滑った場合には slip というが、車がスリップすることは英語では skid ということが多い。

(12) The car *skidded* to a stop.
その車はスリップしながら停車した。

(13) As she got off the stool, she *slipped* and fell.
彼女が腰掛から立とうとしたら滑って倒れた。

⑦バックミラー

バックミラーに当たる英語はアメリカでは rear view mirror であり、イギリスでは driving mirror である。

(14) Kent glanced at her in the *rear view mirror*.
ケントはバックミラーを通して彼女をチラッと見た。

(15) Betty looked at him in the *driving mirror*.
ベティーはバックミラーを通して彼を見た。

⑧オープンカー

オープンカーは英語では convertible という。ただし、open car もときに用いられる。

(16) I walked over to Allen's *convertible* and got in.
私はアレンのオープンカーのところまで歩いていき、乗り込んだ。

(17) There was a band, and there was much cheering. Then the governor was seen in the back of an *open car*.
バンド演奏が始まり拍手喝采が起こった。その後、知事の姿がオープンカーの後部座席に見えた。

⑨ハイウェイ

日本語のハイウェイは「高速道路」を指すが、英米とも highway は幹線道路を指す。

> イギリスでは、高速道路は motorway といい、有料の場合と無料の場合がある。
>
> アメリカでは、高速道路は freeway あるいは expressway というが、同じように有料の場合と無料の場合がある。freeway の free は無料という意味ではなく、free of obstruction（さえぎる物がない）という意味であることに注意したい。有料の高速道路は、tollway, toll-road, turnpike と呼ばれる。
>
> ちなみに、freeway はカリフォルニアを中心にした西海岸で用いられる言葉である。

(18) There was a lot of traffic on the *expressway*.
高速道路は車で込んでいた。

(19) A few minutes later they left the *freeway* and entered the town.
数分後に彼らは高速道路を出て町に入った。

(20) Paul made his way to the entrance of the *motorway*.
ポールは高速道路の入り口に向かった。

⑩ナンバープレート

> ナンバープレートはイギリス英語ではそのまま number plate というが、アメリカ英語では license plate という。

(21) Bart made a note of the *number plate* on the car.
バートはその車のナンバープレートの番号を書きとめた。

(22) He saw the accident and gave the *license number* to the police.
彼は事故を目撃して警察にその車のナンバープレートを教えた。

シャープボタンと pound key

> 電話やコンピュータのキーボードにあるシャープボタン(#)は英語では pound key という。

(1) If this is an emergency please push the *pound key*.
もし緊急の用件でしたらシャープボタンを押して下さい。
[探偵事務所の留守番電話のメッセージ]

> ちなみに、アスタリスク(*)のボタンは star key と呼ばれる。

ジュースと juice

英語の juice は果物からしぼったままの果汁100%のものをいう。ソーダ水や砂糖を加えた日本語でいうジュースは、清涼飲料の場合は soft drinks といい、炭酸飲料の場合は (soda) pop という。

(1) She poured herself a glass of freshly squeezed orange *juice*.
彼女はしぼったばかりのオレンジジュースをグラスに注いだ。

(2) The refrigerator was filled with beer and *soft drinks*.
冷蔵庫にはビールと清涼飲料がぎっしりと詰まっていた。

(3) Alex withdrew several cans of *soda pop* from the fridge.
アレックスは冷蔵庫から炭酸飲料の缶をいくつか取り出した。

「しり」と hip

「しり」と hip は同じ箇所を指さない。英語の hip は腰骨あたりに左右に張り出した部分の片側、つまり刀を差したり、拳銃をぶら下げる箇所を指す。hips として両側を指すことも多い。日本語の「しり」に近いのは buttocks で、座ったときに椅子などに当たる部分をいう。

(1) He fired his first shot into Bobby's right *hip*.
彼の最初の弾丸はボビーの右の腰をねらって放たれた。

(2) The security guard in uniform had a pistol on his *hip*.
制服を着たガードマンは腰にピストルをぶら下げていた。

hip を修飾する形容詞には wide, narrow, slender, broad, slim などがある。

(3) The blue jeans hung loosely around her *narrow hips*.
ブルージーンズが彼女の細い腰の周りにゆるく引っかかっていた。

なお、one's hands on one's hips は挑戦的な態度を示す決まった言い方である。両手を当てる位置に注意したい。

(4) Simon stood with *his hands on his hips* confronting the woman in the chair.
サイモンは椅子に座っている女性と対決するように両手を腰に当てて

立っていた。

【関連情報】

日本語の「腰」に対応する英語はない。英語の waist は肋骨と「しり」の間の、最も細い部分を指す。

日本語の「腰」は waist とその下の部分も含む。したがって、「腰を痛めた」と言うときは、waist ではなく、(「しり」を含む) back とか lower back を使う。

(5) My *lower back* throbbed.
　腰がずきずきと痛んだ。

waist を修飾する形容詞には narrow, tiny, slim, slender, thick などがある。

(6) Amy had a beautiful figure, full breasts, a *narrow waist* and long legs.
　エイミーはプロポーションがよかった。胸は大きくてウエストは細く、脚も長かった。

スクーリングと schooling

日本語のスクーリングは「通信教育の学生のための面接授業」のことをいうが、英語の schooling は「学校教育」を指す。schooling は通信教育も含む。

(1) I finished my *schooling* in the U. S.
　最終の教育はアメリカで受けた。

(2) His *schooling* was very poor, and he never learned to spell properly.
　彼はほとんど学校教育を受けていなかったので、綴りが正しく書けなかった。

なお、home schooling とは親が責任を持って家で子どもに義務教育を施すことをいう。

スタッフと staff

日本語では1人の人間に対しても「スタッフ」という語を用いるが、英語では staff とは a group of people のことを指す。

staff の個々のメンバーに言及するときは、a staff member, a member of the staff, on the staff などと言う必要がある。[Durham (1992 a)]

(1) On the last weekend in August, I was attending an evening beach party when *a staff member* murmured something in my ear.
八月末の週末に私が夜のビーチパーティに参加していたら、スタッフの1人が私の耳元で何かささやいた。

(2) I'm Dr. McCawley. I'm *on the staff* here.
私は医師のマコーレーです。ここのスタッフの一員です。

【関連情報】

日本人は「航空会社で働きたい」という意味でよく、I want to be the *staff* of the airline. のような英語を書くが、a member of という意味を表す on を付けて、I want to be *on the staff* of an airline. としなければならない。

ストーブと stove

日本語の「ストーブ」は、電気やガス、灯油などで部屋を暖めるための器具であるが、英語の stove は台所で料理するために使う器具（日本語の「コンロ」や「レンジ」に相当）を意味する。

アメリカの stove はおもにガスと電気の2種類があり、全体の大きさは大体、洗濯機ほどあり、日本のレンジのように台の上に置いたりする物ではない。

(1) He moved over to the *stove* and took the lid of a large kettle filled with boiling water.
彼はレンジのところに行き、熱湯の一杯入った大きなやかんのふたを取った。

stove は range とも呼ばれることもあり、日本語の「レンジ」の元に

なっているが、stove と言うほうがずっと普通である。

なお、昔のアメリカの stove は石炭や木を燃やし、料理に使うと同時に暖房にも使っていた。しかし、今日のアメリカではほとんどの家に central heating があり、stove を暖房器具の意味で使うのは稀である。[以上、Durham (1992 a)]

日本語のストーブに当たる言葉は、英語では heater である。

(2) It was very cold, and he turned on the *heater*.

大変寒かったので彼は暖房器具(ストーブ)をつけた。

【関連情報】

ちなみに、「電子レンジ」は和製英語で、正しくは microwave oven という。また、「電子レンジで温める」ことを microwave、あるいは nuke(比較的新しい言い方)という。

(3) We know how to use a *microwave oven*, but we don't know how it works.

私たちは電子レンジの使い方は知っているが、どうして動くかは知らない。

(4) "My coffee is cold!" "*Nuke* it for 30 seconds."

「コーヒーが冷めている」「電子レンジで30秒、温めればいい」

スマートと smart

日本語では「体つきの細い」ことを「スマート」というが、これは和製英語である。英語では「体つきの細い」ことは slim か slender で表される。

(1) He was *slim*, dressed in tailored trousers.

彼はほっそりとしていて、誂えのズボンをはいていた。

(2) George was tall and *slender*.

ジョージは背が高く、すらりとしていた。

なお、smart はアメリカ英語では「頭がいい」、イギリス英語では「格好がいい」という意味で用いられるのが普通である。

(3) Bill is very *smart* and extraordinarily talented.

ビルは大変頭がよく、並外れた才能がある。
(4) He looked *smart* in his black jacket.
彼は黒いジャケットを着ると格好よく見える。
［日本語の「スマート」にある「体つきの細い」という意味はない］

チャレンジと challenge

日本語には、「何か新しいことに挑戦する」という表現があるが、これを(1)のように英語に直すことはできない。

(1) *I am going to *challenge* something new.

日本語の「(困難なことに)挑戦する」は try で表すことができる。

(2) I'm going to *try* scuba diving this year.
今年はスキューバダイビングに挑戦するつもりです。

英語の challenge は通例「人」を目的語にとり、「(文字通りにも比喩的にも戦いを)挑む」という意味を表す。前置詞は to をとる。

(3) I *challenged* him *to* a game of chess.
私は彼にチェスの試合を挑んだ。

(4) Several drunken youths entered the bar and *challenged* John and his friends *to* a fight.
何人かの酔っ払った若者がバーに入ってきて、ジョンと友人に喧嘩をふっかけてきた。

なお、challenging は「(難しいが)やりがいのある」という意味である。

(5) The course in comparative Indo-European linguistics is very *challenging*.
インド・ヨーロッパ比較言語学の授業は難しいが、大変やりがいがある。

テイクアウトと take out

ファストフード店で「持ち帰り」のことを日本語で「テイクアウト」と

いうが、これは英語の take out からきている。

似たような意味を表す表現には to go がある。次の(1)の For here or to go? はファストフード店で店員が客に尋ねる決まり文句である。

(1) Is that *for here or to go*?
[Is that *to stay or to go*? ともいう]
ここで召し上がりますか、それともテイクアウトですか。

(2) Hey, let's get some *take-out* for lunch.
ねえ、お昼は何かテイクアウトにしようよ。

take-out の代わりに、特に高級な店では carry-out も使われる。

(3) He was lying asleep beside the remains of a *carry-out*.
彼は横になって眠っていたが、そばにはテイクアウトした食べ物が残っていた。

これらはすべてアメリカ英語で、イギリス英語では take away が用いられる。

ナイーブと naive

日本語の「ナイーブ」は「繊細で感じやすい」という意味で使うが、英語の naive は「経験に欠け、簡単に他の人や物事を信じてしまう」という意味を表す。

(1) Ted wasn't *naive* enough to believe that this could happen overnight.
テッドはこれが一夜のうちに実現できると信じるほど単純ではなかった。

(2) "I think he stole the money." "Don't be *naive*."
「彼がその金を盗んだと思うんだ」「幼稚な考えだな」

naive が fool と連語した次の言い方にも注意したい。

(3) What a *naive fool* he is!
彼は何て世間知らずの馬鹿者なんだ。

ちなみに、アメリカのあるテレビドラマで I'm not *naive*. というセリフがあったが、その字幕の訳は「子どもじゃないわ」となっていた。

日本語の「ナイーブ」は英語では sensitive という。

(4) He's such a *sensitive* man, so considerate.

彼はとても神経が細やかで思いやりがある。

バイキングと Viking

ホテルやレストランで、好きなものを好きなだけ食べることのできる方式を日本語では、バイキングというが、これはあるホテルが考え出した和製英語である。正しい英語では buffet、または smorgasbord（スウェーデン語から由来）という。

(1) Chris headed for the *buffet*. He chose baked eggs, well done bacon, a dish of strawberries and a carrot muffin.

クリスはバイキング料理のあるところに向かって行き、ベイクドエッグ、よく焼いたベーコン、イチゴを1皿とキャロットマフィンを取った。

(2) Today's *smorgasbord* is fried chiken, broiled fish, with saladas and plenty of vegetables.

本日のバイキング料理は、から揚げと焼き魚にサラダ、それに野菜が沢山、あります。

ちなみに、英語の Viking は中世にヨーロッパの北部や西部の海域を荒らしたスカンジナビアの海賊を指す。

パンと bread

日本語の「パン」はトースト、サンドイッチ、菓子パンも含めた広い意味で用いられるが、英語の bread は、もっと狭い意味で、調理する前の何も付いていない白いパン、つまり日本で食パンと呼ばれているものを指し、菓子パンは含まない。

欧米人の食事の中でパンが果たす役割は、日本の食事の中の「ご飯」と同じように主食と考えられているが、これは必ずしも正しくない。つまり、bread は副食の一種で、日本でいう「おかず」に似ている。

アメリカ人は bread なしの食事もよくとり、実際には bread より

potatoes のほうが一般的である。

(1) They settled on grilled sole, and green beans. No *potatoes*, no *bread*, and no wine.

彼らは(レストランのメニューから)シタビラメのグリルとインゲンを選んだ。(ダイエットしているので)ポテトもパンもワインも注文しなかった。

普通のアメリカ人の食事は①おもにタンパク質を含む料理(beef, pork, lamb, chicken などの meat、それに fish, cheese, eggs)②野菜またはサラダ③でんぷん料理の3つの部分に分かれる。

③のでんぷん料理は bread のこともあるが、potatoes のことが多い。また noodles, pasta, rice のこともある。[以上、Durham(1992 a)]

(2) They were strolling in the park, eating ice cream after a dinner of *pasta* and white wine.

彼らはパスタと白ワインの夕食の後、アイスクリームを食べながら公園を散歩していた。

ハンドメイドと handmade

日本語では「ハンドメイドのクッキー」などというが、英語では、この場合には homemade を使って homemade cookie という。

英語の handmade は、機械ではなく、手や道具で作られた「手製の物」を指す。

(1) There were *handmade* shelves filled with books on the wall.

壁には手製の棚がいくつかあり、本がたくさん並んでいた。

一方、homemade は、工場や店ではなく、家で作られた食べ物や家具を指す。仕上がりはあまりよくないという含みを持つこともある。

(2) Bob told him the pasta was *homemade*, cooked by his wife.

ボブは彼にパスタは妻の手作りだと言った。

(3) A wobbly *homemade* rocking chair stood on a porch.

ポーチには手作りの不安定なロッキングチェアがあった。

パンフレットと **pamphlet** など

> 日本語の「パンフレット」はそのページ数に関係なく、このように呼ばれるが、英語ではページ数によりその呼び方が細かく分けられている。pamphletは類語の中で一番ページ数が多く、綴じられて本の形状をしているものをいう。ときには政治的、あるいは宗教的な見地から書かれているものもある。

(1) This *pamphlet* explains the law and your rights under it.
このパンフレットを読めば法律とその下での権利が分かります。

> brochureは1枚の紙を何度か折ったものを指す。一般に紙には光沢があり、印刷も鮮明である。商品カタログや旅行の案内書などとして使われる。

(2) It was a *brochure* inviting visitors to visit the historic spots.
それは観光客に名所旧跡を案内するパンフレットだった。

> leafletは折られていない1枚の紙で、印刷もそれほどよくない。小さなイベントの広告に用いられる。

(3) He removed a *leaflet* from an inside pocket.
彼は内ポケットから1枚のビラを取り出した。

> flyer/flierはleafletによく似ているが、それよりも小さくあまり費用をかけないで作ったものを指す。

(4) Maybe you should make up a *flyer* for a new roommate.
新しいルームメイトを探すにはチラシを作ったほうがいい。

> Kashino Databaseの検索では、頻度はbrochureが55例と一番高く、続いて45例のflyer（この綴りで検索）、19例のpamphlet、8例のleafletとなっている。

ビルと **building**

> 日本語の「ビル」は、「ビルディング」（building）を短くしたもので、通例、鉄筋コンクリートの建物を指すが、英語のbuildingはどんな構造の建物にも使われ、日本語のビルより広い意味を持つ。

したがって、日本の木造の家屋も building と呼ばれる。

(1) We entered an old wooden *building*.
私たちは古い木造建築の家に入っていった。

プラスチックと plastic

日本語で「プラスチック」と言えば、「プラモデル」など堅い物を連想するが、英語の plastic は plastic bottle（ペットボトル）のように堅い物だけでなく、plastic bag（レジ袋などのビニール袋）や plastic wrap（食品包装用のラップ）のように柔らかい物にも使う。

(1) I gave him a *plastic bottle* of water.
彼に水の入ったペットボトルをあげた。
［ペットボトルは a PET bottle ともいう］

(2) She covered two tomatoes with *plastic wrap*.
彼女はトマトを2個、ラップで覆った。

(3) Fred handed her a small *plastic bag* which contained one *plastic* plate, one *plastic* knife, one *plastic* fork and one *plastic* spoon.
フレッドは彼女に小さなビニール袋を手渡した。それには、プラスチックの皿、ナイフ、フォーク、それにスプーンが1つずつ入っていた。

なお、plastic card とは「クレジットカード」のことである。単に plastic とも言う。

(4) Paul pulled the *plastic card* from his jacket pocket.
ポールは上着のポケットからクレジットカードを取り出した。

ブランドと brand

日本語のブランドは英語の brand からきているが、この2つは同じ意味ではない。brand は「ある会社が作る特定の商品の名前」のことである。

(1) It is a popular *brand* of lip rouge.
それは人気のある口紅の銘柄です。

ブランド品は brand name goods とか name brands と言う必要がある。特定の品物、例えば、「ブランド物のサングラス」は designer shades、あるいは brand-name shades で表される。

(2) She slipped on a pair of *designer shades*.
彼女はブランド物のサングラスをサッとかけた。

ブレークと **break**

芸能界で急に人気が出ることを日本語で「ブレーク」と言うが、英語の break は少し意味が違う。
英語の break は「人を成功させる手助けとなる、思いがけない突然のチャンス」という意味で、「それまで人気がなくて苦しんだが、運が向いてきて、誰かのサポートがあったため、世の中に出るきっかけを掴む」という含みがある。

(1) She got an excellent *break* in 1985, when a famous director asked her to star in a new film.
彼女は1985年に有名なディレクターから新しい映画のオファーがあり、大ブレークへのきっかけを掴んだ。

(2) Michelle Pfeiffer had gotten her *break* in "Scarface".
ミッシェル・ファイファーは「スカーフェイス」という映画で世に出るきっかけを掴んだ。

日本語の「ブレーク」というのはすでに有名になっていることを表すが、英語の break はそのきっかけしか表さない。なお、日本語の「ブレーク」に近い意味は、became an overnight sensation などで表すことができる。

(3) The Japanese skater *became an overnight sensation* for her performance at the Torino Olympics.
その日本のスケーターはトリノオリンピックの演技でブレークした。

ボーイと boy

> 日本語のボーイも英語の boy もホテルのポーターやレストランのウエイターに使われることがあるが、英語の boy には見下したような響きがある。
> 代わりに、ホテルでは bellboy や bellman が用いられる。ただし、これも最近ではポリティカル・コレクトネスの観点から避けられる傾向にあり、bellhop や porter を使うのが適切である。

(1) The *bellman* moved the luggage cart out of the way.
通路のじゃまにならないように、ポーターが荷物を乗せたカートを動かした。

(2) She tipped the *bellboy* and began to unpack.
彼女はポーターにチップを渡すと荷物を開け始めた。

(3) A *bellhop* offered to carry his bag upstairs.
ポーターは彼の鞄を上へ持って行きましょうかと言った。

(4) They followed the blue-shirted *porter* carrying their bags.
彼らは鞄を運んでくれているブルーのシャツを着たポーターの後をついて行った。

> またレストランでは、boy ではなく、waiter や server を用いるのが最近の傾向である。

(5) Owen motioned to the *server* to bring a wine list.
オーエンはワインリストを持ってくるようにウエイターに合図をした。

(6) A *waiter* came rushing over with menus.
ウエイターがメニューを持って急いでやってきた。

マニキュアと manicure

> 日本語のマニキュアは「(瓶に入った) マニキュア液」や「爪の手入れ」を指すが、英語の manicure は「手や爪の手入れ」のことで爪を切ったり、磨いたり、マニキュアを塗ることを含む。
> 「(瓶に入った) マニキュア液」は英語では nail polish と呼ばれる。

(1) Ellen spent the afternoon at the hair salon having her hair done, getting a *manicure* and pedicure.

エレンは美容院で髪をセットしてもらったり、手や足の手入れをしてもらったりして午後を過ごした。

(2) She almost spilled the bottle of *nail polish*.

彼女はマニキュアの瓶から液をこぼしかけた。

> 「マニキュアを塗る」は do/polish one's nails といい、「マニキュアをしている」は wear nail polish という。

(3) I can handle it while you *do your nails* or something.

君がマニキュアとか塗っている間にそれを片付けるよ。

(4) Bella *wore* bright red *nail polish*.

ベラは真っ赤なマニキュアをしていた。

マフラーと **muffler**

> 「マフラー」は英語でも muffler と言うが、Kashino Database の検索では muffler よりも scarf のほうが圧倒的に多く使われていた。日本語の「スカーフ」は女性用のものを指すことが多いが、英語の scarf は次の例が示すように必ずしもそうではない。

(1) Carl pulled on his overcoat, wrapped a *scarf* twice around his neck, and placed a cap atop his thinning hair.

カールは上着を着て、マフラーを首に二度巻き、薄くなった頭の上に帽子を乗せた。

> あるイギリス人は、scarf の意味で muffler という語があるのは知っているが、古風で自分は使わないという。また、同じ人はアメリカ英語では、muffler は車の「消音装置」(silencer) の意味で使うと教えてくれた。
>
> 複数のアメリカ人によると、muffler は「(首周りを暖めるための) 長い厚手の scarf」のことを指すとのことである。
>
> ただし、アメリカでも古風のようで、ある南カルフォルニア在住のアメリカ人 (50代) は冬にアメリカ中西部を訪れ、muffler を買おうと

デパートで若い店員にWhere could I find *mufflers*? と言ったところ、その店員は当惑した顔で、I'm sorry, but I don't think we carry auto parts.（自動車の部品は扱っておりません）と答えたという。

ミキサーと mixer

日本語の「ミキサー」は英語ではblenderという。スープやジュースを作るときに使われる。

(1) I heard that loud kind of noise that a food *blender* makes.
ミキサーの回るような大きな音が聞こえてきた。

英語にもmixerという語は存在する。blenderよりもパワーが強く、ケーキ、パン、クッキーなどを焼く（bake）ための生地（dough）をこねて（knead）作るときに使われる。

(2) The bakery poured ingredients into a large *mixer*, and they became dough.
パン屋が材料を大きなミキサーに入れると生地が出来上がった。

リップクリームと lip cream

日本語の「リップクリーム」は英語ではlip creamとは言わない。Chap Stick（アメリカ英語で商品名）, lip balm（アメリカ英語）, lip salve（イギリス英語）などという。

Kashino Databaseの検索ではこのうち、lip balmがよく用いられていた。

(1) Walt's lips looked exceptionally dry. She thought an application of *lip balm* might help.
ウォルトの唇は乾ききっているように見えた。リップクリームを付けたらましになるだろうと彼女は思った。

(2) The box contained eleven thousand dollars in cash, car keys, pocketknife, and *lip balm*.
その箱には1万1千ドルの現金、車のキー、小型ナイフ、それにリッ

プクリームが入っていた。

英語の lip cream は日本でいう医薬品的な「リップクリーム」ではなくて、化粧品を指す。

リフォームと remodel, alter

日本語では服をリフォームするというが、この意味の「リフォーム」は英語では alter という。

(1) The suit he was wearing had been *altered* to fit him.
   彼が着ていたスーツはリフォーム（仕立て直）されていて、彼にぴったり合っていた。

家の改築、改装という意味の「リフォーム」は英語では remodel を使う。また alter の名詞形の alteration も用いられる。

(2) We want to *remodel* the living room.
   リビングルームを改装したいと思っている。

(3) We had some *alterations* done to the house.
   家を少し改築した。

ちなみに、英語の reform は「(制度、社会などを) 改革する」「(人を) 更生させる」という意味である。

ローカルと local

日本語では都会に対して田舎という意味で「ローカル」という言葉をよく使うが、英語の local は、「ある人が住んでいる、あるいは人が話をしている特定の地域に関連している」という意味である。

(1) I've reported this to our *local* police.
   この件を地元警察に報告した。

(2) We were watching the early-morning *local* news on TV.
   テレビで地元の早朝のニュースを見ていた。

したがって、東京のような大都会でも、Tokyo Metropolitan Government (東京都) という意味で *local* government と言うことができる。

> このほか、英語の local は次のように neighborhood という意味でも用いられる。[Durham (1992 a)]

(3) Last night I ate dinner at a *local* Chinese restaurant.
  昨日の晩、近くの中華料理店で夕食をとった。

> なお、イギリス英語では、Are you/Is he *local*? を Do you/Does he live around here? の意味で使うことがある。

(4) Where's he living? Is he *local*?
  彼が住んでいるのはどこですか。この辺ですか。

ワンピースと one-piece

> 日本語のワンピースは、英語では単に dress と言う。

(1) You should try wearing a *dress* some time.
  たまにはワンピースを着てみたらどうですか。

> 日本語で「ドレス」と言うと、フォーマルな長いドレスを連想するが、英語では、dress は脚の一部か全体を隠すものを言い、short dress も long dress (*or* gown) も含まれる。

> 英語の one-piece は、one-piece bathing suit のことを指し、two-piece bathing suit や bikini と区別される。[Durham (1992 a)]

(2) They watched a girl in a *one-piece bathing suit* climb from the pool and walk to the diving board.
  彼らはワンピースの水着を着た女の子がプールから上がって、飛び込み台まで歩いていくのをじっと見ていた。

【関連情報】

> ちなみに、in one piece には「危険な目にあったが無事で」という意味もある。

(3) Call George and let him know we got here *in one piece*.
  ジョージに電話して、私たちがここに無事に着いたと知らせなさい。

参考文献

略号
CUP: Cambridge University Press
OUP: Oxford University Press
UMI: University Microfilms International

Aitchison, J. (1996) *Dictionary of English Grammar*. Cassell.
Algeo, J. (2006) *British or American English?* CUP.
Azar, B. (1999) *Understanding and Using English Grammar*. (3rd ed.) Prentice Hall Regents.
Baker, C. L. (1989) *English Syntax*. MIT Press.
バーナード, クリストファー (2007)『英文法の意外な穴』プレイス.
Biber, D., S. Johansson, G. Leech and S. Conrad (1999) *Longman Grammar of Spoken and Written English*. Longman.
Bolinger, D. (1968) "Entailment and the meaning of structures." *Glossa* 2, pp.119-127.
Bolinger, D. (1972) *Degree Words*. Mouton.
Bolinger, D. (1974) "Concept and percept: two infinitive constructions and their vicissitudes." in Phonetic Society of Japan (ed.) *World Papers in Phonetics*, pp.65-91.
Bolinger, D. (1975) "On the passive in English." *The First Lacus Forum*. pp.57-80.
Bolinger, D. (1977) *Meaning and Form*. Longman.
Bolinger, D. (1983) "The *go*-progressive and auxiliary-formation." in F. B. Agard et al. (eds.) *Essays in Honor of Charles F. Hokett*. pp.153-167. Brill Publishing Company.
Bowers, J. S. (1981) *The Theory of Grammatical Relations*. Cornell University Press.
Brugman, C. M. (1988) *The Syntax and Semantics of* have *and its Complements*. UMI.
Bryant, M. (1962) *Current American Usage*. Funk & Wagnall.
Cattell, R. (1984) *Composite Predicates in English*. Academic Press.
Celce-Murcia, M and D. Larsen-Freeman (1999) *The Grammar*

Book. (2nd ed.) Heinle & Heinle.

Chalker, S. (1984) *Current English Grammar*. Macmillan.

Chalker, S. and E. Weiner (1994) *The Oxford Dictionary of English Grammar*. OUP.

Clark, E. V. (1974) "Normal states and evaluative viewpoints." *Language* 50, pp.316-332.

Clark, S. and G. Pointon (2003) *Word for Word*. OUP.

Close, R. A. (1975) *A Reference Grammar for Students of English*. Longman.

Close, R. A. (1980) "*Will* in *if*-clauses" in S. Greenbaum et al. (eds.) *Studies in English Linguistics*. pp.100-109. Longman.

Close, R. A. (1981) *English as a Foreign Language*. (3rd ed.) Longman.

Close, R. A. (1992) *Teacher's Grammar*. Language Teaching Publications.

Coates, J. (1983) *The Semantics of the Modal Auxiliaries*. Croom Helm.

Coates, J. (1995) "The expression of root and epistemic possibility in English." In B. Aarts and C. F. Meyer (eds.) *The Verb in Contemporary English*. pp.145-156. CUP.

Coe, N. (1995) *Grammar Spectrum* 3. OUP.

Crawford, W. W. (1986) "I Will Do My Best!" 『英語教育』1986年3月号.

Curme, G. (1931) *Syntax*. Heath.

Dalzell, T. and T. Victor (eds.) (2006) *The New Partridge Dictionary of Slang and Unconventional English*. Routledge.

Dancygier, B. (1998) *Conditionals and Prediction*. CUP.

Davison, A. (1980) "*Any* as universal or existential?" J. van der Auwera (ed.) *The Semantics of Determiners*. pp.11-40. Croom Helm.

Declerck, R. (1979) "Tense and modality in English *before*-clauses." *English Studies* 60, pp.720-744.

Declerck, R. (1991) *A Comprehensive Descriptive Grammar of English*. Kaitakusha.

Declerck, R. and S. Reed (2001) *Conditionals*. Mouton.

Dillon, G. L. (1977) *Introduction to Contemporary Linguistic*

Semantics. Prentice-Hall.

Dowty, D. R. (1979) *Word Meaning and Montague Grammar*. Reidel.

Durham, V. L. (1992 a)『身近な英誤表現 vol. 1』研究社.

Durham, V. L. (1992 b)『身近な英誤表現 vol. 2』研究社.

Eastwood, J. (2005) *Oxford Learner's Grammar*. OUP.

Erades, P. A. (1975) *Points of Modern English Syntax*. Swets & Zeitlinger B. V.

Fillmore, C. (1975) "Santa Cruz lectures on deixis." Indiana University Linguistic Club.

Fodor, J. D. and M. R. Smith (1978) "What kind of exception is *have got*?" *Linguistic Inquiry* 9, pp.45-66.

古木宣志子 & アルトハウス, メアリ (1981)『英語表現ハンドブック』荒竹出版.

ギルバート, ケント (1990)『ケント・ギルバートの英語表現547』光文社.

Graver, B. D. (1986) *Advanced English Practice*. OUP.

Greenbaum, S and R. Quirk (1990) *A Student's Grammar of the English Language*. Longman.

Grice, P. (1975) "Logic and conversation." *Syntax and Semantics* 3, pp.41-58. Academic Press.

Groefsema, M. (1995) "*Can*, *may*, *must* and *should*: a relevance theoretic account." *Journal of Linguistics* 31, pp.53-79.

Halliday, M. A. K. (1967) "Notes on transitivity and theme." Part I. *Journal of Linguistics* 3, pp.37-81.

Hawkins, J. (1978) *Definiteness and Indefiniteness*. Croom Helm.

Hewings, M. (2005) *Advanced Grammar in Use*. (2nd ed.) CUP.

日比野日出雄 (2007)『21世紀の語法を求めて』エスト出版.

Hooper, J. B. (1975) "On assertive predicates." *Syntax and Semantics* 4, pp.91-124. Academic Press.

堀内克明 & ジョンソン, バンス (1977)『英語 Q & A』ジャパンタイムズ.

堀内克明 & ジョンソン, バンス (1978)『英語 Q & A II』ジャパンタイムズ.

Horn, L. (1972) "On the semantic properties of logical operators

in English." Indiana University Linguistic Club.
Hornby, A. S. (1956) *A Guide to Patterns and Usage in English*. OUP.
Hornby, A. S. (1975) *Guide to Patterns and Usage in English*. (2nd ed.) OUP.
Huddleston, R. (1969) "Some observations on tense and deixis in English." *Language* 45, pp.777-806.
Huddleston, R. (1971) *The Sentence in Written English*. CUP.
Huddleston, R. (1984) *Introduction to the Grammar of English*. CUP.
Huddleston, R. and G. K. Pullum (2002) *The Cambridge Grammar of the English Language*. CUP.
Huddleston, R. and G. K. Pullum (2005) *A Student's Introduction to English Grammar*. CUP.
石田秀雄 (2002)『英語冠詞講義』大修館書店.
Jackendoff, R. S. (1972) *Semantic Interpretation in Generative Grammar*. MIT Press.
Jespersen, O (1931) *A Modern English Grammar on Historical Principles*. Part IV Syntax. Third volume. George Allen & Unwin.
Jespersen, O. (1940) *A Modern English Grammar on Historical Principles*. Part V Syntax. Fourth volume. George Allen & Unwin.
Kaplan, J. P. (1989) *English Grammar*. Prentice-Hall.
Karttunen, L. (1971) "Implicative verbs." *Language* 47, pp.340-358.
柏野健次 (1993)『意味論から見た語法』研究社出版.
柏野健次 (1999)『テンスとアスペクトの語法』開拓社.
柏野健次 (2002)『英語助動詞の語法』研究社.
柏野健次 (2003 a)「知覚動詞補文の完結性」『英語語法文法研究』第10号 pp.58-69.
柏野健次 (2003 b)「began to とその補文動詞」『六甲英語学研究』第6号 pp. 25-32.
柏野健次 (2004)「『get/ have ＋ 目的語 ＋ 過去分詞』の構文をめぐって」『英語語法文法研究』第11号 pp.180-185.
柏野健次 (2005 a)「助動詞 would の隣接する3つの用法」『英語

語法文法研究』第 12 号 pp.202-207.
柏野健次（2005 b)「英語冠詞の語法」『大阪樟蔭女子大学論集』第 42 号 pp.9-21.
柏野健次（2006 a)「『英語語法学』確立のために」『大阪樟蔭女子大学論集』第 43 号 pp.1-12.
柏野健次（2006 b)『英語学者が選んだアメリカ口語表現』開拓社.
柏野健次（2007)「混合型仮定法を追いつめる」『六甲英語学研究』第 10 号 pp.76-88.
柏野健次（2008)「いわゆる『仮定法未来』を洗い直す」『大阪樟蔭女子大学英米文学会誌』第 44 号 pp.13-26.
柏野健次（2009 a)「教えるための英文法—比較表現編—」『大阪樟蔭女子大学論集』第 46 号 pp.17-28.
柏野健次（2009 b)「I wish と as if の意味論」『大阪樟蔭女子大学英米文学会誌』第 45 号 pp.11-29.
柏野健次（2010 a)「モダリティ論序説—英語(準)助動詞の意味論—」『大阪樟蔭女子大学論集』第 47 号 pp.19-30.
柏野健次（2010 b)「『クジラの公式』とは何だったのか？」『大阪樟蔭女子大学英米文学会誌』第 46 号 pp.1-8.
Kashino, K.（2004）"On the rise of epistemic meanings of *had better*." *Journal of English and Cultural Studies* 40, pp.1-8.
Kashino, K.（2005）"*Be going to* and emotionality." *Journal of English and Cultural Studies* 41, pp.1-13.
Kashino, K.（2006）"*Could* and actuality." *Journal of English and Cultural Studies* 42, pp.27-39.
Kashino, K.（2007）"Epistemic *must* and *will*." *Journal of English and Cultural Studies* 43, pp.1-12.
柏野健次 & 吉岡潤子（2004）『エレメンタリー英文法』開拓社.
河上道生（1991）『英語参考書の誤りとその原因をつく』大修館書店.
木村哲也 & 山田均（1993）『フリーズの本』スクリーン出版.
Kiparsky, P and C. Kiparsky（1971）"Fact." D. D. Steinberg and L. A. Jakobovist（eds.）*Semantics*. pp.345-369. CUP.
木塚春夫 & バーダマン, ジェームス（1997）『日本人学習者のための米語正誤チェック辞典』マクミラン.
Kreidler, C.（1998）*Introducing English Semantics*. Routledge.
久野暲（1977）「英語圏における敬語」『岩波講座 日本語4 敬語』pp.301-31 岩波書店.

Lakoff, G. (1966) "Stative adjectives and verbs in English." Mathematical Linguistics and Automatic Translation. Report to the National Science Foundation 17-I. pp.1-17.

Lakoff, R. (1969) Manual for Teachers of English as a Foreign Language. Unpublished.

Lakoff, R. (1972) "Language in context." *Language* 48, pp.907-927.

Lakoff, R. (1975) *Language and Woman's Place*. Harper & Row.

Leech, G. (1971) *Meaning and the English Verb*. Longman.

Leech, G. (1981) *Semantics*. (2nd ed.) Penguin.

Leech, G. (1983) *Principles of Pragmatics*. Longman.

Leech, G. (2004) *Meaning and the English Verb* (3rd ed.) Longman

Leech, G. and J. Svartvik (2002) *A Communicative Grammar of English*. (3rd ed.) Longman.

Leech, G. and J. Coates (1980) "Semantic indeterminacy and the modals." S. Greenbaum et al. (eds.) *Studies in English Linguistics*. pp.79-90. Longman.

Long, R. B. (1961) *The Sentence and Its Parts*. University of Chicago Press.

Lyons, J. (1968) *Introduction to Theoretical Linguistics*. CUP.

Makkai, A., M. T. Boatner and J. E. Gates (1995) *A Dictionary of American Idioms*. Barron's.

松本安弘 & 松本アイリン (1976)『あなたの英語診断辞書』北星堂.

McArthur, T. (2002) *Oxford Guide to World English*. OUP.

マケーレブ, ジャン (1998)『ネイティブ感覚の英文法』朝日出版社.

マケーレブ, ジャン & 岩垣守彦 (1988)『アメリカ人語2』読売新聞社.

McCallum-Bayliss, H. (1985) *The Modal Verbs*: *Univocal Lexical Items*. Ph.D. dissertation. Georgetown University.

McCawley, J. (1971) "Tense and time reference in English." C. J. Fillmore and D. T. Langendoen (eds.) *Studies in Linguistic Semantics*, pp.96-113. Holt, Rinehart & Winston.

ミントン, T. D. (1999)『ここがおかしい日本人の英文法』研究社.

ミントン, T.D. (2002)『ここがおかしい日本人の英文法 II』研究社.

ミントン, T.D. (2004)『ここがおかしい日本人の英文法 III』研究社.

ミントン, T.D.（2007）『日本人の英文法 完全治療クリニック』アルク.
毛利可信（1980）『英語の語用論』大修館書店.
毛利可信（1987）『英語再アタック 常識のウソ』駸々堂.
Murphy, R.（2004）*English Grammar in Use*. CUP.
Murphy, R. and W. S. Smalzer（2009）*Grammar in Use Intermediate*（3rd ed.）CUP.
Myhill, J.（1997）"*Should* and *ought*." *English Language and Linguistics* 1, pp.3-23.
Nicolle, S.（1997）"A relevance-theoretic account of *be going to*." *Journal of Linguistics* 33, pp.355-377.
織田稔（2002）『英語冠詞の世界』研究社.
織田稔（2007）『英語表現構造の基礎』風間書房.
大江三郎（1975）『日英語の比較研究』南雲堂.
大江三郎（1982）『学校英文法の基礎 動詞（Ⅰ）』研究社.
大西泰斗 & マクベイ, ポール（2008）『英単語イメージハンドブック』青灯社.
Palmer, F.（1987）*The English Verb*. Longman.
Palmer, F.（1990）*Modality and the English Modals*.（2nd ed.）Longman.
ピーターセン, マーク（1988）『日本人の英語』岩波書店.
Pinker, S.（2007）*The Stuff of Thought*. Penguin.
Poutsma, H.（1926）*A Grammar of Late Modern English*. Part II The Parts of Speech Section II. P. Noordhoff.
Power, F.（1983）『日本人が間違いやすい英語表現』大阪教育図書.
Power, F.（1986）『日本人英語の陥し穴』大阪教育図書.
Quirk, R., S. Greenbaum, G. Leech and J. Svartvik（1972）*A Grammar of Contemporary English*. Longman.
Quirk, R. S. Greenbaum, G. Leech and J. Svartvik（1985）*A Comprehensive Grammar of the English Language*. Longman.
Saeed, J. I.（2003）*Semantics*.（2nd ed.）Blackwell.
Schachter, J.（1971）*Presupposition and Counterfactual Conditional Sentences*. UMI.
Schourup, L. and T. Waida（1988）*English Connectives*. Kuroshio.
Silva, C. M.（1975）"Adverbial-ing." *Linguistic Inquiry* 6, pp. 346-350.

Smith, W. W. (1976) *Speak Better English*. Eihosha.
Swan M. (2005) *Practical English Usage* (3rd ed.) OUP.
Sweetser, E. (1990) *From Etymology to Pragmatics: Metaphorical and Cultural Aspects of Semantic Structure*. CUP.
鷹家秀史 & 林龍次郎（2004）『103人のネイティブスピーカーに聞く 生きた英文法・語法』旺文社.
寺澤盾（2008）『英語の歴史』中公新書.
Thomson, A. J. and A. V. Martinet (1986) *A Practical English Grammar*. (4th ed.) OUP.
富岡龍明 & 堀正弘 & 田久保千之（2008）『ライティングのための英文法ハンドブック』研究社.
Trask, R. L. (2000) *The Penguin Dictionary of English Grammar*. Penguin.
鶴田庸子 & ロシター, ポール & クルトン, ティム（1988）『英語のソーシアルスキル』大修館書店.
Tyler, A. and V. Evans (2003) *The Semantics of English Prepositions*. CUP.
バーダマン, ジェームズ（塚田明子訳）（2000）『よそ行き英語 ふだん着英語』マクミランランゲージハウス.
綿貫陽 & ピーターセン, マーク（2006）『表現のための実践ロイヤル英文法』旺文社.
ワトキンス, ガレス（1987）『英誤を診る』進学研究社.
ワトキンス, ガレス（1988）『続 英誤を診る 動詞編』進学研究社.
ワトキンス, ガレス & 河上道生 & 小林功（1997）『これでいいのか大学入試英語』上下 大修館書店.
Wilkinson, H. E. (1974-1976) Janglish Unjangled『現代英語教育』1974年4月号から1976年3月号まで連載.
Wilson, G. C. and K. Mushiaki (1971) *Usage in Today's American English*. Kairyudo.
八幡成人（1990-1991）「ボリンジャー博士の語法診断」『現代英語教育』1990年4月号から1991年3月号まで連載.
吉田一彦（1982）『現代英語発見』三修社.

項目索引

- 本編およびシノニム編について欧文・和文に分けて示した
- 和製英語編については項目タイトルを順に示した
- 紙幅の関係で一部省略したものもある

〈欧文〉

a- で始まる語 ···································1
a/an ＋名詞と無冠詞＋名詞 ············2, 316
a first と the first ·····························3
a half (an) hour ·····························129
A whale is no more a fish than a horse is.
　··4
above と over ·································480
according to X の用法 ························6
actually ··8
after all ··9
after と in と later ····························10
agree to と agree with ·······················11
ah と oh ··12
all, each と every ·····························13
All yours. ··14
almost ··15
always などを伴った進行形 ···············16
among ··57
any ··336
appear と seem ································17
arrive at と arrive in ·························18
as ··423
as ＋形容詞＋as any (＋名詞) ············20
as, because, for と since ···················21
as far as と as long as ······················25
as for と as to ·································26
as if ···27
As is often the case ··························29
as long as ·······································25
as soon as possible ··························30
as to ··26
as well as ·······································31
as と when ·····································32
ashamed と embarrassed ···················33
at, in と on ····································481
at last ··34
at least ··35
at night と in the night ·····················36

bathroom ··37
be 動詞の進行形 ·······························38
be able to ·······································69
be accustomed to ·····························40
be different from/than/to ···················40
be dying to ·····································42
be going to ·····························259, 366
be known by/to ·······························43
be made of/from ······························44
be poor at ·······································45
be proud of ···································231
be surprised at/by など ·····················46
be tired of/from ·······························47
be to ··49
because ··21
before 節の中の過去完了形 ················50
begin to と用いられる動詞 ················52
besides ···54
better had という語順 ······················56
between と among ····························57
Big as he is, he is a coward. ··············58
black coffee ····································59
boyfriend/girlfriend ··························60
bring と take ···································61
brush up ···62
busy —ing ······································63
buy と write の受動態 ······················64
by oneself, for oneself, of oneself ·······65
by the way ·····································66
by と with ····································484
can (可能性を表す場合) ····················67
can と be able to ·····························69
Can I...? と May I...? (許可を表す場合) ··73
can と may ····································74
can't help —ing ·······························79
can't と must not (認識的な意味...) ·····81
can't seem to ··································83
character と personality ···················485
cinema, film と movie ·····················486

client ··· 499	gather ··· 487
close the door behind... ··· 84	gaze と stare ··· 497
Coffee, please. ··· 86	get + 目的語 + 過去分詞の構文 ··· 114
collect と gather ··· 487	get を使った受動態 ··· 117
come と go ··· 87	get in(to)/out of と get on/off ··· 498
Come on. ··· 90	get + 目的語 + —ing の構文 ··· 115
come to, get to と learn to ··· 92	get on/off ··· 498
contain と include ··· 487	get to ··· 92, 118
cop ··· 92	get + 目的語 + to 不定詞の構文 ··· 116
could と過去の１回限りの行為 ··· 93	girlfriend ··· 60
could be ··· 99	give her a hug と give a hug to her ··· 119
could use ··· 100	give up ··· 120
customer ··· 499	go ··· 87
damaged, hurt, injured と wounded ··· 488	go —ing ··· 121
decline, refuse と reject ··· 489	ground floor ··· 123
delicious ··· 101	guest, customer と client など ··· 499
despite と in spite of ··· 490	had better + 完了不定詞 ··· 126
dinner と supper ··· 491	had better と should ··· 124
don't have to (禁止を表す場合) ··· 102	had to の表す現実の意味 ··· 127
Don't worry (about it). ··· 103	Had/Were/Should I... ··· 128
down ··· 517	half an hour, a half hour と a half an hour
downtown ··· 104	··· 129
during と for ··· 492	happen, occur と take place ··· 500
each ··· 13	hate (it) that... ··· 177
eat と have ··· 493	have ··· 275, 493
embarrassed ··· 33	have + 目的語 + 過去分詞の構文 ··· 129
even if... ··· 105	have + 目的語 + 原形不定詞の構文 ··· 130
even if と even though ··· 106	have + 目的語 + —ing の構文 ··· 132
ever ··· 147	have been to の表す２つの意味 ··· 133
every ··· 13	have got to ··· 135, 185
except と except for ··· 493	have only to ··· 133
Excuse me. ··· 107	have to の進行形 ··· 134
fairly と rather ··· 108	have to と have got to ··· 135
far from ··· 110	high と tall ··· 501
few ··· 218	hobby と趣味 ··· 136
fill in と fill out ··· 494	holiday と vacation ··· 502
film ··· 486	home と house ··· 504
find の進行形 ··· 111	How come...? と Why...? ··· 137
fix, mend と repair ··· 495	How do you...? と What do you...? ··· 138
for ··· 21, 492	hurt ··· 488
forget と leave ··· 496	I built a house. ··· 139
from と since ··· 112	I don't know. ··· 141
furniture と家具 ··· 113	I mean ··· 141

I suppose … 142	May I...? … 73
I wish 構文 … 143	may well … 180
if any と if anything … 146	maybe … 180, 513
if 節と ever … 147	might as well … 181
if not … 148	Miss … 183
if you don't mind … 152	more or less … 183
if 節の中の will … 149	movie … 486
I'll do my best … 153	Mr, Mrs, Miss と Ms … 183
I'll think about it … 154	much/still more … 184
impossible と that 節 … 155	must と have (got) to … 185
in … 10, 481	must not … 81
in case... … 156	must と will (認識的用法の場合) … 190
in fact … 159	need … 192
(in/on) bed と (in/on) the bed … 160	neither と nor … 194
in spite of … 490	never … 194
in surprise と in/to one's surprise … 162	nod … 196
in the night … 36	nor … 194
in the suburbs of … 163	Not again … 197
include … 487	not to say … 197
injured … 488	not to と to not … 199
into … 164, 510	not...until 〜 … 199
It-for-to 構文 … 165	object と oppose … 509
It is said that.../He is said to... … 167	occasionally, sometimes, often と usually
It is time... … 168	… 509
It-of-to 構文 … 172	occur … 500
It...since 〜 の構文 … 173	ocean … 514
it と that の選択 … 170	of course … 200
It's been a long time … 175	often … 509
journey, travel と trip … 504	oh … 12
junior … 217	on … 202, 481
just … 475	on Sunday, on a Sunday と on Sundays 204
Just because...doesn't mean 〜 … 176	on the contrary … 205
lately と recently … 506	once and for all … 206
later … 10	one … 207
learn と study … 507	onto, into と to … 510
learn to … 92	oppose … 509
leave … 496	ought to … 221
like (it) that... と hate (it) that... … 177	over … 480
like と way … 178	over と up … 512
likely … 513	perhaps … 513
look after と take care of … 508	personality … 485
make sure/see (to it) that... … 179	play the/a/Φ piano … 209
may … 74	please (応答に単独で用いられる場合) … 211

please の使い方	212
possible, perhaps, maybe, likely と probable	513
pretty	213
probable	513
quite と pretty	213
rather	108
recently	506
referee	516
refuse	489
reject	489
repair	495
say to oneself	215
sea と ocean	514
search の使い方	216
seem	17
senior と junior	217
several と few	218
shall	277
She is beautiful to look at.	219
She is not what/who she was ten years ago.	220
shop と store	515
should	124, 289, 384
should と ought to	221
show, teach と tell	515
since	21, 112
since...ago	223
so...as to の構文	224
So much for today.	224
so...that 〜 構文の否定	225
so that...may 〜 の構文	226
So what?	227
sometimes	509
Sounds good (to me).	229
speak ill/well of	230
stare	497
store	515
study	507
supper	491
take care of	508
take place	500
take pride in/be proud of	231
tall	501
teach	515
tell	515
terrific	232
that	170, 299
that 節	416
That's/There's...for you.	233
the	316, 342, 474
the (対立を表す場合)	233
the と固有名詞	236
the の意味の変遷	237
the の用法	239
the first	3
the last person to...	243
this day week	244
to	510
to not	199
too...for...to 構文	244
travel	504
trip	504
umpire と referee	516
unless	246
up	512
up と down	517
used to	266
usually	509
vacation	502
volunteer	459
watch (the) television	248
way	178
wear	249
well	251
were	128
were to	291
what	302
What are you doing here?	252
What do you...?	138
What is + 比較級	253
What is he? と Who is he?	254
whatever の前置詞化	255
Whatever you say.	256
when	32
which	301

Who is he?	254	関係副詞	309
whose	302	冠詞 (a, the)：基本的な意味	316
Why...?	137	冠詞と特定性	317
Why/How...would ～?	257	間接疑問文	319
will	190	完了不定詞(実現できなかった行為)	321
will と be going to	259	強勢と抑揚	322
wipe A on B と wipe A with B	262	強調構文	324
with	484	句動詞	325
Won't you...?	263	携帯電話の英語	327
would (拒絶・固執を表す場合)	264	軽動詞	328
would rather	265	現在完了形の基本的な意味	328
would と used to	266	現在完了形の注意すべき点	332
wounded	488	行為の達成を含意する動詞	334
Yes/No と「はい」「いいえ」	269	肯定文の any	336
You want to... と You may/might want to...	270	固有名詞	236
		混合型仮定法	338

〈和文〉

アメリカ英語とイギリス英語	272	混合話法と描出話法	340
アメリカ英語と変則動詞 have	275	再帰代名詞	341
アメリカ英語における shall	277	最上級と the	342
イギリス英語	272	最上級の意味を表す表現	343
「移動物」「移動先」中心の構文	278	指示と依頼	344
家具	113	時制の一致	348
過去完了形	50, 279	受動態	64, 117, 351, 410, 426
仮定法	282	受動態と情報構造	352
仮定法過去	283	受動態の表す意味	354
仮定法過去完了	286	趣味	136
仮定法過去完了形の特殊な形式	287	瞬間動詞と for 句	355
仮定法と直説法の混合	288	瞬間動詞の進行形とアクチュアリティ	357
仮定法未来の should	289	準助動詞概説	359
仮定法未来の were to	291	条件文	363
可算名詞	471	条件文の帰結節で用いられる be going to	366
含意	293	条件を表す不定詞	368
含意動詞	296	状態動詞の進行形	368
関係詞の選択	313	情報構造	372
関係詞の前のコンマ	314	叙実述語と非叙実述語	374
関係代名詞概説	298	叙述同格	376
関係代名詞 (whose と what)	302	助動詞概説	377
関係代名詞の省略	303	助動詞の過去形＋have＋過去分詞	380
関係代名詞の制限的用法と非制限的用法	304	進行形	16, 38, 111, 134, 357, 368
関係代名詞の先行詞の冠詞選択	307	進行形の基本的な意味	381
関係代名詞 that の特異性	299	進行形の用法	382
関係代名詞 which の特別用法	301	推定の should と仮定法現在	384
		「スポーツをする」に当たる英語	386

スラングとタブー語	387	ボランティアとvolunteer	459
「…するとすぐに」	390	ポリティカル・コレクトネス	460
接触動詞構文	393	未来進行形	463
前置詞の省略	395	未来を表す現在形	465
総称表現(…というものは)	396	未来を表す(現在)進行形	467
断定語と非断定語	398	無冠詞	2, 458, 474
知覚動詞	405	無生物主語構文	469
知覚動詞構文	407	名詞:可算名詞と不可算名詞	471
知覚動詞構文の受動態	410	名詞:無冠詞とthe	474
直説法	288	命令文とjust	475
直接話法と間接話法	411	抑揚	322
丁寧表現	414	呼びかけ語	476
同格のthat節	416	〈和製英語〉	
動詞の表す意味の直接性と間接性	418	オービーとgraduate	522
動詞+目的語+—ing構文	420	キーホルダーとkey	522
同族目的語	421	グランドとground	522
倒置構文	422	車に関する用語	523
同等比較のas+形容詞+as	423	シャープボタンとpound key	526
動名詞	445	ジュースとjuice	527
二重目的語をとる動詞の受動態	426	「しり」とhip	527
能動受動態	427	スクーリングとschooling	528
ノン・バーバル・コミュニケーション	428	スタッフとstaff	529
倍数表現	430	ストーブとstove	529
配分複数	431	スマートとsmart	530
話し手の意志	432	チャレンジとchallenge	531
比較級	253	テイクアウトとtake out	531
比較級+than+代名詞	433	ナイーブとnaive	532
比較級と否定	434	バイキングとViking	533
比較級の用法(同一の人や物…)	435	パンとbread	533
非叙実述語	374	ハンドメイドとhandmade	534
非断定語	398	パンフレットとpamphletなど	535
否定	436	ビルとbuilding	535
否定の繰上げ	442	プラスチックとplastic	536
付加疑問文	443	ブランドとbrand	536
不可算名詞	471	ブレークとbreak	537
不定詞	368	ボーイとboy	538
不定詞+前置詞	445	マニキュアとmanicure	538
不定詞と動名詞	445	マフラーとmuffler	539
不定詞の意味上の主語	447	ミキサーとmixer	540
部分否定	449	リップクリームとlip cream	540
文型	451	リフォームとremodel, alter	541
分詞構文	453	ローカルとlocal	541
補語と無冠詞の名詞	458	ワンピースとone-piece	542

2010年7月10日　初版発行

英語語法レファレンス

2023年3月1日　第2刷発行

編著者　柏　野　健　次（かしの・けんじ）
発行者　株式会社三省堂　代表者　瀧本多加志
印刷者　三省堂印刷株式会社
発行所　株式会社 三省堂
　　　　〒102-8371
　　　　東京都千代田区麹町五丁目7番地2
　　　　　　　　電話　（03）3230-9411
　　　　https://www.sanseido.co.jp/

〈英語語法レファレンス・576pp.〉

落丁本・乱丁本はお取り替えいたします

ISBN978-4-385-15170-0

本書を無断で複写複製することは、著作権法上の例外を除き、禁じられています。また、本書を請負業者等の第三者に依頼してスキャン等によってデジタル化することは、たとえ個人や家庭内での利用であっても一切認められておりません。

本書の内容に関するお問い合わせは、弊社ホームページの「お問い合わせ」フォーム（https://www.sanseido.co.jp/support）にて承ります。

現代英語語法辞典
小西友七 [編]　A5判　1,344頁

最新の英語語法研究を集大成した、英語語法辞典の決定版。研究者・英語教員必携。

英語談話表現辞典
内田聖二 [編]　B6変型判　704頁

語用論的な情報をふんだんに盛り込んだ、日本初の本格的な発信型会話・談話表現辞典。約1,000項目を収録。

英語語義語源辞典
小島義郎 他 [編]　B6変型判　1,344頁

語の全体像を理解する大項目式の英和辞典。項目総数4万9千（慣用句も含む）。

ウィズダム英和辞典 第2版
井上永幸・赤野一郎 [編]　B6変型判　2,144頁

コーパスを全面利用した初の英和辞典。ビジネスユースにも十分な約9万項目を収録。

ウィズダム和英辞典
小西友七 [編修主幹]　B6変型判　2,112頁

総合的英語発信力が身につく和英辞典。ビジネスユースにも十分な約8万8千項目を収録。